ARSÈNE HOUSSAYE

LES CONFESSIONS

SOUVENIRS D'UN DEMI-SIÈCLE

1830-1880

TOME TROISIÈME

E. D.

PARIS

E. DENTU, ÉDITEUR

LIBRAIRE DE LA SOCIÉTÉ DES GENS DE LETTRES

PALAIS-ROYAL, 15-17-19, GALERIE D'ORLÉANS

1885

LES

CONFESSIONS

III

DE L'IMPRIMERIE PAUL DUPONT.

LIVRE XV

LA COMÉDIE-FRANÇAISE EN 1849

I

Que Rachel et Alexandre Dumas aimaient bien leurs amis

Est-ce la peine de rappeler comment M. Mazères fut nommé à ma place par M. Baroche qui n'avait pas consulté le Président ? Le ministre obéissait aux Orléanistes de l'Assemblée nationale qui voulaient prouver que le préfet Mazères était un homme d'or; mais on n'avait pas ainsi raison de Mlle Rachel. A l'Élysée, où elle fut reçue tout de suite, le prince lui dit qu'il lui passait parole pour aller trouver le ministre. Il lui donna d'ailleurs un mot de la main de Persigny qu'il contresigna : « Mon cher ministre, gardons M. Arsène Houssaye et

Mlle Rachel. » Mais la nomination était signée, et le ministre jugeait qu'il ne pouvait revenir là-dessus. Déjà il avait reçu une lettre d'Alexandre Dumas *. Déjà Victor Hugo, dans l'après-midi, à l'Assemblée nationale, lui avait reproché de vouloir refaire de la Comédie-Française, en nommant M. Mazères, le théâtre des revenans. Mais M. Baroche tenait bon, parce que la nomination de M. Mazères était, je crois bien, le premier acte de son arrivée au pouvoir. Il venait d'être nommé ministre de l'intérieur en remplacement de Ferdinand Barrot. Il croyait par cette concession aux Orléanistes être moins inquiété dans ses coudées franches. La politique gâte tout, parce qu'elle est l'âme de l'ambition : M. de Rémusat, comme M. Vitet, était bien plus mon ami que l'ami de M. Mazères. Mais comme les Orléanistes voulaient reprendre le pouvoir, ils commençaient

* « Monsieur le Ministre,

« Je me trouve par hasard chez Rachel au moment où elle a « l'honneur de vous écrire pour vous dire tout ce qu'elle pense « comme directeur de M. Arsène Houssaye.

« Je n'ai aucun droit, monsieur le ministre, de vous recom- « mander qui que ce soit au monde, mais j'ai le droit de vous « dire que depuis vingt-deux ans que j'ai fait jouer *Henri III* « à la Comédie-Française, je n'ai jamais vu l'art si bien repré- « senté et les artistes si bien accueillis que par M. Arsène Hous- « saye.

« Mon opinion a sur ce point une valeur d'autant plus réelle, « monsieur le ministre, qu'elle est complètement désintéressée; « j'ai un théâtre pour jouer mes pièces et par conséquent je « n'ai nul besoin, rue de Richelieu, de la protection de tel ou « tel directeur.

« Aussi, monsieur le ministre, c'est pour l'art, pour les ar- « tistes et pour vous-même que je crois devoir vous dire : per- « sonne n'a mieux fait et personne ne fera, je ne dirai pas mieux, « mais aussi bien au Théâtre-Français que M. Arsène Houssaye.

« Alexandre Dumas. »

par la petite citadelle avancée du Théâtre-Français. Voilà pourquoi M. Baroche, qui avait peut-être un pied de leur côté, n'en voulait pas démordre.

Le lendemain, pendant toute la journée, M. Mazères fut directeur platonique du Théâtre-Français.

Vainement Alfred de Musset, Émile Augier, Ponsard écrivirent au ministre pour qu'il voulût bien déchirer la nomination de cet autre directeur : M. Baroche tenait bon ; trois fois Mlle Rachel alla chez lui sans être reçue, tandis qu'il avait accueilli, comme en députation pour le féliciter, trois ou quatre auteurs de l'école de M. Mazères. J'avais pris mon parti, déjà je donnais l'ordre de reporter chez moi mon petit bureau de Boulle quand la grande tragédienne me dit : « Tout n'est pas fini, j'ai juré que je verrais le ministre, je le verrai. » A l'heure du dîner, elle se présenta bravement, non plus au ministère mais à l'hôtel du ministre. M. Baroche lui fit dire sans façon qu'il allait dîner chez le ministre de la justice et qu'il n'avait pas une minute à donner en audience. Que fit Mlle Rachel ? Elle sauta dans le coupé qui attendait M. Baroche. Le cocher s'imagina que c'était convenu, si bien qu'il ne dit rien au ministre. Quand le valet de pied ouvrit la portière, grand étonnement de M. Baroche qui ne reconnaissait pas Mlle Rachel. Elle dit son nom, son âge et ses qualités. « Oh ! vos qualités, mademoiselle, je les connais. — Eh bien ! vous n'en voulez pas, de mes qualités, puisque vous me forcez à quitter le Théâtre-Français. — Au contraire, M. Mazères va vous faire des conditions meilleures. — Peut-être, mais à aucun prix je ne veux de celui-là. Si M. Arsène Houssaye s'en va, je vous offre ma démission. J'ai un mot du prince qui ne veut pas plus que moi de M. Mazères.

— Où allez-vous, mademoiselle ? — Place Vendôme. — Eh bien, je vous conduis jusque-là. — Oui, ma voiture suivra la vôtre. » M. Baroche expliqua à Mlle Rachel que ce serait tout un événement de déchirer une nomination qui déjà faisait tant de bruit dans Paris. « Le prince, dit-il, cédera devant la raison politique. — Oui, mais moi je ne céderai pas. »

En quelques minutes on fut à la place Vendôme. Mlle Rachel ouvrit la portière. M. Baroche se précipita de l'autre côté pour venir lui offrir la main. « C'est votre dernier mot, monsieur le ministre ? — Et vous, madame ? — J'ai dit. Adieu ! » Le ministre était comme l'âne de Buridan entre M. Mazères et Mlle Rachel : « Je ne veux pourtant pas, madame, qu'une audience si originale vous soit fâcheuse. Donnez-moi la lettre du président de la République, et allez dire à M. Arsène Houssaye qu'il est toujours votre directeur. Et pour vous prouver que je suis sympathique à lui comme à vous, je vous prie de venir dîner tous les deux samedi chez moi, car je sais que vous ne jouez pas ce jour-là. »

Ainsi finit la direction Mazères. L'ex-préfet se consola en nous lisant une comédie en cinq actes et en cinq chutes.

M. Baroche avait réuni dans un dossier toutes les lettres relatives à cette affaire quelque peu étrange. Je retrouve une lettre de lui à ce propos *.

* « J'ai cru devoir, il y a quelques jours, m'opposer à la vente « publique, préparée sans mon autorisation, d'un certain nombre « de lettres sorties de mon cabinet. (Catalogue Charavay, n° 142.)

« J'apprends que vous avez le désir de posséder deux de ces « lettres, l'une de Mlle Rachel, l'autre de M. A. Dumas, qui m'a- « vaient toutes deux été adressées à l'occasion de votre nomina- « tion définitive aux fonctions de directeur du Théâtre-Français.

« Je suis heureux de pouvoir vous les offrir, comprenant le prix

II

Le Théâtre au XIXe *siècle. — Les hommes et les œuvres*

I

Avant cette rapide histoire du Théâtre-Français pendant sept années, je veux passer à vol d'oiseau sur le Théâtre au XIXe siècle.

Le théâtre est la poésie en action : pour le poëte, le monde c'est le théâtre ; pour le spectateur, le théâtre c'est le monde.

Le théâtre a eu tous les caractères : en Grèce, il a été une des formes de la religion ; c'est aux cérémonies dionysiaques et aux fêtes des Panathénées, que la tragédie apparaissait dans toute sa solennité. Qu'étaient-ce que les acteurs ? Les survivans des dieux. Ne suspendaient-ils pas, après la représentation, leur masque dans le Temple ? Qui donc osait parler des dieux, si ce n'est Eschyle. Comme l'a dit un néo-Grec : « Il s'élevait par une impiété sublime jusqu'à une piété supérieure, en annonçant au monde le triomphe de la lumineuse liberté sur l'aveugle destin, en initiant aux péripéties de cette lutte, qui commence avec Prométhée et finit au

« que vous devez attacher au jugement porté par une si grande
« artiste et par un écrivain éminent sur l'un des actes de mon mi-
« nistère dont je conserve moi-même le souvenir avec un plaisir
« véritable. « J. Baroche. »

Golgotha *. » En regard d'Eschyle, voici Aristophane, le hardi Cydathénien, qui moralise par la satire. Si Eschyle marque son génie dans les grands jours de la religion, Aristophane ne marque-t-il pas sa raison railleuse dans les grandes pages de la civilisation ? Il est le suivant de Bacchus ; il s'enivre pour avoir le droit de tout dire ; mais sa raison ne perd jamais la tête. Il se hasarde jusqu'au vertige de la folie ; mais l'amour de la vérité le rejette victorieux hors de l'abîme.

Le théâtre grec a toutes les grandeurs et toutes les beautés. Les rhéteurs ont nié la philosophie et la morale d'Eschyle, parce qu'il soumettait ses personnages à la fatalité. N'était-ce pas la plus haute leçon qu'il pût donner aux hommes que de les consoler de la force de la destinée par d'héroïques exemples ? Pouvait-on mieux leur apprendre le courage et la résignation dans les batailles et les défaites de la vie ? C'était déjà le sentiment chrétien dans le sentiment antique. La vertu n'était-elle pas plus belle encore sous le martyre ? Triompher de la fatalité, c'est bien ; mais mourir sous ses coups, quand on est un sage, n'est-ce pas un sacrifice aux dieux et à soi-même ? Voilà pourquoi Eschyle est un peintre terrible et profond.

* Homère et les grands Grecs se sentaient plus près des dieux que des hommes. Ils ont représenté l'homme vu par les dieux et par les héros ; mais c'était l'homme et non pas les hommes ; c'était l'homme tel que les dieux l'ont mis au monde, doué de plus d'orgueil que de misère. Hésiode, Homère, Eschyle, les maitres souverains, avaient peur de la vérité ; ils gravirent le mont Olympe et y trouvèrent l'idéal. Dans sa comédie héroïque, Homère ouvrit pourtant les yeux sur les actions intimes de l'homme. S'il n'avait pas vu juste, tout en voyant grand, il n'aurait pas été Homère ; j'en dirai autant d'Eschyle. La tragédie a quitté l'Olympe pour saisir la Vérité.

Le monde marche, et c'est toujours du théâtre que jaillit la lumière. Dans le monde moderne, les confrères de la Passion disent à la royauté : « Tu n'iras pas plus loin ! » Sur ses tréteaux Hans-Sachs raille la papauté quand Luther est encore dans la coulisse. Qu'est-ce que le XVIIe siècle sans Corneille et sans Molière ! Qu'est-ce le XVIIIe sans Voltaire et Beaumarchais ! Voltaire et Molière sont les premiers qui aient fait du théâtre une prédication. Ils ont à eux deux, plus que tous les autres, travaillé pour la civilisation. Bossuet a prêché la religion, Corneille a prêché l'héroïsme, Racine a prêché la passion ; tandis que Molière et Voltaire, arrachant le masque à l'Erreur, ont montré l'homme dans toutes ses misères pour le faire meilleur, parce qu'il n'y a pas de plus féconde école que la vérité. Le théâtre selon les maîtres est l'école du beau dire et du bien dire. Il familiarise aux grands sentimens d'héroïsme, de dignité et de sacrifice ; il met le doigt du maître sur les ridicules ; il donne la science du cœur, il tient devant l'homme le miroir de l'humanité.

Beaucoup d'écrivains ne croient qu'aux bibliothèques ; mais le livre à étudier est partout : c'est d'abord la nature, c'est aussi l'art dans toutes ses expressions, au musée comme au théâtre. Si le livre est la pensée intérieure, le théâtre est la pensée extérieure. C'est le tableau visible des battemens du cœur et des conquêtes de la raison, c'est l'humanité tout entière qui apparaît dans ses métamorphoses.

Le XIXe siècle commence en 1789. La Révolution est notre berceau. La tempête nous arrache au rivage pour nous jeter vers d'autres horizons. Tout prend une figure imprévue. La tragédie, le drame et la comédie ne sont plus qu'un mélodrame : le vrai théâtre se joue à la Convention ou sur la place de la Concorde. Le spectacle est là; en attendant qu'il soit à la frontière. Qui donc était affamé d'émotions pour chercher encore des larmes au Théâtre-Français ? Qui donc avait le cœur léger pour aller rire aux berquinades et aux sentimentaleries des comiques de ce tems-là ? C'est en vain que Marie-Joseph Chénier, qui était un poëte avant que son frère trouvât la cithare antique ; — qui fut un poëte, même à côté de son frère, — tenta de jeter au théâtre, dans ses tragédies, le souffle de la Révolution. Il ne passionna que les rhétoriciens. La foule aimait mieux ce drame en cinq actes qui s'appelle les grands jours de la Révolution. Ducis s'obstinait à refaire Shakespeare, tandis que Fabre d'Églantine croyait refaire Molière. Combien d'autres avaient des illusions : Laya, Collin d'Harleville, Arnault, Andrieux, Picard ! Quarante comédies de Picard dont pas une seule ne rappelle un succès ! ce qui doit rabattre le caquet de beaucoup de nos contemporains. Heureuse destinée ! comédien, auteur dramatique, directeur de théâtre, académicien, toujours homme d'esprit. Son seul tort est d'être venu dans un tems où l'on faisait des vers bons à mettre en musique. Aussi commença-t-il par l'opéra des *Visitandines*, qui fut joué la veille du 10 août et qui traversa toute la Révolution. Ce fut sur ces airs-là qu'on allait à la guillotine.

Sous l'Empire, c'est comme sous la Convention. Le théâtre qui a été aux Pyramides et à Marengo est à Austerlitz et à Wagram, en attendant qu'il soit à Moscou, où Napoléon signera le fameux décret. Combien d'actes mémorables dans cette tragédie héroïque qui finit comme toutes les tragédies, dans le sang et les larmes, depuis la Bérézina jusqu'à Waterloo ! L'empereur eût fait Corneille prince, mais il ne trouva pas un prince à faire parmi les tragiques de son tems : ni Raynouard, ni Luce de Lancival, ni Népomucène Lemercier.

Enfin Victor Hugo vint. Ce que Malherbe avait ôté à la glorieuse Renaissance, il nous le rendit ; il fit mieux, il nous donna Victor Hugo. Ce fut comme un éblouissement. Les rhéteurs furent aveuglés, mais toute la jeunesse baigna ses yeux dans cette lumière inattendue. Victor Hugo, dieu du jour, conduisait le char du Soleil. Bien heureux surtout ceux qui avaient alors vingt ans, car tous, Alfred de Musset comme Alexandre Dumas, Alfred de Vigny comme Théophile Gautier, tous se jetèrent en cette autre Renaissance, qui faisait la nuit sur les vieilles écoles. La poésie française avait désormais un maître ; Lamartine fut l'aurore, Victor Hugo fut le soleil.

Au théâtre, chacune des heures de Victor Hugo fut une bataille et un triomphe. C'est l'histoire d'Alexandre Dumas. Ces jours-là, Paris avait la fièvre, on sentait que l'esprit humain était en jeu. C'était en vain que toutes les intelligences qui retardent assemblaient les nuages sur la lumière, la lumière resplendissait. Les victoires de Hugo et Dumas ont été d'autant plus belles qu'elles ont été rudes ; la France est ainsi faite, que, tout emmaillottée dans la tradition, elle ne veut admirer que les morts. On n'a pas oublié encore la guerre aveugle de la critique ; Gustave Planche, entre autres, y a cassé ses dents de lion. Ce qu'il y a de plus étrange, c'est que les fils de la Révolution étaient les plus acharnés à combattre ce révolutionnaire de la poésie, de l'imagination et de la langue. Armand Carrel n'a-t-il pas dit que Victor Hugo passerait comme le café !

Ce fut un quatre-vingt-treize littéraire; aussi retrouve-t-on toutes les vaillances et tous les enthousiasmes de la Révolution. La France, à la fin du XVIIIe siècle, avait pris le pas sur les autres nations, parce qu'elle était l'humanité qui marche ; mais elle semblait oublier sa mission littéraire dans sa mission philosophique. Il y avait longtems que les grands poëtes s'étaient tus. On ne voulait plus d'ailleurs de la solennité de Louis XIV, ni des enfantillages tragiques des versificateurs du tems de Louis XV. Voltaire avait voulu être un novateur ; mais s'il avait l'idée, il n'avait pas la poésie ; ce merveilleux prosateur ne savait faire que de petits vers. Après lui, comme avant lui, on s'évertuait à travestir les maîtres de l'antiquité — en les voulant copier par des décalques ridicules — et les maîtres du XVIIe siècle, par de pâles copies. La comédie seule riait encore de son beau rire avec Marivaux, Lesage et Beaumarchais. Ce fut en vain qu'on s'inspira de la Révolution française pour se donner un air romain ou une pose grecque : on n'osait pas oser, ou plutôt le génie était absent de toutes les œuvres.

Enfin un théâtre nouveau créait un esprit nouveau, dans la grande poésie de la vérité, tout en créant des comédiens et des comédiennes. Ces figures étaient si vivantes dans leur lyrisme qu'elles donnaient la vie à ceux et à celles qui les représentaient : tout prenait une grandeur inaccoutumée, comme dans les poëmes d'Homère.

Alexandre Dumas était venu vaillamment à la première heure de cette révolution féconde. Tour à tour tragique et comique, il jetait le feu de son âme dans cent et une créations toutes vivantes encore. Et combien d'autres chefs de partis qui apportaient leurs forces à la grande armée : le sévère Alfred de Vigny, comme le fantaisiste Alfred de Musset. Et combien de capitaines et combien de soldats dans ces luttes victorieuses du génie dramatique ! Tous étaient entraînés, même ceux qui croyaient aux anciens dieux, témoin Casimir Delavigne, qui écrivait *Louis XI ;* témoin Scribe, qui écrivait *Robert-le-Diable ;* témoin Ponsard, qui écrivait *Charlotte Corday*, trois œuvres de l'école romantique. Le fleuve impétueux, déchirant sa rive, avait tout emporté et tout fécondé.

II

Le XIXe siècle littéraire fut longtems à chercher sa voie. Il voulait se risquer vers les sphères inconnues, mais la grandeur des maîtres classiques du XVIIe siècle l'arrêtait au rivage ; il se sentait pourtant encouragé à tenter les aventures par l'exemple de Jean-Jacques, de Beaumarchais, de Bernardin de Saint-Pierre, mais il ne se sentait pas le génie des grandes entreprises : seul M. de Chateaubriand fixait le soleil nouveau. Mais autour de lui combien d'esprits timides qui allaient pieusement à l'école du siècle de Louis XIV et à l'école de Voltaire, dont le théâtre avait encore son prestige ! Chose étrange, le grand Voltaire ne faisait école que pour ses vers d'occasion, lui le prosateur par excellence. Qui dira le dénombrement des tragédies du premier Empire ?

Combien de jours de triomphe avec *Caïus Cracchus, Mucius Scévola, Timoléon, Marius à Minturnes, Épicharis et Néron, Œdipe à Colone.* Cette tragédie-là se continua sous la Restauration par *Sylla, Clytemnestre, Léo-*

nidas. Le peintre David avait ramené les Grecs et les Romains par ses marbres peints, comme Napoléon lui-même par ses airs victorieux. On se lasse de tout, même du grandiose. Talma ne voulut plus monter sur des échasses ; il demanda grâce dans cette prison des sentimens héroïques ; il aspirait à la nature et à la vérité, il avait soif des sources vives, il voulait rejeter la coupe ambroisiaque. On essaya pour lui un théâtre plus français, on se retrempa dans l'histoire de France, mais par malheur on allait toujours au musée des copies. Et puis, on n'avait refait ni le vers ni la prose : vers de convention, prose de convention, c'était le tems des demi-teintes, on avait peur du soleil.

Ce fut alors que, désespérant de faire un théâtre vivant, on frappa aux portes étrangères. Ducis avait mal traduit Shakespeare en vers : M. Guizot le traduisit en prose, mais en voulant encore trop le franciser, comme M. de Barante traduisant Schiller. Le sentiment de la hardiesse prit toutes les jeunes imaginations. M. Lebrun écrivit *Marie Stuart* après avoir lu Schiller ; Alfred de Vigny traduisait le *More de Venise* par le mot à mot du poëte, ce qui réjouit l'ombre de Shakespeare et ce qui épouvanta le fantôme de Ducis. Alexandre Dumas donnait *Henri III* et *Antony* dans tout le feu du combat, images du passé et images du présent. On ne savait encore si la bataille était gagnée quand Victor Hugo se jeta dans la mêlée, armé de la victoire, c'est-à-dire avec *Hernani* et *Marion Delorme*. La vieille école était battue. Elle avait beau nier la lumière, elle baissa la tête et se recueillit, faute de pouvoir lutter encore. On la revit bien çà et là à l'œuvre, entêtée de tragédies incolores, se vouant à tous les saints. Ainsi, les classiques réengagèrent l'action, tantôt avec *Pertinax*, tantôt avec *Clovis*, ici avec *Élisabeth d'Angleterre*, là avec *Gustave-Adolphe;* à chaque nouvelle tentative, ils cédaient le terrain; ils furent refoulés jusqu'à *Arbogaste*.

Mais ces victoires éclatantes n'étaient pas toujours des conquêtes. Le public emmaillotté dans la tradition n'osait pour ainsi dire admirer tout haut; il croyait encore à une surprise, d'autant plus que la critique du tems assemblait des nuages sur ce soleil levant. Les républicains du règne de Louis-Philippe, Armand Carrel et Armand Marrast, frappaient les révolutionnaires romantiques en pleine poitrine pour qu'on leur pardonnât d'être des révolutionnaires politiques. Sainte-Beuve renia à moitié ses dieux, Gustave Planche les renia tout à fait. Victor Hugo, Alexandre Dumas, Alfred de Vigny, ces maîtres glorieux, furent discutés comme des écoliers. On ne leur tenait compte ni du génie dramatique, ni des triomphes de la scène : c'était toujours à recommencer. Le public n'a jamais aimé bravement les vivans glorieux, il n'aime la renommée qu'à distance. Il avait peur, d'ailleurs, de trahir ses anciens dieux ; il avait peur aussi, ce public né malin, d'être pris pour dupe. Il le fut un instant, quand Ponsard lui donna *Lucrèce* à l'Odéon. Aux spectateurs les plus enthousiastes et les moins convaincus : « Voilà le théâtre, » disait-on tout haut en face d'un chef-d'œuvre de Victor Hugo, *les Burgraves*, dont on s'obstinait de ne pas voir les beautés. Histoire éternelle des taquineries de l'esprit humain.

Qui fut bien étonné? ce fut Ponsard lui-même tout accablé de son succès; ce grand cœur avait trop le sentiment du beau pour ne pas être affligé des clameurs de ses amis qui niaient Victor Hugo et qui voulaient renverser sa statue pour y mettre la sienne : Une statue de pierre à la place d'une statue de marbre.

Ce qui faillit compromettre encore les victoires des romantiques, c'est-à-dire les conquêtes de l'art dans la vérité, ce fut le succès inattendu de Mlle Rachel, une jeune tragédienne qui appelait les morts au combat. Il est vrai que ces morts-là, Corneille et Racine, avaient déjà reconnu pour un des leurs celui qui signait *Hernani* et *Marion Delorme*.

Les romantiques se trouvèrent bannis peu à peu du Théâtre-Français comme de l'Odéon où les entêtés des anciennes écoles étaient toujours en nombre. Un nouveau théâtre s'illustra d'un chef-d'œuvre. Dans notre souvenir, le nom de la *Renaissance* rappelle le nom de *Ruy-Blas*, grande soirée, nouvelle aurore ; mais ce fut en vain que les disciples se jetèrent dans le rayon du maître ; ce n'est ni l'ardeur ni le talent qui leur faisaient défaut, ce fut le public, ce public ingrat qui n'a que des bouffées et des caprices, qui ne veut pas qu'on puisse compter sur lui, qui brise ses idoles comme l'enfant brise ses jouets.

L'esprit français est modéré dans son enthousiasme, parce qu'il y a dans l'esprit français une pointe de critique. S'il se passionne, il ne se passionne qu'un jour et renie ses dieux. On comprend bien qu'en face de cet esprit-là, les romantiques du théâtre, dédaignant les malices scribiennes de la mise en scène, n'ont pas pu toujours tenir la campagne avec le même succès ; ils se faisaient battre avec toutes les cartes dans leur jeu. Il faut dire que l'imprudence, l'audace, la témérité étaient trop souvent leurs auxiliaires. Si, comme préface à ses beaux drames, Victor Hugo, qui pouvait donner le tome second d'*Eschyle*, eût débuté par une tragédie, un véritable monument antique, on lui eût permis d'être Shakespeare en France. Deux romantiques de race, Alexandre Dumas et Jules Lacroix, *Caligula* et *le Testament de César*, prouvèrent qu'ils savaient bien mieux l'antiquité que les arrière-écoliers de Campistron. Pareillement deux autres romantiques sans alliage, Meurice et Vacquerie, ont dévoilé d'une main savante le drame antique avant de s'aventurer dans les avenues fertiles du théâtre contemporain. N'était-ce pas encore un romantique qui écrivait ce beau poëme dramatique, *la Fille d'Eschyle*, avec le renouveau d'André Chénier ?

Est-ce bien la peine d'étudier les œuvres théâtrales du XIXe siècle avant Victor Hugo, Dumas et de Vigny ? Rions en passant, avec Scribe, des ridicules qu'il flagelle du revers de sa plume avec un doux sourire, mais sans trouver le mordant éclat de rire de Molière, de Regnard et de Beaumarchais. Si nous allons plus loin, nous réveillerons dans les linceuls de l'oubli des fantômes de comédie sur des ombres de tragédie. Vainement les amoureux du passé veulent opposer les pièces de Marie-Joseph Chénier et de Népomucène Lemercier aux rêveries de collège de Luce de Lancival et de Laya. Ni les unes ni les autres ne vivent, par la raison toute simple qu'elles n'ont pas vécu. Ducis a trahi Shakespeare jusqu'au jour où Alfred de Vigny l'a traduit. Collin d'Harleville et Andrieux, Mazères et Empis se sont imaginé qu'ils signaient des comédies dans le pays de Molière. Ils créaient innocemment un théâtre de société dans le style des gens qui ne savent pas écrire. Rien n'existait jusqu'au jour — 1848-1852 — où Musset,

Dumas, Sandeau, Augier, Barrière, donnèrent la comédie contemporaine, comme Victor Hugo avait donné le drame moderne.

Tous les règnes ont leur Casimir Delavigne : l'audace tempérée, la sagesse qui prend le mors au dents. Avec cela, les triomphes sont sans remords ; tout le monde est content. M. de Jouy, par exemple, fut le Casimir Delavigne du premier Empire, plus emporté que Luce de Lancival, mais moins hardi que Népomucène Lemercier ; il préparait la victoire, mais ne se hasardait jamais dans la bataille. S'il osa paraître étrange en créant pour la scène *Tippo Saeb*, il adoucit son public par une ordonnance et une contexture tout aristotéliques. Quand il donna *Sylla*, il fut épouvanté de sa hardiesse, à la première représentation. C'est que Talma avait fait de sa tragédie une autre tragédie ; le héros de M. de Jouy disparut sous la figure de Talma, parce que Talma lui donna le caractère et les traits de Napoléon. M. de Jouy pouvait ce jour-là jouer un rôle d'occasion, celui d'un Napoléon littéraire, d'un historien masqué, d'un philosophe qui ouvre ses mains pleines de vérité ; mais il s'humilia dans son néant devant la mise en scène de Talma.

Le vrai Casimir Delavigne se trouva pris entre deux écoles, comme Paul Delaroche ; il était retenu aux préjugés des principes inféconds, quoiqu'il fût emporté çà et là par les aspirations de la vérité. Ses œuvres tempérées, où le génie s'arrête à mi-chemin, ne sont qu'une expression timide qui se grave en traits indécis dans l'histoire théâtrale de son tems. C'était pourtant une âme de feu. Il a eu son heure, il a eu son jour, mais ce fut un jour sans lendemain. N'a pas d'ailleurs qui veut, parmi les mieux doués, le rayon d'un jour. C'est moins le génie de l'invention qui aura manqué à Casimir Delavigne, que la science du style qui donne le sceau de l'immortalité. Il avait fini par s'imprégner du sentiment romantique; mais l'opinion est une grande dédaigneuse qui ne revient pas sur ses premiers jugemens. Chez Casimir Delavigne, le passé a tué l'avenir. Shakespeare et Hugo ont eu beau lui donner les admirables leçons de la grandeur, de la beauté, du pittoresque : il n'écoutait que d'une oreille, tant il entendait encore les chansons de Ducis et de Colin d'Harleville.

Mais un homme qui fut bien de la famille de Hugo et de Shakespeare, c'est Alfred de Musset *. Celui-là aussi disait qu'on imite Homère en n'imitant pas l'*Iliade*. Aussi ne fut-il pas plus Grec qu'il ne fut Romain. L'Italie de la Renaissance fut sa seule patrie théâtrale, comme la passion fut son école. Quel adorable théâtre, où la poésie habille la vérité sans la trahir, où l'éclat de rire montre mieux les larmes, comme le coup de soleil après la pluie ! Alfred de Musset a prouvé que l'art, c'est l'infini; son théâtre qui court toutes les aventures périlleuses de la fantaisie, ne marque-t-il pas le cœur humain !

Ainsi pourrait-on dire d'Émile Augier qui, après cette adorable comédie de *l'Aventurière*, œuvre de haute fantaisie et de haute poésie, créait des comédies réalistes comme *le Mariage d'Olympe*. Celui-là fut trempé dans

* Le théâtre d'Alfred de Musset, d'Émile Augier, d'Alexandre Dumas II, d'Octave Feuillet, de Victorien Sardou, de Théodore Barrière, d'Eugène Labiche, de Meilhac-Halévy, c'est la vérité sur le vif, mais dans tous ses contrastes. Voilà pourquoi l'art dramatique n'a point de grammaire. Chacun peint comme il voit : la vraie question est de bien peindre.

le sel gaulois. En vain débuta-t-il par *la Ciguë*, cette charmante comédie renouvelée des Grecs : il fut conquis au génie français. Si nous recherchons le grand éclat de rire de Molière, c'est Émile Augier qui nous le donnera, parce que celui-là est emporté par sa verve et par son entrain, parce que c'est la plus franche et la plus libre parole, parce qu'il est tout à la fois Gaulois et Français.

L'Odéon voulait rivaliser alors avec le Théâtre-Français ; il jouait les révolutionnaires de l'art dramatique, Balzac et Léon Gozlan, *les Ressources de Quinola* et *la Main droite et la Main gauche*, comme les théâtres de drame jouaient Eugène Sue et Frédéric Soulié. Après ses grandes soirées tumultueuses, l'Odéon avait ses petites fêtes dramatiques où plus d'un esprit nouveau se révélait. Camille Doucet fut applaudi là pour la première fois, pour deux comédies qui sont revenues au Théâtre-Français avec leur gaieté et leur atticisme. Ce fut aussi de l'Odéon que partit Ponsard. Lui qu'on a voulu rattacher aux anciennes écoles, pour braver l'art romantique, était un esprit né du mouvement moderne. Les aveugles de la critique n'ont pas bien vu que, s'il s'est tourné vers le monde antique, c'était pour le peindre avec la palette préparée par Victor Hugo : il le reconnaissait lui-même.

Ses amis, ou plutôt la critique ennemie des romantiques, l'avaient parqué dans la convention ; mais avec *Charlotte Corday* il brisa ses fers, comme on disait dans l'ancien style, pour passer dans le camp des romantiques. Ce fut toute une révolution à propos de la Révolution française. En effet, on y vit d'abord Mme Roland effeuillant à la fin d'un banquet son bouquet de roses dans la coupe des Girondins. Après cette scène antique, le poëte nous transportait en Normandie, dans une verte prairie, en pleine fenaison, sous les rayons du soleil couchant. C'était la première antithèse ; après l'orage politique, la sérénité de la nature. Autre contraste : Charlotte Corday vient acheter au Palais-Égalité un couteau pour frapper Marat : très belle scène, quand, toute à son rêve, après avoir caché la froide lame sur son cœur qui bat, elle regarde un enfant qui joue devant elle. C'est que « l'Ange de l'assassinat » eût été l'ange de la famille. Et toute l'action marchait ainsi de tableau en tableau, toujours vivante, toujours terrible, toujours poétique.

Ponsard proclamait à son tour la liberté dans l'art. Ainsi, pendant que les queues-rouges du romantisme niaient Ponsard à la représentation de *Charlotte Corday*, Victor Hugo, maître généreux, applaudissait des deux mains. Quand Ponsard se présenta à l'Académie, Victor Hugo, exilé, lui envoyait sa voix. La voix de l'absent ne comptait pas à l'Académie, mais elle compta au cœur de Ponsard, comme dans l'opinion.

Dans la comédie, Ponsard n'avait pas les ressources fertiles d'Augier, de Dumas, de Sardou ; sa comédie est encore celle de Casimir Delavigne. Il lui manque la force du style et la force du rire. Cet homme si hardi dans le drame, qui exprime avec éloquence les plus beaux sentimens, qui trouve en plus d'une scène le vers cornélien ou hugolâtre, ne marque pas dans la comédie ses pensées, ni ses sentimens par l'effigie inaltérable : il croit que la comédie moderne doit encore porter les modes anciennes ; Molière aujourd'hui habillerait ses personnages à la mode du jour.

Lamartine, ce grand esprit, a tenté les hasards du théâtre ; mais le rêve n'habite pas la scène ; l'homme en chair et en os y est plus éloquent qu'une théorie, parce que le théâtre peint l'homme. Les thèses du philosophe n'y prévaudront pas sur les images du poëte, parce que la poésie y parle plus haut que la philosophie. Si au lieu de représenter *Toussaint Louverture* Lamartine eût mis à la scène *Graziella,* on eût applaudi le poëte, tandis qu'on n'a jeté qu'un froid salut à l'homme politique.

George Sand, avec ses tableaux rustiques étudiés en pleine nature, comme *François le Champi*, a pris tous les cœurs ; mais son roman social, comme *Lélia*, eût révolté ou ennuyé tout le monde, témoin *Cosima,* parce que ce n'était qu'une chimère.

Un homme bien avisé, ç'a été Scribe : il avait « tout ce qu'il faut pour écrire », moins l'art d'écrire. Mais la comédie en prose a aussi son art d'écrire ; tel mot spirituel ne serait plus spirituel s'il était écrit en français. Scribe ne s'épuisa pas non plus en vaines théories. Il ne tenta pas les périlleuses aventures ; il se fortifia dans son horizon sans vouloir dépasser le but. Combien de petites comédies charmantes, si on jetait aujourd'hui au rebut les couplets démodés qui étaient le grain de sel du moment ! Mais Scribe ne fut pas seulement un vaudevilliste : *Robert le Diable* est un drame à majestueuse envergure. Ses grandes pièces du Théâtre-Français, toutes critiquées qu'elles furent, ont vécu de la vie de leur tems et survivront peut-être encore au naufrage qui emporte notre génération et ses œuvres.

Les deux Dumas, nés tous les deux avec le génie dramatique, sont aussi souvent sur la scène qu'au parterre. Le premier, gai et vaillant mousquetaire ; le second, prêcheur spirituel se moquant de tout le monde et devant tout le monde.

Alexandre Dumas a été l'*homme-théâtre.* Voyez-le s'élancer impétueusement sur la scène avec *Charles VII chez ses grands vassaux.* Il sort à peine de l'école. C'est la fièvre du génie dramatique : du premier coup, il atteint le but. Il se retourne et passe du drame historique au drame contemporain ; c'est *Antony*, c'est *Angèle.* Il se retourne encore ; tout le tente, il tente tout. Le voilà qui aborde la tragédie antique avec le grand caractère des maîtres. Pourquoi n'a-t-on pas acclamé *Caligula!* On a forcé l'auteur à se rejeter dans les aventures des scènes du boulevard ; mais qu'importe! n'a-t-il pas toujours le don de la grande émotion ? Tous ses personnages vivent d'une vie puissante ; il est tour à tour peintre de fresques, peintre de portraits, peintre de genre. Il va gaiement à la comédie. Nul ne fut plus théâtral ; on le sent bien dans ses romans. Nul ne fut plus libre dans ses allures, parce qu'il avait la désinvolture naturelle. Combien d'œuvres charmantes, à commencer par *Mademoiselle de Belle-Isle*, à finir par *la Jeunesse de Louis XIV!* Rien ne lui coûte, à cet enfant prodigue. Tout à l'heure terrible, il est maintenant spirituel comme pas un. Il a la belle gaieté des enfans, il a le rire railleur des sceptiques. Il croyait à lui ; mais, par malheur, les vanités au jour le jour l'ont fait décliner de son orgueil. Il était grand, il descendait jusqu'à vouloir être à la mode. Au lieu de s'imposer, il se donnait.

Alexandre Dumas II n'a-t-il pas marché en sens contraire ? Mais le chemin fut plus rude pour lui ; non pas qu'il ne soit doué comme son père ; lui aussi est un écrivain de race, un oseur, un chercheur, un trouveur.

Mais combien de fois, courant les mêmes routes, n'a-t-il pas dû s'arrêter court pour saluer son père! Combien de situations, combien d'idées, combien de sentimens était-il forcé de laisser en chemin, parce qu'il y trouvait la marque de Dumas Ie! Aussi a-t-il été plus impitoyable contre lui-même que les critiques. En littérature, les patrimoines sont une ruine.

Certes, on n'accusera pas l'auteur du *Demi-Monde* d'avoir un air de famille avec l'auteur d'*Antony*, si ce n'est cette parenté des grands écrivains. Rien n'étonnait plus le père que les créations du fils. Il voyait bien que son œuvre n'était pas continuée. Le fils voulait être grand par la vérité, comme le père voulait être grand par la poésie ; le fils par la nature, comme le père par l'idéal. Non pas que le poëte de *Charles VII* et de *Caligula* n'ait ses grands cris de vérité ; mais, comme Eugène Delacroix, il peignait dans le style chevaleresque, héroïque et romanesque, tandis que son fils, plus philosophe et plus moraliste, prenait l'humanité corps à corps pour lui arracher tous ses masques. Quoi qu'on fasse aujourd'hui, on n'ira pas plus loin dans l'action du vrai.

C'est comme Molière que M. Alexandre Dumas fils a été peintre de mœurs ; comme Molière, il a vu l'humanité par l'œil simple ; comme Molière, il a frappé juste. Voilà pourquoi les contemporains se sont reconnus dans sa comédie ; voilà pourquoi on ne fera pas l'histoire du XIXe siècle sans étudier cet historien de nos passions et de nos ridicules.

Les esprits ont leur lignée, ils n'arrivent à l'originalité qu'à l'âge viril ; Octave Feuillet est né d'Alfred de Musset et de Marivaux; mais il est devenu bien vite

Octave Feuillet : voilà pourquoi il a eu sa part glorieuse dans le théâtre contemporain. *Dalilah, le Village, le Roman d'un jeune homme pauvre*, sont des œuvres qui ont pris le public lettré comme le public qui aime le théâtre pour le théâtre. Nul n'a mieux peint les luttes du cœur et de l'esprit. Nul n'a d'un pinceau plus svelte et plus délié esquissé dans l'azur et le rayon les formes insaisissables du sentiment. Il a le génie du peintre intime. Il peint par merveille les hommes et les femmes romanesques, avec l'accent de la vérité. Il lui arrive de surprendre le lecteur de ses romans ou le spectateur de ses comédies par les touches les plus énergiques. On a dit que c'était le poëte de la famille, mais son horizon n'est pas circonscrit au foyer : c'est le poëte de tout le monde. Il y a dans son œuvre des échappées hardies sur les passions; s'il arrive toujours au rivage, c'est après avoir entrévu ou traversé la tempête; aussi on s'attarde avec ce charmeur comme avec un homme de bonne compagnie qui sait son monde et qui connaît tous les mondes.

Mme Émile de Girardin a eu son jour et son heure. Je ne parle pas seulement de *la Joie fait peur*, ce rire éclatant dans les larmes, mais de *Judith*, de *Cléopâtre* et de *Lady Tartuffe*. Naturellement la critique lui a reproché d'écrire comme une femme quand elle écrivait comme un homme. Qui donc après Corneille et Victor Hugo trouvait des vers plus virils ? Son ambition n'était pas de s'élever si haut : c'était la fille de Racine avec ses passions attendries. Il n'y a pas de meilleure prose que celle de *Lady Tartuffe :* tout s'y rencontre à la fois, la force et l'esprit, la satire aiguë et brillante comme le style.

L'art théâtral était familier dans la maison. Je ne parle pas de Mme Sophie Gay, mais d'Émile de Girardin qui, par *le Supplice d'une femme*, tout en donnant aux spectateurs l'émotion la plus vive et la plus vraie, a enseigné, sous l'inspiration d'Alexandre Dumas fils, l'art de tout dire en scène aux auteurs dramatiques qui n'affrontaient la situation que dans la coulisse.

Parmi les romanciers que le théâtre devait conquérir, M. Jules Sandeau fut un des plus aimés. C'est qu'il n'a pas écrit un livre où il n'y ait trois ou quatre figures vivantes, à l'inverse de tant de romanciers qui ne créent que des fantômes. Chaque roman de Jules Sandeau pourrait être mis en scène — je parle de ceux qui ne l'ont pas été. — Ils perdraient sans doute un peu de cet idéal qui élève toutes les créations de ce romancier hors ligne qui aurait pu être un poëte; mais ils conserveraient toute leur force de vie en s'accentuant encore par le jeu des acteurs. Le roman de *Mademoiselle de La Seiglière* est peut-être plus poétique que la comédie; mais qui se plaindrait de voir cette fière et charmante création sous le ciel du théâtre?

Victorien Sardou, petit-fils de Beaumarchais, s'est révélé par toutes les hardiesses tempérées d'esprit, par toutes les malices cousues de fil noir de la comédie à l'emporte-pièce. S'il n'a pas fait encore *le Mariage de Figaro*, il a écrit des drames qui dépassent *la Mère coupable*, de bien haut : *Patrie* et *la Haine* sont des œuvres. C'est un esprit synthétique qui passa fatalement du tableau de genre et du tableau d'histoire — je veux dire du théâtre de genre et du théâtre d'histoire — au théâtre de la grande comédie.

Balzac sifflé au théâtre, comme l'avait été Alfred de

Musset, n'y a pas entendu sonner son heure. Fallait-il qu'une actrice bien inspirée comme Mme Allan le fît entrer par la petite porte avec la moindre des saynettes? Une fois mort, son esprit a pris la scène par *la Marâtre* et *Mercadet;* mais l'auteur de *la Comédie humaine* n'avait-il pas le théâtre universel? Alexandre Dumas lui-même, énorgueilli de vingt succès sur tous les théâtres, avait fini par croire que le roman donne le drame et la comédie.

Les maîtres de l'antiquité ont, plus d'une fois, au XIXe siècle, inspiré d'héroïques aspirations. M. Jules Lacroix a réveillé dans leurs tombeaux les grandes figures grecques et romaines avec le fier sentiment tragique, tout en traduisant ses idées dans une langue noble, énergique et colorée. Il serait injuste de méconnaître la part d'un homme qui s'était annoncé avec éclat au théâtre et qui depuis s'est réfugié dans les études historiques, M. Latour Saint-Ibars. *Vallia* était une promesse, *Virginie* est une tragédie.

Théodore Barrière fut l'esprit armé d'esprit, mais aussi armé de raison. Aristophane eût-il mieux trouvé en France? Aristophane ne se fût pas attendri comme Théodore Barrière. En recueillant l'esquif aventuré de Henry Murger, il le sauva du naufrage et il se sauva aussi : il monta du petit théâtre au grand théâtre. *La Vie de bohême* fut la préface rayonnante des *Filles de marbre*, des *Parisiens de la décadence* et des *Faux bonshommes*. Et depuis, combien de scènes charmantes, combien de mots frappés sur l'or! Celui-là est mort dans l'impénitence de l'esprit *.

* Tout en ne voulant jeter qu'un regard rapide sur le mouvement théâtral de cette période, l'historien serait injuste de ne

Il serait injuste de ne pas comprendre Gavarni comme Daumier dans la comédie moderne. Certes ceux-là aussi ont marqué par le franc éclat de rire. Daumier, entre le tréteau et le théâtre de genre, commence la série d'*Orphée aux enfers* et de la *Belle-Hélène*, tandis que Gavarni va droit au grand théâtre, comme irait Aristophane. Tous les deux ont leur public d'élite. Mais Gavarni marque plus profondément sa scène. Combien de comédies qui ont vécu et qui n'ont pas eu un mot digne de Gavarni !

Molière disait : « Je prends mon bien où je le trouve. » C'est le premier mot de la collaboration au théâtre où souvent la pièce est de tout le monde : auteurs, acteurs et spectateurs. Mais ce serait tout un livre à faire que d'étudier les pièces du XIXe siècle faites en collaboration.

Trois hommes qui ont le génie de la critique sans être nés critiques : Jules Janin, Théophile Gautier, Paul de Saint-Victor, n'ont pas peu contribué, par leurs radieux feuilletons du lundi, à donner en ce tems-là de l'éclat au théâtre. C'était comme une réverbération parfois plus brillante que celle de la lumière de la scène. On se rappelle encore avec quel esprit, quelle couleur, quelle éloquence, ces trois hommes de hautes lettres interprétaient les œuvres théâtrales.

pas saluer en passant des hommes qui ont été souvent applaudis, comme Méry, Maquet, Mallefille, Legouvé, Saintine, Jules Barbier, Murger, Banville, Melesville, Dumanoir, A. Second, Monselet, Crémieux.

Molière à part comme toujours, les comiques des trois siècles ont-ils eu beaucoup plus d'esprit et de gaieté que Labiche, Meilhac, Halévy, Pailleron ? Mais je dépasse la période du demi-siècle.

Il leur est arrivé de dégager une idée philosophique dans telle pièce où l'auteur avait été philosophe sans le savoir. Leur force était si vive, qu'ils donnaient des spectateurs à toutes les œuvres analysées sous leur plume magique. A côté de ces trois maîtres de la critique on pourrait placer Gérard de Nerval, qui, pendant six ans, dans *l'Artiste*, a si doctement parlé tous les dimanches des drames et des comédies. L'histoire de l'art théâtral pourra se faire rien qu'avec ces quatre hommes. En allant plus loin dans le passé, on pourra consulter Loëwe Weimars, un Parisien d'Athènes, un Athénien de Paris. En se rapprochant de nous, il y a aussi beaucoup de critiques qui ont écrit de l'histoire ainsi toute faite : Roqueplan, d'Aurevilly, Henry de Pène, Banville, Wolff, Thierry, Silvestre.

Aujourd'hui l'art théâtral a ses apôtres parmi les conférenciers. M. Henri de Lapommeraye fait un feuilleton parlé qui vaut mieux que beaucoup de feuilletons écrits. M. Sarcey a plus d'une fois, dans le verre d'eau du conférencier, versé le vin pur de la comédie.

Le théâtre de drames n'a plus ses grandes soirées. De nouveaux venus pourtant lui ont donné ces derniers tems la poésie, le coup de pinceau historique, l'emportement de la jeunesse, comme Coppée, Claretie, Delpit, Mendès, Bornier, Richepin. Ce n'est pas le talent qui manque aux poëtes, c'est le public, c'est peut-être le théâtre. Les scènes autrefois célèbres ont disparu ou se sont compromises par des spectacles qui ne sont plus que des amusemens pour les yeux ; le coq-à-l'âme s'est épanoui sur le sentiment. Adolphe d'Ennery est tombé du haut de ses drames émouvans ; *la Grâce de Dieu* et

Marie-Jeanne, jusque dans les panoramas du *Tour du Monde;* mais il a trop d'esprit pour ne pas toujours se retrouver.

Presque tous ceux qui sont l'honneur du théâtre moderne ont été joués au Théâtre-Français pendant ma direction; c'est donc bien plutôt une page de leur histoire que de la mienne que je vais donner ici.

Quand je suis arrivé là, il y avait un grand désordre dans les esprits; le révolution toute de flammes — et de fumée — de 1848 faisait le même remue-ménage dans les lettres que dans la politique. On voyait déjà s'annoncer cette littérature de l'avenir qui veut renvoyer Homère à l'école, briser les statues de Michel-Ange et brûler les tableaux de Raphaël, parce que les dieux l'ennuient. N'avez-vous pas vu la haine de Proudhon, ce plumitif d'occasion, contre le génie de Victor Hugo. « Retire-toi de mon soleil! »

Je tentai de rétablir le culte des grands esprits. Rachel avait, sans le vouloir, soufflé la discorde : je voulus qu'elle ramenât la paix; voilà pourquoi je la décidai à jouer Hugo, Dumas et les autres. Ce fut encore une petite révolution. Les plus retardataires finirent par comprendre qu'entre un maître ancien et un maître moderne, il n'y avait souvent que la différence d'une comédienne.

Ceux qui avaient subi le charme de la grande Rachel devant Camille et Phèdre le subirent devant la Tisbé et Mlle de Belle-Isle; mais je ne voulais pas que le Théâtre-Français devînt le camp retranché d'une école. Puisque la convention était taillée en pièces, puisque la vieille grammaire était déchirée, tout le monde avait droit de cité dans cette maison hospitalière. Aussi j'allai pareillement au-devant de Ponsard et d'Augier, ces nouveaux venus promis à tant de succès. Leur entrée fut victorieuse, puisque presque en même tems Augier donna *Gabrielle* et Ponsard *Charlotte Corday*.

III

La période radieuse.

Ma bonne étoile m'a confié les destinées du Théâtre-Français au beau tems où toutes les passions littéraires étaient en jeu, où les grands comédiens de la tradition étaient en scène. Le romantisme avait donné plus de couleur et plus d'accent au talent des acteurs. Ce qui manquait le plus aux comédies de Molière comme aux tragédies de Corneille et de Racine, c'était le décor. J'imposai le décor, mais ce ne fut pas sans peine, car Samson et Provost me disaient que les trois grands maîtres du Théâtre-Français dédaignaient les accessoires. Comme les ingristes, ils soutenaient que la couleur étouffe le dessin. C'était méconnaître les lois du théâtre, qui parle à l'esprit, mais qui parle aussi aux yeux. Pour être logique selon leur théorie, on pouvait supprimer les acteurs et lire les chefs-d'œuvre au théâtre ou au coin du feu. Je commençai par représenter le salon des *Femmes savantes* d'après Molière lui-même, puisque le dessinateur Brissard, dans la gravure de cette comédie, a peint les choses comme il les voyait; or, on sait bien qu'il fut un des spectateurs intimes de Molière. Le public et les journalistes me donnèrent raison. Je continuai de plus belle. Non seulement je voulais le décor intime, pittoresque, grandiose, mais je mis sur la scène des meubles qui achevaient l'illusion, des meubles de style et de prix, condamnant à jamais le néologisme et le vulgarisme, car tout doit être une école pour le spectateur. Il me fallut partout faire la révolution et désoler mes vieux sociétaires jusque dans mon cabinet. Provost, qui était un bon bourgeois, voulait pour « me faire plaisir » décorer dignement ce cabinet. Il commanda un papier vert sans couture, c'est-à-dire d'une seule pièce par paroi. Je le suppliai de n'en rien faire : autant j'aime le vert dans la prairie ou sur la forêt, autant il me déplaît dans l'intérieur. J'avais chez moi beaucoup de tapisseries des Gobelins; en une matinée la métamorphose fut faite. On me trouva bien un peu fou d'aimer le décor jusque dans mon cabinet, mais cette folie a duré, puisque ce cabinet est encore tel que je l'ai laissé. Je fis pour les meubles ce que j'avais fait pour les tentures : Je mis à la porte un abominable bureau en acajou qui avait peut-être fait la joie de mes prédécesseurs ; je ne voulus qu'une table de Boulle du plus pur Louis XIV qui m'avait jusque-là servi chez moi. Quand M. Empis me succéda — lui l'homme de bureau, — il fit revenir le sublime acajou, — qui heureusement redisparut bientôt.

Pour moi, je n'étais pas du tout — l'homme du bureau. — Un directeur de la Comédie-Française ne doit point paperasser. A quoi bon si ce n'est perdre son tems? Son travail, quand il n'est pas sur la scène, c'est d'étudier l'opinion, c'est de prouver aux auteurs dramatiques et aux comédiens qu'il y a encore des chefs-d'œuvre à faire et de beaux rôles à jouer. L'opinion venait tous les soirs dans mon cabinet en compagnie des comédiens et des auteurs dramatiques. L'opinion littéraire se nommait en ce tems Victor Hugo, le comte d'Orsay, le comte de Morny, Romieu, Alfred de Musset, Augier, Ponsard, Saint-Victor, Dumas, Gozlan, Persigny, Théophile Gautier, Beauvoir, Roqueplan, Méry, Delacroix, Diaz, vingt autres, plus ou moins mes amis, qui venaient passer une demi-heure, soit dans l'entr'acte de la comédie, soit dans l'entr'acte des fêtes du monde. C'était un va-et-vient perpétuel, tout le monde était chez soi, chacun disait son mot sur telle pièce, sur tel début. N'était-ce pas là le parterre souverain? Et ce parterre était d'autant plus souverain que les femmes y étaient admises : Rachel et Rebecca, les trois Brohan, Mlle Favart et Mlle Judith, Mlle Fix, Mlle Théric et Mlle Luther, tout l'escadron volant. Mme Sand y vint quelquefois, Mme de Girardin souvent, Mme Roger de Beauvoir presque tous les soirs. Elle était si jolie et elle avait tant d'esprit argent comptant! C'était Mlle Mars dans la coulisse.

Banville, ce peintre si parisien en prose et en vers, a dit en 1850 : « Si on passe du comité de lecture dans le cabinet de M. Arsène Houssaye, on croit changer de pays. Au lieu de cette salle verte et triste qui ressemble à une salle de justice sans air et sans soleil, c'est une pièce toute tendue des tapisseries des Gobelins où l'on voit Apollon réglant la marche du soleil aux accords harmonieux de sa lyre mariée au chant des neuf stances. Ici les meubles sont de Boulle ou d'autres maîtres. Quelques portraits resplendissent sur la tapisserie : ainsi Molière et Beaumarchais. Il y a d'admirables bustes,

Mlle Clairon en terre cuite et Mlle Gaussin en marbre. Il y a aussi deux bustes de comédiennes vivantes et très vivantes: Mlle Rachel et Mlle Brohan. Je ne parle pas des cent et un tableaux qui vont et viennent comme la belle compagnie dans un salon toujours ouvert. »

Mais qu'il eût été bien plus curieux de décrire les personnages vivans qui passaient dans ce cabinet, acteurs et auteurs, comédiennes et philosophes, ingénues et financiers, célimènes et journalistes. C'est là qu'il se débitait des contes de toutes les couleurs. Que de complots! que d'abdications! que de diplomatie! quelle perpétuelle révolution des coulisses!

L'histoire du Théâtre-Français, de 1849 à 1856, est très facile à faire, puisque j'ai gardé les minutes écrites par Verteuil, des rapports qu'il me fallait adresser au ministre selon le décret du 27 avril 1850.

Je donnerai l'historique officiel d'après ces rapports; mais je conterai à tout propos l'histoire intime. Je montrerai au spectateur qui n'est plus de mon tems les images vivantes de cette période déjà lointaine, mais qui mérite de survivre par les grands comédiens et les grandes comédiennes qui illustraient alors la première scène du monde. Le lecteur deviendra spectateur pour assister à ces grandes fêtes littéraires et dramatiques qui ont été données au milieu du siècle. Je lui ferai aussi les honneurs de la maison de Molière, non seulement dans la salle et le grand foyer, mais dans les foyers des acteurs, jusque dans les loges des actrices. Il verra deux fois la comédie, celle que jouent les comédiens sur la scène et celle que jouent leurs passions dans les coulisses.

Je passerai à grands traits sur les œuvres représentées,

tout en profilant d'un crayon rapide les artistes les plus renommés.

On dira peut-être que ce sont là des infiniment petits dans l'histoire, mais où est donc l'infiniment grand aujourd'hui ? Les documents, quels qu'ils soient, sont la marque de l'esprit du tems. Sous les actes, on retrouve les hommes. Aussi, j'imprime ces chapitres moins pour les contemporains que pour les curieux de l'avenir. J'ai déjà dit que si je suis en scène ici, c'est à mon corps défendant; mais il est impossible à l'impresario de rester dans la coulisse et de s'abstraire de son rôle. Et d'ailleurs, quand l'homme parle de lui à distance, il parle d'un étranger. Il arrive souvent qu'il ne se reconnaît pas dans le passé *.

Heureux les royaumes, heureuses les républiques qui n'ont pas d'histoire. On n'en pourrait pas dire autant du gouvernement d'un théâtre, puisque sa prospérité lui vient en raison du bruit qu'il fait. Mais ce bruit va s'effaçant bien vite. C'est le bruit de l'orage que chasse le vent avec les œuvres qui se démodent. Le comédien lui-

* Tout homme public doit à ses contemporains l'historique rapide de ses actes, surtout si ses fonctions touchent de près aux arts et aux lettres, puisque les arts et les lettres sont la plus haute école de l'esprit national. Un fonctionnaire de l'État doit habiter une maison de verre. Aussi tour à tour directeur du Théâtre-Français et inspecteur général des beaux-arts, j'ai vécu au grand jour pendant un quart de siècle. C'est pour moi un devoir de résumer ici mes actes par des pièces officielles.

L'histoire est si étrange aujourd'hui qu'un historien célèbre, entraîné par la recherche du nouveau et l'ivresse de la passion, a écrit que Napoléon Ier était un lâche. Quand on n'a pas comme Napoléon les témoignages de ses contemporains, il faut sauvegarder son nom, quel qu'il soit, par des pièces irrécusables. Ce livre ne sera pas mon apologie, mais il me défendra, parce qu'il fera la lumière sur mes actes.

même ne laisse qu'un souvenir fuyant. C'est le sillage du navire pavoisé. Mais le devoir de l'historien ou de l'historiographe est de marquer les points lumineux de la légende de l'art dramatique comme de celle de tous les arts.

J'ai passé par la période la plus éblouissante du siècle. C'était en plein milieu du siècle. En effet, on verra plus loin par le tableau de la troupe et des pièces représentées que ç'a été une des grandes phases du théâtre en France. En 1850 les comédiens s'appelaient : Beauvallet, Samson, Ligier, Provost, Geffroy, Régnier, Brindeau, Maillard, Got, Delaunay, Monrose, Maubant. Je ne parle que des sociétaires. Du côté des femmes, Mlle Rachel, Mlle Anaïs, Mme Allan, Mlle Augustine Brohan, Mme Plessy, Mlle Nathalie, enfin tout un escadron de jeunes beautés et de jeunes talens : Mlles Judith, Madeleine Brohan, Fix, Théric, Favart, Luther, — j'en passe et des plus belles. — Et que jouait cette troupe éclatante ? Tous les maîtres anciens et tous les maîtres modernes *.

En 1849, année toute agitée encore par les secousses de la Révolution de 1848, le Théâtre-Français ne fut ni fécond ni prospère ; la comédie était encore dans la rue et la Révolution était toujours au théâtre, parce que les comédiens se gouvernaient eux-mêmes. C'étaient d'ailleurs presque tous des comédiens de race et de tradition. Je

* Et que de bonnes fortunes du moment dans les premières représentations : *Charlotte Corday*, *Gabrielle*, *le Chandelier*, *Mademoiselle de La Seiglière*, *Diane*, *la Joie fait peur*, *le Cœur et la dot*, *Lady Tartuffe*, *Les contes de la reine de Navarre*, *le Lys dans la vallée*, *Bataille de dames*, *les Caprices de Marianne*, *Horace et Lydie*, *le Joueur de flûte*, *Par droit de conquête*, *Péril en la demeure*, *la Czarine*, *la Pierre de touche*, *le Carosse*, *Le sage et le fou*, *les Entr'actes de la Comédie de Molière*.

ne suis pas fanatique de la tradition, parce que j'aime l'originalité et la couleur ; mais je reconnais que la tradition au Théâtre-Français est comme la ligne en peinture : Elle a sa dignité et son éloquence.

Voici le tableau des sociétaires et pensionnaires en 1849. En aucun tems la Comédie-Française n'avait réuni une meilleure troupe, à quelques acteurs près :

LA COMÉDIE-FRANÇAISE

1849-1850

TRAGÉDIE

Sociétaires

LIGIER — BEAUVALLET — GEFFROY — MAILLARD
Mmes RACHEL — NOBLET — GUYON — DESMOUSSEAUX

Pensionnaires

BOCCAGE — MAUBANT — BALLANDE — RANDOUX — CHÉRI
Mmes RIMBLOT — FAVART — RÉBECCA — THÉNARD

COMÉDIE

Sociétaires

SAMSON — PROVOST — RÉGNIER — BRINDEAU
Mmes ANAÏS — AUGUSTINE BROHAN — DENAIN

Pensionnaires

GOT — DELAUNAY — MAINVIEL — FONTA — MIRECOURT
Mmes ALLAN — NATHALIE — JUDITH — FIX — LUTHER
ALICE THÉRIC — MARIA LOPEZ (Mme CHARLES BLANC)

Or, que joua cette troupe en 1849-1850 ?

Un répertoire démodé de l'école du vaudeville sans

couplets, dont Scribe fut le grand maître avec beaucoup de talent et surtout avec beaucoup de malice. Passe encore pour le maître ; mais les écoliers distillaient l'ennui avec un art suprême. Par malheur, le répertoire ancien, joué sans foi ni feu dans le silence glacial d'une salle vide, n'appelait plus les spectateurs. Mlle Rachel elle-même, qui le croirait ? fut obligée de se montrer sous deux figures; voilà pourquoi on représentera *le Moineau de Lesbie.* Le 22 mars on la vit tout à la fois dans *Phèdre* et dans *Lesbie.* Quelques jours après on donnait *Don Sanche* d'Aragon et *le Moineau de Lesbie*, puis *Athalie* et *le Moineau de Lesbie*, puis *Iphigénie* et *le Moineau de Lesbie.* Enfin, le 14 avril, on donna *Adrienne Lecouvreur* de Scribe et Legouvé. Cette comédie dramatique remplit la salle vingt-cinq fois, non sans intermèdes, car Mlle Rachel n'abandonnait jamais son répertoire. On la vit reparaître dans toutes ses créations, mais quoique les recettes fussent inespérées, ceci ne sauva pas le théâtre.

Il y eut dans les mois d'été, en l'absence de Mlle Rachel, des représentations pour vingt spectateurs. Venu un peu plus tôt, j'eusse fermé les portes pendant trois mois. Le jour où je fus nommé on en était encore à cent cinquante francs de recettes ; tout était perdu fors l'honneur, car on donna un petit chef-d'œuvre : *Il ne faut jurer de rien*, d'Alfred de Musset; un beau drame antique, *le Testament de César*, par Jules Lacroix; puis bientôt une jolie comédie d'Émile Augier.

Roqueplan et moi, en dirigeant les deux grands théâtres, nous avons passé par les plus mauvaises périodes, non pas de l'art théâtral, mais de l'art de faire de l'argent. Nous avions beau donner des chefs-d'œuvre, chantés ou joués par de radieuses personnalités, nous n'appelions à nos représentations que les élites : nous avions le dessus du panier, mais le dessous du panier, c'est la fortune. Paris n'était pas alors la capitale des étrangers ; les chemins de fer, qui n'avaient encore que des tronçons, ne jetaient pas tous les jours ces milliers de provinciaux, qui aujourd'hui veulent avoir leur part de la vie parisienne ; la bourgeoisie n'aimait que les théâtres à bon marché ; le peuple agité ne songeait plus aux fêtes de l'intelligence. Il fallait un vrai succès pour qu'une pièce fût jouée trente fois, avec des recettes moyennes. Mlle Rachel remplissait la salle ; mais dès qu'elle jouait plus de trois fois par semaine, le public manquait.

Il n'y a pas eu à l'Opéra de direction plus féconde, plus brillante, plus sympathique que celle de Roqueplan : Il s'y est ruiné ! Du moins il y a perdu tout l'argent que ses amis avaient mis en jeu.

A la Comédie-Française, j'ai été plus heureux, puisque pendant les mêmes années les sociétaires ont toujours partagé des bénéfices ; mais avec le répertoire qu'ils jouaient et avec tout le génie de leur jeu, ils rempliraient deux fois la salle aujourd'hui.

Tout en se quadruplant, le public est devenu meilleur pour les théâtres, mais détestable pour l'art ; aujourd'hui il prend tout ce qu'on lui donne. Vers 1850, il avait encore l'esprit critique : il jugeait, avec des mains pour applaudir et des clés pour siffler. Je m'en suis bien aperçu dès mon arrivée, quand j'ai donné *le Carrosse* de Mérimée et *les Entr'actes de la Comédie de Molière*, de Dumas. On n'était pas plus facile avec les acteurs qu'avec les pièces. Si on ne les sifflait pas, on les frappait à la glace quand on n'était pas content d'eux. Aujourd'hui on est content de tout ; on donne cent représentations d'une pièce qu'on ne pourrait pas lire une seule fois : c'est le progrès des lumières.

Roqueplan héritait d'un passé glorieux : l'Opéra était encore tout retentissant des succès de *Robert-le-Diable*, de *la Juive*, de *la Favorite*. Et combien de ballets qui étaient encore à la mode depuis Taglioni et Essler, tandis qu'au Théâtre-Français l'école de l'ennui dominait encore. On n'y jouait plus Victor Hugo exilé à la Renaissance et à la Porte-Saint-Martin. On n'y jouait plus Alexandre Dumas. Le grand art y était étouffé par les vaudevilles sans couplets des amis de Scribe. Scribe lui-même commençait à démoder l'affiche ; il était convenu qu'on s'ennuyait au Théâtre-Français, hormis les grands jours où Mlle Rachel ressuscitait la tragédie.

Il fallait donc changer le courant, mais au théâtre on n'improvise pas des chefs-d'œuvre, surtout dans la comédie ; or, puisqu'on avait Mlle Rachel pour la tragédie, c'était par la comédie qu'il fallait happer le spectateur. Voilà pourquoi, tout en demandant à Ponsard son drame *Charlotte Corday*, je demandais une comédie à Alexandre Dumas, une comédie à Émile Augier, une comédie à Alfred de Musset. Je voulais du premier coup marquer mon dessein de ne plus jouer que les maîtres modernes.

Je n'eus pas le mauvais esprit de briser avec Scribe, qui était un maître lui-même, mais je ne le voulais pas comme sentinelle avancée des nouvelles batailles, dans la peur de son personnel dramatique. J'étais trop épris des œuvres de vie et de couleur pour faire jouer encore les pâles fantômes des comédies de l'Empire et de la Restauration.

IV.

Verteuil et mes trois mousquetaires : Armand Barthet, Adolphe Gaiffe, Destroyes

Quoique Mlle Rachel aimât beaucoup Verteuil, elle me pria de prendre pour second secrétaire l'auteur du *Moineau de Lesbie*, Armand Barthet. Il fut convenu entre elle et moi que si le théâtre restait pauvre, nous payerions nous-mêmes Barthet. Ce qui n'empêcha pas les sociétaires de jeter les hauts cris.

Mais ce fut bien un autre tapage quand je pris un troisième secrétaire, Adolphe Gaiffe, ambassadeur extraordinaire près les puissances alliées ou ennemies, c'est-à-dire les journalistes. Gaiffe, né pauvre et né grand seigneur, ne doutait de rien; il pressentait déjà la fortune. Malin comme la malice des choses, beau comme un jeune Apollon, il cherchait partout des muses pour son cortège, sachant bien que l'on passe partout avec les femmes. Il ne voulait pas être payé, étant de ceux qui trouvent partout bonne table et bon gîte sans demander l'addition. Par exemple il me fallut payer son secrétaire qui vécut jusqu'à sa mort aux dépens de *l'Artiste*.

Ces trois nouveaux venus, qui ne coûtaient rien à la Comédie, répandirent beaucoup de jeunesse et de gaieté là même où l'ennui avait pris droit d'asile depuis quelques années.

Je me rappelle la surprise des comédiens et des comédiennes quand je descendis un soir dans les coulisses avec mes quatre secrétaires ; naturellement on les nomma tout de suite les quatre mousquetaires et les quatre fils Aymon. Les mères d'actrices se récrièrent : « Qu'est-ce que toutes ces femmes-là ? demandai-je à Verteuil. — Ce sont les mères des duègnes et des confidentes, me dit gravement Verteuil, qui était un rieur à froid. — Alors elles sont là pour veiller sur la cruche de leurs filles. »

Ces vénérables matrones obstruaient toutes les coulisses ; elles étaient là pour les mœurs, mais elles étaient là aussi pour leur plaisir ; elles voulaient voir leurs filles en scène et opiner du bonnet.

Je proposai de leur élever tout au fond du théâtre un monument funéraire. Non seulement elles ennuyaient les comédiens, mais elles agaçaient les spectateurs qui ne payaient pas leur place pour les voir se profiler quand la scène n'était pas fermée. C'était tout un monde alors que ces mères d'actrices, Mme Luther, Mme Fix, Mme Théric et quelques autres.

La vraie mère d'actrice était Mme Fix, un monument avec un cabas qui était un autre monument.

Le soir même, je signai un arrêté qui parquait les mères d'actrices dans un coin du théâtre, à moins qu'elles n'aimassent mieux aller aux troisièmes galeries ou dans les loges de leurs filles.

Les mères d'actrices ne vont pas au théâtre pour sauvegarder leurs filles, mais pour discourir sur leur vertu. Un comédien qui a écrit des malices sur la comédie conte l'histoire de cette mère orgueilleuse qui disait dans la coulisse : « Ma fille est une vestale. » Or quand cette vestale, cinq minutes après, parut en scène pour jouer au second acte une Agnès, elle avait une paire de moustaches, tandis que l'amoureux n'en avait plus comme à l'acte précédent ; la raison de ce chassé-croisé de moustaches, c'est que l'ingénue et l'amoureux avaient trop bien répété leur rôle en s'embrassant. Pour la moralité de la scène, un directeur ne doit prendre une comédienne que si elle est émancipée par l'esprit; la mère doit rester à la maison; ce n'est pas en surveillant la vertu qu'on la sauve : elle se sauve elle-même.

Je voulus prouver à mes quatre secrétaires qu'ils m'étaient indispensables : je les mis tous les quatre à l'étude du répertoire ancien, car j'avais déjà l'idée de publier sous ce titre : *le Répertoire,* un volume à cent exemplaires pour le service du théâtre. Mais Verteuil et Barthet ne s'entendirent pas sur les pièces à reprendre, non plus que les deux Adolphe : Gaiffe et Destroyes. Ils donnaient un rude coup de hache dans la forêt des chefs-d'œuvre tout en voulant mettre au soleil quelques arbres parasites. C'était à qui ferait sa découverte parmi les œuvres oubliées. Dès le lendemain de leur travail, ils l'abandonnèrent sans vergogne. Verteuil se renferma dans son service journalier, Armand Barthet alla batailler avec les comédiens, Gaiffe apprit aux comédiennes à fumer des cigarettes, Destroyes rima des madrigaux aux figurantes. Je me résignai gaiement à me passer de ces jeunes coureurs d'aventures. Ce qu'il y eut de comique en cela, c'est qu'ils étaient furieux de n'avoir rien à faire. Çà et là Barthet me disait : « Au moins, faites-moi écrire des lettres. » Si je lui donnais une lettre à écrire, il la portait à Gaiffe en lui disant : « Vous direz ceci ou à peu près. » Gaiffe ne manquait pas de remettre la lettre à Destroyes avec les mêmes paroles :

« Vous direz ceci ou à peu près. » Or, Destroyes écrivait la lettre, mais ne disait ni ceci ni à peu près, si bien que le lendemain, car il avait fallu toute une journée pour ce rude travail, on m'apportait tout juste le contraire de ce que je voulais dire. J'ai compris alors mieux que jamais pourquoi il y avait dans chaque ministère cinq cents plumitifs de trop. Mais il faut bien que la bêtise humaine soit représentée partout. Je ne dis pas cela pour mes trois spirituels mousquetaires, ni pour Verteuil qui était par excellence l'homme du théâtre.

Barthet ne se contentait pas de ne rien faire, il me donnait beaucoup de fil à retordre. C'était un brouillon et un fâcheux, quoiqu'il fût très bon diable. Du matin au soir on me disait : « Voilà encore Barthet qui vient de faire une bêtise. » J'en citerai une entr'autres : On jouait une pièce triste, le préfet de police riait aux éclats non pas de la pièce, mais des propos que lui débitait une jolie femme, voisine de sa loge. Barthet, qui ne le connaissait pas, va droit à lui : « Monsieur, c'est une bravade ! quand tout le monde pleure, vous riez. » Le préfet Carlier rit bien plus fort. Barthet monte de ton et menace le préfet de le faire empoigner par le commissaire de police. « Je voudrais bien voir ça, » dit le préfet. Barthet ne perd pas de tems, le commissaire de police arrive, on ouvre la loge, il ne reconnaît pas le préfet et lui dit : « Monsieur, suivez-moi. » Le préfet rit toujours et demande M. Arsène Houssaye. On vient me chercher, j'arrive et je vois l'œuvre de Barthet : une véritable scène de comédie, quand la salle continuait à pleurer.

Le préfet de police exigea que Barthet allât le lendemain dans son cabinet pour reconnaître ses torts : « Comment donc, s'écria Barthet, pieds nus et un cierge à la main ! » Mais le préfet de police ne riait plus, et le commissaire de police ne riait pas du tout. « Empoignez cet homme, » lui dit le préfet. Je sauvai Barthet en disant son nom à Carlier. « Armand Barthet, voyez-vous, s'imagine toujours qu'on joue *le Moineau de Lesbie.* »

Ce spirituel extravagant eut plus d'un duel ; voici le plus caractéristique :

Il chasse. Il tire un lièvre et le manque. Un chasseur passe près de lui : « Monsieur, retirez donc votre nez. — Pourquoi, Monsieur ? — Parce que votre nez est rouge, il m'éblouit et m'empêche de viser. J'ai manqué mon lièvre. — Mais, Monsieur ! — Monsieur, retirez votre nez ou nous nous battrons. » Barthet charge son fusil. « Comment, nous nous battrons ? — Oui, Monsieur, à cinquante pas, car à vingt-cinq votre nez m'éblouirait encore. » Le chasseur furieux accepte le duel. Chacun s'éloigne de vingt-cinq pas et se retourne : Une, deux, trois : les coups partent. Barthet reçoit quelques grains de plomb sur le bras ; son adversaire est atteint lui-même à l'épaule. « Et pourtant, s'écrie Barthet, j'avais visé le nez. » Je me hâte de dire que ce brave et joyeux poëte est mort fou.

V

Une lecture. — La Niaise

Quand Verteuil me remit la liste des pièces reçues, je pâlis : trois tragédies de M. Viennet, sans compter un proverbe, une comédie de M. Empis, une autre de

M. Samson, un drame de M. Beauvallet. J'en passe! « Mais, me dit Verteuil, il y a des demandes de lectures. — De qui? — De M. Scribe et de M. Mazères. Bien mieux, le jour est fixé pour M. Mazères. — Eh bien, donnons à M. Scribe le tour de M. Mazères. »

Ce qui eut lieu. M. Legouvé qui était de la pièce lut *Bataille de Dames*. M. Scribe avait l'œil sur tout le monde, sans perdre un mot de son œuvre qui manquait un peu de mots. Mais enfin la pièce était jolie, on ne fit pas de façons pour la recevoir.

Verteuil, qui connaissait bien la maison de Molière, me dit : « Voilà le moment de lire Mazères, parce qu'on ne reçoit pas souvent deux pièces à la file, d'autant plus que M. Mazères ne ramasse que les miettes de la table de M. Scribe ; d'ailleurs, il pousserait des cris de paon si on ne le lisait pas cette semaine. »

Je me résignai à ouïr la lecture de *la Niaise*, comédie en cinq actes. Auguste Lireux connaissait la pièce, M. Mazères ayant eu la cruauté de lui demander son opinion. Le malin critique n'avait pas manqué de lui dire que c'était un chef-d'œuvre, mais il me dit à moi : « Ce préfet a fait un chef-d'œuvre de sous-préfecture, le comité s'amusera beaucoup à la lecture. »

A propos de cette lecture, je donne ici un de mes croquis du tems :

Le comité de lecture est une comédie dans la comédie ; les spectateurs que le hasard réunit ne sont pas de trop mauvaise maison. Louis XIV d'un côté, Corneille à sa droite, Racine à sa gauche. En face, Dufresny, sans doute parce qu'il était petit-fils de Henri IV comme Louis XIV. Près de lui, Regnard. J'oubliais de dire que ces personnages sont accrochés aux murs. Deux bustes, les deux belles Saintval, des chefs-d'œuvre que j'ai pour ainsi dire mis en lumière, puisqu'ils étaient oubliés dans l'arrière-fond du théâtre.

Grande table au milieu de la salle, tapis vert pour ce jeu de l'amour et du hasard qui s'appelle la renommée.

Des fauteuils par-ci par-là. On avait le droit de se mettre à table pour savourer les vers ou la prose du patient. Patient, il fallait qu'il le fût. Mais patiens aussi les auditeurs. Combien faut-il faire de mauvaises pièces avant d'en faire une bonne?

Les membres du comité n'étaient pas les premiers venus, ni les premières venues : Rachel et Beauvallet, Brohan et Geffroy, Judith et Régnier, Anaïs et Provost, Samson et Mlle Denain, Mlle Noblet et Ligier. Quand on entrait en séance, on ne prenait pas la première place venue : l'un voulait la cheminée, l'autre la fenêtre, celui-ci la table, celui-là un coin, car on s'arrangeait pour écouter, mais aussi pour somnoler, hormis quand on devait lire une comédie d'Alexandre Dumas, d'Alfred de Musset ou d'Émile Augier. Les femmes arrivaient gaiement, non sans quelque tapage. Mlle Rachel seule entrait avec dignité, comme il convient à la tragédie; Mlle Brohan ne cachait pas son sac de bonbons; Judith promenait son bouquet sous le nez de ces messieurs; Anaïs agitait son mouchoir aux armes d'Angleterre· Mlle Denain jouait de l'éventail, elle qui croyait jouer Célimène, mais elle se croyait la grande coquette de la maison, depuis que Mars était morte, depuis que Plessy avait fui en Russie.

La séance est ouverte. L'auteur déploie son manuscrit et croit magnétiser du regard tous ceux qui vont l'écouter. « Mesdames et messieurs, dit-il en s'inclinant, la comédie que j'ai l'honneur de lire devant vous a pour titre : *La Niaise*. — Qui est-ce qui jouera? dit Brohan en regardant toutes les figures. — Rassurez-vous, dit M. Mazères, — car, ce jour-là, c'est lui qui est l'auteur, — cette niaise cache son jeu, elle a beaucoup d'esprit. — C'est toi, Brohan, dit Anaïs. — Moi, je ne cache rien du tout, c'est plutôt Mlle Denain. — Vous figurez-vous, madame, que j'ai la figure d'une niaise? — Au contraire, maadaame, puisque vous cachez votre jeu. — Chut! dit Provost en prenant une prise, nous ne sommes pas en scène. »

C'est un chassé-croisé de mots qui volent de toutes parts; le directeur, qui n'a pas de sonnette, frappe trois coups sur la table. Mlle Brohan offre des bonbons à Mlle Denain pour effacer son mot cruel. Mlle Judith respire son bouquet. Beauvallet, qui n'a rien à faire au théâtre de M. Mazères, dessine la caricature de l'ancien préfet. M. Mazères commence avec une autorité tout officielle. Il se croit dans un comice agricole; il souligne chaque mot, mais il a oublié d'y mettre de l'esprit. A la troisième scène, Mlle Anaïs qui est très fine et qui ne jouera pas *la Niaise*, demande ingénument si la pièce est en vers. Mazères, qui n'y voit pas malice, répond que, pour plus de vérité, il a écrit sa pièce en prose. Le directeur rappelle Mlle Anaïs à l'ordre. M. Mazères continue. Il trouve qu'on est bien froid en l'écoutant; mais il est sûr de briser la glace, car il n'a jamais douté de son génie. M. Samson en doute si peu qu'il s'endort vaguement. Mlle Rachel regarde désespérément le portrait de Molière et dit à son voisin Geffroy : « Comme il a l'air de s'ennuyer ! — Je crois bien, murmure Brohan, c'est un ennui en cinq actes. — Et il n'a pas comme nous un jeton de présence, » poursuit Judith.

Le directeur fronce le sourcil. Les scènes de la comédie tombent l'une sur l'autre dans un silence funèbre. Mazères se tourne vers moi : « Je ne suis pas en voix aujourd'hui. J'ai peur de mal lire. — Pas du tout, au contraire, vous jouez votre pièce. — Une pièce de deux sous, » dit Beauvallet en se parlant à lui-même.

Mazères, qui s'impatiente du bruit, affronte le silence : il achève le premier acte. En voyant tous ses personnages tomber à plat ventre comme des capucins de cartes, Régnier n'a encore rien dit ; mais, plus cruel que les autres, il veut mesurer l'ennui ; il regarde à sa montre ! « Est-ce que cela ne vous amuse pas ? dit Mazères avec impatience. — Nous en parlerons au cinquième acte. Si je regarde l'heure, c'est pour savoir si le premier acte sera long à jouer. »

Par ce dernier mot, Mazères est tout ragaillardi ; il aborde le second acte sans toucher au verre d'eau sucrée. « Encore quatre averses ! » dit Brohan.

Elle change de place, espérant que Mazères changera de ton. Samson s'est réveillé pour l'autre acte. Provost lui passe sa tabatière. Anaïs croque une dragée.

Beauvallet, qui a parachevé sa caricature, la passe à Geffroy qui la tient sous le boisseau, je veux dire sous le chapeau. C'est Mazères en préfet. On a entrevu le portrait : on rit. Mazères est content, car il croit que c'est la gaieté de sa pièce. On continue à rire, il rit lui-même. Pendant tout le second acte, on rit ; à la fin, l'auteur, content de lui et de ses auditeurs, se risque au verre d'eau. « Vous voyez, dit-il, que le second acte explique le premier et prépare le troisième. » Et le voilà parti à pleine volée dans le troisième acte.

On rit toujours. On rit parce qu'il n'y a pas le plus petit mot pour rire. On se dit à l'oreille que c'est de l'esprit de préfet de troisième classe. Et Mazères rit lui-même. Beauvallet lui dit, au quatrième acte, qu'il aurait dû faire lire les deux derniers actes par Romieu, que la Révolution de 1848 a rendu aussi aux loisirs littéraires. « Romieu ! c'est un hanneton, dit Mazères. — Oui, mais il était préfet dans le pays des truffes. » Mazères ne comprend pas que sa pièce manque de truffes. On continue à rire jusqu'à la fin. Mazères ne doute pas de son triomphe.

On vote : cinq boules blanches et trois noires ! Il faudra jouer *la Niaise*. O Comité ! Voilà de tes surprises.

VI

Quelques figures

Parmi les curiosités vivantes du Théâtre-Français, je n'ai pas oublié le célèbre Laurent, arrière-petit-fils de celui qui serrait la haire avec la discipline de M. Tartuffe. C'était, hélas ! la seule postérité visible du Théâtre-Français. M. Laurent n'était pas beau, mais il était tortueux, insolent et servile, tout comme M. Tartuffe. On en avait fait une espèce d'inspecteur des costumes et des décors, je ne sais pourquoi, car il n'y entendait rien. Il s'était fait de lui-même inspecteur du contrôle et de la scène, si bien qu'un peu plus, tout le monde marchait sous ses lois.

Naturellement, quand j'arrivai au théâtre, il joua le double jeu : soumis à mes ordres, mais fidèle aux sociétaires, sauf à les trahir en toute occasion. Il est des gens qu'on juge du premier coup d'œil : je me promis bien de mettre M. Laurent à la retraite. Mais tout est difficile, surtout le bien. On me représenta que les Laurent, de père en fils, avaient apporté la tradition de Molière. Toucher à M. Laurent, dernier du nom, c'était toucher à l'arche sainte. Ne pouvait-on pas circonscrire son inspectorat ; l'empêcher d'être le soir au contrôle, où il saluait tout le monde d'un air protecteur ; lui défendre les coulisses, où il ennuyait tous les comédiens ? Chose étrange ! les comédiens, qui avaient tous peur de lui, me le recommandèrent tous. C'est qu'il avait surpris les secrets de la Comédie, les aventures et les mésaventures galantes. D'ailleurs, comme il s'en faisait accroire, il en faisait accroire aux autres. « Enfin, dis-je à ses protecteurs, je le verrai à l'œuvre. » Je l'appelai dans mon cabinet et je lui parlai de ses fonctions, en lui marquant une géographie du théâtre où telle ou telle province serait sous son contrôle. Mais ce qu'il voulait, c'était la province du contrôle et non la province des costumes, des décors et du balayage. Aussi ne tint-il pas compte, le premier soir, de ma géographie. Je le retrouvai au contrôle. « Eh bien ! lui dis-je en passant. — Oh ! monsieur le Directeur, je sais ce que j'ai à faire. » Il s'inclina et disparut. Mais, le lendemain, toujours au contrôle. On me dit : « Prenez garde, car si vous chassez Laurent, on dira que vous ne voulez pas d'inspecteur du contrôle. » J'en nommai un tout de suite, un homme bien élevé, tout à fait digne de recevoir les spectateurs. On me donna raison ; mais rien ne saurait peindre la rage de Laurent. Le soir, il entra dans mon cabinet où je causais avec Mlle Rachel. Il voulut parler haût, se croyant soutenu par les sociétaires, mais je lui donnai une seconde leçon de géographie théâtrale. « Monsieur Laurent, vous ferez ceci, pas autre chose, ou vous ne ferez rien du tout. » Il s'en alla tête basse, en me jetant ces mots du seuil de la porte : « Jusqu'à nouvel ordre. » Rachel était indignée. Je rappelai M. Laurent, qui, avec la voix de M. Tartuffe et les mains pleines d'eau bénite, expliqua à Mlle Rachel le « Jusqu'à nouvel ordre ». Il jouait la comédie comme les meilleurs comédiens.

A partir de ce soir-là, on ne le rencontra plus partout, ce qui ne l'empêcha pas de me jouer tous les mauvais tours de son métier.

Qui le croirait, les sociétaires jugèrent de ma force à ce simple coup. Il y avait vingt-cinq ans qu'ils n'osaient toucher à Laurent qui touchait à tout d'une main fâcheuse.

Mes ennemis ne me permettaient pas, dans les journaux, de faire un mouvement sans m'accuser de trahir les belles-lettres. J'avais demandé à voir le journal des entrées de faveur ; ma première surprise fut d'y saluer cent personnages très dignes d'être marqués sur la liste, mais qui étaient morts depuis longtems. Je demandai des explications à l'incomparable M. Laurent. « Mon Dieu, me dit-il, je sais bien que ces messieurs sont morts, mais il serait peut-être impoli de rayer leurs noms, d'autant plus que cela permet à leurs fils ou petits-fils de venir les regretter ici. — Oui, les jours de deuil, quand il n'y a personne dans la salle. — Comme vous dites, cela peuple l'orchestre. — C'est égal, les petits-fils ont assez pleuré comme ça, effaçons tous ces noms de l'autre monde. »

C'était une rubrique de M. Laurent pour faire passer ses amis, c'est-à-dire les enfans de ses fournisseurs. Je supprimai d'un seul coup ces entrées de faveur si extraordinaires ; mais voilà que le *National*, ami de Laurent, se fâcha tout rouge, en m'accusant de ne pas connaître mon monde. J'écrivis cette lettre au directeur du *National* :

« Vous accusez la direction du Théâtre-Français
« d'avoir supprimé les entrées de faveur à quantité d'ar-
« tistes, d'écrivains et de gens érudits.

« C'est vrai, monsieur, mais *ces artistes, ces écrivains*
« *et gens érudits*, sans doute très recommandables, sont
« depuis longtems partis pour l'autre monde. Loin de
« frapper les artistes, les écrivains et les gens érudits,
« j'en ai augmenté la glorieuse liste ; M. Ingres, M. De-
« lacroix, à peu près tous ceux qui sont l'honneur de
« l'école moderne dans la peinture et la statuaire, se
« retrouvent au foyer du Théâtre-Français. L'Académie
« tout entière a ses entrées, — et ne le rend pas tou-
« jours à la Comédie, depuis Molière jusqu'à Alfred de
« Musset. — Ceux qui ne sont pas de l'Académie, Béran-
« ger, par exemple, sont pareillement reçus. Et je n'at-
« tends pas qu'un nom soit glorieux pour l'accueillir. »

Puisque je parle de Laurent, je veux effacer cette figure disgracieuse par trois aimables serviteurs du théâtre : l'huissier qui annonçait, l'homme qui courait partout, et celui qui portait les billets. Je commence par le dernier.

Cet original s'appelait de son véritable nom Beaubillet. C'était un philosophe par excellence. Il arpentait

Paris le matin avec la rapidité télégraphique, portant des lettres, des loges, des ordres de répétition. Quand il avait une heure à perdre, il se reposait au café de la Régence, au voisinage de son ami Alfred de Musset : au théâtre, tout le monde est camarade, il n'y a pas de mercenaires. Beaubillet se plantait sans cérémonie à côté du poëte, admirant sa manière de jouer aux échecs, comprenant sa manière de boire, puisqu'Alfred de Musset lui offrait, en le tenant toutefois quelque peu à distance, un bock et un petit verre.

Pendant près de dix ans Beaubillet assista silencieusement au jeu d'Alfred de Musset. Quand on parlait d'un beau coup, il opinait du bonnet, mais sans jamais dire un mot. Un jour pourtant on lui demanda tout haut son opinion. Ce fut alors qu'il fit cette réponse légendaire : « Je ne connais pas le jeu d'échecs. — Comment, il y a dix ans que vous nous regardez et vous ne connaissez pas le jeu d'échecs ? — Oui, ça m'amuse, mais je ne comprends pas. »

Combien de philosophes qui pourraient répondre le mot si on leur demandait leur opinion sur le jeu de la vie !

Je ne sais si le second compagnon descendait de l'adorable Mlle de Brie qui aima tant Molière dans sa verte jeunesse comme dans ses années de larmes ! Il s'appelait La Brie, sans pouvoir produire son état civil. Puisque Laurent prétendait venir de si loin, pourquoi La Brie n'eût-il pas fait le même chemin ? Ce grand diable d'homme ne marqua sa vie par aucune originalité; attaché à son devoir il allait, il venait, il marquait des billets, il cachetait des lettres. Il avait l'air de ne penser à rien, mais il savait tout. On pouvait le questionner sur les choses et les personnes du théâtre, il répondait toujours juste, sans pour cela interrompre son travail. Il était de ceux qui ne rient pas, même pour de l'argent.

Voici La Chaume. Oh ! celui-là, ce fut un original. Il était pompeux dans son rôle d'huissier ; portant au cou comme un collier d'ordre royal la chaîne brillante de l'huissier, il jouait son rôle comme s'il eût introduit des ambassadeurs. Admirable chien de garde par la bonté et par le dévouement, il ne laissa jamais entrer chez moi les fâcheux ; il les flairait de loin et leur disait froidement : « Comité de lecture, ou comité d'administration. » Il avait même inventé trois ou quatre autres comités ; dans ses jours gais il osait dire : « Comité de dames. » Quand on était trop familier avec lui et qu'on disait *La Chaume* tout court, il se redressait : « Monsieur de La Chaume, s'il vous plaît ! » Je ne sais pas encore si c'est un nom célèbre du livre héraldique, mais c'était bien son nom. Tout le monde l'aimait à la Comédie, moi plus que tout le monde, quoiqu'il m'inquiétât souvent par sa curiosité. Quand il me croyait en conversation, non point criminelle, mais plus ou moins galante, il entrait en disant que je l'avais sonné. Je ne l'avais pas sonné du tout ; mais il se rattrapait sur la pendule ou sur le cadran du conducteur d'omnibus. Il n'apportait pas une lettre qu'il n'eût pénétrée. Aussi disait-il : « Il faudra lire celle-ci, vous pouvez vous dispenser de lire celle-là. » Il était impossible de le malmener, tant son amitié éclatait à tout propos. Rachel elle-même lui permettait d'être familier. Il le fut à ce point que les jours de comité de lecture il buvait souvent le premier verre d'eau destiné au patient.

Le pauvre La Chaume est à cette heure pris par la

patte; la goutte le cloue chez lui dans ses quatre-vingts ans. Je vais le voir tous les ans, parce que cela lui fait plaisir et parce que cela me fait plaisir à moi-même. « Vous êtes comme moi, me dit-il, vous n'êtes pas fier. »

La vertu est quelquefois récompensée: aimant les enfans, sa femme ne lui en avait pas donné, il adopta une petite fille qui l'a adopté à son tour. Il vit très heureux chez elle — si le bonheur est de ce monde.

VII

Gabrielle et Émile Augier

Je n'avais accepté la direction qu'en comptant sur Mlle Rachel. Elle reparut saluée par des ovations sans nombre. C'était dans *Adrienne Lecouvreur*. Mais voilà qu'à la fin du drame elle représenta si naturellement la mort d'Adrienne qu'on la releva morte.

Je courus sur la scène et je la pris dans mes bras, effrayé de sa pâleur. Sa mère et sa sœur la pleuraient déjà. Enfin elle rouvrit les yeux et sourit doucement. On la porta à sa loge où elle retomba évanouie. Et toute la nuit, chez elle comme au théâtre, ce fut la même scène. Le lendemain, son médecin me dit : « Elle ne jouera pas avant longtems, si elle rejoue. »

Je fus désespéré pour elle et pour le théâtre. J'invoquai tous les dieux, celui de Rachel comme ceux d'Eschyle. Je me donnai à tous les diables pour que la tragédienne fût sauvée. Elle s'indignait, crucifiée dans son lit, d'être vaillante sans être forte. Elle croyait que tout était fini pour elle et que tout était perdu pour moi.

Il me fallut une volonté de fer pour vaincre tous les obstacles. Mon horreur des vaudevilles sans couplets ne m'empêcha pas de jouer *les Deux Célibats*, trois actes à mourir d'ennui, de M. Jules de Wailly. Il avait déjà deux mois de répétitions. M. Samson comptait sur la pièce, l'auteur d'ailleurs avait le droit absolu de la faire jouer : je laissai passer la justice du comité. La pièce tomba dans le silence le plus profond. On donna les trois représentations voulues, après quoi je croyais n'entendre plus parler des *Deux Célibats;* mais la tribu des Wailly avait de solides ramifications, et l'auteur se mit en campagne avec mes ennemis. La Commission des théâtres fut pour lui; pour lui les représentans du peuple qui envoyèrent un délégué devers le ministre.

Grands débats dans les journaux. J'écrivis à la commission des théâtres : « Messieurs, vous voulez protéger l'auteur d'une comédie qui voudrait condamner les spectateurs du Théâtre-Français au supplice de l'ennui. Je n'ai qu'une réponse à vous faire : je ne voulais plus donner la pièce, mais je la donnerai encore demain à cette seule condition, c'est que tous les membres de la commission des théâtres, le ministre et le délégué de l'Assemblée nationale viendront la voir depuis le commencement jusqu'à la fin ! »

Le succès fut pour moi, car nul ne voulut voir *les Deux Célibats*. Théophile Gautier a très bien conté cela dans son feuilleton de la *Presse* *.

* « Nous pensions que le public était le vrai juge du succès : il paraît qu'on ira désormais demander aux tribunaux raison des chutes devant le public. Ainsi les auteurs d'une pièce jouée

Je donnai le lendemain *la Coupe enchantée*, de La Fontaine, qui n'avait pas été jouée depuis bien longtems. Cette reprise très étudiée fut sifflée, mais les jours suivans elle fit la joie de tous les spectateurs. Avec les petites comédies d'Alfred de Musset, de Marivaux, de Molière, on eut alors un spectacle coupé qui ramena le public. Les autres soirs, on jouait cette belle pièce romaine de Jules Lacroix, *le Testament de César*, où la troupe tragique se surpassait. On reprit avec éclat *le Mariage de Figaro*, qu'on ne jouait plus, faute de costumes et de décors. On atteignit ainsi le jour de la représentation d'une comédie en cinq actes d'Émile Augier, cette célèbre *Gabrielle*, qui prit tout le monde par le sentiment. On ne retrouvait plus le beau poëte de *l'Aventurière*, mais si les gens de lettres étaient moins contens, les gens du monde étaient plus enthousiastes : les larmes ont toujours raison au théâtre : « Tu pleures, donc tu es vaincu. » Il y avait, d'ailleurs, pour ceux qui n'aiment pas les larmes dans la comédie, des passages marqués au bon coin, où le petit-fils de Pigault-Lebrun prouvait qu'il était aussi le petit-fils de Molière.

Or, qu'était-ce qu'un grand succès en ce tems-là ? des recettes de deux mille francs pendant quarante représentations ; après quoi, il fallait un autre succès.

au Théâtre-Français dans un ennui profond, *les Deux Célibats*, comédie qui ne rachète l'absence du comique par aucune qualité littéraire, appellent le directeur du Théâtre-Français devant la Commission des théâtres. M. Arsène Houssaye va répondre en homme d'esprit et en homme de raison, en donnant une fois encore *les Deux Célibats* pour tous les membres de la Commission. C'est cruel, mais c'est juste, puisque l'auteur n'a voulu accepter ni le jugement du public, ni le chiffre des recettes, ni l'indulgence railleuse de la critique. THÉOPHILE GAUTIER. »

Alors on ne se reposait pas sur ses lauriers, il fallait songer au lendemain, quelle que fût l'œuvre du jour.

Le soir de la représentation de *Gabrielle*, j'écrivis au ministre, qui voulait mon opinion sur chaque pièce nouvelle :

« Si quelqu'un est doué du génie comique, c'est Émile Augier, esprit varié, esprit hardi, esprit trouveur. C'est la troisième fois qu'il montre au théâtre la force de son talent. Ce que j'aime surtout en lui, c'est qu'il ne se répète pas. On sent bien la même personnalité, mais avec des physionomies diverses, tour à tour antique, gaulois et français. En effet, *l'Aventurière* ne continuait pas *la Ciguë*, *Gabrielle* ne continue pas *l'Aventurière*. M. Émile Augier a passé, avec le même entrain, le même emportement et le même esprit, de la comédie grecque à la comédie romanesque. Aujourd'hui, c'est la comédie toute moderne, imprégnée du sentiment philosophique qui gouverne les œuvres bien nées.

« Il n'y a pas de meilleur sermon que cette comédie ; ce qui n'empêche pas cette comédie de rire gaiement quand elle ne pleure pas. Et le rire est aussi franc que les larmes sont vraies.

« On a craint que M. Émile Augier ne devînt un éclectique comme Casimir Delavigne, mais ces craintes ne sont pas sérieuses ; d'abord parce qu'il a une langue vivante, colorée et libre qui habillerait mal des idées impersonnelles ; ensuite parce qu'il ne s'est pas préoccupé de marier deux écoles, comme a fait Casimir Delavigne, ce qui était marier la vie avec la mort. Émile Augier n'obéit qu'à ses inspirations et à ses fantaisies. S'il a çà et là des airs d'Aristophane ou des airs de Molière, ce n'est pas pour avoir voulu les imiter, c'est pour avoir aimé leur génie. L'esprit a sa lignée. On est toujours fils de quelqu'un. Il est bien de rappeler de radieux ancêtres ; mais ceux qui voudraient coiffer Émile Augier de la toge grecque ou de la perruque de Louis XIV peindraient mal son talent. Je ne doute pas que chaque pièce de ce primesautier n'arrive à la scène avec un air nouveau *. Ce qui donne à l'auteur de *la Ciguë*, de *l'Aventurière* et de *Gabrielle* un caractère à part, parmi les auteurs dramatiques qui tiennent la scène, c'est qu'il est poëte avant tout ; il a beau s'efforcer, par amour de la vérité, de prosifier son vers, tout garde chez lui un certain air de tête qui accuse la race. Un autre mérite, c'est que sous son rire qui éclate ou qui mord, on sent un cœur qui s'agite sous la passion, qui s'indigne sous la sottise, qui bat à tous les beaux sentimens. En un mot, on se sent avec lui en bonne compagnie dans les régions de l'esprit humain.

« L'histoire de *Gabrielle*, c'est l'éternelle école des femmes. Nous n'avons pas changé le côté du cœur, mais nous avons changé la figure du mari. Au tems de Molière, le mari, cocu plus ou moins imaginaire, se nomme Sganarelle, il appelle toutes les risées. Aujourd'hui le mari n'est plus un comique ; s'il prend envie de rire de quelqu'un, c'est plutôt de l'amant. M. Émile Augier a abordé ce point délicat de la vie conjugale avec un haut sentiment moralisateur. Il a plaidé la cause de la société contre les aveuglements de la passion, avec une éloquence toute familiale. Il n'est pas une femme à demi perdue qui, après avoir vu cette pièce, ne rentre chez elle en laissant à la porte l'adultère jusque-là encouragé, —

* *Les Lionnes pauvres* et *le Mariage d'Olympe* ont donné raison à ces paroles.

sauf à le rappeler le lendemain, — mais gagner un jour, c'est quelquefois tout gagner.

« Voilà une belle occasion pour le Président de la République de bien placer la croix de la Légion d'honneur. M. Émile Augier la méritait dès sa première comédie. »

Gabrielle eut un grand succès ; ce fut la pièce à la mode. L'Académie lui décerna un prix de dix mille francs ; le Président de la République fut heureux de donner la croix à Émile Augier.

VIII

Comment Alfred de Musset faillit renier ses dieux

J'ai déjà dit que j'espérais une comédie d'Alfred de Musset, comme Rachel avait espéré une tragédie ; mais il avait commencé *Frédégonde*, il ne commença même pas *les Enfans du siècle*, titre qui rappelait son roman. Les femmes l'avaient perdu. Je crois qu'une femme pouvait le sauver à force d'amour, mais quelle femme ?

Alfred de Musset, Mlle Phèdre et Mlle Aricie étaient un jour dans mon cabinet. Je dis tout à coup à la tragédienne : « Pourquoi diable avez-vous conduit il y a un an une comédienne et un poëte à la Chaumière, en plein soleil ! — C'est bête comme tout, répondit Phèdre en éclatant de rire, car ce n'était pas pour les marier ensemble. J'étais sortie pour aller — où va une femme qui sort. Par habitude, je passe par le Théâtre-Français. Alfred de Musset fumait à la porte. Comme je l'aime beaucoup, je lui dis de monter dans ma voiture, mais je me dis aussitôt : « Que vais-je faire de lui ? » Mlle Aricie survient, j'étais sauvée. Je l'appelle, je la hisse, je la caresse : en toute hâte je les jette à l'eau tous les deux, c'est-à-dire que je les noie dans les bras l'un de l'autre en les conduisant à la Chaumière, d'où je m'échappe en riant comme une folle. Voilà le secret de la tragédie. — Est-ce bien vrai, ce mensonge-là ? demanda Mlle Aricie. — C'est aussi vrai que mon amitié pour vous et que votre amitié pour moi. — Je suis renseignée ! dit Aricie. — Embrassez-vous ! s'écria Alfred de Musset. Une belle équipée, continua-t-il, Aricie a failli faire une bonne action et moi j'ai failli faire une bonne pièce. »

Sur quoi, Alfred de Musset se versa un verre d'eau et regarda la comédienne avec une expression de bonté souriante. « Celui-là, vous ne le jetterez pas par-dessus ma tête.— Non,dit-elle,mais je vous défie de le boire. »

Alfred de Musset but héroïquement le verre d'eau. « Enfin ! me dit Phèdre, il met de l'eau dans son vin ; par malheur, il met aussi de l'eau dans sa poésie. »

Mais voici l'histoire édifiante de cette promenade du poëte avec Phèdre et Aricie :

Donc un jour, à la porte du Théâtre-Français, Alfred de Musset salua Phèdre qui venait de remonter en landau. « Ma chère amie, où allez-vous si belle et si riante ? — Mon cher ami, vous êtes trop curieux ! je vais où va le vent.— Vous avez, ma foi, bien raison ; voulez-vous que j'aille avec vous ? — Pourquoi pas ? je ne serais pas fâchée de faire un voyage en si illustre compagnie. — Parlez pour vous. — Parlons pour nous. »

Alfred de Musset jette son cigare et monte à côté de Phèdre.

Les chevaux allaient partir quand une des trois étoiles de la Comédie salua au passage. Laquelle des trois étoiles? La plus spirituelle ? Chacune des trois était la plus spirituelle. En ce tems-là, c'était surtout l'heure d'Aricie. Les mots jaillissaient de ses lèvres comme des épées flamboyantes. On avait peur de tomber sur le champ de bataille de sa raillerie, mais la bouche était si rouge et les dents étaient si blanches qu'on recherchait le combat si on en était digne.

On la surnommait Trois-Étoiles, parce qu'elle ne daignait signer ses lettres que par son esprit.

Phèdre dit à Alfred de Musset : « Voilà Aricie qui va en dire de belles sur nous. — Madame, répondit de Musset, elle ne dira pas plus de mal de nous que nous n'en pensons. »

La tragédienne avait tendu la main à la comédienne. « Il y a encore une place, lui dit-elle. — Allons donc, s'écria Aricie, je ne veux pas me jeter comme un chien dans un jeu de quilles. — Je vous dis de monter, reprit Phèdre, car vous manqueriez à la fête. — Oh ! du moment qu'il y a une fête, j'en suis. »

Et Aricie monta à son tour dans le landau.

Il y avait une quatrième place, mais il aurait fallu qu'Edgard Poë la prît pour savoir où allait Phèdre. « A l'Observatoire, dit-elle à son cocher. — Bravo ! s'écria Alfred de Musset, je ne suis pas fâché d'aller découvrir mon étoile, car j'ai beau passer toutes les nuits, je ne la vois jamais. — Ce n'est pas faute de briller, » dit la tragédienne.

Pendant que le poëte s'inclinait et lui rendait étoile

pour étoile, la comédienne se disait à elle-même : « Ce n'est pas une étoile que Phèdre va chercher à l'Observatoire, c'est une comète, mais elle ne la trouvera pas, car je l'ai rencontrée tout à l'heure dans les parages de Mlle ***. »

Trois-Étoiles songeait au plus terrible des Arago, un poëte aussi qui a fini par une ambassade dans les montagnes. « Honni soit qui mal y pense ! reprit Rachel. J'ai dit tout haut à l'Observatoire, parce que je ne vous lais pas dire où nous allions à ceux qui écoutaient à la porte du théâtre. — Mais je n'ai pas de passe-port, dit la comédienne jouant l'épouvante. — Et moi je n'ai qu'une chemise, continua Alfred de Musset. — Et moi je n'ai pas de chemise de nuit ! » poursuivit la tragédienne.

On était sur la place du Carrousel ; la tragédienne qui savait gré à Alfred de Musset d'avoir jeté son cigare, lui en offrit un meilleur qui ne lui était pas destiné, mais qu'il alluma avec beaucoup de plaisir. A travers la fumée, les plus charmans propos et les plus jolis éclats de rire se répondirent comme la mousqueterie à Fontenoy. Quand Hermione s'amusait, elle s'amusait bien. Pareillement ses deux compagnons ne donnaient pas leur gaieté aux autres. On arriva ainsi rapidement dans l'avenue de l'Observatoire. Alfred de Musset était ravi de ne pas savoir où il allait, Phèdre s'amusait de la curiosité de son amie, qui d'ailleurs n'était pas du tout impatiente. « Nous allons à la *Chaumière*, dit tout à coup la tragédienne. — A la Chaumière ! que diable ferons-nous à la Chaumière en plein soleil ? — Nous nous promènerons comme les étudians et les étudiantes. — Et les violons ! — Ah ! oui, j'ai oublié les violons.

Mais les oiseaux nous chanteront les amours de *Mimi Pinson.* »

On descend bientôt de voiture à la porte de la Chaumière. On entre dans ce champ de bataille de la danse où quelques carabins fumaient leur pipe en buvant des grogs. On tourne autour des bosquets, on effeuille des roses et on se promet de se risquer un soir où ni la tragédienne ni la comédienne ne joueront au Théâtre-Français.

En attendant, Alfred de Musset demande une bouteille de bière, une bouteille d'absinthe, une bouteille de cognac. C'est l'heure et le moment. Phèdre dit à Alfred de Musset de veiller sur la comédienne. Elle recommande à la comédienne de veiller sur Alfred de Musset. Après quoi, elle s'éclipse tout en disant qu'elle va revenir.

Le poëte s'assied devant une table en présentant une chaise rustique à Trois-Étoiles. « Ma chère amie, voulez-vous me dire pourquoi Phèdre nous plante ici l'un en face de l'autre ? — Mon cher ami, voulez-vous me dire où est allée cette illustre tragédienne ? — Est-ce qu'elle voudrait nous faire jouer des rôles de comparses ? — Oui, oui, vous aimeriez mieux jouer le rôle d'Hippolyte ! »

Et la comédienne déclama les plus beaux vers de la tragédienne. « Non, dit Alfred de Musset, ce n'est pas ce que j'aime ; vous savez que la tragédie n'est pas mon affaire ; si jamais je me passionne pour Phèdre, ce sera comme femme du monde. — Oui, dit Aricie d'une bouche railleuse, on connaît vos goûts et vos habitudes. — N'allez-vous pas me faire un crime de passer mes soirées avec des demoiselles de l'autre monde ! — C'est le pays où l'on refait des virginités. — Je suis sérieux. Si l'innocence était bannie de la terre, on la retrouverait là. — Je n'en doute pas, mais vous feriez mieux de la retrouver chez vous. — Des bêtises ! vous voulez prêcher aujourd'hui ? — Pourquoi pas ? Vous savez bien que le théâtre est l'école des mœurs. Jésus-Christ changeait l'eau en vin aux Noces de Cana. Je voudrais bien changer le vin en eau aux noces que vous faites toutes les nuits. — Allons ! s'écria Alfred de Musset, en voilà encore une qui me dit éloquemment que je fais tous les jours le lundi. »

Là-dessus, Apollon-Musset, montant sur le Pégase du paradoxe, voulut prouver à Mlle Aricie que Bacchus, fils de Jupiter, est le second des dieux, sinon le premier. « N'a-t-il pas un tonneau pour trône et une couronne de raisins pour couronne ? Trouverait-on un roi mieux équilibré ? Sémélé, sa mère, était plus poétique que les neuf pucelles, puisqu'elle avait la poésie de l'amour. Bacchus est gai : la gaieté n'est-elle pas la première vertu d'un galant homme ? Que chantent donc tous les buveurs d'eau ! Ils ne savent pas l'histoire. Les dieux étaient toujours à table. Je crois bien, comme l'a dit un ancien, qu'ils étaient soûls comme des grives quand ils créèrent l'homme et surtout la femme. Je fais comme les dieux quand il me faut mettre au monde les enfans de mon imagination. Voyez-vous, ma chère amie, il faut en découdre de vos opinions toutes faites. — C'est la sagesse qui parle, » dit la comédienne de sa lèvre railleuse.

Alfred de Musset et Aricie s'aimaient d'une amitié dorée d'amour; la comédienne avait déjà tenté d'arracher le poëte à son noctambulisme. Chaque fois qu'il était galant, elle voulait l'amener à être galant homme la nuit comme il l'était le jour. « Ma chère amie, reprit de Musset, quand on a des yeux qui flambent et une bouche qui rit, on ne prêche pas, on aime. — Eh bien ! soit; je vous aimerai si vous voulez que je vous enferme chez moi. — Je ne demande que ça. — Oui, mais vous ferez un stage de six semaines. — C'est dit. — Vous écrirez une comédie pour moi. — Je veux bien, à la condition que vous me la dictiez de ces lèvres si jolies et si spirituelles. »

Le poëte effleura d'un baiser les cheveux de la comédienne : « Que dirait Rachel si elle reparaissait ? car elle n'a pas prémédité cette rencontre quelque peu singulière. »

Le garçon de café de la Chaumière, qui s'était fait un peu attendre, apporta un petit verre de cognac, un moyen verre d'absinthe et un grand verre de bière.

Quoique de Musset allât tous les jours au café et ailleurs, il avait conservé son savoir-vivre. En moins d'un instant, il jeta les trois verres par-dessus la tête de celui qui les avait servis. « Je vous ordonne de m'apporter une bouteille de cognac, une bouteille d'absinthe et une bouteille de bière. » Quand Alfred de Musset se fâchait, il prenait un air d'autorité qui imposait. Tout arrosé qu'il fût par les trois verres, le garçon de café obéit. Cette fois, le poëte fit avec complaisance sa cuisine bien connue : il se versa de la bière, de l'absinthe et du cognac, dans des proportions par lui très étudiées. Il allait boire ce nectar, comme Apollon lui-même en partie fine avec Daphné, quand la comédienne saisit cette coupe idéale et la jeta à son tour par-dessus la tête d'Alfred de Musset.

Il parut ne pas comprendre, car il dit à la comédienne : « Voulez-vous prendre un verre d'eau? » Il pensait qu'Aricie était offensée parce qu'il ne lui avait rien offert. « Comment, s'écria-t-elle, vous ne voyez donc pas que j'ai jeté votre ivresse dans ce jardin? »

Alfred de Musset leva sa canne pour frapper la comédienne. Il flambait des yeux et il grinçait les dents, tout à sa colère soudaine. « Frappez, mon ami, » dit-elle avec beaucoup de calme.

Désarmé, il laissa tomber sa canne, se jeta aux pieds de la comédienne et lui baisa les mains en pleurant. Elle le releva bien vite et se promena avec lui pour échapper aux curieux. « Vous êtes sauvé ! lui dit-elle tout attendrie. — Oui, vous avez fait ce miracle. Mais dites-moi que vous m'aimez. — Si je ne vous aimais pas, je n'aurais pas fait ce miracle. »

Ils se sont aimés à cette minute suprême; lui, croyant ressaisir au-dessus de l'abyme toutes les branches fleuries et chantantes de sa jeunesse; elle, voulant se sacrifier en sauvant une âme en peine, une âme trouble, mais une âme de grand poëte. D'ailleurs, elle pouvait l'aimer — et il pouvait l'aimer. — Plus d'un s'y était brûlé avant lui, plus d'une s'y était prise avant elle. La jeunesse était de compagnie dans cette aventure qui promettait une belle aventure.

La force des choses ne va-t-elle pas se jeter à la traverse. Les voilà qui se promènent comme deux amoureux dans le jardin profané, mais où fleurissent les roses. Alfred de Musset n'avait plus soif, si ce n'est soif d'amour, soif de passion, soif d'idéal. Il marchait plus fièrement, il respirait l'air vif, il prenait horreur de son fumier; un amour l'avait perdu, il allait se retrouver dans un autre amour. Amour de comédienne, diront ceux qui ne connaissent pas le théâtre.

Brohan n'est pas connue, ou plutôt n'est plus connue, quoiqu'elle soit jeune encore, mais elle s'est enfuie du théâtre pour se jeter vaillamment sur le rivage.

C'était en ce tems une jeune comédienne qui avait toutes les aspirations du grand art; elle jouait par merveille tous les rôles, sachant prendre toutes les figures, vraie comédienne de race. Mais son esprit n'était pas là; elle écrivait comme Mme de Sévigné, si bien qu'Alfred de Musset en la lisant jugea qu'elle écrivait mieux que Mme Sand. Je parle de Mme Sand épistolière. Après s'être pris à sa figure, il se prit à son style, tour à tour rieur, ému, profond, pénétrant, rires et larmes, avec des échappées sur les grands horizons de la pensée. Femme étrange et charmante, un peu masquée sous un éclat de rire qui était souvent pour elle un *miserere*.

C'était donc la femme qu'il fallait à Alfred de Musset, puisqu'il y trouvait un cœur et un esprit, puisqu'il y trouvait une poésie et un idéal.

Ce n'était pas d'ailleurs la première fois qu'on tentait d'arracher Alfred de Musset à son noctambulisme. Sa sœur avait joué pour lui le rôle de l'ange qui console et qui chasse les nuées. Une femme du monde — qui désire garder l'anonyme — s'était compromise pour le ramener au rivage; mais elle avait été trop sérieuse dans son apostolat; Alfred de Musset ne voulait le tête-à-tête que s'il était amusant. La comédienne du Théâtre-Français avait plus que toute autre les vertus de l'emploi.

Cependant Phèdre ne reparaissait pas ; Alfred de Musset mit doucement la main de Mlle Aricie sur son bras en lui disant : « Je suis votre homme, allons-nous-en ; si Rachel vient, tous les échos d'alentour lui diront que nous sommes bien heureux d'être venus avec elle, mais que nous sommes bien plus heureux de nous en aller sans elle. »

Tout naturellement Alfred de Musset ne voulut pas rentrer chez lui ; il jura à la comédienne qu'elle ne pouvait en effet le sauver qu'à une condition, c'était de lui donner l'hospitalité chez elle. « Que dira-t-on au Théâtre-Français ? — On dira ce qu'on voudra ! Il n'y a pas de mésalliance entre un poëte et une comédienne. D'ailleurs cela ne vous oblige à rien, ni moi non plus. — Je crois bien ! Venez donc chez moi. Le sort en est jeté ! Je dirai que vous me faites une comédie. — Eh bien ! je vais vous faire une comédie. »

Ce qui fut dit fut presque fait : la comédienne enferma chez elle Alfred de Musset qui se mit tout de suite à écrire *Louison.*

L'appartement fut rigoureusement divisé : portes closes ici et là.

On vécut en très bons camarades, pas du tout en amoureux. On avait le droit de recevoir ses amis et de les inviter à souper au retour du théâtre. Ces petites fêtes furent charmantes, parce que tout le monde qui venait souper avait plus de gaieté encore que d'esprit. Et pourtant j'y ai rencontré le misanthrope Mérimée et le philosophe Rémusat. On disait déjà que c'était une renaissance pour Alfred de Musset : Aricie affirmait sa parole d'honnête homme — car c'est un honnête homme, cette femme — que l'auteur du *Chandelier* n'était qu'un autre La Fontaine d'une autre La Sablière — plus jeunes tous les deux. Elle disait aussi qu'après avoir joué le Clavaroche, il reprenait le rôle de Fortunio.

Hélas ! ce beau train de vie ne dura que trois semaines, une belle parenthèse dans l'orgie somnolente et pourtant radieuse de ce grand poëte. Voilà qu'un soir après souper — et après minuit — Alfred de Musset a un caprice tout platonique pour Anaïs, cette ingénue obstinée qui donna des illusions jusqu'à la fin. Il la conduit jusqu'à sa porte, il la conduit jusqu'au bas de l'escalier, il la conduit jusque chez elle sans penser qu'il a oublié son chapeau.

Le lendemain, Aricie lui renvoya, par ambassadeur, son chapeau et sa comédie avec ce simple mot :

« *Mon cher ami, vous avez oublié votre tête avec* Loui-
« son, *car c'est Anaïs qui jouera le rôle, parce que je*
« *n'ai pas voulu jouer* le Caprice. »

En effet, Mlle Anaïs joua *Louison* au Théâtre-Français, avec sa grâce si naïvement étudiée. Mlle Aricie lui jeta un bouquet à la première représentation.

Ainsi donc Aricie, qui faillit ramener Alfred de Musset à sa poésie, n'eut pas raison du noctambule. Au lieu d'une comédie, il ne fit pour elle qu'un proverbe, — et encore il le porta à Anaïs. — Pour moi, j'eus beau lui parler d'une prime de cinq mille francs, mille francs par chaque acte de comédie pendant qu'il l'écrirait, plus cinq mille francs à la première représentation, sans compter ses droits d'auteur : il me promit cent fois de se mettre à l'œuvre, mais toujours le lendemain !

IX

L'amour au théâtre et dans les coulisses

Le Théâtre-Français est tout un monde qui vit chez soi et qui ne voyage guère dehors ; c'est à peine s'il va çà et là dans les autres théâtres quand on y fait du bruit par un grand succès ou par une chute légendaire. Ce qui l'amuse, c'est son foyer où il est en famille.. Ce sont ses coulisses où il savoure les émotions de la scène. Il aime aussi sa loge, quand il joue et même quand il ne joue pas. Il y donne des rendez-vous clandestins. Très bon père de famille, se piquant d'avoir des mœurs, il compte pour rien tout ce qui se passe au théâtre. Ce sont jeux de comédie ; il semble que l'homme reste dehors. Ainsi un des doyens avait ses aventures tout comme le plus jeune des sociétaires. Sa femme le savait et n'inquiétait pas son mari ; pourvu qu'il rentrât après le spectacle, elle le tenait pour son galant homme. Ce grand comédien était tour à tour mon ami et mon ennemi. Quand il était mon ami, il m'arrivait avec quelque jeune protégée du Conservatoire, pour me demander des entrées dans la salle et sur le théâtre. Parfois même, il aurait voulu que la protégée fût engagée. Je le félicitais de ne donner des leçons qu'aux gentilles demoiselles. Les jeunes premiers le comparaient à Auber, qui respirait pareillement ces bouquets de jeunesse. Ils ne pressentaient pas qu'à l'âge du doyen ils joueraient le même rôle. Il n'y avait pas d'ailleurs que des sybarites dans la troupe. Provost et Régnier étaient des maris austères. Si Geffroy avait donné quelquefois des coups de canif dans le contrat, c'était par amour de l'art, car il y a un vrai peintre dans ce grand comédien. Beauvallet peignait aussi ; par surcroît, il était poëte ; mais aussi quel amoureux, juste ciel ! Il avait déchiré le contrat. Le Cid vivait avec une de ses élèves, Mlle Chimène, jeune et belle confidente que ses camarades avaient engagée pour lui être agréable. Si ce n'était pas toujours un mari modèle, ce fut un amant héroïque, mais au demeurant le meilleur père de famille, ce grand tragédien.

Les plus jeunes, Brindeau, Maillard, Leroux, Bressant, Delaunay, Got, Monrose, avaient tous leur roman intime, ce qui ne les empêchait pas de cueillir l'occasion — l'occasion, cette jolie fille qui passe — et ne revient pas. — Bressant ne dédaignait pas plus les duchesses que les filles d'Opéra.

En ce tems-là, les femmes de la Comédie couraient quelque peu les aventures au dehors. Qui dit comédienne dit romanesque. La romanesque n'aime pas l'intérieur, c'est plutôt l'air vif qui l'enivre.

Qui le croirait, Mme Allan, une des trois grasses*, était plus rêveuse qu'une jeune fille ; elle adorait Alfred de Musset qui jouait aux échecs avec elle à Paris et aux champs. Mme Allan affirmait que le poëte faisait aussi des comédies avec elle ; mais cette hyménée toute platonique ne mit pas au monde plus d'œuvres que d'enfans. Des lettres poétiques témoignent de cette passion quasi-mystérieuse. On s'étonnait que ce dandy — c'était encore le mot — se fût pris sentimentalement à cette femme trop épanouie ; mais n'avait-on pas vu un jour-

* Une autre grande comédienne, Augustine Brohan, disait à son fils : « Si tu n'es pas sage, je vais te faire faire le tour de madame Allan ! »

naliste à la mode, tout petit et tout fluet — Paulin Limayrac — se passionner pour Mlle Mante, cette tour de Babel ? Chamfort eût dit : « Les extrêmes se touchent. »

La servante de Molière, dans tout son éclat, avait une cour d'amoureux parmi les poëtes : on cherchait l'amant et on ne le trouvait pas. C'est que surtout pour elle c'était un jeu d'esprit qui finissait toujours par un éclat de rire. Ce qui ne l'a pas empêchée de pleurer comme les autres, parce que, sous l'esprit, il y avait un cœur.

La Reine de Navarre était toute une églogue ; elle cultivait les fleurs de sa fenêtre en leur donnant les noms de ses platoniciens. Les fleurs qui se fanaient condamnaient ceux qu'elles symbolisaient. Jeux innocens d'une fille d'esprit, belle comme la beauté et charmante comme le charme. La dernière fleur qui tint bon portait un nom cher au Théâtre-Italien. Quand elle parla de son mariage, Judith s'écria : « Je n'y croirai que le jour où elle plaidera en séparation. »

Hermione jouait à l'archidéesse et demeurait toujours dans l'empyrée, croyant ne jamais donner sa clé d'or qu'aux dieux. Celle qui joua si bien « l'ange de l'assassinat » lui prenait quelquefois ses dieux pour la punir de lui prendre ses rôles. On n'était pas plus jolie que celle-ci, vraie figure d'ange brun, chef-d'œuvre de sculpture sans corset et de peinture sans maquillage.

Théric, Luther, Favart, Fix et quelques autres se flattaient de vivre dans les pures régions platoniques. Était-ce une illusion ? — Mais tout ceci ne me regarde pas et ne me regardait pas. — Là où il y avait des femmes, je ne voyais que des comédiennes.

X

Quelques lettres officielles

Voici quelques lettres qui appartiennent à l'histoire du Théâtre-Français en 1849.

Monsieur le Ministre,

Vous approuverez, je n'en doute pas, cette affiche où je restitue à la maison de Molière son vrai nom de Comédie-Française. *A la dernière révolution, on l'avait rebaptisée* Théâtre de la République. *Pourquoi faire de la politique sur une affiche de Théâtre? La République des Arts est de tous les gouvernemens; mais elle a le privilège de rester au-dessus des révolutions. En effet, la Comédie-Française en a déjà victorieusement traversé beaucoup sans avoir rien perdu de sa radieuse sérénité; c'est et ce sera la* Comédie-Française *et non le théâtre de la République ou de la Royauté.*

*Vous verrez aussi sur cette affiche la date de la fondation en regard de la date actuelle. Je pouvais rappeler une date plus ancienne; en effet, le Théâtre de l'*Hôtel de Bourgogne *remonte à Jodelle, 1552; il devient* Théâtre-Royal *sous Louis XIII, 1588; le* Théâtre du Marais *date de 1600;* Molière *s'établit à Paris pour la première fois en 1650.* Molière *avec le titre de* Théâtre de Monsieur, *1660;* Molière *avec le titre de* Troupe du Roi, *1665.*

Mais la vraie date de la création de la Comédie-Française par la réunion de tous les comédiens, c'est 1680.

Molière était mort ; mais c'était la troupe de Molière, le génie de Molière, la maison de Molière.

ARSÈNE HOUSSAYE.

Monsieur le Directeur,

M. Empis est venu me dire que vous ne vouliez pas lui accorder une lecture. Il se plaint de vos tendances littéraires. Il est convaincu que vous ne recevrez et que vous ne jouerez que les pièces romantiques. C'est l'opinion de M. Mazères qui a aussi une pièce à lire, mais qui ne veut la lire que si on lui accorde une prime. Voyez ce qu'il y a à faire. M. de Rémusat me parle pour M. Mazères, beaucoup de députés me parlent pour M. Empis.

FERDINAND BARROT.

Monsieur le Ministre,

Vous me recommandez tour à tour M. Mazères et M. Empis, qui ne se recommandent plus eux-mêmes. Ils viennent plaider leur cause dans mon cabinet au lieu de la plaider dans le répertoire. Ce qu'il y aurait de mieux à faire pour eux et pour nous, ce serait de leur offrir à chacun une prime pour une pièce qui ne serait pas représentée.

Quel malheur que la République leur ait donné des loisirs, puisque les voilà tous les deux qui retombent sur la scène. M. Mazères était si bien dans sa préfecture et M. Empis était si bon dans son bureau de la Liste civile !

On ne s'imagine pas le nombre de tragédies et de comédies qui ne seraient pas nées si la Révolution de 1848 n'eût pas déplacé les gens. Encore si ceux qui ont perdu leur place étaient remplacés par des dramatistes comme MM. Empis et Mazères !

M. Mazères voulant une prime avant de lire sa pièce veut tout simplement jouer la comédie de la carte forcée, c'est-à-dire qu'il veut imposer les boules blanches du scrutin. M. de Rémusat est trop philosophe pour défendre une cause perdue. M. Mazères, comme M. Empis, est un galant homme qui s'imagine que la comédie porte encore les modes de la Restauration. Autre tems, autre esprit : la comédie est faite de l'esprit du tems.

J'espère, Monsieur le Ministre, vous voir ce soir au Théâtre; sinon je serai demain matin dans votre cabinet.

ARSÈNE HOUSSAYE.

A M. Empis.

Vous me prêtez, Monsieur, des intentions que je n'ai pas. J'ai pour vous des sentimens respectueux ; mais j'ai le mauvais goût de n'avoir pas la même opinion sur vos comédies, que vous-même. Êtes-vous bien sûr que le public de la Restauration soit encore au parterre? Tout passe, même les jolies comédies, qui sont nées de la mode, tout passe, excepté les chefs-d'œuvre.

Mes amis se plaignent de moi comme mes ennemis, parce que je suis très résolu à ne jamais flatter que le bon plaisir d'un seul ami : le public.

ARSÈNE HOUSSAYE.

Monsieur le Ministre,

Il y a toute une révolution autour de moi pour quelques primes et quelques avances à des auteurs dramatiques L'émotion de MM. les Sociétaires est telle qu'ils ne parlent rien moins que de signer une dénonciation contre le directeur. Mais comme nul d'entre eux n'ose signer le premier, je vous fais moi-même la dénonciation.

Il n'est que trop vrai, j'ai osé, malgré les remontrances de l'ancien préfet que nous avons pour caissier de la Comédie, un homme d'ordre et un homme d'or, avancer quelques billets de mille francs à Alexandre Dumas, Ponsard, Alfred de Musset, Théophile Gautier, Léon Gozlan. Mais c'est un simple acompte sur les droits d'auteur : les administrations avares sont les moins fécondes.

C'est d'ailleurs de tradition à la Comédie-Française. En effet, je lis dans le registre de Lagrange que Molière a avancé huit cents livres à M. de la Calprenède « pour une pièce de théâtre qu'il doit faire ». Je pourrais citer beaucoup d'exemples anciens et nouveaux.

MM. les Comédiens qui m'accusent de « dilapider » les fonds de la Comédie, n'ont-ils pas jusqu'ici donné des primes à MM. Scribe, Hugo, Dumas? Ils ont avancé trois mille francs à Alphonse Karr pour une comédie qu'il doit faire, et ils ont donné une prime de cinq mille francs à M. Mazères pour une comédie qu'il devrait bien ne pas faire.

Il ne faut pas oublier que si l'État subventionne la Comédie-Française, ce n'est pas seulement pour les comédiens, c'est aussi pour les comédies. Le Ministre ne s'est-il pas réservé vingt-cinq mille francs sur les subventions pour en user selon son bon plaisir? Je ne doute pas que le bon plaisir du Ministre ne soit de prendre des gages à des écrivains comme Dumas, Balzac, A. de Musset, Théophile Gautier, Gozlan, Ponsard. Faudra-t-il donc s'offenser avec les chanoines du capital contre les poëtes s'ils sont payés pour la gloire de l'État?

Je ne doute pas, monsieur le Ministre, de votre sollicitude pour tous ceux qui sont l'honneur du Théâtre-Français; aussi j'espère que vous me dispenserez de réunir le comité d'administration pour ces questions délicates. Il y a là des secrets qui ne doivent jamais devenir le secret de la Comédie.

Après tout, si je me suis trompé, je suis tout prêt à rembourser moi-même au caissier du Théâtre-Français ce que j'ai avancé aux auteurs.*

*On paraît aussi s'inquiéter des folies de mon luxe**. Si j'ai une table de Boulle, une pendule Louis XVI, des tapisseries des Gobelins, c'est bien à mes dépens et non aux dépens de la Comédie. On ne peut pas me condamner aux folies de l'acajou, puisque je ne veux plus jouer les pièces à la mode du temps de l'acajou.*

ARSÈNE HOUSSAYE.

A M. le Directeur du Théâtre-Français.

Je viens du Conseil d'État où j'ai parlé pour la liberté

* Le Ministre a donné raison au Directeur et le Directeur a persisté dans ses avances: bien lui en a pris, car sans cette bonne grâce, une pièce célèbre, *Mademoiselle de la Seiglière*, qui est aujourd'hui encore au répertoire et qui y restera longtems sinon toujours, n'eût jamais été achevée.

** « Avec Arsène Houssaye les meubles de Boulle égayèrent le cabinet de réception, si morne naguère. Les huissiers se passèrent au cou la chaîne d'argent, et sur une tapisserie de basse lisse les nymphes promenèrent leurs danses au plafond. Sous ces lambris, ainsi mieux appropriés au génie du lieu, M. Houssaye se mit à méditer le programme de l'avenir, tandis que celui de la soirée se distribuait imprimé sur satin rose. Il s'agissait, tentative bien légitime, de verser du vin nouveau dans l'outre antique. La presse, alliée ou ennemie bruyante, épaulait l'entreprise, et le public, alléché par avance, s'empressait d'accourir, laissant les Comédiens majeurs bouder dans le grand salon rouge, tandis que les amoureuses, les ingénues elles-mêmes, lasses d'effeuiller les vieilles pâquerettes du répertoire, demandaient à faire voile vers la terre promise de l'imprévu. » (A. DESPLACES, *Histoire de la Comédie-Française.*)

des théâtres. C'était parler pour vous, mon cher Directeur. Vous ne voulez pas être opprimé par le principe de l'autorité frappant le répertoire du Théâtre-Français. Molière seul, grâce à son titre de valet de chambre, osa presque tout dire devant Louis XIV, mais le fier Corneille retint des chefs-d'œuvre sur ses lèvres.

La grande pensée de ce siècle, c'est la liberté. Je n'ai pas attendu que l'heure de la liberté ait sonné pour combattre sous son drapeau. Rappelez-vous mes luttes à propos du Roi s'amuse. *Il ne faut plus que l'autorité revienne aux abus. Louis XIV a empêché Corneille de dire toute sa pensée; il est très grand, peut-être serait-il plus grand! Il ne faut plus qu'un ministre empêche le poëte et le public d'avoir raison. Le ministre peut frapper en bas, jamais en haut : Il a le droit de condamner la bêtise immorale des petits théâtres, il n'a pas le droit de faire la nuit sur les radieux spectacles de la pensée.*

Je veux donc la liberté des théâtres et la liberté au théâtre, un directeur responsable, un auteur responsable. Rassurez-vous, mon cher Directeur, la section de législation au Conseil d'État veut comme moi un Théâtre-Français digne de la France. Un seul ce n'est pas assez, il en faut deux. Un qui jouera les morts, un qui jouera les vivans. En attendant, c'est vous qui jouerez les morts et les vivans. On vous est très sympathique au Conseil d'État, on vous donnera le droit de bien faire. Et, d'ailleurs, si on ne vous le donne pas, vous le prendrez.

Je serre votre main loyale.

VICTOR HUGO.

A M. Vivien, président du Conseil d'État.

M. Victor Hugo m'a dit ce soir qu'il avait défendu

devant vous les prérogatives du directeur du Théâtre-Français.

Ce que je demande, c'est le droit de bien faire. Si on ne m'accordait que la liberté de me croiser les bras, je considérerais que je suis dans une sinécure et je reprendrais bien vite ma plume, mon gagne-pain.

Il est indispensable, par exemple, que je puisse faire les engagemens sans y être autorisé par le comité. Ainsi je doute que le comité me donne son approbation pour faire jouer le Tartuffe *par Frédérick Lemaître.*

Il me faut aussi pouvoir distribuer les rôles.

Serait-il bien autocrate de demander pour le directeur deux voix au comité de lecture .

N'oubliez pas que devant le public, c'est le directeur qui est responsable?

Pour ce qui est de la part du directeur dans les bénéfices, j'en fais bon marché, non pas parce que cette part est illusoire depuis longtems, puisqu'on ne se partage que les applaudissemens ou les sifflets du public, mais parce que ce n'est pas pour faire fortune que je suis venu au Théâtre-Français.

ARSÈNE HOUSSAYE.

A M. le Directeur du Théâtre-Français.

La discussion de la loi des théâtres s'est prolongée plus que je ne le pensais; elle n'est pas encore terminée, mais elle le sera la semaine prochaine. J'espère que le règlement de la Comédie-Française viendra aussitôt après. Ce qui a été dit de la maison de Molière et de vous-même est de bon augure. M. de Cormenin est comme moi très favorablement disposé.

Le projet de la section a été d'ailleurs déjà bien accueilli, et, comme nous le désirons, il donne au directeur d'autres droits que celui de se croiser les bras, par exemple deux voix au comité de lecture.

Voulez-vous me faire copier les plus anciens documens pour que je puisse me donner au Conseil un air d'historien?

Pourquoi ne diriez-vous pas votre opinion sur la liberté des théâtres?

VIVIEN.

Monsieur le Président,

Vous voulez mon opinion : je suis pour la liberté des théâtres comme pour toutes les libertés; mais je suis pour le protectorat des arts. Si l'art dramatique n'a pas le sceau de l'État, il n'est plus qu'un art industriel; il finit pas n'être plus du tout un art.

Puisque aussi bien le théâtre est une école, l'État doit veiller sur lui et lui donner sa marque. Je suis de ceux qui croient qu'il n'y a pas de gouvernement hostile au théâtre; le théâtre n'a donc rien à redouter du gouvernement quel qu'il soit, qu'il s'appelle République, Empire ou Royauté. En effet, est-il un seul chef-d'œuvre qu'un gouvernement ait empêché d'être au grand jour? Louis XIII permettait à Corneille d'être républicain; Louis XIV permettait à Molière d'être libre-penseur; Louis XV permettait à Voltaire de tout dire; Louis XVI permettait à Beaumarchais de faire la Révolution; voilà l'histoire du théâtre en France jusqu'au XIXe *siècle. Le théâtre n'a donc rien à redouter des tyrannies du pouvoir ; le génie éclate partout où il est, comme le soleil, bravant les nuées de la censure.*

Toutefois, je veux le protectorat et non la tyrannie. Je demande même des lois contre la tyrannie. Le protec-

torat permet à l'auteur dramatique de parler plus directement au nom de la France; mais il ne faut pas que le protectorat devienne un acte de despotisme aveugle. La censure peut, au nom de la morale offensée, demander la suppression de quelques mots, peut-être de quelques scènes, mais elle ne doit jamais supprimer la pièce.

Puisque j'ai parlé de la censure, je dirai qu'elle serait inutile si tous les directeurs de théâtre étaient nommés par l'État, puisque alors ils donneraient une véritable garantie par leur responsabilité devenue plus éclatante.

Et maintenant j'arrive au Théâtre-Français, commentant à la hâte les pièces que vous me demandez :

Le contrat de 1689 a gouverné la Comédie jusqu'à la Révolution ; mais par malheur le décret du 29 germinal an XII causa une révolution désastreuse dans la Comédie, en la faisant descendre au niveau des exploitations commerciales.

Le décret de Moscou redevint la charte du Théâtre-Français ; c'est encore la charte aujourd'hui. Si en 1830 l'État s'est substitué à la maison du Roi, si le ministre de l'intérieur a remplacé le Surintendant des spectacles, ç'a été sans changer l'esprit du règlement impérial.

Je ne demande certes pas qu'on efface le décret de Moscou; la protection de l'État a cela de bon, que c'est une protection d'éclat comme d'argent. Les fleurs ne sont pas humiliées de recevoir les rayons du soleil. Quelques esprits avancés disent que l'art doit vivre de lui-même en toute liberté; mais les hommes d'argent l'emporteront alors sur les hommes d'art. La boutique s'ouvrira jusque sur la scène.

Il faut donc que l'État protège le Théâtre-Français, qui est une école du Bien et du Beau, une Sorbonne radieuse, un autre Collège de France avec tous les grands maîtres. Seulement il ne faut pas désarmer l'État dans la personne de son représentant.

Je ne demande pas non plus qu'on fasse revivre tous les articles de l'ordonnance royale du 29 août 1847. Par exemple : le directeur avait alors le droit de signer des engagemens de trois ans. Je me contenterai de signer des engagemens d'un an. Il ne faut jamais imposer au public, grâce aux recommandations ou aux illusions, un acteur pendant trois ans, s'il ne prend pas rapidement droit de cité devant la rampe du Théâtre-Français. C'était l'opinion de Molière. Si l'on étudie ce grand maître au milieu de sa troupe, on reconnaît qu'il a toujours un peu gouverné sa maison à travers les âges. C'est encore le même esprit et la même république. Un peu plus vous demanderiez aujourd'hui des conseils à Molière lui-même, tant on sent qu'il est toujours là.

ARSÈNE HOUSSAYE.

Chaque année, le Directeur du Théâtre-Français devait adresser deux rapports au Ministre. J'ai suivi les prescriptions du décret. Mais ces rapports n'ont d'intérêt que pour les archives de sa comédie.

Émile Augier

LIVRE XVI

LA COMÉDIE-FRANÇAISE EN 1850

I

L'ancienne Comédie-Française

Je ne vivais pas seulement dans la Comédie-Française de 1850 : souvent je vivais dans la Comédie-Française de Molière, retombant ainsi de deux siècles dans le passé, comme pour me retremper dans les fortes traditions du grand art. La muse de Corneille et de Molière, c'était pour moi la fontaine de Numa, source intarissable où je puisais avec la coupe d'or pour la présenter au public. Je ne me contentais pas de m'inspirer des chefs-d'œuvre, je me promenais à loisir dans les curiosités de cette maison légendaire.

Par le hasard des choses, la Comédie-Française est revenue un Palais Cardinal presque sur les ruines de la Comédie de Molière.

Quand le cardinal de Richelieu bâtissait un théâtre non pas pour le *Cid*, mais pour *Myrame*, non pas pour Corneille, mais pour son Éminence elle-même, il ne se doutait pas que ce petit coin de Paris — l'aile du Palais-Cardinal, à l'angle de la rue de Valois et de la rue Saint-Honoré — deviendrait bientôt la maison de Molière, la plus illustre maison de la comédie, de la tragédie et du drame. Qui pouvait croire que ce théâtre destiné à représenter les ombres errantes, prendrait feu tout à coup à tant de chefs-d'œuvre inattendus, à ces immortelles comédies qui depuis trois siècles sont l'orgueil du théâtre et du génie français ?

Comme nous serions heureux aujourd'hui si, par la vertu d'une magicienne, nous pouvions, avec nos quinze sols à la main, entrer au parterre avec les gardes du corps, les chevau-légers, les pages, les bourgeois, les étudians ! Nous saluerions d'un sourire le célèbre Saint-Germain et le célèbre Gillot, qui gardent la porte comme deux cariatides. Comme nous donnerions avec joie notre menue monnaie à la receveuse, Mlle de Létang, pour faire contrôler notre billet par Mlle Nanon. Nous aimerions mieux certes offrir un demi-louis pour une place réservée sur la scène dans le monde des marques, des importans et des fâcheux ! Mais déjà nous sommes trop heureux d'aller au parterre où nous nous tiendrons debout pendant toute la représentation ; nous n'attendrons pas que le spectacle soit commencé pour mieux savourer toutes les émotions d'une belle soirée. La salle est dans le demi-jour ou plutôt dans la demi-nuit avec son cordon de chandelles et ses trois lustres qui ne remplaçaient pas le soleil. Il est près de quatre heures. On entre par-ci, on entre par-là pour l'amphithéâtre, pour les loges, pour le parterre; tumulte presque silencieux qui menace à tout instant d'éclater bruyamment. La pièce va commencer, les moucheurs de chandelles ont déjà d'une main preste passé la célèbre mouchette d'argent sur toutes les chandelles mélancoliques et éplorées.

Tout le monde se demande comment M. de Molière peut suffire : chef de troupe, ce qui est plus compliqué que de conduire une armée au feu; poëte de génie, ce qui l'oblige tous les ans à deux ou trois chefs-d'œuvre; familier des grands de ce monde qui lui prennent souvent le meilleur de son tems; vieux mari d'une jeune femme qui lui donne beaucoup de fil à retordre; pour les spectateurs, M. de Molière est un prodige.

Silence! Les six violons chantent d'une voix claire et vibrante une mélodie de Lulli. Les cœurs tressaillent : voilà que Molière entre en scène. Molière, le grand Molière, le dieu de cet Olympe improvisé où vont apparaître autour de lui les déesses et les demi-déesses. C'est une joie pour toute la salle que de voir Molière jouer sa comédie.

Tout est plaisir. Pendant l'entr'acte, comme il n'y avait pas encore de café à la Procope, « on se réjouissait le goût par quelques douces liqueurs » : c'est le sieur de Chappuseau, le Dangeau de cet autre Louis XIV, tenant journal des faits et gestes des comédiens et des spectateurs, qui nous initie après deux siècles aux délices de l'entr'acte. Il y avait un buffet devant les loges et un buffet au parterre. La description de de Chappuseau nous en fait venir la framboise à la bouche. On ne buvait pas seulement à ces boutiques merveilleuses l'eau de framboise, mais aussi l'eau de groseille, l'eau de cerise, l'eau de citron, l'eau de fraise ; écoutez Chappuseau lui-même : « On y tient l'été toutes sortes de liqueurs qui rafraîchissent, plusieurs confitures sèches, des oranges de Chine; mais l'hiver on y trouve des liqueurs qui réchauffent l'estomac, des rossolis, des vins d'Espagne, de la Scioutat, de Rivesalte. J'ai vu le tems où l'on ne tenait que de la bière et de la simple tisane ; mais tout va en ce monde de mieux en mieux; Paris ne fut jamais si beau ni si pompeux. » Paris est de plus en plus pompeux ; mais je doute qu'en voyant aujourd'hui les dames de comptoir dans les théâtres, où d'ailleurs les comptoirs sont fort dédaignés, Chappuzeau ne regrette avec mélancolie « les boutiques merveilleuses » de l'ancienne Comédie-Française.

Pour moi, je regrettais les grandes figures : Molière, Corneille, Racine, qui donnaient leur âme à tant de grands comédiens.

II

Une comédie de Mérimée

Théophile Gautier écrivait dans son feuilleton en 1849 : « Mlle Rachel, qui va reprendre bientôt la scène, se montrera dans *Mademoiselle de Belle-Isle* et dans la *Thisbé*. Entre les deux chefs-d'œuvre on donnera *Le Chandelier* d'Alfred de Musset. Puisque M. Arsène Houssaye montre une si ferme envie de rompre avec le banal et le commun, que n'essaye-t-il de représenter quelques-unes des pièces de Mérimée, par exemple *Le Carrosse du Saint-Sacrement* ? »

J'allais suivre le conseil de Théo, quand Mérimée vint me trouver ; il parut très heureux de cette idée, mais il me dit qu'il ne voulait pas lire devant le Comité. Je passai outre quelque peu légèrement, ce qui mit contre la pièce tous ces Messieurs du Comité. Mérimée en amoureux à la glace d'Augustine Brohan, voulut qu'elle jouât le rôle capital ; c'était d'ailleurs l'actrice que j'avais choisie. La pièce fut étudiée et montée avec beaucoup de sollicitude.

Mérimée vint trois ou quatre fois aux répétitions, il trouva que cela allait bien, tout en disant qu'il n'entendait rien au théâtre. Pour moi je n'étais pas sans inquiétude, je sentais que la pièce ferait plus de bruit que de besogne. Je n'aurais pas été fâché que l'auteur la retirât ; j'allai un matin chez lui pour en causer ; mais Mérimée était comme un enfant qui joue pour la première fois au cerf-volant et qui le voit déjà dans les nues : il n'y avait pas à rebrousser chemin.

La pièce fut jouée, je me trompe, elle fut sifflée. Il y avait longtems que le Théâtre-Français n'avait été à pareille fête; on sifflait outrageusement de tous les coins de la salle, je crois même qu'on sifflait dans la coulisse. C'était en vain que la célèbre comédienne déployait toutes les ressources de son jeu si imprévu, si gai, si spirituel, on sifflait, on sifflait encore, on sifflait toujours. Le ministre de l'intérieur, tout effaré, avait levé le camp ; le docteur Véron, ce libertin qui se croyait apostolique et romain, criait que c'était une indignité d'outrager la sainte religion. Je me voyais déjà brûlé vif. Alfred de Musset me disait : « C'est Mazères qui siffle avec la clef d'Empis ; » Théophile Gautier regrettait de n'avoir pas mis son gilet rouge.

Mais voici le bouquet. Un spectateur attardé n'arriva que vers la fin de la représentation. Il avait une belle loge de face et il était attendu par deux précieuses ridicules touchant la quarantaine, deux démodées qui se croyaient du faubourg Saint-Germain, parce qu'elles habitaient par là. « Il ne viendra donc pas ! » disaient-elles avec impatience. Il arriva enfin. Pendant que l'ouvreuse prenait son pardessus, après avoir ouvert la porte de la loge, il lui dit : « Qu'est-ce donc qu'on siffle si bien ? » Il croyait arriver avant la représentation du *Carrosse du Saint-Sacrement*. « Ah ! Monsieur, ne m'en parlez pas, on se croirait à l'Odéon. » Mérimée, qui aimait les sifflets pour les autres, paraissait très joyeux de l'aventure ; mais tout à coup, voyant la figure renversée de ses deux amies, il jeta un coup d'œil sur la scène.

Il ne put croire à ses yeux. Quoi, on me siffle, moi, Mérimée !

Il m'envoya à tous les diables ; aussi depuis cette belle soirée, nous ne nous sommes plus salués, pas même chez la princesse Mathilde, où nous nous rencontrions souvent et où il ne cessa de siffler ma prose et mes vers. On lui a dit plus d'une fois: « Vous vous imaginez donc que c'était une cabale montée par Arsène Houssaye ? — Non, mais il ne devait pas jouer la pièce. » Mérimée avait peut-être raison, mais il ne savait pas que l'auteur de la pièce doit toujours avoir beaucoup d'amis dans la salle ; les hommes de théâtre le savent bien ; ce sont les amis qui, par l'électricité, allument ce feu de paille qui sauve souvent les premières représentations.

III

Que Charlotte Corday en eut plus tôt fini avec Marat que le Théâtre-Français avec « Charlotte Corday ».

On ne voulait toujours pas d'un directeur au Théâtre-Français. Un jour je mis tout le monde d'accord en donnant ma démission.

Voici l'histoire : Mlle Rachel me dit un matin : « Ponsard vient de finir sa *Charlotte Corday ;* selon Augier, c'est beau, je veux jouer cet Ange de l'assassinat, il faut que Ponsard donne son drame au Théâtre-Français, mais je ne suis pas très bien avec lui, et je crois que vous êtes mal dans ses papiers. — Pourquoi? — Parce qu'on a imprimé un mot de vous et un mot de Méry sur l'*École du Bon Sens.* — Quel mot? — Oui, oui, comme tous les critiques, vous oubliez vos injures. Méry avait dit : *Ce qu'il y a de plus singulier chez les poëtes de l'École du Bon Sens, c'est qu'ils ne savent pas écrire en vers.* C'était déjà bien, mais vous avez dit à votre tour : *S'ils ne savent pas écrire en vers, c'est qu'ils ne savent pas écrire en prose.* — C'est vrai. Oui, j'ai peut-être dit cela, mais dans la bataille on ne mesure pas ses coups ; je crois d'ailleurs que je suis plus près de la vérité que Méry, car si je n'ai pas vu de belle prose de Ponsard, j'ai salué de beaux vers dans *Lucrèce.* Il a le sentiment épique et il sait mettre en scène ses personnages, je suis tout prêt à faire jouer *Charlotte Corday.* »

Je promis à Rachel de voir Ponsard le jour même. Je dénichai le poëte dans un tout petit appartement de la rue des Beaux-Arts, qui ne me sembla point digne d'un chef d'école. Je trouvai en lui le galant homme par excellence. Quoique ennemis de la veille, nous nous donnâmes cordialement la main, et ce fut entre nous à la vie à la mort : jamais amitié ne fut mieux sentie de part et d'autre. Il comprit tout de suite que je me dévouerais au succès de *Charlotte Corday* s'il donnait le drame au Théâtre-Français. Mais il l'avait promis déjà sur la rive droite et sur la rive gauche, à la Porte Saint-Martin et à l'Odéon ; son ami Bocage devait jouer Robespierre, Marat ou Danton ; je lui promis d'engager Bocage, je lui représentai qu'il ne trouverait nulle part une Charlotte Corday comme Rachel. « Oh ! je la connais, dit-il, elle ne jouera que trois fois ma pièce ; d'ailleurs, qui sait si le comité du Théâtre-Français ne la refusera pas. — Que ceci ne vous inquiète pas, s'il refuse votre pièce, je la jouerai d'autant mieux que le public me donnera deux fois raison. » Je plaidai si bien ma cause, — c'était plaider la sienne, — qu'il me dit à la fin : « Prenez mon drame, lisez-le et jouez-le si vous le trouvez digne de la maison de Corneille. » Il avait raison de dire la maison de Corneille, car plus tard la maison de Molière lui refusa ses comédies.

Me voilà donc maître de jouer *Charlotte Corday*. J'allai droit au ministre avant d'aller voir Rachel. Comme je gouvernais par le bon plaisir, en attendant que le Conseil d'État limitât mes droits, je dis au ministre que j'étais décidé à passer outre si le comité ne voulait pas de *Charlotte Corday*. — Mais vous n'avez même pas lu la pièce. — J'y ai jeté un coup d'œil rapide, je sens que c'est un drame hors ligne, une œuvre qui fera du bruit. — Trop de bruit peut-être, mon cher directeur, songez donc, Marat en scène ! — Oui, et dans une baignoire ! Shakespeare n'aurait pas eu peur de cette scène. N'avez-vous pas vu l'admirable tableau de David, *Marat assassiné?* — Oui, Marat en peinture ; mais quand on verra Marat lui-même prenant un bain, ce qui n'était pas dans ses habitudes... — Eh bien ! on mettra la scène dans la coulisse comme dans l'éternelle tragédie française. Voulez-vous lire la pièce ? — Je n'ai pas une heure. — Ponsard viendra vous la lire, invitez trois ou quatre amis politiques pour nous donner raison. — Eh bien ! reprit le ministre en souriant, je ne veux pas la mort du pécheur, demain j'ai ici un dîner de vingt couverts, on mettra quatre couverts de plus, vous viendrez avec Mme Arsène Houssaye, Ponsard viendra avec Mlle Rachel. — Je comprends, après le dîner Ponsard lira *Charlotte Corday*. — C'est dit, chargez-vous d'inviter pour moi Ponsard et Mlle Rachel. »

Le lendemain tout le monde était à son poste ; quoique ministériel, le dîner fut exquis, et l'esprit courut sur la nappe ; dès qu'on se leva de table, les hommes politiques qui avaient mis leur gravité au fond de leur verre papillonnèrent autour de la tragédienne comme des écoliers en vacances. Quoique toute souriante, elle avait de grands airs de duchesse par sa simplicité solennelle, car il faut allier ces deux mots. Le public de Ponsard me parut le meilleur des publics ; dès qu'on eut pris le café, le poëte se mit à l'œuvre. Je lui avais offert de lire moi-même, mais il se croyait le premier lecteur du monde : je n'en ai jamais vu de pire ; il assassinait les plus beaux vers et masquait les plus belles situations. Toutefois les auditeurs jugèrent bientôt que c'était là une œuvre forte et hardie, digne du Théâtre-Français

Pas un ne demanda son carrosse. La curiosité suivit le poëte d'acte en acte, sans se rebuter un instant, entraînée par tous les tableaux et tous les portraits de ce drame original qui est resté la pièce capitale de Ponsard.

Je me trompe, il y avait quelqu'un dans la salle qui n'était pas content. C'était Rachel. Quoiqu'elle eût dit la *Marseillaise*, le drapeau à la main, avec une passion révolutionnaire, elle eut peur de se trouver à la scène au milieu de toutes ces images tachées de sang ; il lui déplaisait d'être un ange à la condition d'assassiner, même Marat ; d'ailleurs elle jugeait que le vrai rôle n'était pas celui de Charlotte Corday. Aussi, dès que Ponsard en fut au dernier mot, elle lui serra la main en silence, elle vint à moi et elle dit : « Je ne jouerai jamais cette folle-là. » Je voulais lui prouver en quelques mots qu'elle n'avait pas bien écouté, mais elle était déjà partie.

Tout le monde félicitait Ponsard, mais Ponsard ne se félicitait pas lui-même. « Vous voyez, me dit-il, Rachel m'a demandé le rôle, je vous ai dit qu'elle ne le jouerait que trois fois, eh bien! elle ne le jouera pas du tout. » Je tentai de réconforter Ponsard en lui disant que Rachel jouerait et en lui parlant des beautés toutes cornéliennes de sa pièce.

Le ministre aussi lui fut très doux. M. Ferdinand Barrot était enthousiaste des trois rôles d'hommes : Danton, Robespierre et Marat. « Il n'y a pas, dit-il, un seul homme à l'Assemblée qui parlerait si bien dans l'esprit de l'histoire, hormis Lamartine et Hugo. Il y aura du bruit à la représentation de votre pièce, mais, comme dit Arsène Houssaye, c'est une belle aventure à tenter. »

Ponsard s'en alla avec la mort dans l'âme ; il aurait bien voulu que Rachel le reconduisît rue des Beaux-Arts ; mais si la tragédienne lui avait promis l'avant-veille de lui chanter une chanson amoureuse, elle n'était pas de celles qui se souviennent.

Le lendemain je réunis le comité où Rachel fut admise, quoique n'ayant plus voix au scrutin. On savait déjà que j'étais décidé à recevoir la pièce à moi tout seul si le comité la refusait.

Charlotte Corday ne fut pas reçue tout d'une voix : quelques boules rouges témoignèrent de l'hostilité des sociétaires non ralliés ; Samson et Provost entre autres, lesquels, d'ailleurs, ne se voyaient pas jouant dans ce beau drame.

Quand je passai de la salle du comité dans mon cabinet pour donner la bonne nouvelle à Ponsard, je trouvai Rachel qui déjà l'avait félicité. « Il ne nous manque plus que votre voix, » dis-je à Rachel. Elle embrassa Ponsard, mais elle le frappa en pleine poitrine par ces quelques mots : « Je ne jouerai pas *Charlotte Corday*, parce que je serais détestable dans ce rôle ; je suis une fille de l'Antique, on criera du parterre : Va donc chercher ton péplum. On me sifflera pour mes opinions passées, présentes et futures. Prenez Judith, celle-là n'a pas de personnalité et n'a pas d'opinion. »

C'était la sagesse qui parlait : Rachel avait marqué une si vive empreinte dans l'esprit public par ses rôles de Phèdre, d'Hermione et d'Émilie, qu'on aurait eu toutes les peines du monde à la voir s'incarner en cette paysanne plus ou moins héraldique qui venait tout exprès de sa province pour donner un coup de couteau à la Révolution ; en outre, on lui en voulait, parmi les Républicains, d'avoir planté là le drapeau de la *Marseillaise* pour aller souper à l'Élysée.

Toutes les éloquences se brisèrent contre la volonté de Rachel. Je donnai le rôle à Judith. Ce n'était pas une tragédienne, mais cette autre Gaussin savait créer un rôle. Elle fut plus vraie dans *Charlotte Corday* que ne l'eût été Rachel.

La distribution des autres rôles fut toute une histoire. Qui jouerait Marat? Nul ne le voulait, quand ce grand artiste qui s'appelle Geffroy ne craignit pas d'affronter toutes les antipathies. Dès les premières répétitions, je vis bien qu'il serait admirable. Aussi bon peintre que bon comédien, il fit de Marat un portrait vivant que David eût signé.

Ponsard fut amer à Beauvallet; il n'en voulut pas, ni pour Danton, ni pour Robespierre; il offrit le rôle à Bocage, mais Bocage voulait jouer Danton; d'ailleurs il ne daignait plus revenir au Théâtre-Français que pour y donner des ordres. Le hasard nous amena un jeune comédien qui ne doutait de rien et qui au premier coup d'œil représentait le type de Danton: il se nommait Bignon. Il n'avait point passé par le Conservatoire, mais il s'en enorgueillissait, disant que la nature était son maître. Ce qui faisait surtout sa force, c'était sa foi en lui, bon pied, bon œil, belle figure, voix sonore. Il nous plut tout de suite pour le rôle de Danton. « Vous verrez, nous dit-il, comme j'entrerai dans la peau du bonhomme. » Et pendant les répétitions: « Suis-je assez beau! » Dans l'art, l'imprévu doit toujours tenir sa place.

Délivrés de Bocage, nous allâmes droit à Régnier pour le rôle de Robespierre; il y fut très beau à force d'études dans le caractère, à force de science scénique. Le tragique Ponsard, dans le drame contemporain, aimait mieux les comédiens que les tragédiens. C'était rendre justice à la sagesse de Mlle Rachel, qui avait eu peur d'être trop antique dans *Charlotte Corday*.

Cependant l'orage grondait ; quand je fixai le jour de la première représentation, le Président de la République m'appela ; nous nous promenâmes dans le jardin de l'Élysée ; il me dit qu'il aimait les tentatives hardies, mais il avait peur, par *Charlotte Corday*, de fâcher tous les partis ; il me demanda à lire la pièce, ce qu'il fit le soir même. Je le revis le lendemain de bonne heure ; même promenade sous les grands arbres plantés par Mme de Pompadour, qui ne s'imaginait pas qu'au XIXe siècle on ferait tant de politique dans son jardin. Le prince me dit encore que la pièce fâcherait tous les partis et ne ferait plaisir qu'aux lettrés. Je lui représentai qu'il serait plus dangereux de ne pas la jouer, parce qu'on en ferait une affaire d'État ; Ponsard, qui n'était qu'un Cornélien, deviendrait un Brutus ; on ne manquerait pas de dire que César voulait bannir toutes ces grandes figures de la Révolution. « Ma foi, dit le Président, la meilleure raison pour jouer la pièce, c'est qu'il y a beaucoup de beaux vers. Après tout, vous êtes responsable : s'il y a un orage, l'orage vous emportera. — J'y compte bien ! » dis-je d'un air décidé. Le prince me serra la main avec un sourire de sceptique qui semblait dire : « Votre règne ne sera pas bien long. » Il comprenait que par son veto, il armait contre lui tous les amis de Ponsard qui étaient nombreux à l'Assemblée nationale. Il aurait voulu que Ponsard lui-même retirât sa pièce ou que je la remisse aux calendes grecques. Mais je n'aime pas à rebrousser chemin et Ponsard voulait être joué coûte que coûte. Le jour même je lui parlai du péril conjuré, mais il me dit que le vrai péril n'était pas à l'Élysée : A l'Assemblée nationale, où les réactionnaires parlaient plus haut que les républicains, on s'inquiétait beaucoup de la représentation ; on pressentait que Ponsard allait redonner aux plus tièdes la fièvre révolutionnaire ; un peu plus la question montait à la tribune. On se contenta d'avertir le ministre qui sourit d'abord, mais qui à force d'interpellations dans les comités regretta d'avoir été pour, au lieu d'avoir été contre. J'ignore si par machiavélisme il mit en garde le directeur des Beaux-Arts en lui disant que c'était une pièce réactionnaire. Charles Blanc agit par la censure, laquelle, à ma grande surprise, vint mettre le holà. Dès qu'il y eut un bâton dans les roues, ce fut à qui en mettrait un deuxième, puis un troisième; les républicains de l'Assemblée se gendarmèrent contre *Charlotte Corday* et la condamnèrent une seconde fois à mort. On n'en continua pas moins les répétitions, quoique tous les journaux déclarassent que la pièce ne serait point représentée. Tout allait bien au théâtre où l'on se promettait cent représentations, mais la politique cria si haut dans un tems où on était tout à la politique, que je pressentis un ordre du ministre de couper court. On devait donner la première représentation le surlendemain; un ami de l'Élysée vint m'avertir que le drame ne serait pas joué, non pas par la faute du Président, mais par la faute de l'Assemblée. Je savais que le ministre, un esprit loyal s'il en fut, avait toutes les peines du monde à se déjuger. Je voulus le mettre à son aise par ma démission, assumant ainsi toutes les responsabilités *.

* « Quand je suis venu au Théâtre-Français, comme je n'avais

La lettre était partie quand survint Victor Hugo. Je lui contai l'histoire. « Je la savais, me dit-il; ce que j'apprends avec plaisir, c'est que vous avez le courage de donner votre démission, ce qui tuera la censure. Or, votre démission ne sera pas acceptée, heureusement pour Ponsard et pour tous les auteurs dramatiques. Je veux que le drame de Ponsard soit joué : on dit que je suis son ennemi, vous allez voir si je le suis. »

Victor Hugo se mit en campagne dès le jour même, il vit tous les chefs de partis de l'Assemblée nationale. Il parla si bien, avec tant de cœur pour Ponsard, avec

rien à jouer de Victor Hugo, d'Alexandre Dumas, ni d'Alfred de Musset, j'ai pensé que la vraie pièce pour inaugurer ma direction était la *Gabrielle*, d'Émile Augier, et la *Charlotte Corday*, de Ponsard. La comédie a fait fortune, le drame doit avoir un pareil succès.

« Ce drame fut lu dans le salon du ministre de l'intérieur, devant un auditoire d'élite où dominait Mlle Rachel. Nous jugeâmes tous que c'était la plus belle chose de Ponsard. Mlle Rachel applaudit, mais ne voulut pas jouer l'héroïne, disant que les grands effets du drame ne seraient pas pour elle; mais, malgré cet abandon qui affligea Ponsard, je retins la pièce de toutes mes forces. Vous n'avez pas songé alors qu'il y aurait dans la représentation un danger politique. Aujourd'hui que la pièce est sur le point d'être jouée, vous me dites qu'il la faut retarder indéfiniment pour apaiser les appréhensions de l'Assemblée nationale. Selon moi, la pièce ne court que le danger d'être bruyamment applaudie. Les allusions théâtrales n'ont jamais fait de révolution. Si l'on s'en inquiétait trop, il ne faudrait jouer aucun des chefs-d'œuvre consacrés : pas plus *Cinna* que le *Tartuffe*, ni que le *Mariage de Figaro*. Mais enfin, si l'Assemblée nationale vous force la main, je me crois engagé trop personnellement pour ne pas me retirer du théâtre avec la pièce.

« Je vous prierai donc, Monsieur le Ministre, de vouloir bien agréer ma démission, après vous avoir remercié de toutes vos bonnes grâces pendant les jours difficiles que j'ai passés à la Comédie-Française. »

tant d'esprit contre la censure qu'il n'eut pas de peine à entraîner les plus rebelles. « Comment! disait-il aux révolutionnaires, vous avez un vrai poëte qui vous peint les grandes scènes de la Révolution. Comment! vous avez peur de voir l'œuvre de vos pères! Alors vous banniriez Eschyle! — Comment! disait-il aux royalistes, vous voulez qu'on refasse l'*Histoire de France* à la manière du Père Loriquet! Laissez donc faire la vérité, elle seule confond les traîtres et les monstres. » Victor Hugo n'eut pas de peine à gagner le ministre à sa cause, puisque le ministre était de son opinion. « Voyez plutôt, dit le ministre au vrai grand poëte, j'ai déjà écrit à Arsène Houssaye qu'il n'avait pas le droit de donner sa démission. »

Victor Hugo revint au théâtre le lendemain après l'Assemblée. Il était bien heureux de m'apprendre que je pouvais afficher *Charlotte Corday*.

Ponsard, touché au cœur, alla le soir même remercier Victor Hugo, qui lui dit avec une grâce charmante : « Nous autres ennemis, voilà comment nous sommes. » Ainsi finit l'*École du Bon Sens*, qui n'existait que par la guerre des romantiques.

Mais moi je n'étais pas à la fin de ma bataille; seulement je fus rudement fortifié par le bruit de ma démission, car la plupart de mes ennemis combattaient dans l'idée de me faire tomber de mon « Pachalit », selon leur expression. Quand ils virent que je voulais m'en aller, bon jeu bon argent, ils désarmèrent à moitié, sauf à me frapper d'un coup de Jarnac.

Les soldats s'enorgueillissent des bonnes fortunes de leurs officiers, mais dans l'armée des lettres on ne pardonne pas à un homme de marcher en avant. C'est que dans l'armée des lettres tout le monde est soldat. Pourquoi donc X — aurait-il une fonction de vingt-cinq mille francs quand V — taille tout les matins sa plume pour n'en pas gagner moitié ? Égalité, mais pas fraternité. Je ne parle pas de ceux qui ont leur étoile ou qui seront une étoile.

On sait le beau succès de *Charlotte Corday* : quelques orages dans la salle, mais on se battait aux portes pour entrer. C'est la seule fois qu'on a vu représenter la *Révolution* dans son génie et son caractère.

IV

Les Entr'actes de la Comédie de Molière

Sérénades et ballets, menuets et sarabandes, chansons et chaconnes, divertissemens des seigneurs de Versailles et des bohémiens de la Cité, c'est surtout Lulli qui mit tout cela en œuvre. Cet Italien endiablé voulait que la scène fût traversée, comme l'Arno, de fleurs et de mélodies. Ce fantasque inouï fut bien pour quelque chose dans la gaieté de Molière, car il endiablait tout le monde, même le roi. Le *Menteur* de Pierre Corneille n'est pas plus invraisemblable que « ce méchant petit Italien, arrivé, on ne sait d'où, dans les cuisines de la grande Mademoiselle, cet enfant railleur, effronté et malin comme un chat, qui inventait la musique du grand siècle, comme Racine en a inventé la tragédie ». C'est Jules Janin qui risque ce parallèle.

La grande Mademoiselle donna son marmiton à Louis XIV, en lui disant que c'était un cadeau royal : « C'est la musique des anges. » Lulli continua son jeu à la cour, prenant de tels airs de gentilhomme que Molière le regarda comme un protecteur ; aussi, pendant un tems, le vit-on camarade du grand Molière, lui demandant des chansons galantes ou comiques, lui donnant ses violons pour les intermèdes des comédies jouées à la cour. Molière prenait la gaieté d'où qu'elle lui vînt, aussi cajolait-il Lulli comme une bonne trouvaille.

En ce tems-là, l'on s'amusait de tout, parce que le caractère français n'était pas encore dépouillé de l'esprit gaulois. Au théâtre, on ne riait pas seulement dans la salle, on riait dans les coulisses, parce qu'on ne considérait pas comme aujourd'hui le métier de comédien comme un apostolat. Les grands seigneurs qui peuplaient trop la scène ne venaient pas là pour se morfondre ; une fois la toile baissée, ils se répandaient dans les coulisses pour y continuer des comédies galantes traversées par tout le va-et-vient de la mise en scène.

Nous avons jugé avec Dumas que cette comédie des coulisses au tems de Molière était encore à faire. Ne serait-il pas curieux, en effet, d'assister à ce spectacle des imbroglios imprévus, des ingénues qui repassent leurs rôles, des marquis qui leur donnent des conseils, des grandes coquettes qui se défendent à coups d'éventail, des comiques qui boivent leurs chopines dans un coin pour accentuer leur verve, des disputes d'amoureux, des plaisanteries de l'allumeur de chandelles, enfin de la représentation de toute cette vie enfiévrée des comédiens chez eux.

Dumas, qui ne demandait que cinq jours pour faire une comédie en cinq actes, dit qu'il ferait les *Entr'actes de la Comédie de Molière* en une nuit, pourvu que je fusse là avec Meurice et Verteuil. C'était une partie comme une autre. Nous commençâmes la fête à huit heures du soir, il y eut un souper à minuit. Dumas avait d'abord demandé des femmes, mais les femmes ne vinrent pas. Le souper n'en fut pas moins gai, le vin de Champagne ranima la verve. A peine à table, c'était à qui trouverait une scène ou un mot. Verteuil avait son encrier à côté de sa coupe à vin de Champagne ; il lui arriva plus d'une fois de tremper sa plume dans sa coupe, mais il ne lui arriva point de prendre son encrier pour y boire. Dumas se grisait par les trouvailles et nous étions obligés de le calmer en lui représentant qu'il ne fallait pas faire la comédie des entr'actes plus longue que la comédie elle-même.

On avait choisi l'*Amour médecin*. Quand vint le jour, la pièce de Dumas s'encadrait dans la pièce de Molière.

Nous ne doutions pas du succès, mais nous comptions sans le public qui ne comprit pas un mot. On aurait dû lui dire : « Ris-donc, sot public, c'est du Molière. » Le titre trompa les spectateurs, il fallait appeler la pièce « Les Coulisses du théâtre de Molière », car, pour le public, le mot entr'acte veut dire aller se promener. En effet, quand le rideau tomba sur le premier acte de l'*Amour médecin*, tout le monde se leva pour s'en aller, en disant : « Ce n'est pas trop mauvais cette comédie de Dumas, il a imité Molière. » Comme il y avait quelques malins parmi les spectateurs, on finit par comprendre qu'on venait de voir un acte de Molière et non un acte de Dumas. On frappa les trois coups pour le premier acte de la comédie de Dumas, alors tout le monde, moins les quelques malins, s'imagina que c'était la continuation de la pièce de Molière. En un mot, le théâtre était devenu la tour de Babel. — Est-ce du Molière ? — Est-ce du Dumas ? — Il aurait fallu qu'un maître des cérémonies vînt avertir comme aux premiers jours du théâtre qu'on allait représenter ceci ou cela.

Dumas, qui était dans ma loge, riait de tout son cœur au spectacle de son premier acte, mais je ne riais pas du tout, parce que je pressentais le naufrage. — Et quel naufrage ! — Jamais, depuis que le théâtre est théâtre, on ne vit tomber tant d'esprit dans la bêtise du public, cet abîme profond comme la nuit. Rien ne put faire la lumière. Le Président m'appela dans sa loge, il ne comprenait pas plus que les autres, mais il ne fallut que deux mots pour l'empêcher de brouiller Molière avec Dumas. Il y avait bien après tout cent spectateurs dans la salle qui s'amusaient parce qu'ils comprenaient, par exemple les comédiens et les critiques ; mais beaucoup d'auteurs dramatiques déclaraient tout haut que c'était la profanation des profanations : oser toucher à Molière, même pour le faire applaudir !

Ce qu'il y eut de plus étrange en toute cette affaire, c'est qu'au second acte de l'*Amour médecin* qu'on présenta cette fois avec tous les intermèdes comiques, on se mit bravement à siffler Molière, comme s'il donnait la première représentation de sa comédie. Il est vrai qu'on croyait siffler Dumas. Et on s'en donnait à cœur joie. Et cela dura jusqu'à minuit, car les comédiens ne perdaient pas pied. On n'a jamais mieux bravé la tempête.

Le lendemain, tous les journalistes demandèrent ma tête sous prétexte que j'avais fait siffler M. de Molière.

Le Ministre, qui était parmi les spectateurs d'élite, c'est-à-dire parmi ceux qui ne confondaient pas Molière avec Dumas, eut le courage de protester contre la bourrasque en me disant de continuer la représentation des *Entr'actes de la Comédie de Molière*, ce qui fut bientôt impossible, mes ennemis, les ennemis de Dumas, peut-être les ennemis de Molière, vinrent faire le sabbat au théâtre. Voilà comment on n'est jamais maître de la bêtise humaine.

Quelques jours après, un de ces amis tortueux qui aiment à jeter des pierres dans les jardins de l'amitié, dit à Dumas en le rencontrant : « Eh bien ! ils vous ont sifflés. — Pas du tout, s'écria Dumas, c'est Molière qu'ils ont sifflé. »

V

Comment Charles Blanc perdit sa place en voulant me faire perdre la mienne

Au lendemain de cette chute des *Entr'actes de la Comédie de Molière*, Mme Arsène Houssaye voulut réconforter Dumas par un dîner digne de lui. Émile de Girardin me donnait, l'an passé, cette lettre de ma femme qu'il avait retrouvée dans sa bibliothèque d'autographes :

Cher Monsieur, je réunis mercredi quelques amis qui viendront me consoler des ennuis de ce brave Alexandre Dumas que j'aime de tout mon cœur : il a montré tant de bonne volonté et tant d'esprit pour ce théâtre où mon mari est entré par la fenêtre sans être devenu maître de la place ! Mlle Rachel sera de la fête. On fera un peu de musique grâce à Mme Stoltz, on soupera un peu et on aura beaucoup d'esprit si Mme de Girardin vient avec vous. Mais descendra-t-elle jusqu'à monter chez moi?

Le souper fut très gai. C'était à la veille de la reprise de *Mademoiselle de Belle-Isle* par Mlle Rachel.

On reprochait à Mlle Rachel d'être toujours une grecque ou une romaine, mais elle n'était ni grecque ni romaine en jouant Mlle de Belle-Isle : c'était la grâce française, l'attitude française, la passion française. C'est que sous la tragédienne il y avait une femme, c'est que cette femme était trop bien douée pour ne pas s'incarner dans tous les personnages créés par la vie dramatique. Aussi à la fin de la pièce, Alexandre Dumas prit Mlle Rachel dans ses bras et la souleva doucement pour l'embrasser, en lui disant : « Vous êtes la femme de tous les siècles et de tous les triomphes. Vous pourriez jouer toutes mes héroïnes dans le drame comme dans la comédie.— Pas toutes, dit Rachel en souriant, car je ne veux pas être assassinée par Antony. — Oh ! Antony ne vous assassinerait pas. — Grand orgueilleux ! dit Mlle Rachel, Antony c'est vous et vous croyez que je ne résisterais pas à Antony ? — Non, dit Dumas, si nous étions encore en 1831; mais ces beaux jours sont passés ! »

Cette reprise fut un grand succès, mais on ne désarma point.

Comme on était encore en pleine bataille littéraire, je crois qu'il est curieux de rappeler ici l'opinion d'un maître en critique comme en poésie : Théophile Gautier*. Au fond, il n'y avait alors que deux grands critiques, Jules Janin et Théophile Gautier. Par malheur Jules Janin avait pris le parti des burgraves, me disant

* Voici comment Théophile Gautier répondait aux attaques de nos ennemis :

« Sous la direction de M. Arsène Houssaye, le Théâtre-« Français sort de sa léthargie. Un sang vivace a été infusé « aux veines appauvries du vieil Eson; ce corps qui ne sem-« blait bon qu'à être momifié, se redresse et marche, il reprend « ses fonctions. Ce n'est plus le fard seulement qui colore sa « joue, c'est la pourpre de la vie. Son œil étincelle et pétille, « et, pour opérer ce miracle, il n'a fallu que donner au mori-« bond une abondante et saine nourriture littéraire. Que vou-« lez-vous que devînt un pauvre théâtre au régime où on l'avait « mis? Quel estomac eût pu digérer tant de comédies en vers « de mirliton! On serait mort à moins.

« Félicitons M. Arsène Houssaye de n'avoir pas donné dans « le travers où tombent les *littérateurs* lorsque, par hasard, « ils sont appelés à une fonction qui touche à la *littérature*. « Ils mettent leur amour-propre à se montrer polis, raison-« nables, administrateurs; ils tâchent surtout de n'être pas « spirituels, car cela nuit en affaires.

« Il faut, selon M. Arsène Houssaye, que le Théâtre-Fran-« çais soit un théâtre d'art et de poésie. Ce n'est pas la place « des médiocrités adroites et routinières, qui peut-être évitent « le défaut, mais ne rencontrent jamais la beauté. Une chute « éclatante vaut mieux que ces pâles succès d'estime.

« Ces idées, que les gens d'expérience trouveraient hasar-« deuses, sont confirmées par les chiffres, ces témoins qu'on « n'accusera pas de poésie et d'enthousiasme : M. Arsène « Houssaye a déjà prouvé qu'il doublerait les recettes, et « cependant il a poussé jusqu'à la cruauté, et il a bien fait, « le courage de ses opinions littéraires.

« En homme maladroit, en poëte, il s'est contenté de Cor-« neille, de Molière, de La Fontaine, de Racine, de Marivaux, « de Hugo, de Dumas, d'Alfred de Musset, de Mme Émile de « Girardin, d'Augier, de Scribe, qui serait un maître s'il avait « du style, et que nulle école ne peut proscrire. Il a fait « gagner beaucoup d'argent au théâtre, mais en dépit des « saines doctrines : aussi MM. les comédiens rédigent un à moi-même : « Dans la bataille je n'ai plus d'amis. » Or, c'était là un ennemi redoutable, il parlait haut et de haut, son cabinet était toujours ouvert, mes adversaires allaient s'y retremper. Il me trouvait trop jeune pour diriger la maison de Molière, il y voulait au moins un académicien, une tête blanche au lieu d'une barbe blonde. L'Assemblée nationale était omnipotente, elle cherchait un autre directeur : Mazères ou Empis, — Empis ou Mazères ; un peu plus je lui envoyais une bêche pour déterrer un mort.

Théo bataillait pour moi dans le journal de Girardin ; dans le journal de Victor Hugo je fus défendu tout aussi vaillamment par Charles Hugo et Auguste Vacquerie, pareillement dans le *Constitutionnel* par Lireux ; mais ce fut tout ; Rolle suivait la bannière de Janin accompagné de quelques patriarches qui avaient juré ma perte.

Je subissais gaiement la guerre, mais quand je quittais le soir le théâtre, je pensais souvent que je n'y reviendrais plus le lendemain, tant on parlait de mon successeur, tantôt celui-ci, tantôt celui-là. Le Ministre m'était fort sympathique, mais Charles Blanc, directeur des Beaux-Arts, était mon ennemi comme il le fut toujours. Grâce à son frère et à ses amitiés politiques, il avait beaucoup de crédit à l'Assemblée, sinon auprès de son Ministre. La nomination de Nieuwerkerque et la mienne le désolaient ; il prépara lui-même la comédie de sa propre chute, car tout est comédie.

« mémoire contre l'administration de M. Arsène Houssaye,
« pareils à cet apothicaire de *Monsieur de Pourceaugnac*, qui
« aime mieux être tué dans les formes que guérir d'une façon
« irrégulière. »

Un soir, je m'étais attardé avec Alfred de Musset, quand le bonhomme qu'on appelait Lassabathie, vint m'avertir officiellement que mon successeur était nommé. « Ah ! je voudrais bien voir ça », s'écria Alfred de Musset faisant siffler son jonc. « Eh bien, dit Lassabathie, vous verrez çà. Et pas plus tard que demain matin. » Le bonhomme était ravi, car il paraît que je ne le recevais pas avec les honneurs dus à son rang de quasi quelque chose aux Beaux-Arts.

Le bonhomme ajouta que la nomination paraîtrait le lendemain au *Journal officiel*. En conséquence, j'aurais l'honneur de lui présenter Messieurs, et Mesdames de la Comédie. « Je crois bien ! s'écria de Musset, on lui présentera aussi les ouvreuses et les habilleuses. Comment se nomme ce mortel ? — C'est encore un secret, mais je vous dirai pourtant, Messieurs, c'est M. de Guizard. — Qu'est-ce que cela ? » demanda Alfred de Musset. M. de Lassabathie répondit que c'était un ami de M. de Rémusat. « Ah ! oui dis-je, M. de Rémusat se rappelle que son père a été plus ou moins surintendant des théâtres, il gouvernera la Comédie sous le nom de M. de Guizard. »

Le bonhomme des Beaux-Arts salua et sortit enchanté d'avoir apporté une mauvaise nouvelle. « C'est singulier, dit Alfred de Musset, que la destinée des nations et des théâtres prenne de pareilles figures pour proclamer ses décrets. »

Tout en riant de la figure de Lassabathie, je n'étais pas content parce qu'on me mettait à la porte avant que je n'eusse montré mes forces, mais en temps de révolution, il ne faut s'étonner de rien. Que me restait-il à faire ? Mettre de l'ordre dans mes papiers ? Je n'en avais point. Pourquoi aussi m'étais-je aventuré par la tempête sur un esquif si fragile !

La même idée traversait l'esprit d'Alfred de Musset, car il me dit : « Je suis bien fâché de ce qui vous arrive, mais que vous importe à vous ? un homme de lettres ne fait jamais naufrage. Vous écrirez la comédie du Directeur. Si j'avais du crédit, je me mettrais en campagne pour vous. Que Hugo, Dumas, de Vigny, signent une protestation, je la signerai deux fois. Je vais de ce pas au café de la Régence, vous m'y trouverez encore pendant une heure. » Brindeau survint : « Mon cher ami, dit-il, à de Musset, plus j'étudie Clavaroche et moins je suis décidé à ne pas jouer le rôle. — Oui, oui, dit Alfred de Musset sur le seuil, vous ne voulez pas jouer les cocus. Mais il est bien question de comédie à l'heure qu'il est! sachez, mon cher, qu'il n'y a plus de comédie : elle est morte ce soir. C'est M. de Guizard qui sera demain le maître de cérémonie pour la défunte, on se réunira à la maison mortuaire. — Qu'est-ce que ce charabia ? — Monsieur Brindeau, je m'appelle Monsieur Alfred de Musset. » Cette fois ce fut une vraie sortie.

Naturellement Brindeau qui, à ma nomination, était entré dans mon cabinet pour me jeter par la fenêtre, se mit à tempêter et à crier qu'il jetterait — par la même fenêtre — M. de Guizard.

Or, voici le dernier mot de la comédie :

M. de Guizard n'était pas plus que moi l'homme de Charles Blanc, qui voulait Étienne Arago. Il fit donc des façons républicaines pour libeller la nomination de l'ami de M. de Rémusat. D'ailleurs il n'avait pas encore décidé tout à fait le ministre à me sacrifier. Devenu mon ami, le ministre me savait des amis à l'Élysée, le Président lui-même, mais il espérait vaincre le Président en lui parlant de l'appoint des Orléanistes. A dix heures du soir il devait signer, M. de Rémusat et M. de Guizard étaient dans son cabinet : « Après tout, dit tout à coup M. de Rémusat, en apprenant la mauvaise grâce de Charles Blanc pour son protégé, pourquoi ne ferait-on pas de M. de Guizard un directeur des Beaux-Arts au lieu d'un directeur de la Comédie Française ? — C'est bien plutôt mon affaire », dit M. de Guizard qui avait peur des comédiens — et des comédiennes.

Les hommes d'État sont toujours heureux de tout remettre au lendemain ; le ministre se hâta de lever la séance en promettant la tête de Charles Blanc à quelques jours de là, ce qui était très malin, car, par cette promesse, il prenait, sinon tous les Orléanistes, du moins les meilleurs avec une tête de ligne. En outre, il me gardait à la Comédie et il n'inquiétait pas mes amis de l'Élysée.

Et voilà comment le bonhomme Lassabathie, oiseau de mauvais augure, fut bien attrapé le lendemain.

Mais cette histoire prouve que je n'avais qu'un sceptre de roseau toujours battu des vents.

VI

Angelo, Mlle Rachel, Victor Hugo

Après la représentation. Juin 1850.

Les esprits qui n'ont jamais gravi les Alpes, les Hymalayas, les Olympes de la poésie veulent nier que les personnages créés par Victor Hugo soient vrais. Qui est-ce qui est vrai? Faut-il descendre jusqu'aux paysanneries de David Téniers? J'avoue que je suis de l'opinion de Louis XIV: Otez-moi ces magots de devant les yeux. Rubens est-il moins vrai quand il peint Mars et Vénus, Jésus et Madeleine? Il ne les a jamais vus, que m'importe s'ils sont vivans et s'ils élèvent mon âme dans la splendeur du beau qui est la splendeur du vrai. Il y aura toujours deux écoles, celle du terre à terre et celle qui se cognera le front dans les nues. Aussi ce soir je prenais en pitié quelques spectateurs qui niaient la vérité de Catarina et de Tisbé, ces deux admirables figures où le poëte a soufflé la vie. Si vous ne faites du poëte qu'un photographe, vous supprimez la poésie et vous supprimez l'âme. Et si vous n'êtes plus qu'un reflet, comment peindrez-vous la passion? Les choses invisibles, les joies et les peines du cœur, les beaux sentimens où Dieu lui-même a marqué son empreinte, pourrez-vous les photographier? Ah! que je prends en pitié cette lutte des aveugles contre les clairvoyans, des myopes qui voient de près, contre les presbytes qui voient de loin!

Le génie de Victor Hugo, n'est-ce pas de voir à travers les siècles, comme à travers les âmes? Voilà pourquoi il a créé ces deux adorables figures, la Tisbé et Catarina. Il ne lui a pas fallu aller à Padoue pour démasquer les mœurs de Padoue. La femme et la courtisane du XVIe siècle ont posé devant lui par la force de sa volonté, mais c'est à Padoue même qu'il les a vues, dans le palais de leur tyran, dans l'atmosphère de leur amour. Et n'allez pas croire que le poëte a fait là une œuvre de fantaisie. Sous tout poëte il y a un historien. Le rêve part de la vérité comme la légende s'envole de l'histoire. Victor Hugo a commencé par étudier toutes les chroniques italiennes du moyen âge et de la Renaissance pour y voir revivre les personnages de son drame. Ce n'est pas tout : sous le poëte il y a un artiste comme il y a un historien : après avoir pénétré les livres et les archives, il a pénétré l'âme des portraits du tems tout en les étudiant dans leur expression et dans leur costume. La peinture est une page d'histoire qui ne trompe pas.

Aussi ce fut Victor Hugo qui habilla Mlle Rachel pour jouer Tisbé : Mlle Mars l'avait inquiété par l'éventail de Célimène, il ne doutait pas que Mlle Rachel ne prît ce grand rôle avec plus d'envergure.

Il lui disait devant moi : « Voyez-vous, Mlle Mars sera dépassée de tout son charme par toute votre poésie, ce qui ne vous empêchera pas d'être charmante ; mais vos airs de déesse donneront plus de grandeur à cette courtisane hautaine qui s'appelle Tisbé. Et rappelez-vous bien que ce n'est pas seulement Tisbé, c'est la victorieuse altière du moyen âge, celle qui ne s'offense pas de s'asseoir sur un trône. Son père fut un prince ou un bandit, elle aime tour à tour un roi et un condottiere ; quand elle n'aime pas, elle s'amuse à remuer l'or à pleines mains, car en tout elle est insatiable. Elle n'a peur de rien, ni de Dieu ni même du pape. Allez, grande Rachel, faites un portrait, non pas d'une courtisane, mais de la courtisane, avec la couleur, la fierté de touche, l'éclat surhumain des Titien, des Véronèse et des Padouan. »

Ainsi parlait Victor Hugo. Et Mlle Rachel emportée par son génie altier a fait un merveilleux portrait de la courtisane du moyen âge, toute de passion et de beauté. Ceux qui ont cherché la signature ont lu *le Génie*.

VII

Mlle Rachel dans le répertoire romantique

Je retrouve la copie d'une lettre au Ministre, que j'écrivis aussi le soir même de la reprise d'*Angelo* :

Mlle Rachel a enfin ouvert sa fenêtre sur le monde moderne. Elle n'a pas plus peur de l'éventail que du poignard. C'est qu'elle peut donner toute la gamme du sentiment. Elle a voulu prouver que Phèdre *« n'était pas tout entière à sa proie attachée », puisqu'elle avait les félineries de Célimène. Elle passe du vers de Corneille à la prose de Victor Hugo avec la même splendeur. Si elle sait draper les vastes plis du pallium pour donner le grand air tragique aux héroïnes romaines, elle sait revêtir avec une grâce charmeresse la robe d'or de la courtisane Tisbé. C'est qu'elle n'a pas seulement étudié les statues de l'antiquité, elle s'est attardée longtems devant les beaux portraits du Titien : elle était avant-hier à Rome, elle est aujourd'hui à Venise, elle sera demain à Paris.*

Mlle Rachel a donc joué merveilleusement la Tisbé. *Les « aristarques » de l'orchestre ont voulu reparler de la diction savante et de la grâce un peu précieuse de Mlle Mars. Mais dès que Mlle Rachel a paru, le fantôme de Mlle Mars s'est évanoui. Ceci a tué cela. Mlle Mars était plus comédienne que femme. Mlle Rachel a été plus femme que comédienne. M. Victor Hugo n'avait pas vu encore cette admirable création de la* Tisbé, *si vivante, si adorable et si terrible dans sa grande figure.*

Mlle Rachel a joué le rôle dans le grand style vénitien : elle portait avec majesté la prose de Victor Hugo, tour à tour comme une robe de lin qui voilait à peine les battements de son cœur, et comme une robe de pourpre et d'or qui rehaussait encore la fierté sculpturale de ses attitudes.

Angelo *a porté bonheur à tout le monde : à la sœur de Mlle Rachel, qui elle aussi a trouvé la source des larmes avec le cri naturel du sentiment dans la passion ; à Maillard, qui s'est métamorphosé avec l'emportement d'un amoureux italien ; à Beauvallet, qui a repris son rôle avec toute la force et toute l'émotion d'une création première. Beauvallet est peintre, aussi symbolise-t-il par son jeu comme par ses costumes la terrible et superbe Venise du beau temps.*

Cette autre lettre que m'écrivait Mlle Rachel, un mois après, indique que son succès dans *Angelo* s'est continué en Angleterre.

Mon cher Directeur,

C'est un triomphe sur toute la ligne pour Victor Hugo, pour Rébecca et pour la petite Rachel, que vous appelez la grande Rachel, je ne sais pas pourquoi.

*Vous voilà bien attrapé d'avoir refusé l'hospitalité dans mon adorable petite maison, où il ne manque qu'un ami. Mais vous êtes un ami si fantasque ! Vous n'imaginez pas comme ces froids spectateurs de Londres ont été entraînés par les magnificences d'*Angelo *: des rappels qui inquiéteraient la grave Comédie-Française, des bouquets sur la scène et dans ma loge, comme chez Mme Prévost. Rébecca en a sa bonne part. Et je ne parle* *de triomphe qu'en pensant à elle. Vous en croirez ce que vous voudrez.*

Les journalistes anglais nous portent aux nues, prenons garde de tomber; mais nous trouverions des bras amoureux pour nous retenir. Nous avons même des poëtes que je me fais traduire par des gens qui ne savent ni l'anglais ni le français. Heureusement que je reçois aussi des vers français d'un de nos jeunes amis qui est venu ici dans son culte pour Victor Hugo et pour William Shakespeare.

Il dit que c'est le même homme, à peu près comme si on disait qu'Adrienne Lecouvreur et moi ne faisons qu'une.

Je vous envoie ces vers de M. Philoxène Boyer; je ne vous défends pas de les publier dans les journaux de Paris pour la gloire de l'auteur... Je vous vois sourire...

Sur quoi je vous tends les deux joues. RACHEL.

Pendant le congé de la grande tragédienne qui devenait la grande comédienne, on joua *le Chandelier*.

VIII

Le Chandelier

Août 1850.

On peut dire que le *Chandelier* d'Alfred de Musset fut un tableau achevé au Théâtre-Français où tout le monde le joua par merveille: aussi jamais on n'a mieux donné le caractère et l'accent aux personnages d'une comédie. M. Alfred de Musset lui-même, toujours emporté par son idéal, était ravi de Mme Allan, de Samson, de

Brindeau, mais surtout de Delaunay, le Fortunio rêvé ! C'est un triomphe ; si Mme Allan représente Jacqueline avec tout le naturel de l'esprit, si Samson donne à maître André une figure de la vieille comédie, si Brindeau joue Clavaroche avec la crânerie presque jouannesque d'un officier de cavalerie en bonne fortune, Delaunay représente Fortunio avec tout le naturel, toute la jeunesse, toute la poésie de la passion.

Que dirait aujourd'hui La Bruyère devant tous ces fils de Tartuffe qui font béatement le signe de croix à l'orchestre et qui s'en vont pleurer dans les journaux sur les gaietés du Théâtre-Français ? Et tout cela parce que le Théâtre-Français jouait hier le *Chandelier*, joue aujourd'hui le *Mariage de Figaro* et jouera demain l'*Aventurière*. Voilà Alfred de Musset, Beaumarchais et Émile Augier, ces trois charmeurs du théâtre moderne, voués aux dieux infernaux. La famille Onuphre était donc fort scandalisée, parce que la maison d'Orgon, de *Georges Dandin* et du *Cocu imaginaire* se compromet avec des hommes comme Émile Augier, Beaumarchais et Alfred de Musset. Ce n'est pas tout, voilà la Censure qui s'émeut et qui demande à couper un acte à *Mademoiselle de Belle-Isle*, naturellement le plus joli, le plus humain, le plus comique. Alexandre Dumas ira comme les autres faire pénitence au parvis de Notre-Dame ; après Alexandre Dumas ce sera le tour de Victor Hugo : je n'oserai plus donner *Marion Delorme*. Tous les chefs-d'œuvre seront brûlés en place de Grève, on finira par proscrire Molière lui-même de la maison de Molière. Il ne restera plus à jouer que le bonhomme Andrieux ; on interdira *Adrienne Lecouvreur* et *Phèdre* parce que là comme ici Mlle Rachel est tout entière à l'amour attachée. C'est sans doute pour cela que Casimir Bonjour se remet à écrire des pièces. En attendant cette hécatombe, le théâtre a son grand air de fête, il ne désemplit pas, les spectateurs sont charmés des comédiens qui n'ont jamais si bien joué, mais Jules Janin disait hier que c'était le chant des Cygnes. Le ministre m'a donné l'ordre de ne plus jouer le *Chandelier*. Je n'en voulais tenir compte, mais il m'arriva ce pli officiel par estafette :

Je remarque, Monsieur le Directeur, sur le répertoire que vous venez de m'envoyer, l'annonce pour vendredi prochain, *d'une pièce que je vous ai recommandé de faire disparaître du répertoire.*

Je vous rappelle cette recommandation en vous invitant à vous y conformer.

Baroche.

Monsieur le Ministre,

Je serais désespéré pour vous obéir de faire un si vif chagrin à Alfred de Musset. Je ne doute pas, d'ailleurs, qu'il ne reprenne son répertoire, à l'heure même où je l'ai décidé à écrire une comédie nouvelle.

Alfred de Musset, comme Victor Hugo, comme Alfred de Vigny, comme Alexandre Dumas, comme Émile Augier, rajeunit l'esprit théâtral. Les nouvelles générations ont accepté ces nouveaux maîtres de la scène ; la vieille école aura beau parler des convenances, ce ne seront que les convenances de l'ennui. Il ne faut pas craindre les libres allures de la comédie, Molière est là comme souverain exemple. Aussi, je sais bien qu'en me défendant de jouer plus longtemps le Chandelier *qui fait fortune, vous obéissez bien moins à vous-même qu'aux opinions timorées qui craignent le scandale. Là où il y a le vrai génie co-*

mique, il n'y a jamais de scandale, parce que l'art sauve le mot, parce que la gaieté sauve la situation.

Je vous supplie de revenir voir le Chandelier, *non pas en Ministre qui se croit responsable des atteintes portées au sentiment public, mais en galant homme qui vient au théâtre sans autre parti pris que celui de voir une jolie comédie et qui ne veut pas frapper un grand poëte.*

Le Ministre vint; au troisième acte, je lui présentai dans sa loge Alfred de Musset; c'était le prendre en traître. La cause était à moitié gagnée, le poëte la gagna tout à fait parce que c'était Alfred de Musset. Voilà pourquoi on continua à jouer le *Chandelier.*

IX

Les idées dramatiques de Balzac

Balzac écrivait à Véron de Dresde, le 11 mai 1850 : *J'ai une maladie nerveuse qui s'est jetée sur les yeux et sur le cœur, je suis dans un état affreux pour un homme nouvellement marié.*

Vous croyez qu'il va continuer sur ce ton, point.

Oh! quelles belles choses il y a ici : j'en suis déjà pour une toilette de vingt-cinq à trente mille francs, mille fois plus belle que celle de la duchesse de Parme. Les orfèvres du moyen âge sont bien supérieurs aux nôtres. Et puis j'ai découvert des tableaux magnifiques. Si je reste ici encore huit jours, il n'y aura plus un liard de ma fortune, ni de la fortune de ma femme, car elle a acheté un collier de perles à rendre folle une sainte.

On juge par cette lettre que Balzac, qui voit de si près la plume à la main, voyageait toujours dans les nuages. Il ne devenait raisonnable qu'en face de son œuvre. Ce n'était jamais qu'un enfant dans l'action de la vie. Aussi avait-on toutes les peines du monde à ne pas le suivre en ses folies, tant il avait l'art de vous griser par ses ivresses. On peut dire qu'il était créé à l'inverse des poëtes. Victor Hugo est l'homme du monde le plus raisonnable quand il descend de sa poésie, Balzac n'a jamais joui de sa raison qu'en faisant un livre.

A son retour de Dresde, il m'écrivit d'une main nerveuse ou plutôt agacée :

Mon cher Directeur,

J'arrive de Russie. Venez me voir ces jours-ci pour causer de mon théâtre. Dans mon esprit, la Comédie Française doit être le couronnement de ma Comédie-humaine. Mes voyages m'ont coupé les jambes. Je ne puis aller vous voir.

BALZAC.

Je n'avais pas une haute confiance en l'art dramatique de Balzac, un esprit absolu qui ne voulait rien accorder aux conventions de la scène, mais j'aimais trop son génie à ce grand romancier qui a mis debout tout un monde, pour ne pas aller le saluer au débotté. Je ne le trouvai pas chez lui.

Il me vint voir au Théâtre-Français. Je m'aperçus que la mort avait été à ses noces. Je fus effrayé de sa pâleur; il était resté dans sa voiture, car il ne pouvait plus monter sans étouffemens. Je lui avais écrit dans l'automne de 1849, pour lui demander une comédie ou un drame ; il venait m'offrir ce qu'il appelait son théâtre. Mais tout en y reconnaissant les marques d'un esprit supérieur, je voulais qu'il débutât à la Comédie-Française par une œuvre nouvelle, après quoi je reprendrais *Mercadet*. Il me dit que c'était surtout sous la forme du roman qu'il voyait la comédie humaine. Selon lui, l'auteur dramatique ne se manifestait que par fragmens, tandis que dans le roman le romancier apparaissait dans son tout.

— Et il est toujours bien joué ! s'écriait-il, car tout lecteur a son théâtre devant les yeux. La pensée de l'auteur dans le roman lui vient de première main, tandis que, dans la comédie, ce n'est qu'une traduction, et il n'y a jamais eu de bons traducteurs ; il vaut mieux avoir à faire au bon Dieu qu'à ses saints. Mlle Rachel elle-même ne me représente pas les héroïnes tragiques comme je les vois dans mon imagination.

Je plaidai la cause du théâtre :

— La meilleure raison, dis-je à Balzac, c'est que vous n'avez plus rien à faire pour être le premier de nos romanciers, tandis que, si vous voulez, vous deviendrez le premier de nos auteurs dramatiques.

— Qu'est-ce que cela me fait ? Je suis abreuvé d'amertume : mes contemporains ne m'ont pas compris, voyez l'Académie ! Je lui ai fait l'honneur d'aller jusqu'à elle et elle m'a donné deux voix ! Voyez les journalistes ! M'ont-ils assez calomnié ! Je ne parle pas des critiques par état.

J'étais vivement attristé de voir tout à la fois ce corps hier si robuste, frappé par l'anémie, et cette âme de feu frappée par l'injustice. Pour lui la *Comédie humaine* était jouée; il arrivait déjà aux régions sereines des mondes futurs : il perdait pied sur la terre. Je lui serrai la main, une main de marbre, et je lui promis d'aller le voir pour son futur théâtre. Nous avions passé en revue les principaux types de ses romans ; tout en cherchant encore parmi les comédiens du Théâtre-Français les à peu près pour jouer ces personnages vivans de la vie immortelle, nous vîmes venir à nous Alfred de Musset. Ils se connaissaient à peine, ces deux hommes merveilleux, qui ne se comprenaient qu'à demi. Leur salut fut cordial, mais ce fut tout. Musset passa en disant qu'il montait chez moi.

— Voyez, me dit Balzac, comme le théâtre est une chose secondaire. Ce que de Musset a fait de bien — *La Coupe et les Lèvres* — vous ne le jouez pas, et ce qu'il a fait de mal — *Le Caprice* — vous le jouez tous les jours.

— Il faut bien apprivoiser le public : j'ai déjà joué *Le Chandelier*. Je jouerai tout Musset, comme je jouerai tout Balzac, comme je jouerai tout Hugo. Dieu merci, je ne suis pas venu au Théâtre-Français pour jouer le vieux jeu ; il y a trop longtems que l'esprit français s'appelle M. Collin d'Harleville ; il y a trop longtems que le caractère français s'anémise et se grisaille.

Balzac revint me voir ; comme sa maladie de cœur lui donnait la terreur des ascensions, je fus prié de descendre dans sa calèche. Il voulait que tout son théâtre fût joué chez M. de Molière. Sa femme était dans la voiture. A peine m'eut-il présenté qu'elle prit la parole pour expliquer le génie dramatique du romancier. Effrayé par la pâleur tombale de Balzac, je promis tout ce qu'on me demanda. Si je l'en croyais, il me fallait bientôt ne plus jouer que Balzac et Molière. Peu de jours après, j'allai chez lui, ce qui lui fut une occasion de me montrer ses tableaux et ses curiosités. Illusions des illusions ! il croyait posséder les merveilles du Louvre, comme il se croyait déjà le Molière du XIXe siècle.

X

Madeleine Brohan

Mademoiselle Madeleine Brohan, qui a remporté au Conservatoire le premier prix de comédie, — on « peut dire le premier prix d'esprit, d'art et de beauté, — « débutera au Théâtre-Français dans les premiers jours « d'octobre. »

Ainsi *L'Artiste*, en août 1850, présentait au public artiste et lettré Mlle Madeleine Brohan, fille de Suzanne et sœur d'Augustine.

Jules Janin, qui fut lui-même rédacteur en chef de *L'Artiste*, prit sa bonne plume de Diderot pour annoncer le début de la très jeune et très belle Madeleine Brohan :

« Le théâtre n'aura pas, je vous en préviens, de fruit « nouveau avant le 10 de ce mois. Mais ce jour-là ! ce « jour-là, paraîtra Madeleine ! Madeleine Brohan, la « sœur d'Augustine et la fille de Suzanne *. »

* Paul de Saint-Victor, plus coloriste que Jules Janin, a peint d'une touche rayonnante cette belle Madeleine Brohan, au lendemain de ses débuts :

« Elle a dix-sept ans à peine, mais sa beauté, impatiente

Je voulais que Madeleine Brohan entrât au théâtre en souveraine de l'art par le salon de Célimène. Elle avait joué à merveille ce rôle que Molière créa pour sa femme, ou plutôt qu'Armande Béjart avait créé elle-même en l'inspirant à Molière et en le jouant avec toute sa cruauté délicieuse. Il n'en fut pas ainsi. M. Scribe qu'on rencontrait alors dans toutes les avenues théâtrales proposa de faire pour la débutante un autre rôle de reine. Il parla des *Contes de la reine de Navarre*, s'effaçant sous la comédienne : « Ce sera, dit-il, un simple cadre pour cet admirable portrait. » Il n'y avait pas d'homme plus

« d'éclore, a déjà brisé ces vagues ondulations de l'adolescence « qui sont au corps ce que les enveloppes indécises de l'ébauche « sont à la statue tressaillante dans le bloc où triomphe déjà « sa divinité. A l'impérieuse élégance de sa démarche, au port « d'orgueil et de grâce de sa tête, à la coquetterie altière de « son geste, on reconnait tout de suite une de ces figures sculp- « tées pour le regard de la foule, pour les perspectives idéales « du théâtre, pour les fières et suaves attitudes de l'amour et « de la passion. Elle est de celles qui n'ont qu'à paraître pour « agiter une salle et faire battre aux champs l'applaudissement. « Chose rare et charmante, ce beau visage de marbre s'épanouit « à tous les souffles du caprice, et les lueurs mouvantes de la « physionomie se jouent à l'aise sur le pur ovale de ses traits : « le calme rayon de ses yeux noirs s'évapore avec la saillie aux « folles étincelles; les mélodies spirituelles de l'enjouement se « marient dans sa voix aux accents vibrans de l'émotion ; sa « bouche a tous les sourires : celui qui tend les lèvres comme « un arc de finesse et d'ironie, et celui qui voltige sur elles en « bluette de gaieté et de lumière. Elmire, Araminte, Isabelle, « la comtesse d'Almaviva, pourront se passer tour à tour, comme « le masque de la muse, cette tête expressive et sereine. Elle « sera chez elle dans l'hôtel seigneurial du *Misanthrope*, comme « dans le boudoir pompadour de Marivaux. Sa main pourra « lancer ce geste d'éventail de Célimène, qui est le coup d'État « de la coquetterie dramatique, ou se jouer avec une langueur « fiévreuse dans les cheveux de Chérubin agenouillé. »

aimable, plus malin, plus ingénieux. En un tour de main, il fit cette comédie où d'ailleurs M. Legouvé fut, à propos, son compagnon d'aventures.

Madeleine Brohan arriva à l'heure où il faut arriver : dans le rayonnement de ses dix-sept années. Belle comme une statue de marbre, c'était une statue de chair, s'épanouissant à toutes les mélodies de la jeunesse et de l'intelligence. Il y avait en elle de la nymphe antique, mais aussi de la Parisienne d'aujourd'hui. Elle souriait tantôt comme une déesse, mais tantôt comme une malicieuse de Marivaux, qui sait tout sans avoir rien appris. Combien d'étoiles dans ces beaux yeux noirs, combien de mots ironiques au coin de ces lèvres rouges ! Et quelles adorables ondulations dans son attitude et quelle grace impérieuse dans sa démarche ! Un sculpteur eût fait en la voyant, une admirable figure de cette muse moderne : la Coquetterie sans le savoir.

On n'imagine pas le triomphe de cette première soirée. Les critiques ont failli s'embrasser, Jules Janin embrassa trois fois les trois Brohan : « Ni les applaudissemens, ni les rappels, ni les louanges, ni les horoscopes de gloire et d'avenir n'ont manqué au baptême dramatique de cette belle enfant qui naît à Molière et à la Muse dans les fleurs de l'ovation, avec un si doux sourire, à la vive clarté d'une étoile fraternelle. Car le spectacle dans cette splendide soirée n'était pas tout entier sur le théâtre ; nous en avons surpris sa plus charmante scène dans la loge de Mlle Augustine Brohan, ou pleurait Mme Suzanne Brohan. Il fallait voir avec quelle cordiale ardeur, avec quelle sollicitude passionnée elle suivait de l'œil, du geste, de l'applaudissement, la jeune débutante : inquiète d'abord, puis bientôt rassurée, ravie, attentive aux préludes de cette voix de dix-sept ans qui lui renvoyait comme un écho sympathique le son de son esprit et le timbre de son rire. »

Et le critique rappelle la jeune Athénienne du poëte, qui, penchée sur la poupe de son vaisseau couronné de fleurs, salue son ombre dansante sur les flots, et sourit à ce reflet vivant de sa jeunesse et de sa beauté balancé entre le double azur d'une mer limpide et d'un ciel souriant.

Et tout en saluant Madeleine Brohan on n'oubliait ni Mlle Fix, ni Mlle Favart, deux rôles à côté, ni Samson, un Charles-Quint à la glace très ironiquement composé, ni Geffroy en François Ier, amoureux et chevaleresque, ni Régnier, fantasque en premier ministre, ni Got, en fallacieux courrier de cabinet, ni Delaunay qui jouait Henri d'Albret dans toute la poésie du XVIe siècle.

La pièce fut peut-être un peu moins fêtée que les acteurs, ce qui était une injustice, puisqu'elle amusa tout le monde. Mais quand on ose boire dans un tout petit verre à la source de l'histoire, on trouve la critique en émoi, on oublie un peu que le théâtre n'est pas l'École des chartes. Nul mieux que Saint-Victor n'a résumé l'opinion de l'époque sur les pièces historiques : « Vous souvenez-vous de cette bonbonnière mystérieuse qu'une des fées de Perrault donne à la princesse sa filleule le jour de ses noces? L'infante, curieuse, l'ouvre avant l'heure; ô prodige! des fentes du coffret magique glissent, filtrent et sautillent en gouttes brillantes et sonores, des chambellans, des courtisans, des pages, des duègnes, des caméristes, des compagnies de mousquetaires rouges caracolant sur leurs genets d'Espagne, des maîtres de chapelle en tête de leur orchestre, des équipages de chasse sonnant des fanfares, toute une maison en miniature, toute une cour atomistique, tout un microscome en grand gala. Eh bien! les cours de M. Scribe, celle de *Bertrand et Raton*, comme celle du *Verre d'eau*, comme celle des *Contes de la reine de Navarre*, tiendraient dans ce joujou de féerie : de petites intrigues trotte-menu qui montent et redescendent des escaliers dérobés, de petites diplomaties malicieuses, empesées sous leur perruque à la Talleyrand comme des amours de trumeau sous la peau de lion d'Hercule, de petites conspirations en sourdine qui chuchotent dans des ruelles en bonne fortune, de petites catastrophes à l'eau de rose, de petites révolutions au premier sang, tout une histoire marionnette enfin qui danse et pirouette au bout d'un fin fil de prestidigitation et de surprise. Si bien que quand il prend fantaisie à M. Scribe de faire tenir sur sa scène mignonne et mignarde un de ces grands drames historiques dont la course ou la chute a fait trembler le monde, il me semble voir cet enfant railleur du bas-relief antique qui grimpe sur le pied d'un géant endormi et mesure en riant son orteil avec un brin d'herbe folle. Oui, mais retournez votre lorgnette, et alors, que de verve, de mouvement, de rapidité spirituelle dans le va-et-vient de ce monde en raccourci; quelle ingénieuse façon d'émietter l'histoire en anecdotes, d'expliquer les grandes choses par les petits moyens, et de peser des œufs d'aigle dans des balances de toile d'araignée. « C'est plaisir, dit quelque part Saint-Simon en parlant d'un historien, c'est plaisir de voir comme il glisse sur les faits avec ses patins de jésuite. » C'est plaisir, dirons-nous à notre tour, de voir M. Scribe glisser sur l'histoire avec les patins à grelots de la comédie légère, et broder cette glace scabreuse et fragile des arabesques insaisissables de sa fantaisie au petit pied. »

M. de Morny qui vint, comme tant de diletantti, dans la loge de Madeleine Brohan lui dit : « Vous cachiez bien votre peur au premier acte. — Oh ! oui, dit-elle. Il me semblait que j'allais tomber dans un abîme de lumière.— Eh bien ! c'est cette émotion-là qui a fait votre triomphe, tout le monde a senti battre votre cœur, tout le monde a été dans votre jeu. » Puis il ajouta : « Je sais quelqu'un qui voudrait bien venir vous serrer la main, c'est le Président de la République. — S'il veut venir je ferai la moitié du chemin, quoique reine de Navarre. »

Le ministre n'était pas venu, je lui écrivis après la première représentation :

Le début de Mlle Madeleine Brohan a été une vraie fête dans la maison de Molière : c'est la troisième Brohan qu'on saluait comédienne. Elle a la beauté, le timbre d'or, l'esprit et le charme.

Comédienne de race, elle est au théâtre comme chez elle. Elle a osé, du premier coup, la future Célimène, créer le premier rôle dans les Contes de la Reine de Navarre. *Elle a été charmante hier, elle est charmante aujourd'hui, elle sera plus charmante encore demain. Elle a osé du premier coup briser les liens de l'École Quand elle sera un peu plus femme, car elle n'a que dix-sept ans, elle jouera mieux* Célimène, *mais combien de rôles elle peut jouer déjà ! C'est donc une fortune pour le Théâtre-Français, qui au retour de Mlle Rachel aura des lendemains brillans.*

Les ennemis de la grande tragédienne se sont émus, mais Mlle Rachel m'a écrit qu'elle voulait, elle aussi, applaudir la débutante. Et en attendant son prochain retour, elle a envoyé une couronne à Mlle Madeleine Brohan, pour qu'elle eût sa part de cette moisson de fleurs qu'elle recueille à l'étranger. Le talent n'est jamais mieux apprécié que par le génie.

XI

Souvenirs au jour le jour

J'avais pour pensionnaire Mlle Maria Lopez, une comédienne de Marseille, qui n'a jamais pu dépouiller l'accent marseillais. Elle jouait les servantes ; c'était une admirable forte en gueule de la Cannebière ; mais sa manière jurait un peu dans la maison de Molière.

Engagée avant ma direction sur la recommandation d'un protecteur *ad hoc*, le plus austère des ministres, elle allait finir son tems quand un beau soir on lui laissa à peine le tems de jouer une des précieuses ridicules : on l'appréhenda au corps et on la jeta à la souricière de la préfecture de police. Pourquoi, grand Dieu ? s'écria Beauvallet, qui fit des vers tragiques sur cette arrestation :

Dieux d'Homère et d'Eschyle, inspirez-moi des vers,
Je veux venger Lopez d'un ennemi pervers...

On disait qu'avec son ami Charles Blanc elle avait conspiré contre l'État.

Je n'en crus pas un mot, quoique Charles Blanc eût été remercié à la direction des Beaux-Arts ; aussi je fis les premières démarches pour que Mlle Lopez fût rendue à son ami, sinon à la Comédie, car je ne voulais pas la garder, ayant déjà trop de servantes à la maison. Mais elle était au secret le plus noir, ce qui mit Charles Blanc à deux doigts de sa mort tant il l'aimait. Enfin « son innocence fut reconnue ». Je retrouve cette lettre du préfet de police Carlier :

« Mlle Maria Lopez, artiste dramatique du Théâtre-« Français a été arrêtée sous prévention de complicité « de complot politique ; elle a été détenue pendant « vingt-deux jours, durée de l'instruction de son procès. « Les juges « ont reconnu son innocence » et ont rendu « une ordonnance de non-lieu.

« Je suis heureux de vous annoncer cette bonne nou-« velle. »

Quand je racontai au foyer que les juges avaient reconnu l'innocence de la comédienne, ce fut Samson, à son tour, qui fit des vers là-dessus en la proclamant la rosière du Théâtre-Français.

Cette rosière n'a pas fait son chemin au théâtre. Mais elle est devenue, de par Charles Blanc, membre de deux académies. Elle a habité le palais de l'Institut et elle vit aujourd'hui sur l'héritage de Louis Blanc, comme sur celui de Charles Blanc.

La comédie mène à tout quand on est fille d'esprit.

***

Il parut alors une petite satire contre les burgraves de l'orchestre à la Comédie-Française.

Ces perruques sans cheveux s'offensaient, dans leur cacochysme, de l'air de jeunesse que soufflaient les coulisses dans la salle ; on avait fagoté le bois mort ; on avait planté des roses remontantes ; les arbres séculaires refleurissaient et agitaient leurs branches chantantes. Voici une page de la satire :

« *Chœur de vieillards de l'orchestre :* — O sacrilège ! On a chassé nos dieux, Ligier lui-même est allé pleurer sur les rives de la Garonne, Ducis se voile le front, Mazères et Empis se désolent entre eux. — *Premier vieillard.*— Ces femmes qui entrent en scène ne sont-elles pas ridicules par leur jeunesse ? — *Un monsieur de l'orchestre.* — Elles sont charmantes ! — *Second vieillard.* — C'est à se voiler la face. N'est-ce pas contre tous les principes de la Comédie-Française ? Bientôt vous verrez des duègnes, Monsieur, des duègnes, qui auront des dents à la scène et des carrosses à la ville ! — *Second monsieur de l'orchestre.* — Que m'importe, si elles ont du talent comme elles ont de la beauté. — *Premier vieillard.* — Oui, elles ont beaucoup de beauté et beaucoup de talent. — *Premier monsieur de l'orchestre.* — Alors pourquoi vous plaignez-vous ? — Parce que je viens ici admirer des alexandrins et non pour m'ébahir devant de jolies femmes. Les jolies femmes empêchent d'écouter les beaux vers. — Vous connaissez cela, Monsieur, les beaux vers ? — Oui, Monsieur, je suis l'auteur d'une tragédie représentée en 1807, à Rouen, par plusieurs femmes laides qui ne donnaient pas de distractions*. »

* « Un singulier phénomène s'opère en ce moment dans le monde dramatique. Vous savez combien depuis plusieurs années le public négligeait nos grandes scènes pour nos petits théâtres. L'Opéra était presque désert. La Critique baptisait l'Odéon du nom de second Théâtre-Français, et le Théâtre-Français menaçait de devenir un second Odéon. Aujourd'hui, la salle de la rue de Richelieu regorge de monde tous les soirs, et l'Opéra encaisse des recettes de dix mille francs. » René de Rovigo.

« Et savez-vous le reproche que font aujourd'hui leurs ennemis à Houssaye et à Roqueplan ? « Il réussit trop. » Pierre Malitourne.

*
* *

Au théâtre le directeur est inquiété pour un succès comme pour une chute. C'est qu'un succès est une chute pour les auteurs dramatiques et pour les comédiens qui ne sont pas de la pièce. C'est ainsi que le succès de *Gabrielle*, en me donnant l'amitié d'Émile Augier, me retira quelque peu celle de Rachel; voyez plutôt cette lettre où elle me donne du monsieur :

On me dit, Monsieur, de tous les côtés, que M. Émile Augier est fort contrarié de ma rentrée samedi prochain dans Mademoiselle de Belle-Isle *et qu'il se propose de me demander comme faveur de rentrer par une pièce de mon répertoire; que faudra-t-il que je lui dise, si en effet M. Augier vient m'exposer ses chagrins? M. le ministre de l'intérieur m'a fait demander instamment de jouer la pièce de M. Dumas samedi; mon médecin ne croit pas prudent de me voir jouer un autre ouvrage de mon répertoire, donnant pour raison que mes forces ne sont pas encore revenues assez; c'est donc à vous, Monsieur, à faire comprendre à l'auteur de* Gabrielle *que je suis deux fois désolée de ne pouvoir lui être agréable en ce qu'il désire; d'ailleurs son mérite n'est pas moins grand que sa modestie n'est humble, et à la Comédie-Française maintes fois deux succès ont marché de pair dans la même semaine. Maintenant, je vous dirai aussi que je pense travailler dans l'intérêt du Théâtre-Français, mais, si je me trompais en agissant ainsi, je vous laisse parfaitement arbitre en cette occasion, et, aujourd'hui comme toujours, je me dis, Monsieur, votre pensionnaire très soumise.* RACHEL.

Paris, le 15 janvier 1850.

*
* *

Quelques dates :

Ce fut le 27 avril que le nouveau décret présidentiel me nomma directeur de la Comédie-Française avec tous les pouvoirs édictés par le Conseil d'État. Jusque-là, les droits du directeur, tour à tour commissaire royal et administrateur, avaient été mal limités; moi-même, comme directeur provisoire, je pouvais tout et je ne pouvais rien. Enfin j'avais la liberté de bien faire.

Par décision ministérielle du 24 mai, le comité d'administration fut ainsi composé sous ma présidence : MM. Samson, Ligier, Beauvallet, Geffroy, Regnier, Provost, Maillart.

Un mois après, le 30 mai, trois sociétaires furent élus : Mlle Rébecca, MM. Got et Delaunay.

Le 13 juin, je proposai de faire de Verteuil, jusque-là simple secrétaire administratif, un secrétaire général. Depuis dix ans il mangeait une bien petite part du gâteau, cet homme unique, qui est mort le jour où il ne se sentit plus la force d'aller au Théâtre-Français.

Le 19 juin on accepta la démission de Ligier, qui aurait bien voulu la reprendre un an après.

Je passe par-dessus cent et un détails d'administration qui sont les infiniment petits de la vie directoriale.

*
* *

Une comédie qui nous amusa bien plus aux répétitions, qu'elle n'amusa le public dans la salle, fut ce paradoxe à outrance qui s'appelait la *Queue du chien d'Alcibiade*. C'est que Léon Gozlan était le meilleur acteur de ses comédies.

Il jouait tous les rôles en éclatant de rire, de ce beau rire phocéen qui enlève la pièce. Déjà il nous avait conquis à la lecture, car c'était un maître lecteur. Certes sa prose égrenait des perles du plus bel orient, mais il faisait croire aussi que toutes ses perles fausses étaient des perles vraies. Il n'est pas de pièces du plus méchant auteur qu'il n'eût fait recevoir. Mais pas si bête de lire pour les autres. Nous avions donc reçu la *Queue du chien d'Alcibiade* avec enthousiasme, croyant que c'était Aristophane lui-même qui venait de s'asseoir au comité de lecture. Hélas ! il fallut en rabattre à la première représentation. Certes on ne pouvait accuser les acteurs d'avoir trahi Léon Gozlan, puisque la pièce était jouée par Provost, Brindeau, Leroux, Got, Delaunay, Mmes Moreau-Sainti et Judith, c'est-à-dire de vraies forces comiques, la verve, l'entrain, le naturel, le charme et la grâce. « Décidément, a dit Judith en voyant le public si froid, Léon Gozlan est un joaillier, mais il ouvre sa boutique quelquefois chez Bourguignon. — Trop d'esprit, trop d'esprit, a dit Provost à Léon Gozlan. — Et pourtant c'est le vrai dans l'invraisemblable, disait Brindeau. » Delaunay qui a l'esprit très juste a murmuré : « J'aimerais mieux l'invraisemblable sans le vrai. »

Donc la pièce n'était qu'à moitié sauvée à la première représentation, mais le feuilleton, toujours ami de Léon Gozlan, a surexcité les curiosités parisiennes pour trois semaines.

Je ne prêche pas la collaboration, mais Léon Gozlan, si on le comparait à Molière qui n'en voulait pas, devrait bien prendre la servante de Molière, pour qu'elle lui donne des conseils. Il a épousé un ange de sagesse et de beauté, sa blanchisseuse, comme le poëte Dufresny :

pourquoi ne lui lit-il pas ses pièces ? Je suis sûr qu'elle arrêterait au vol beaucoup de paradoxes insensés qui font ombre, ailes déployées, à sa raison et à son esprit.

***

Beaucoup de reprises en cette année 1850. Dans le nouveau répertoire, *Angelo* et *Mademoiselle de Belle-Isle* pour Rachel ; dans l'ancien, le *Menteur*, le *Bourgeois gentilhomme*, l'*Avocat Pathelin*, *Turcaret*, les *Surprises de l'amour*, la *Gageure imprévue*, le *Légataire universel*, le *Médecin malgré lui*, pour citer seulement les pièces que la renommée a inscrites à son répertoire.

A propos de reprises, un fils de ministre est venu tout à l'heure, tout furieux, me demander depuis quel tems on donne au Théâtre-Français des farces comme le *Médecin malgré lui*. « Depuis Molière, Monsieur, mais que voulez-vous, en ce tems-là on était si bête ! »

Un mot en appelle un autre : c'est encore un fils de ministre qui a prié un peintre religieux de venir à la campagne peindre la fille de son jardinier, pour posséder aussi une *Belle Jardinière*, comme celle de Raphaël qu'il n'a pas encore vue même en gravure.

Ce qui prouve d'ailleurs que l'instruction universitaire est un enterrement de première classe pour l'esprit humain. Comment l'Université n'a-t-elle pas une fenêtre ouverte sur les Beaux-Arts !

***

La Comédie-Française a donné, en septembre, la première représentation d'*Un Mariage sous la Régence*, une pièce gaie d'un homme triste — Léon Guillard. — Janin était de la pièce, pour les mots spirituels, disant qu'il n'avait jamais compris le sujet. La critique s'est récriée parce qu'on a osé représenter une fête mythologique, sous la Régence, où Brindeau et Mlle Judith apparaissaient en Mars et en Vénus. Je ne crois pas que dans l'Olympe les dieux fussent plus beaux. Ce tableau de la fête a enchanté tout le monde. Je dois dire sans vanité qu'il était de moi. J'avais pris à l'Opéra Mlle Camille, qui dansait avec la chaste volupté de Mlle Taglioni. M. Leroux et Mlle Fix, autre dieu et autre déesse, ont aussi fait fureur.

On avait retenu la pièce à la censure, mais Janin a passé à travers les réseaux de MM. les censeurs comme un bourdon à travers une toile d'araignée.

C'est l'histoire des amours de Riom et de la duchesse de Berry. Un critique a dit qu'on ne pouvait pas trouver mieux que Mlle Judith pour donner le charme et la couleur à la princesse. « A la fin du premier acte, quand ils se disent adieu, elle regarde Riom de cet œil profond, amer, cruel, voluptueux, où se lit toute l'histoire de « la Messaline de Grange Chancel ». On a dit à Janin pour le flatter : « Il y a de très jolis mots. » Il a répondu : « Que tous les auteurs dramatiques passent chez moi entre neuf et dix heures du matin, je jetterai ma poudre d'or sur leurs manuscrits. » On n'a jamais perdu son tems à lire une scène à Jules Janin.

*
* *

Nous avons représenté une comédie de M. Viennet pour ne pas être obligé de représenter une de ses tragédies. Il est vrai que la pièce était en un acte. Elle avait pour titre la *Migraine*, ce qui a donné mal à la tête aux acteurs et au public, qui cherchaient la comédie et qui ne la trouvaient pas. On n'a jamais su si la pièce était en vers ou en prose.

M. Viennet suivait religieusement les répétitions. Un jour — pure politesse — j'étais assis à côté de lui. Il s'indigne d'entendre rire à la répétition dans une scène sentimentale. « Prenez garde, dit-il à Mlle Judith : je suis au parterre. — Je sais bien, cria-t-elle, mais je vous croyais endormi. »

M. Viennet a toujours été un auteur dramatique à rebours. On se rappelle son fameux vers tragique dans un récit à la Théramène :

Les citoyens fuyaient en emportant leurs lares.

On ne sut jamais dans le parterre si c'était du lard ou du cochon.

*
* *

Je suis allé à l'Élysée causer de la saison d'hiver à la Comédie-Française. On a parlé d'abord des débuts de la jeune Madeleine Brohan. Il semblait qu'elle fût là, tant l'air était imprégné du charme idéal de sa beauté dans le cadre de ses dix-sept ans. Mlle Rachel, qui voyage, n'était pas d'ailleurs une absente pour le Président et ses amis : son image était aussi au milieu de nous qui s'imposait impérieusement par le souvenir de son génie dramatique, aussi bien que par la grâce féline de la femme.

On a passé en revue toute la Comédie, comme si l'on fût à la cérémonie du *Malade imaginaire*. On ne saurait croire combien le Théâtre-Français tient de place dans les esprits. Il en était ainsi d'ailleurs sous l'empire. — J'allais dire le premier empire, tant on se croit déjà sous le second empire. — En disant : « L'empire est fait », Thiers n'a rien appris à personne.

Le Président, qui ne rit pas souvent, m'a dit en souriant qu'il ne serait pas fâché d'être « pendant huit jours directeur d'une république si amusante ». Ce qui prouverait qu'on s'ennuie quelquefois à l'Élysée. Je lui ai répondu que je ne voudrais pas même pendant huit jours conduire à sa place « le Char de l'État »..

On en revint encore à Madeleine Brohan. Le Président m'a prié d'aller déjeuner avec elle au palais de Saint-Cloud. Je lui ai dit non, tout de suite, répondant pour moi comme pour la comédienne. Il y eut là un silence qui changea aussitôt l'atmosphère. Le Président s'est repris : « Ne vous imaginez pas que j'invite une comédienne avec une arrière-pensée. Nous déjeunerons en compagnie de ces messieurs. Le palais de Saint-Cloud est un palais de verre. — Monseigneur, je transmettrai votre invitation à Madeleine. Sa mère est elle-même une comédienne célèbre. Elles viendront vous remercier de vos sympathies. »

L'affaire en resta là, car Madeleine, de son côté, même accompagnée de Mme Suzanne Brohan, ne voulut pas aller à Saint-Cloud. Sur ma prière la mère et la fille demandèrent pourtant, à quelques jours de là, une audience pour dire au Président combien elles étaient touchées de ses gracieuses paroles. Le prince eut le bon esprit de ne faire aucune allusion à sa fantaisie amoureuse. Au contraire, il le prit de haut et parla de son protectorat obligé envers les artistes. « Mademoiselle, dit-il à Madeleine, une comédienne de votre race doit être reçue sociétaire après ses débuts. » Le prince Napoléon faisait rarement un pas inutile en avant. Il savait faire un pas en arrière sans rien perdre de sa dignité.

Si pourtant j'étais allé à Saint-Cloud avec Madeleine ou une autre, on n'eût pas manqué de dire : Encore un homme à la mer ! comme Bacchiochi, ce galant homme de la cour qu'on accusait de courir les femmes pour l'empereur quand il les courait pour lui-même. Napoléon III ne voulait pas de rabatteurs de femmes.

*
* *

Je feuillette toutes les œuvres dramatiques des trois siècles ; n'y a-t-il pas dans Montfleury, dans Regnard, dans le théâtre de l'Empire et de la Restauration, des pièces à remettre sur la scène ? J'ai commencé par la *Coupe enchantée*, je vais continuer par les *Surprises de l'amour*, par *Turcaret*, par la *Gageure imprévue*. Il faut que chaque génération étudie l'esprit du tems passé par le théâtre.

J'ai repris coup sur coup le *Joueur* et le *Distrait*. D'où vient que Regnard n'a donné, avec toute sa verve comique, qu'une vie passagère à ces deux créations ? Vainement les comédiens ont fait merveille : les spectateurs n'ont vu passer que des revenans sur la scène. Il n'y a donc que Molière qui ait eu la force de donner la vie immortelle à ses comédies ? A-t-il vraiment tué le passé et l'avenir ? Et pourtant Regnard aussi était un maître par l'esprit, la gaieté, le diable au corps. Mais Molière seul est le maître des maîtres par le moi humain.

***

L'année dramatique a marqué dans l'histoire littéraire par *Charlotte Corday*, de Ponsard ; la *Queue du chien d'Alcibiade*, de Léon Gozlan ; le *Chandelier*, d'Alfred de Musset; les *Amoureux sans le savoir*, de Jules Barbier et Michel Carré ; les *Contes de la reine de Navarre*, d'Eugène Scribe et Eugène Legouvé ; *Horace et Lydie*, de Ponsard ; enfin le *Carrosse du Saint-Sacrement*, de Mérimée. Chacune de ces pièces, de la meilleure à la moindre, a pris le spectateur hier et prendra le lecteur demain ; car toutes sont empreintes du sentiment littéraire et toutes ont leur accent original : la force tragique dans *Charlotte Corday*, l'expression antique dans *Horace et Lydie*, le scepticisme amoureux dans le *Chandelier*, l'esprit parisien dans la comédie athénienne de Gozlan, la gaieté aventureuse de la *Marguerite des Marguerites*, curieuses pages d'histoire romanesque, dans les *Contes de la reine de Navarre**, enfin la fanfaronnade espagnole dans une saynète de Clara Gazul.

* Parmi les pièces de l'année, faut-il citer encore : la *Migraine*, de M. Viennet ; le *Figaro en prison*, de Louis Monrose ; la *Discrétion*, d'Édouard Plouvier ; *Héraclite et Démocrite*, d'Édouard Foussier et *Un mariage sous la Régence*, de Léon Guillard, où, selon le mot de Jules Janin, le spectateur était à la noce par la beauté de la mise en scène.

Jules Sandeau.

LIVRE XVII

LA COMÉDIE-FRANÇAISE EN 1851

I

A vol d'oiseau

Ce fut Jules Sandeau qui, par *Mademoiselle de la Seiglière*, domina le monde du théâtre en 1851.

Jules Sandeau, que Mme la baronne Aurore Dudevant, petite-fille du maréchal de Saxe, avait entraîné dans le roman de la vie et dans la passion d'écrire des romans, était plutôt né auteur dramatique. J'ai eu le bonheur d'être son ami presqu'à ses débuts. Il se préoccupait bien plus de l'art du théâtre que de l'art du romancier. J'ai encore le scénario d'une comédie que nous avions bâclée tous les deux : les *Nouvelles Précieuses ridicules*.

Déjà il avait écrit des scènes du *Gendre de M. Poirier*, bien avant d'écrire le roman qui lui réinspira la pièce, quand Émile Augier devint son collaborateur. Dès que je fus à la Comédie-Française je lui rappelai qu'il était né pour le théâtre, mais il était devenu le plus paresseux des hommes, disant à tous propos comme Chenavard : — A quoi bon ? — Je crois que sans écrire un mot de *Mademoiselle de la Seiglière,* je me donnai plus de peine que lui pour que la pièce arrivât à la scène. Il me fallait d'abord, pour ne pas le fâcher, chanter sa chanson : « Tout a été dit, tout a été écrit, tout a été joué. » Après quoi je le reprenais en sous-œuvre, je lui parlais de son nom, je lui prouvais que tout célèbre qu'il fût il resterait méconnu s'il n'abordait pas le théâtre. Mais que de cigares il a fallu fumer! Quand il était quelques jours sans travailler il me disait: « Les cigares sont si mauvais! » Mme Jules Sandeau les lui choisissait pourtant. Comme il était très amoureux des chatteries de femmes, j'imaginai de lui faire envoyer des cigares par une belle Havanaise qui mit dans la boîte ces quelques mots :

« Une femme romanesque venue tout exprès de Cuba « pour voir en action les passions parisiennes que vous « avez si adorablement peintes, ne s'en ira pas sans « avoir vu la représentation de la comédie que vous « faites. Elle a demandé à louer quatre loges pour ses « amies, et elle jettera quatre bouquets à votre belle « héroïne. »

Il fallait que Sandeau sentît les admirations autour de lui pour retrouver son imagination déjà fuyante.

Je mis Régnier dans mon jeu : aussi Sandeau doit-il beaucoup à cet excellent comédien qui n'a jamais connu la paresse, et dont l'esprit toujours en éveil rappelle ces gais postillons espagnols qui font claquer leur fouet sur la sonnerie des grelots de leurs mules.

Ce fut tout un enchantement que la première représentation de cette comédie. Il y avait des années qu'on n'avait assisté à un pareil succès, car tout le monde était de la fête, les peintres comme les gens de lettres, les critiques comme les gens du monde. Le Président de la République voulut dire lui-même à Jules Sandeau qu'il ne connaissait point de comédie moderne qui valût la sienne. Voilà pourquoi Jules Sandeau fut nommé bibliothécaire du palais de Saint-Cloud. Les comédiens eurent leur belle part dans le succès. Samson y créa son plus beau rôle. Régnier y fut applaudi comme acteur et comme collaborateur anonyme par son grand art de la mise en scène. Madeleine Brohan fut adorable en Mlle de la Seiglière. Maillart fut l'idéal de l'amoureux après Menjeaud et avant Delaunay.

Cette année 1851 indique aussi un rude travail pour les plaisirs du parterre. Le 4 janvier, Maillart et Mlle Brohan jouent *César et Cytheris*, une adorable fresque antique détachée du beau drame de Jules Lacroix, le *Testament de César*. Étrange public! quand on a joué le drame en 1849, il n'avait pas ressenti tout le charme poétique du prologue; il s'extasie aujourd'hui. Le 21, je me suis amusé à une autre surprise, en lui donnant une image détachée du *Mariage sous la Régence*. C'était pour attendre le beau drame antique de Jules Lacroix, cette *Valéria* dont parlait tout Paris, parce que Mlle Rachel devait y jouer deux rôles. En effet elle fut tour à tour impératrice et courtisane avec toute la couleur et le relief qu'elle se donne en ses grands jours. En mars, pour les lendemains de Mlle Rachel, on représenta *Bataille de dames*, de Scribe et Legouvé, accompagnée de *Christian et Marguerite*, d'Édouard Fournier : ce fut un joli spectacle pour rire le lendemain du jour où l'on a pleuré. On arriva ainsi au 1er mai, où Mme de Girardin donna une petite comédie : *C'est la faute du mari*. Cela nous conduit au 31 mai pour la *Fin du Ròman*, de Léon Gozlan : très joli succès. Le 30 juin, première représentation des *Caprices de Marianne*, par Alfred de Musset. Grand succès qui console le poëte et Marianne Brohan des coups de soleil de juin. Le 24, pour faire un sacrifice aux dieux, la Comédie joue les *Bâtons flottants*, cinq actes en vers, de M. Charles Liadière. De par la loi il fallut jouer cette pièce reçue depuis longtems. Mme Liadière a été si jolie ! Qui donc aurait eu le courage de donner sa boule noire. Le 1er août, c'est le *Baron de Lafleur*, de Camille Doucet. Revanche. A quelques jours de là ce romantique intransigeant qui s'appelle Ferdinand Dugué frappe les trois coups pour son *Mathurin Régnier*, trois actes et cinq tableaux qui représentent avec beaucoup de couleur le hardi poëte de mauvaise compagnie, mais de crâne poésie. Le 8 septembre, les *Demoiselles de Saint-Cyr*, déjà quelque peu oubliées dans l'ombre mortuaire de Mme de Maintenon, paraissent avec des retouches heureuses d'Alexandre Dumas qui n'a pas demandé la permission à MM. de Leuven et Brunswick. Grand succès ; mais les succès ne sont toujours que des feux de paille en ces tristes jours qui sentent la révolution et qui tombent sous l'ennui que versent les orateurs politiques.

Le 9 octobre, l'obstiné poëte qui s'appelle Beauvallet, cet âpre et superbe tragédien, nous donne un drame en trois actes avec la collaboration de Chateaubriand : le *Dernier Abencerage.* Encore si c'était en prose ! Le public a été doux à Beauvallet, parce qu'il se jouait lui-même. « Je crois, m'a-t-il dit, que nous tenons un succès. — Oui, mon cher Beauvallet, nous en parlerons dans huit jours. » Huit jours après, Beauvallet me dit bravement : « J'aime mieux jouer *Polyeucte* ou le *Cid.* » Le 25 octobre voici les *Derniers Adieux*, de Jules Barbier et Michel Carré, très joli acte qui ne sera bientôt plus qu'un lever de rideau.

Un grand jour, le 4 novembre, car c'est ce jour-là que *Mademoiselle de la Seiglière* prend la scène pour longtems, sinon pour toujours. Elle y est acclamée devant le Président de la République qui n'a jamais montré tant d'enthousiasme au théâtre. Aussi disait-on : Ne parlons plus de coup d'État, un homme qui s'amuse ainsi au spectacle n'a pas d'arrière-pensée.

Mais le mardi 1er décembre il y avait je ne sais quoi dans l'air qui inquiétait les esprits, car la recette tomba à deux cent quarante-trois francs, quoiqu'on jouât les *Demoiselles de Saint-Cyr.* Léopold Le Hon attendait M. de Morny dans ma loge. Quand M. de Morny arriva, il me dit : « D'où vient qu'il n'y a personne chez vous ce soir ? — C'est que Paris ne veut plus s'amuser. — Demain je vous enverrai des spectateurs. »

Le lendemain 2 décembre la recette monta. Étaient-ce les spectateurs de M. de Morny ? On jouait *Tartuffe* et les *Femmes savantes.* Le jeudi 4 on avait affiché la *Coupe enchantée* et le *Verre d'eau*, mais on ne but ni à la *Coupe enchantée* ni au *Verre d'eau.* On ne joua pas non plus le vendredi. Le samedi, même spectacle ; on fit une recette de six cent cinquante francs. Quelques spectateurs sifflèrent des allusions dans le *Verre d'eau*, mais toute la salle entière applaudit. On parlait, ce soir-là, de la proscription de Victor Hugo : j'affichai pour le lendemain dimanche *Marion Delorme* qui remplit la salle. M. de Morny vint un instant. « Il faut sauver Victor Hugo, me dit-il. Je suis de ceux qui le voulaient ministre et non révolté. Il ne sera proscrit que s'il se proscrit lui-même. »

Victor Hugo, croyant emporter la France à la semelle de ses souliers, franchit la frontière.

II

Le soulier de Corneille

Le 6 juin 1851, anniversaire de la naissance de Corneille, deux cents ans après la période la plus radieuse de son génie, je décidai que la Comédie-Française serait tout en fête : on donnerait le *Cid* et *le Menteur*, par tous les chefs d'emplois. Entre les deux chefs-d'œuvre on devait lire à la gloire de Corneille les vers d'un grand poëte, Victor Hugo, Alfred de Musset ou Théophile Gautier.

Victor Hugo, tout à la politique, dit qu'il n'avait pas de rimes sous la main, tout en regrettant de ne pas glorifier son maître ; Alfred de Musset se déroba dans une partie d'échecs ; Théophile Gautier fit séance tenante d'admirables vers qui ne sont pas oubliés.

Tout allait bien, tout souriait pour la soirée, mais

voilà que tout à coup M. de Guizard, directeur des Beaux-Arts de par la volonté de M. de Rémusat, car il y avait toujours deux pouvoirs en lutte, celui de l'Élysée et celui de l'Assemblée, demanda à lire les vers de Théo. Il s'indigna que le poëte reprochât à Louis XIV d'avoir laissé :

Corneille sans souliers, Molière sans tombeau.

Eh quoi ! sous la République, un poëte osait écrire de pareils vers :

Dans la postérité, perspective inconnue,
Le poëte grandit et le roi diminue.

Guizard accourut au Théâtre en me disant que le ministre ne permettrait jamais un pareil sacrilège. Je voulus lui répondre gaiement, mais il prit l'affaire au tragique. « Si vous ne voulez pas supprimer cette pièce de vers, mon devoir est d'avertir le ministre. — Eh bien, allons ensemble le trouver. » Et nous voilà partis. Le ministre, c'était alors M. Léon Faucher, un républicain de l'avant-veille, qui trouva extraordinaire que Théo prît le parti de Pierre Corneille contre Louis XIV. « Remarquez, dis-je au ministre, que ce n'est pas ce soir la fête de Louis XIV, mais celle de Pierre Corneille : qui donc s'aviserait de trouver là une impertinence contre le roi Soleil ! Au fond c'est de l'histoire, mais si on vous inquiète à la Chambre, vous direz que c'est de la poésie. »

Le ministre le prit de haut : « Ne vous imaginez-vous pas que je vais risquer sur ces babioles une question de cabinet? — Ces babioles ! » J'étais indigné, mais je rentrai mon indignation dans le fourreau. — « Il y a, reprit Léon Faucher, une commission de censure. — Eh oui, dis-je, la République avait promis de nous en débarrasser. — Eh bien, cette commission de censure est responsable, c'est elle qui va décider si les vers de votre ami seront lus ou non. — N'oubliez pas, Monsieur le ministre, que Louis XIV, aujourd'hui, c'est le public. Or le public attend. Devant le public ce n'est pas la censure qui est responsable, c'est moi. Je ne puis rien changer à la représentation ; or, j'aime mieux donner ma démission que de subir un arrêt de la censure. — Eh bien, voilà qui est dit, vous avez donné votre démission, ce qui vous couvre devant le public, devant les comédiens, devant Théophile Gautier. » Sur quoi Léon Faucher prit son portefeuille pour aller au conseil des ministres. M. de Guizard réunit la commission de censure, ces gens avaient peur de tout. Sans doute ils eurent peur de Louis XIV, car ils demandèrent la suppression de tout ce qui touchait le roi Soleil. Naturellement ni Théophile Gautier ni moi ne consentîmes à la suppression des plus beaux vers.

Je préparai mon départ. Beauvallet improvisa avec enthousiasme des stances à Pierre Corneille qui sauvèrent quelque peu la dignité de la représentation. Ce qu'il y eut de curieux, c'est que l'empereur qui croyait de son devoir d'honorer le souvenir de Celui que son oncle eût fait prince, applaudit les stances comme si elles eussent été de Théophile Gautier. Mais le lendemain ce fut un grand bruit dans le Paris politique et littéraire.

J'avais tout disposé pour ma retraite, mais le Président, après avoir lu tout haut les vers de Théophile Gautier, décida que j'avais eu raison de vouloir qu'on les lût tels quels. « C'est bien étonnant, dit Roqueplan, car il se figure, comme son oncle, qu'il succède immédiatement à Louis XIV. »

Le prince pleura la misère de Corneille sans songer à faire une pension à Théophile Gautier, qui d'ailleurs portait de fort belles chausses.

III

Les Vaches

Verteuil, me présentant les chefs de service, depuis les décorateurs jusqu'aux « allumeurs de chandelles », en avait oublié un. Celui-là se présenta tout seul. Quand de la Chaume me l'annonça il me dit, en se penchant vers moi : « Voyez-vous, Monsieur, il a retiré un I à son nom ; aujourd'hui il s'appelle Vacher. — Que diable me veut-il ? — C'est un personnage ! » Je vis arriver le chef de claque, un philosophe souriant d'un air malin : front développé, œil scrutateur, figure lumineuse : « Monsieur le directeur, je fais depuis longtems mon service de chef de la critique. — Surtout de chef de l'enthousiasme, lui dis-je. — Pardonnez-moi, je suis juste ; quand j'applaudis avec nos vaches — je veux dire avec mes hommes — c'est que tout le monde doit applaudir. — Pourquoi dites-vous vos vaches ? Est-ce à cause de votre nom ? — Oui, c'est à cause de mon nom, mais c'est aussi parce que tout ce monde-là applaudirait à rebrousse-poil, si je ne les arrachais de l'abreuvoir du coin et si je ne les menais par le licol ; mais une fois en ordre de bataille, ils obéissent comme un seul homme au moindre clignement d'œil; et Dieu sait si nous gagnons des batailles quand elles sont à moitié perdues, MM. les sociétaires le savent bien. »

M. Vacher parlait comme un petit Napoléon. Je lui dis qu'il venait tout juste au moment où je songeais à supprimer la claque. « Oh! Monsieur le directeur, ne faites pas cela. Si vous saviez comme nous relevons le moral des auteurs et des comédiens surtout; M. Samson lui-même ne pourrait pas jouer dans le silence glacial. — M. de Molière jouait bien sans cela. — Je sais mon histoire presque aussi bien que vous, Monsieur le directeur. En ce tems-là il y avait un parterre qui savait saisir l'occasion. Aujourd'hui il n'y a plus de parterre. Qu'est-ce que tous ces curieux qui viennent-là? Des provinciaux égarés qui seraient capables de siffler les belles situations ou d'applaudir à tort et à travers. Moi qui parle, j'ai étudié l'esprit de tous les auteurs dramatiques comme le jeu de tous les comédiens, ici, à l'Odéon et au boulevard. Vous ne pourrez vous passer de nous que dans cinquante ans, quand l'éducation du public sera faite. Rappelez-vous, Monsieur le directeur, le mot de Beaumarchais : « Combien faut-il de sots pour faire un public? »

J'allais défendre mon opinion contre un critique si expérimenté quand Mlle Rachel entra. Elle salua et daigna répandre sur la figure de Vacher le charme de son sourire. « Voilà, dit-elle, non pas le chef de claque, mais le chef de succès. Il n'y a pas de fête sans Vacher! » Vacher salua et s'éloigna en disant : « Je demande au directeur d'étudier mon jeu comme celui d'un comédien. »

Le soir je le vis à l'œuvre. Il joua des yeux et des mains. Il avait la mine curieuse d'un homme qui a payé sa place. Il faisait manœuvrer ses vaches sans que personne s'en aperçût. C'était l'œil du maître.

IV

Le foyer des comédiens

Il y a toujours à Paris trois ou quatre salons où l'homme le moins timide n'entre pas sans émotion. Émotion contenue qu'il s'efforce de bien cacher, mais qui le trouble quelque peu. C'est que chaque nouvel arrivant est dévisagé d'un œil d'acier. Tout le monde semble dire : « Qu'est-ce qu'il vient faire ici ? » Ou bien encore : « On ne l'attendait pas. » Un de ces trois ou quatre salons, c'est le foyer des comédiens au Théâtre-Français. Les figures qui y sont en peinture vous sourient avec le charme d'un autre siècle ; mais les figures plus ou moins peintes qui sont là pour tuer le tems, en attendant le moment d'entrer en scène ou le moment de rentrer chez soi, ont des airs de cruauté pour ceux qui s'aventurent de leur côté. Ce n'est pourtant pas une cage de bêtes fauves. Mais il faut apprivoiser peu à peu ces empereurs et ces reines, ces pères nobles et ces ingénues.

Dans un salon ordinaire il y a au moins le maître et la maîtresse de la maison qui vous font bon accueil, mais dans ce salon extraordinaire pas un signe de bonne grâce : le silence si on s'approche, la mousqueterie railleuse si on s'éloigne. Aussi beaucoup de mondains curieux ne s'y risquent pas deux fois, du moins c'était ainsi pendant les années de ma direction. Les étrangers qui tenaient bon étaient pour ainsi dire du bâtiment; comme par exemple Roqueplan, directeur de l'Opéra et amant de Delphine Marquet dont la belle chevelure dorée lui inspira une page rayonnante sur les blondes. Alfred Arago était un des fervents sans être attaché à celle-ci plutôt qu'à celle-là. Il peignait alors de jolis paysages; mais ce qui le conduisit à l'inspection générale des beaux-arts, ce fut son esprit charmant et son art de caricaturer les hommes politiques. Il avait pour partenaire un autre peintre qui échangeait avec lui des calembours par à peu près*. Ponsard et Augier se retrouvaient souvent au foyer. Alfred de Musset y faisait une pause, mais il aimait mieux mon cabinet tout aussi bien peuplé. Quelques amoureux de ces dames plus ou moins princes, ministres ou ambassadeurs, les accompagnaient au foyer ou les y attendaient retour des coulisses. On y voyait aussi quelques critiques comme le duc de Rovigo, Paul de Saint-Victor, Édouard Houssaye, Xavier Aubryet, Albéric Second, Limayrac, Octave Lacroix.

* Ainsi celui-ci : « Si on s'était informé à Dupont de l'heure à laquelle la République serait proclamée, nous ne serions pas dans le Marrast. Nous étions Sobrier : on Arago faire on ne sera pas Blanc demain pour avoir mis tous ses œufs dans le même Pagnerre. »

Je n'ai pas le courage d'aller plus loin, mais tous les noms du moment étaient accommodés à la même cuisine.

On avait dit pour symboliser les trames du foyer que c'était un foyer d'incendie et un foyer d'intrigues, la vérité c'est qu'on n'y jetait pas le feu à pleines mains et qu'on n'y méditait pas la mort de son prochain. Le plus souvent on se serait cru au foyer de Pénélope, tant on y filait de la laine.

Pendant un tems aussi on le surnomma le foyer des petits ménages parce que chaque actrice y chuchotait avec son acteur.

V

L'archaïsme

L'archaïsme a repris tout à coup Ponsard et Augier; on pouvait croire que le succès de *Charlotte Corday* et de l'*Aventurière*, les avait ramenés parmi nous; mais les voilà qui s'en retournent à Rome et à Athènes comme en leur pays natal. Après *Horace et Lydie* voilà le *Joueur de flûte*. Ce sont simples jeux d'écoliers en art théâtral qui reprennent des vacances dans le pays de leur première jeunesse. Je crois aussi que l'espérance d'être joués par Rachel a ranimé la verve antique de ces deux inséparables. Mais Mlle Rachel n'a pas voulu représenter dans le *Joueur de flûte* le rôle de Laïs qui lui était destiné; heureusement Mlle Nathalie était là qui n'attendait que l'occasion. Eh bien, cette Laïs a plu à tout le monde, surtout à Émile Augier. Grâce à son profil grec, à son attitude étudiée pour le péplum, à sa diction savante, elle a charmé les spectateurs, même ceux qui percent à jour les illusions de la scène. Elle était d'ailleurs en bonne compagnie, Geffroy, Samson et Got. Ce quatuor a fait merveille pour prouver qu'au fond la pièce n'existait pas; à moins que le style, la verve et l'esprit ne tiennent lieu de la fable. Molière a été quelquefois de cette opinion. Il ne faudrait pourtant pas s'obstiner à archaïser ainsi, car Armand Barthet dans le *Moineau de Lesbie*, a prouvé qu'un étudiant de première année était aussi malin que Ponsard et Augier pour faire une de ces versions si chères aux collégiens.

VI

Le 2 décembre

Quand un homme cause politique avec lui-même il est dictatorial, quand deux amis causent ensemble ils sont tyrannistes, mais si beaucoup d'hommes sont réunis, le républicanisme éclate comme un feu d'artifice; voyez plutôt les assemblées officielles, ne montent-elles pas toujours vers la montagne? il n'y a que les courages héroïques qui n'aient pas peur d'être pris en flagrant délit de royalisme, parce que c'est mal porté par les épaules fragiles, les rois n'étant plus que les humbles serviteurs des peuples.

Quand on prend à part un comédien, il est dictatorial ou impérialiste, mais quand tous les comédiens sont réunis au foyer, ils sont républicains ; aussi au Théâtre-Français Messieurs les sociétaires et Messieurs les pensionnaires ont deux manières d'apprécier le coup d'État, tantôt ils sont pour Auguste, tantôt ils sont pour Cinna. Quelques-uns m'ont dit le matin : « Il faut faire relâche, nous ne pouvons pas jouer en face d'une telle catastrophe. » Je leur ai répondu : « Soyons au-dessus de toutes les politiques, l'Assemblée voulait emprisonner le Président qui est socialiste, le Président emprisonne l'Assemblée qui est bien plus réactionnaire que républicaine, l'histoire jugera. En attendant jouons la comédie puisque c'est notre métier. — Mais il y aura des allusions terribles, puisque nous jouons le *Verre d'eau*. — Nous jouerions le *Mariage de Figaro*, le *Tartuffe*, *Cinna* qu'il y aurait aussi des allusions, mais s'il y a des nuées il n'y aura pas d'orage : vous êtes tous trop maîtres de la scène, pour avoir peur d'un coup de sifflet. » On a joué le soir, il y a bien eu quelques rumeurs, mais le public qui est plus sage qu'on ne croit, a compris qu'il était là pour s'amuser et non pour faire un cours de politique.

Le premier jour du coup d'État, tout allait bien ou tout allait mal selon les opinions, mais on ne s'entretuait pas ; le lendemain, les indignés et les révolutionnaires qui aiment les émeutes rien que pour le plaisir de faire du bruit, ont voulu avoir raison du coup d'État ; on s'est fatalement entretué sur quelques barricades. Un comparse qui n'était pas venu à la répétition, a été blessé comme curieux, boulevard Bonne-Nouvelle ; sa femme tout en larmes est venu me demander si le théâtre lui ferait une pension.. « Comment, une pension parce qu'au lieu de venir à la répétition, il est allé chercher un coup de fusil ! » J'ai donné à cette femme de quoi soigner son mari. Samson était là, il a reconnu comme moi que l'art est au-dessus de toutes les politiques, parce que pour tous les grands esprits il n'y a que la révolution pacifique qui soit féconde. « Ç'a été trop d'un Collot-d'Herbois », a dit Samson.

Provost est survenu qui a dit : « Eh bien, Rachel va chanter : *Partant pour la Syrie*. — Vous êtes injuste, mon cher Provost, vous oubliez que Rachel a quelque peu sauvé la Comédie en chantant la *Marseillaise*. En ce tems-là, d'ailleurs, nous chantions tous la *Marseillaise* tant nous nous imaginions marcher vers la terre promise. Mais nul de nous n'en sait le chemin. Respectons tous ceux qui se sont égarés et attendons patiemment un autre Moïse. — Oh ! s'écria Provost, je ne crois pas à un autre Moïse; j'ai cru à Lamartine, c'est ma dernière illusion. — A moi aussi, lui dis-je. — A moi aussi, murmura Samson. » Ainsi finit la comédie.

Mlle Rachel survint : « Eh bien, il y en a qui sont passés au bleu, d'autres au blanc, d'autres au rouge : Victor Hugo est à la tête des révoltés. — Oui, parce qu'on ne l'a pas fait ministre, s'écria Provost. — Et on a eu tort, dis-je. — Il va se faire proscrire comme tous ceux de la Montagne, dit Samson. — Peut-être, repris-je, mais nous ne le proscrirons pas, n'est-ce pas, Rachel ? — Je crois bien, je jouerai la Tisbé, je jouerai Dona Sol, je jouerai Marion Delorme, mais je commencerai par demander sa grâce à l'Élysée. — Sa grâce, ce n'est pas lui qui acceptera sa grâce, je vous en réponds, il est trop haut placé pour descendre jusque-là, mais dans un mois l'amnistie sera proclamée : Louis-Napoléon a passé trop de tems en exil et à Ham, pour permettre que des Français soient proscrits ou emprisonnés à propos de politique. » Brindeau entra tout effaré. « Messieurs, tout Paris est à feu et à sang, il faut veiller sur le théâtre. — D'où venez-vous ? — De la Porte-Saint-Martin. On dit qu'il y a cent mille insurgés. »

Léopold Le Hon qui poursuivait Mlle Rachel, était entré dans l'ombre de Brindeau. « Soyez sans inquiétude, dit-il avec beaucoup de calme, on fait semblant de se battre, mais on ne se bat pas. J'arrive de la préfecture de police, où on n'a peur de rien. — Allons voir Morny », dit Rachel. Nous partîmes tous les trois, elle, Léopold Le Hon et moi.

Savez-vous ce que faisait le comte de Morny quand nous arrivâmes au ministère de l'intérieur ? il prenait tranquillement un bain, ce qui ne l'empêchait pas de dicter ses ordres à deux secrétaires. « Et, vous n'avez pas peur, lui dit Rachel, que je ne cache une Charlotte Corday ? » Il sourit et nous montra un revolver.

Voilà tout ce que j'ai vu du coup d'État.

J'oubliais : le premier jour, j'ai vu le Président à cheval parcourant la rue de Rivoli et s'arrêtant place du Palais-Royal à deux pas du Théâtre-Français. Il portait haut sa tête impassible et fataliste. Le lendemain j'ai vu aussi le tumulte du boulevard et j'y ai même recueilli un duel avec Clésinger qui avait changé quatre fois d'opinions depuis la veille — sans en trouver une bonne.

Les historiens qui ont la prétention d'avoir tout vu, n'ont presque rien vu ; ils ressemblent à ce personnage d'une comédie jouée au Théâtre-Français, qui se vante d'avoir été à la prise de la Bastille. « Vous ! lui dit-on. — Oui, moi tel que vous me voyez. — Expliquez-vous ? — C'est bien simple. J'étais chez mon notaire pour faire mon testament, tout à coup un citoyen entre dans l'étude en s'écriant : *La Bastille est prise*. Sur ces mots, il nous montre une petite pierre de la Bastille en s'évanouissant. J'ai pris la pierre et je l'ai gardée comme un trophée : j'ai donc eu ma part dans la prise de la Bastille. »

Tout en faisant bonne figure, en ces jours de délivrance pour les uns, de deuil pour les autres, je cachais mes tristesses. Qu'allait-il se passer ! Cette France bien-aimée, toute meurtrie encore des révoltes de juin, toute désespérée par les batailles stériles de l'Assemblée nationale, se relèverait-elle dans toute sa force, dans toute sa souveraineté, dans toute son auréole ? Combien de ses enfans parmi les meilleurs allaient prendre le chemin de l'exil, parce qu'ils ne voyaient pas les mêmes horizons que ceux qui restaient au pouvoir ! Après tant de secousses, après tant d'abîmes toujours ouverts, après tant de sacrifices, larmes et sang, il fallait donc tenter encore les aventures politiques !

L'humanité en est-elle réduite à toujours attendre le lendemain ? N'a-t-elle pas assez souffert depuis que Dieu l'a condamnée à reprendre sa croix à toutes les stations du Golgotha ? C'est en vain que les Titans se révoltent, c'est en vain que Prométhée, dans l'arrière-antiquité, que Manfred, dans le monde moderne, défient les dieux en protestant pour les hommes : les dieux poursuivent l'œuvre inconnue, l'œuvre mystérieuse que nous ne comprenons pas, tandis que nous roulons notre rocher les mains toutes sanglantes. Si les dieux ont créé le monde en six jours, combien donc leur faudra-t-il de siècles pour arracher de nos fronts la couronne d'épines ?

En attendant, faisons la comédie et jouons-la.

***

On m'a reproché à la lecture des premières éditions d'avoir trop écrit au hasard de la plume sans suivre la logique des événements. J'avoue que je ne crois pas à la logique des événements ; les destinées ne s'occupent pas plus de ménager les transitions que Labruyère dans ses *Caractères* ou que Victor Hugo dans ses poésies. Je n'ai donc pas cherché un fil d'or ni un fil de lin pour recoudre les pages éparses : ainsi va le monde, ainsi va la vie. Par exemple, le théâtre, qui en cette œuvre tient tout un volume, ne va-t-il pas de la tragédie à la comédie, de la comédie au drame, du drame à la saynète. Quelle est la logique ? l'amusement du spectateur.

*
* *

Je viens de conter à Morny une jolie légende sur le coup d'État pour savoir si c'était de l'histoire :

On dit qu'à la veille du Deux-Décembre, Morny, poursuivi par ses créanciers pour un million de dettes, ne couchait plus chez lui. Le Prince-Président le savait : « Où couchez-vous, Morny ? — Un peu partout, ici, là, plus loin. » Il donna trois adresses. Le 2 Décembre il alla coucher dans le petit hôtel d'une comédienne qui peut-être ce jour-là découchait. Les gardes du commerce toujours sur ses traces se promirent bien de ne pas voir lever l'aurore sans mettre la main sur lui. On leur avait promis dix mille francs. Quand dans la nuit du Deux-Décembre on vint chercher Morny au nom du président avec huit hommes et deux caporaux, il reconnut les gardes du commerce et leur dit gaiement : « Il est trop tôt et il est trop tard. »

« Cette légende est fort à cela près qu'elle n'est pas vraie, » m'a dit Morny. Mais celle-ci est de l'histoire :

La veille du coup d'État, Morny, familier à tout, même à la chimie, entra dans le laboratoire d'un membre de l'Académie des sciences. « Qu'est-ce que cela ? — C'est de l'acide prussique. — Vous allez m'en donner pour deux sous. — Ni pour deux sous ni pour deux napoléons. — Pourquoi ? — Parce que vous avez des heures de spleen. — Après tout, dit Morny en prenant dans la poche de son gilet un bijou qui s'appelait un révolver, voilà qui fera mieux mon affaire, parce que quand il y en a pour un il y en a pour deux. »

*
* *

Un directeur de théâtre reçoit les lettres les plus imprévues et les plus invraisemblables. C'est ainsi qu'un matin on me remit une lettre de Pierre Corneille. « Une lettre de Pierre Corneille datée d'hier, dis-je à Beauvallet. — Ce n'est pas étonnant, puisque je joue le *Cid* aujourd'hui. C'est égal, je suis curieux de voir son écriture. » Je passai la lettre à Beauvallet :

Le directeur du Théâtre-Français permettra-t-il à Pierre Corneille d'assister à la représentation du Cid, *le chef-d'œuvre de son illustre aïeul ?*

PIERRE CORNEILLE,
Rue aux Fèves, près le Palais de Justice.

J'allai moi-même porter une stalle d'orchestre à Pierre Corneille. Je le trouvai dans une de ces horribles maisons de la Cité, enfouies dans le demi-jour. Le descendant de Pierre Corneille était là, écrivant comme son aïeul, non pas des tragédies, mais des lettres et des requêtes pour le premier venu. — Pierre Corneille écrivain public ! Et de quel public ! — Des ruffians et des filles de joie.

Le Président de la République accorda, à ma prière, sur ses fonds privés, une pension à Pierre Corneille.

Depuis ce jour-là, plus d'un Pierre Corneille est sorti de dessous terre — mais non plus rue aux Fèves. — Un Pierre Corneille fut député au Corps législatif. Un Pierre Corneille m'écrivait ces jours-ci en prose et en vers. Les grands hommes ne s'en vont jamais. Racine a ses arrière-petites-filles, par exemple Mme d'Illiers des Radrets, qui ne demande pas, la pauvre femme, de billet pour aller au spectacle, parce qu'elle est mère de famille et qu'elle n'a pas le tems de voir les tragédies de Racine.

Il me vint un jour, tout en dansant, une jolie fille qui croyait descendre de Mlle de Camargo ; c'était une vraie recommandation ; je dépêchai cette jolie fille au maëstro Auber qui le lendemain m'invita à déjeuner avec elle et Roqueplan. On s'imagina avoir découvert une étoile, mais elle fila le soir avec un amoureux.

*
* *

Les auteurs les plus insensés lisaient au comité les pièces les plus invraisemblables.

Je retrouve ce souvenir dans l'ancien *Figaro :* « Le départ à Londres des artistes de la Comédie-Française nous remet en mémoire un mot de M. Arsène Houssaye, directeur de la Maison de Molière.

« Un poëte lisait, au théâtre, une tragédie de sa façon. Il crut utile de faire précéder sa lecture du petit speech suivant : « Pour bien comprendre mon œuvre, il faut se transporter en Angleterre, où se passe la scène. — Cela est indispensable ? demanda Brohan. — Indispensable ! répliqua le poëte. — Alors, dit Arsène Houssaye en levant la séance, vous voudrez bien nous donner le tems de faire nos malles pour nous mettre en route ; et, en attendant, nous allons lire les ouvrages qui ne nous obligent pas à un si grand déplacement. »

*
* *

J'ai présenté Pierre Malitourne à Mlle Rachel, au dernier entr'acte d'*Angelo.* J'avais peur que Tisbé lui fît perdre la parole par sa magie souveraine, mais il a trouvé ceci à dire : « Madame, vous portez avec trop de noble vénusté les plis du *péplum* pour que je ne sois pas tout émerveillé de voir à deux jours d'intervalle la Romaine Camille et la courtisane Tisbé, la statue grecque, descendue de son piédestal et le portrait vénitien descendu de son cadre. — Eh bien, Monsieur, a répondu Mlle Rachel, j'aspire au tems où je ne serai plus qu'une statue et un portrait. »

*
* *

Beauvallet contait ces jours-ci au Foyer un trait de caractère de Casimir Delavigne, qui doit être enregistré dans l'histoire théâtrale.

C'était le lendemain de la représentation des *Burgraves*. Casimir Delavigne attendait dans son lit la mort, qui déjà avait frappé à sa porte, mais il tenait encore au monde par les belles passions du poëte.

Beauvallet monte chez lui. « Ah ! je suis bien heureux de vous voir, vous allez me dire des vers des *Burgraves*. » Et Beauvallet se mit à dire un admirable monologue. « Comme c'est beau ! s'écria Casimir Delavigne en interrompant. — Oui, n'est-ce pas ? dit l'acteur avec enthousiasme. Eh bien ! c'est ce qu'ils ont le plus sifflé hier. »

Casimir Delavigne réfléchit un peu : « Le public est bien singulier, dit-il d'un air convaincu ; si ces vers étaient de moi, il aurait applaudi. »

Belle parole et grande vérité qui explique comment tant de jeunes natures, pleines de génie, viennent échouer au théâtre ; elles ne sont pas adoptées par le public qui n'ose aimer aujourd'hui ce qu'il n'a pas aimé hier.

Pour réussir au théâtre voici, le programme : un tiers de l'esprit d'hier, un tiers de l'esprit d'aujourd'hui et un tiers de l'esprit de demain.

*
* *

Tout Marivaux devrait être au répertoire comme tout Molière, puisqu'il représente dans la comédie une autre face de l'esprit français. Ainsi que Watteau, son contemporain, il est du premier ordre par le génie de l'invention et l'éclat de la couleur. Sa fantaisie est la sœur de la vérité. Il a tant d'esprit que Fontenelle et Voltaire en sont éblouis, quoiqu'il en cache la moitié.

J'ai voulu qu'on reprît les *Surprises de l'Amour*, en attendant tant d'autres petites merveilles du Théâtre-Italien qui ne sont plus jouées.

On n'avait pas joué au XIXe siècle les *Surprises de l'Amour*. Comment Mlle Mars n'y avait-elle pas songé ? Mlle Madeleine Brohan a prouvé que Mlle Mars a eu tort.

En effet, ç'a été une vraie fête de voir cette vraie comédienne se risquer dans tous les dédales lumineux de ce charmant esprit qui se perd pour se retrouver. Madeleine semblait être née pour exprimer toutes ces malices de Marivaux : la nature lui a relevé le coin des lèvres d'un coup de pouce d'artiste ; son étoile de comédienne brille dans ses yeux et répand sur sa figure je ne sais quel air narquois, même dans les phrases de sentiment. Mlle Biron, tout épanouie dans sa robustesse, joue *Lisette* avec une gaieté qui se porte bien. Mirecourt, qui n'est pas sociétaire, était certes digne d'entrer dans les plus belles sociétés de XVIIIe siècle. Got a donné son accent comique au valet du chevalier, et Monrose a solennisé le pédantisme d'Hortensius.

VII

Points de vue divers de MM. les ministres sur la tragédie et la comédie.

Les ministres qui arrivaient au pouvoir avaient tous leur idée pour faire de la Comédie-Française le théâtre par excellence ; or, nul ne voyait par l'œil de son prédécesseur, ni par l'œil de son successeur, si bien qu'un directeur indécis qui n'aurait pas eu ses idées fût devenu fou.

Je venais de jouer Alfred de Musset, Émile Augier et Léon Gozlan, M. Léon Faucher, ministre de l'intérieur, m'écrivit de bonne encre :

Je trouve, Monsieur le Directeur, que le Théâtre-Français néglige de donner des pièces sérieuses. Pourquoi la tragédie, qui est la véritable école des beaux sentimens, est-elle si abandonnée ? Pourquoi ne pas encourager les jeunes auteurs à revenir à cette littérature élevée qui a fait la gloire de nos grands écrivains et qui a fait la réputation de M. Ponsard ? Je vous rappelle à l'esprit de la subvention ; je ne saurais trop recommander au Comité de lecture d'être inflexible devant toutes ces comédies qui ne font honneur ni au théâtre qui les joue, ni aux auteurs qui les signent. LÉON FAUCHER.

Je répondis de même encre :

Ce ne sont pas les tragédies, Monsieur le Ministre, qui manquent au Théâtre-Français, nous en avons une demi-douzaine de M. Viennet ; tous les jours MM. les collégiens en apportent à l'examinateur, mais les unes comme les autres ne prouveront pas que c'est une langue vivante.

La tragédie, si vous voulez me permettre de n'être pas

de votre opinion, n'est plus guère qu'un exercice de collège. Il a fallu tout le génie de Corneille et de Racine pour faire vivre au Théâtre-Français les grandes figures de l'antiquité. Le drame est venu qui est descendu du piédestal tragique pour vivre de nos passions. Quand le grand Corneille a écrit le Cid, *il mariait déjà le drame à la tragédie. Si Corneille et Racine n'eussent été contenus dans la règle étroite « du sublime », sans doute à côté de leurs chefs-d'œuvre impérissables, ils eussent tenté les belles aventures du drame à la Shakespeare, car ils ont prouvé tous les deux, par le* Menteur *comme par les* Plaideurs, *qu'ils avaient l'esprit de la comédie.*

Après eux, personne n'a pu faire revivre la tragédie jusqu'à nous, pas même Voltaire. On n'a plus fait que des copies d'après les originaux ; or, vous savez, Monsieur le Ministre, ce que vaut une copie, un peu plus ou un peu moins que rien.

*La tragédie n'est pas le dernier mot de l'art dramatique. Si Eschyle, Sophocle et Euripide revenaient parmi nous, ils seraient sans doute très fiers de leur renommée à travers les siècles, mais ils ne feraient pas de tragédies antiques ; ils voudraient être des contemporains, comme Dante, Shakespeare et Molière, parce que tout homme doit porter l'empreinte de son tems. Il y a longtems qu'on a dit que celui qui imite l'*Iliade *n'imite pas Homère. Pour imiter les tragiques grecs il faut faire des drames modernes comme Shakespeare.*

Tous ceux qui aujourd'hui ont le génie du théâtre, Hugo, Vigny, Dumas, se sont bien gardés de vouloir remettre en scène ces ombres évanouies qui ne veulent plus vivre qu'à la condition d'être un peu plus humaines et un peu moins mythologiques. M. Ponsard, dont vous me parlez, est bien moins un disciple de Corneille et de Racine qu'un romantique dépaysé dans l'antiquité. Lucrèce *est un drame plutôt qu'une tragédie. Ce qui a fait son succès, c'est la couleur historique, c'est la recherche de la vérité, c'est le contraste des larmes et du rire, du grand et du familier. Ponsard a si bien senti qu'un décalque des anciennes tragédies ne serait pas une œuvre vivante, qu'il s'est attaqué à l'histoire de France dans* Agnès de Méranie, *et que, craignant de s'isoler dans son premier succès, il a vaillamment abordé le drame dans* Charlotte Corday. *Il travaille à cette heure à une pièce antique,* Pénélope, *mais il se gardera bien de se mettre sous la loi des unités, il se gardera pareillement de prendre le ton solennel des tragédies.*

Tout a son tems, tout a sa mode; les chefs-d'œuvre ne passent pas de mode; mais imiter les chefs-d'œuvre anciens, n'est-ce pas un peu les parodier? On ne fait plus de poëmes épiques et le Roi Soleil ne danse plus dans les ballets : on ne peut plus faire de tragédies dans la solennité antique, sinon comme étude. Et alors ces études-là ont-elles droit de cité au théâtre? Un homme d'esprit disait qu'il fallait faire jouer au collège les tragédies que font les collégiens et les obstinés tragédistes de l'ancien régime.

Chaque fois qu'il se trouvera un homme comme Talma, une femme comme Rachel, Racine et Corneille auront encore leurs grands jours.

Mais n'oubliez pas, Monsieur le Ministre, que depuis la mort de Talma jusqu'à l'avènement de Rachel, la tragédie, même quand elle était l'œuvre d'un de ces deux maîtres, n'appelait plus personne au théâtre. Il faut donc oser dire que c'est bien le jeu de Rachel qui remplit la salle aujourd'hui. Mais si, au lieu de jouer Corneille et Racine pour qui le public a une religion, Mlle Rachel jouait une tragédie de M. Viennet ou d'un collégien, elle perdrait son prestige.

Certes, je suis comme vous, Monsieur le Ministre, très préoccupé de grand art. Je n'aime pas voir le génie dramatique s'émietter en saynètes. Je ne voudrais jouer que des œuvres fortes, toutes radieuses de vie et de pensée, où seraient exprimés dans un beau style les plus beaux sentimens. Voyez ce qui se joue ailleurs ! C'est encore le Théâtre-Français qui garde la dignité de la scène. Ne jouons-nous pas d'ailleurs tous les illustres de notre tems ?

Tout en ne croyant plus à la tragédie, j'aime trop les chefs-d'œuvre de Corneille et de Racine pour ne pas les représenter souvent avec tout l'éclat qui leur est dû ; il ne se passe pas de semaine que Mlle Rachel ne donne son âme aux grandes figures des épopées antiques.

Mais je crois que c'est la comédie qui sauvera le Théâtre-Français qui est né d'ailleurs de la comédie de Molière.

M. Léon Faucher qui avait l'étrange prétention de faire faire des tragédies comme *Cinna* et *Phèdre*, ne trouva pas cette réponse de son goût. Il m'appela et me parla du haut de ses idées. Nous nous comprîmes si peu que je me vis forcé de lui donner encore ma démission. Mais il avait alors un homme d'esprit et de raison pour secrétaire général, M. Frémy, familier de la Maison de Molière, qui la connaissait bien et qui convainquit le ministre de l'impossibilité de commander des chefs-d'œuvre.

M. de Morny vint à son tour. Devenu ministre de

l'intérieur, surintendant du Théâtre-Français, il m'indiqua son idéal qui était tout autre :

Je remarque avec regret, mon cher Directeur, que le théâtre contemporain fait toujours la même chose : d'une part c'est la tragédie déclamatoire renouvelée des Grecs, de l'autre c'est la comédie surannée toute de convention, où l'on ne trouve pas le vrai mot pour rire. Il me semble pourtant que les mœurs nouvelles devraient créer une comédie nouvelle, le drame moderne, si vous voulez, qui prendrait à la tragédie ses émotions et à la comédie sa gaieté, mais sans déclamation dans les scènes de larmes, comme sans vulgarité dans les scènes comiques. Comment ne s'est-il pas encore trouvé un auteur dramatique pour mettre à la scène la grande figure de Napoléon ? Ne croyez-vous donc pas qu'une comédie qui aurait pour titre les Rois improvisés *ne serait une pièce du plus vif intérêt, si le premier acte représentait Murat, Bernadote, Ney, Masséna et les autres pauvres diables qui ont eu dans leur giberne, les uns une couronne, les autres autres un bâton de maréchal ?*

Mais combien de comédies dramatiques avec Napoléon pour figure principale ! A toutes les périodes de sa vie et dans tous les coins du monde, depuis sa première étape jusqu'au martyre de Sainte-Hélène, combien d'apothéoses et combien de déchiremens ! Ses femmes, ses compagnons d'armes, sa famille, les rois qu'il défait et les rois qu'il fait, les sacrifices et les trahisons, en un mot, il m'a toujours semblé qu'il y avait là toutes les inspirations du drame et de la comédie.

Voici ma réponse :

C'est vrai, mon cher Ministre, que cette épopée napo-

léonienne a toutes les grandes péripéties, comme elle renferme les cent et un actes divers de la comédie humaine. Mais les pièces du Cirque ont pour longtems interdit toute tentative sérieuse avec Napoléon. S'il est permis dans les pièces militaires de faire apparaître Napoléon, il est impossible de mettre cette grande figure en scène, parce qu'elle est toute vivante encore. Et d'ailleurs son caractère héroïque ne peut s'encadrer dans les mesquines passions de la vie domestique : sa vie est bien plus une Iliade qu'une Odyssée. Attendons : dans cent ans, il naîtra un Shakespeare pour mettre en scène le roi des rois.

Morny me donna raison contre ses idées dramatiques. Il gardait pour un autre théâtre tout le despotisme souriant de sa volonté.

Morny.

LIVRE XVIII

LA COMÉDIE-FRANÇAISE EN 1852

I

Les amis des Comédiens

Messieurs les comédiens étaient jusqu'à ma nomination les plus mauvais locataires de Paris. Aussi devaient-ils alors un demi-million à l'État. Dès que M. de Morny fut au pouvoir, j'assemblai les comédiens, les femmes en tête, pour aller au ministère de l'intérieur. Le ministre ne nous fit pas faire antichambre. Je n'avais pas pris la parole que déjà Mlle Rachel et Mlle Brohan, avertirent M. de Morny par ces quelques mots : « Nous venons vous demander une grâce. — Que vous nous refuserez », ce qui abrégea mon discours, car M. de Morny m'interrompit : « Vous me demandez une chose si juste que j'aurais dû prévenir votre démarche. Mais après tout je suis très heureux de causer avec vous tous en bon camarade. Il était absurde que la Comédie-Française, qui est une des forces vives de l'État, puisqu'elle est la première école du monde, payât son loyer. Elle est dans ses meubles, elle doit être dans ses murs. » Et disant ceci, le ministre, qui connaissait tous les comédiens, trouva quelque chose de flatteur à dire à chacun. Un peu plus il nous retenait à dîner. Il invita d'ailleurs à tour de rôle les uns et les autres, voulant bien marquer que ceux qui jouent la comédie avec le sentiment du grand art sont de la même pâte que ceux qui jouent les premiers rôles dans l'État.

Voilà qui nous changeait, nous autres qui avions passé par des ministres comme Léon Faucher, qui, en leur qualité de démocrates impeccables, se croient d'une pâte supérieure.

M. de Morny était dans les traditions de Napoléon Ier, qui regardait le Théâtre-Français comme un de ses ministères. M. de Rémusat n'en fut-il pas surintendant ? En 1802, le premier consul voulut que Molé eût des funérailles de grand dignitaire. Le corbillard, attelé de huit chevaux, fut suivi de vingt-quatre voitures de deuil. La messe fut dite à Saint-Sulpice, où le curé prononça l'éloge de Molé, en s'indignant des préjugés qui rejetaient les comédiens dans la classe des réprouvés. Ce fut aussi l'Empereur qui supprima les billets gratuits et les entrées de faveur pour tous les fonctionnaires de l'État.

Quand il était à une représentation d'une pièce digne de remarque, il faisait séance tenante une pension à l'auteur : Delrieux pour *Artaxerce*, Luce de Lancival pour *Hector*. L'Empereur aurait mieux aimé pensionner Corneille ou Racine, mais ce n'était pas de sa faute s'ils n'étaient pas là. A Erfurt et à Dresde les comédiens furent appelés pour jouer devant le célèbre parterre de rois. Les rois ne payaient pas, mais l'Empereur payait bien. Il les traitait d'ailleurs à peu près comme les rois, peut-être un peu mieux, témoin cette petite histoire : A Erfurt, Talma allait causer avec l'Empereur de la représentation de la veille et de la représentation du soir. Napoléon approuvait ou changeait l'affiche. Un jour, comme il arrivait devant la porte du cabinet de l'Empereur, un personnage le retint par le pan de son habit : « Vous serez bien gracieux de dire à Sa Majesté que je suis là. » Cet impatient c'était le roi de Saxe, qui voulait être reçu avant Auguste ou avant Artaxerce.

Faut-il rappeler que ce fut l'Empereur qui créa au Conservatoire la classe de déclamation ? Tout le monde sait qu'il signa à Moscou le célèbre décret qui n'est pas encore abrogé, un autre concordat qui empêche de séparer la comédie de l'État. En 1853, comme je déjeunais à Saint-Cloud, Napoléon III me reprocha de jouer de mauvaises pièces ; je pris la balle au bond : « Ces mauvaises pièces, je les trouve bien plus mauvaises que vous, Sire. — Eh bien ! pourquoi les jouez-vous ? — Parce que le comité les reçoit. Si vous voulez me donner le droit de les refuser... » L'Empereur réfléchit : « Oui, mais il faudrait toucher au décret de Moscou, et je n'y toucherais pas pour un empire. »

Et voilà pourquoi, tout en donnant des comédies qui sont encore l'honneur du répertoire moderne, j'ai joué jusqu'à la fin quelques mauvaises pièces que je ne recevais pas, comme : la *Migraine*, de M. Viennet ; les *Bâtons flottans*, de M. Liadières ; la *Niaise*, de M. Mazères, et la *Stella*, de M. Francis Wey, une comédie en cinq actes où il n'y avait pas une seule scène.

II

La réorganisation de l'orchestre

La réorganisation de l'orchestre a été fort appréciée par le public et par la critique, mais fort critiquée par Messieurs les sociétaires. Ici je laisserai parler M. Paul de Saint-Victor, qui, après avoir dit que la musique est l'art initiateur par excellence, placée au seuil du monde idéal de la scène, ajoute que le vague ruissellement de mélodies versé par l'orchestre, entre le silence de l'auditoire et les apparitions de la scène, ressemble à ce fleuve doucement agité de l'enfer païen que les âmes devaient franchir avant d'entrer dans le royaume des visions. « Le Théâtre-Français était devenu un véritable « musée de décors et d'ornementations depuis la direc- « tion de M. Arsène Houssaye, qui a l'œil d'un poëte et « la main d'un artiste. C'est aussi grâce à lui que le « Théâtre-Français aura désormais un orchestre. L'or- « chestre du théâtre est l'orgue profane du temple de « l'art ; il électrise l'atmosphère de la salle, il élève l'es- « prit de la foule, il le recueille, il le solennise, il le pré- « pare par les orages ou les rires des instrumens à entrer « dans les terreurs du drame ou les joies de la comédie. « S'il est une scène faite pour cet accord intime des

« deux arts, c'est à coup sûr le Théâtre-Français ; la
« musique doit y être montée au diapason de la poésie,
« et scander pour ainsi dire son rythme avec la note
« de son archet. C'est ce concert d'harmonie et d'en-
« semble que M. Offenbach est chargé d'ordonner et de
« mettre en œuvre ; désormais l'ouverture de chaque
« pièce s'accordera au caractère de son style et au génie
« de son poëte. Les fanfares grandioses de Glück pré-
« céderont la tragédie de Corneille comme les clairons
« d'une légion romaine ; les mélancoliques cantilènes de
« Cimarosa soupireront dans les divines élégies de Racine
« comme des roucoulemens de tourterelles nichées dans
« le masque d'une Melpomène antique ; les éclats de
« rires délirans du bouffon de l'Italie préluderont à la
« comédie de Molière; et Lulli, ce satyre napolitain
« déguisé en scaramouche, reprendra ses chalumeaux
« de bacchanales pour conduire aux frou-frous de sa
« musique bondissante le carnaval de ses intermèdes. »

Le comité d'administration regretta bien un peu de voir l'orchestre prendre quelques places aux spectateurs les jours de grands succès ; mais l'art doit avoir raison sur l'argent, c'est l'esprit de la subvention.

Offenbach fit merveille. Combien d'opéras et d'opérettes de sa façon il joua dans les entr'actes ! Il reprit tour à tour le violon de Lulli pour accompagner Molière et le violon d'Hoffmann pour accompagner Alfred de Musset. Et quel gai compagnon quand il se contentait d'être amoureux de sa femme — la vertu dans la beauté ! — Par malheur je l'ai vu déchiré comme Orphée par les amours cruelles.

III

La Pierre de touche

Séance quasi solennelle du Comité de lecture pour une comédie d'Émile Augier et Jules Sandeau, la *Pierre de touche.* On a reçu la pièce par enthousiasme, on l'a mise le lendemain en répétition. La veille de la représentation, c'était superbe; après la représentation, il n'y avait plus de pièce. Et pourtant les comédiens avaient vaillamment joué leurs personnages. Mais il semblait qu'une avalanche de neige fût tombée de la rampe. Tout le monde était à la glace, si bien que l'esprit des auteurs s'est évanoui en flocons de neige. Pas un mot n'a porté, quoiqu'il y eût de vrais mots de comédie; pas une scène n'a pris le cœur et n'a allumé le rire sur les lèvres mornes des assistans. C'était un enterrement de première classe. Quel mauvais génie assistait donc à cette première représentation? Je m'évertuais dans les entr'actes à vouloir prouver que c'était là une œuvre digne du théâtre et des auteurs : on ne voyait que des fantômes sur la scène.

A la seconde représentation, le public s'est ravisé, on a reconnu que c'était une comédie charmante, imprévue, originale; mais la cour d'appel qui siège aux secondes représentations ne casse pas souvent le jugement des premières. Et le feuilleton du lundi n'a été à propos de la *Pierre de touche* qu'une cour de cassation platonique.

Est-ce parce que la pièce est trop philosophique? est-ce parce que la pièce se passe en Allemagne, un pays où la comédie ne rit pas? Heureusement que Sandeau et Augier sont deux augures qui ne peuvent pas se regarder sans rire : ils se sont mis à l'œuvre pour prendre leur revanche. Et quelle revanche ! le *Gendre de M. Poirier*, un chef-d'œuvre depuis trente ans !

IV

De la beauté de Rachel

Il y a une belle idée de Winckelmann, qui n'est souvent qu'un rhéteur aux lèvres de marbre. Il a dit : « La beauté doit être, comme l'eau la plus limpide, puisée à une source pure. » Les Grecs de la décadence ont versé dans la fontaine leurs amphores pleines de vin. Rachel est une belle grecque de la décadence, mais elle a gardé le grand air des déesses.

Aujourd'hui l'expression est un des caractères de la beauté. Selon La Bruyère : « L'air spirituel est dans les hommes ce que la régularité des traits est dans la femme. » Mais les femmes n'obtiennent le grand prix de beauté que si elles sont belles par la ligne et par l'air de tête, par le dessin et par le charme.

Mlle Rachel nous disait un jour à un dîner chez M. de Morny, qui lui parlait de sa beauté :

« Vous ne vous figurez pas, vous tous qui me trouvez belle aujourd'hui, comme j'ai commencé par être laide. Moi qui devais jouer la tragédie, j'avais le masque comique ; c'était à faire mourir de rire, avec mon front cornu, mon nez en virgule, mes yeux pointus, ma bouche grimaçante. Je vous laisse à penser du reste. Je suis allée un jour avec mon père au musée du Louvre. Je passais sans trop d'émotion devant les tableaux, quoiqu'il me fît remarquer les scènes tragiques de David. Mais quand je fus au milieu des marbres, il se fit en moi je ne sais quelle révolution qui fut comme une révélation. Je trouvai que c'était beau d'être beau. Je sortis de là plus grande, avec une dignité d'emprunt dont je devais me faire une grâce naturelle. Le lendemain, je feuilletai des gravures d'après l'antique ; jamais leçon du Conservatoire ne me fut si bonne. Si j'ai bien parlé aux yeux par mes attitudes et par mes expressions, c'est parce que les chefs-d'œuvre avaient parlé à mes yeux. »

Rachel nous dit cela si bien que nous fûmes émus de ses paroles. On sait qu'elle parlait mieux que qui que ce fût, quand elle ne parlait pas comme un gamin de Paris.

« Ah ! j'oubliais, reprit-elle bientôt, il faut que je vous dise que si je suis devenue belle — puisque vous me trouvez belle — je n'en crois pas un mot — c'est que je me suis étudiée chaque jour de ma vie à n'être plus laide. Il y avait du monstre en moi ; j'ai immolé le monstre. Comme j'étais en pleine sève, quand cette idée m'est venue de me refaire sur l'ébauche paternelle et maternelle, Dieu aidant, tout s'est arrangé. Dieu, c'est le grand maître à dessiner ; il a bien voulu me retoucher : les bosses de mon front sont tombées, mes cheveux l'ont voilé à l'antique, mes yeux se sont fendus, mon nez a repris la ligne droite, mes lèvres trop minces se sont arrondies, j'ai commandé à mes dents en désordre de se remettre en ligne. »

Rachel se mit à sourire de son fin sourire, qui était

le charme même : « Et puis j'ai répandu sur tout cela je ne sais quel air d'intelligence que je n'ai pas. » Elle fut interrompue par trop de complimens, qui étaient des vérités, pour pouvoir continuer l'histoire de ses imperfections. « Eh bien! dit-elle encore, ce qu'il y a de beau en tout ceci, c'est que je n'ai pas voulu être belle pour un homme — histoire de toutes les femmes — j'ai voulu être belle au point de vue de l'art, dédaignant — le commerce de l'amour — comme disent les philosophes dans leur beau langage. »

Rachel fut applaudie ce soir-là comme jamais. Il n'y avait que cinquante personnes chez M. de Morny; mais c'était le dessus du panier du Tout-Paris, un vrai parterre d'artistes, ce qui vaut mieux qu'un parterre de rois. Et pourtant elle n'avait pas joué la comédie.

Selon un ancien : le visage est la lumière du corps ; on peut dire que les yeux sont la lumière du visage. Homère veut que les femmes aient de grands yeux ; il donne à Junon ceux d'une génisse, Théocrite donne à Minerve des yeux de chouette. Vous qui avez vu des génisses, avez-vous vu des chouettes? Quels beaux yeux intelligents et doux, profonds et lumineux! C'est la douceur de la sagesse. Les yeux de la Sulamite sont comparés à des colombes lavées dans du lait au bord d'une fontaine : image charmante qui montre la douceur des yeux nageant sur des rives limpides. A quoi n'a-t-on pas comparé les yeux! si Gallus a dit que les yeux de sa maîtresse étaient des étoiles, Lactance a dit que les yeux sous les cils brillent et éclatent comme un diamant dans un anneau d'or. C'étaient les yeux de Rachel.

V

Dialogue entre Rachel, Morny et Pradier

Rachel a peint et sculpté pendant près de vingt ans toutes les belles figures de l'antique.

Je me souviens qu'un soir, dans sa loge, où se trouvait Morny, où j'avais conduit Pradier, il se dit de fort belles choses sur ces deux arts qui sont le fini et l'infini. C'était après une représentation de *Phèdre*. Les courtisans étaient partis, par miracle, avant l'heure. Je veux redire quelques idées d'un dialogue des morts.

Mlle RACHEL. — Pradier! voilà mon maître.

PRADIER. — Depuis quand la Muse prend-elle des leçons du sculpteur?

Mlle RACHEL. — Depuis qu'elle a compris qu'il fallait passer par l'atelier pour entrer en scène.

PRADIER.—Comme vous êtes belle sous cette chlamyde! Quels plis savans, chastes et désordonnés! Comme on sent la femme sous la robe!

Mlle RACHEL. — C'est comme dans vos figures : on sent la chair en caressant le marbre.

PRADIER. — Plus je vous regarde, et plus je suis frappé de cette idée qu'on devient beau quand on a la préoccupation du beau.

Mlle RACHEL. — N'est-ce pas? J'ai commencé par être laide. — la laideur du génie, me disait-on pour me consoler. J'ai conté cela chez M. de Morny.

MORNY. — Le génie n'est pas laid, quelle que soit

sa figure. Mais il est hors de doute pour tous ceux qui vous ont aimée et étudiée...

Mlle Rachel. — On m'a toujours étudiée en m'aimant, et on ne m'a jamais aimée en m'étudiant.

Morny. — Nous aurons de l'esprit tout à l'heure, mais j'achève tout bêtement ma phrase : pour tous ceux qui vous ont aimée et étudiée, il est visible que l'amour de la ligne, qui vous préoccupait à toute heure, a corrigé peu à peu dans votre profil les fautes de la nature. Vous n'avez pas perdu en caractère, et vous avez gagné en beauté.

Mlle Rachel. — Croyez-vous donc que la nature, honteuse d'avoir si mal ébauché une femme destinée à devenir — la grande tragédienne — si je puis m'exprimer ainsi, dirait M. Sainte-Beuve, n'eût pas corrigé d'elle-même et sans inspiration ses premières maladresses ?

Morny. — La nature sans l'art, ne m'en parlez pas. C'est la nature sans Dieu, c'est la moisson sans soleil, c'est l'homme et la femme sans amour, c'est la vérité sans la poésie. Demandez plutôt à Houssaye. Mais il a eu tant d'opinions sur tout cela qu'il n'en a plus.

Mlle Rachel. — Vous vous figurez que Houssaye est là, vous ? Il est dans la loge de ma voisine. Ne lui donnez pas de distraction.

Moi. — Eh bien ! puisqu'il n'est pas là, vous pouvez changer de robe; il n'y a qu'un sculpteur en un homme d'État.

Mlle Rachel. — Ce n'est pas la robe qui fait la pudeur. Toutefois, comme je ne suis pas à l'atelier et que je ne pose pas pour le nu, je ne me déshabille pas. J'ai bien le tems, d'ailleurs : il n'est que minuit.

Moi. — Minuit ! une belle heure. Mais ne soyons

qu'artistes. Vous êtes le suprême exemple du triomphe de l'art sur la nature. Quand vous entrez en scène, vous avez dix palmes de haut : c'est Junon, c'est Diane, c'est Melpomène. Tout tremble sous votre pied, qui ne plierait pas une rose, et que je puis cacher dans ma main.

Mlle RACHEL. — Prenez garde, ô sybarite! c'est un pied d'airain.

PRADIER. — C'est le pied d'or de Lysippe. Comme vous chaussez bien le cothurne!

Mlle RACHEL. — C'est le cothurne qui me chausse bien.

PRADIER. — Non ; je maintiens ma phrase. Dites-moi qui vous a enseigné l'art de vous coiffer avec cette grâce antique. Cléomène n'avait pas plus de style. Vous avez donc feuilleté les in-folio ?

Mlle RACHEL. — J'ai entr'ouvert Winckelmann et je n'y ai rien compris. N'est-ce pas lui qui a dit que l'art, comme la sagesse, commence par l'étude de soi-même ? Mais à quoi bon lire Winckelmann, qui savait tout ? J'en sais bien plus que lui, car j'ai deviné tout. Quand j'ai vu pour la première fois des figures grecques, j'ai cru m'y reconnaître.

PRADIER. — Oui, je vous ai vue dans un bas-relief des *Chasses de Diane* que j'ai rapporté de la villa Pamphili. Je vous enverrai demain votre portrait sculpté il y a deux mille ans.

Mlle RACHEL. — Je n'étais pas encore brisée par les passions, ou plutôt familière aux attitudes penchées. J'étais le roseau avant l'orage.

MOI. — Le roseau! vous êtes l'orage. Vous parlez avec l'éloquence du tonnerre. Quand vous entrez en scène, vous faites la lumière et l'ombre sur le théâtre et dans les âmes ; c'est comme un enchantement. Paris disparaît. L'antiquité se lève, au milieu de ses ruines, dans l'auréole de l'éternelle jeunesse. Les belles figures de Phidias dansent dans le Parthénon. O Rachel! c'est vous qui avez découvert Herculanum.

Mlle Rachel. — Je ne suis pour rien dans vos belles visions. L'antiquité vit dans votre esprit comme dans l'esprit de Pradier, et, quand j'entre en scène, ce n'est pas le rideau du théâtre qui se lève, c'est le rideau de votre imagination.

Pradier. — Non; c'est votre art profond qui m'a caché l'heure présente et m'entraîne dans les radieuses sphères du passé.

Mlle Rachel. — Nous devenons trop poétiques.

Pradier. — Il me semble que je vois se détacher de la fresque une figure de Zeuxis quand je vois flotter votre péplum, votre calasiris ou votre manteau, quand je vois cette chevelure qui semble soulevée par les vagues de la passion.

Morny. — Si je dirigeais l'École des Beaux-Arts, j'enverrais tous mes élèves à votre école : vous êtes un grand sculpteur et un grand peintre.

Mlle Rachel. — Je n'en savais rien.

Pradier. — Qui donc a plus que vous l'amour de la ligne sévère, la grâce savante du contour, le charme ardent de la couleur? Vos étoffes, vos diadèmes, vos colliers, vos broderies, vos camées, vos cothurnes, vos bracelets, sont des chefs-d'œuvre de style. Et quand je pense que cette sculpture, qui s'appelle Phèdre, que cette peinture, qui s'appelle Hermione, va descendre de son piédestal ou se détacher de sa fresque pour parler toutes les éloquences de la passion, je sens mon ciseau qui tombe devant mon bloc de marbre.

Morny. — Oui ; mais si Mlle Rachel était là, elle ramasserait ce ciseau d'or et le baiserait avant de le rendre à Pradier.

Pradier. — Les souverains ne font plus cela, mais M. de Morny, qui est presque un souverain, ramasse le mouchoir de Mlle Rachel.

Mlle Rachel. — Et moi, quand je vais dans votre atelier et que je vois sortir de la blanche virginité du marbre une de vos figures qui vivront de la vie immortelle de l'art, je prends en pitié les oripeaux du théâtre, et je sens que je n'aurai fait que passer comme les ombres de Séraphin. Votre marbre sera fier et grand quand la grande et fière tragédienne, comme on l'appelle, sera mangée aux vers.

Pradier. — Mangée aux vers!

Mlle Rachel. — Oui, et ce sera justice, car j'en ai tant fait manger... des vers.

Mlle Rachel, on le sait, brodait sa conversation de concetti, même quand elle ne voulait pas rire. C'était là son génie familier, d'être sérieuse jusque dans les folies d'un souper carnavalesque, et d'être gaie jusque sur le seuil des Horaces.

Je ne rappellerai pas ce qu'elle dit de beau, sans le savoir, ce soir-là. Comme Prud'hon, elle avait deviné l'antiquité avant de l'étudier. On eût dit qu'elle se fût rappelé son pays primitif.

Entre Mlle Rachel et Pradier il y avait un abîme. Pradier caressait la surface avec un ciseau voluptueux. Il ne se préoccupait que de l'image visible, fidèle à cet axiome, que le marbre ne doit ni rire ni pleurer, fidèle surtout à sa passion pour les frémissemens du contour. Mlle Rachel démasquait l'antiquité, elle jetait à ses pieds cette indifférence olympienne qui étouffait les battemens du cœur, elle osait faire pleurer le marbre, elle osait montrer sa faiblesse sous sa force, elle osait exprimer toutes les passions qui déchirent et qui tuent. « C'est une belle statue de la Passion moins la Volupté », disait-on ce soir-là à Pradier. Le sculpteur se récria : « Moins la Volupté! où avez-vous vu cela, ou plutôt où avez-vous les yeux? Mais cette pâleur, ces tressaillemens, cette maladivité, ces altières fureurs, ces abattemens, ces névroses, ces délires, ces ondulations du serpent, n'est-ce pas la Volupté dans la Passion? »

Que voulaient-ils tous les deux : l'art pour le beau et le beau pour l'art, l'interprétation de la nature et non l'imitation de la nature, la poésie dans la vérité et la grâce dans la force, les fresques du Parthénon pour grammaire et Léonard de Vinci pour maître suprême. Ce n'est pas la peine de s'armer contre le réalisme, il a vécu, ou plutôt il n'a pas vécu. Faut-il donc violer la vérité pour la féconder? On ne craint pas au XIXe siècle l'invasion des barbares. L'art est plus grand que la nature; il est fils de Dieu comme elle, mais il porte en lui la lumière divine — la pensée — comme pour éclairer l'œuvre du maître des maîtres. Ce n'est pas la nature qu'il faut imiter, c'est Dieu lui-même. Les masques de plâtre moulés à vif atteindront-ils jamais à la beauté des figures de Phidias et de Michel-Ange? Dieu, quand il créa le monde, le jugea imparfait, mais il ne daigna pas recommencer cette œuvre grandiose. Il mit au cœur de l'homme le sentiment de la perfection; il dressa devant ses pieds d'argile l'échelle d'or de l'infini; il dit aux inspirés d'achever son rêve, le rêve d'un monde plus beau. L'art continue le rêve de Dieu.

VI

Curiosités

Du danger des recommandations.

« Mon cher Directeur,

« Vous avez, j'en ai peur, trop pris à la lettre ma « recommandation pour cette petite comédie *L'Un et* « *l'Autre*, j'aimerais mieux ni l'un ni l'autre sur une scène « comme celle de la Comédie-Française; pourquoi « Mme Roger de Beauvoir ne joue-t-elle plus la comédie « au lieu de la faire. MORNY. »

« Mon cher Ministre,

« Vous avez raison, mais il n'est pas de gouvernement « où l'on fasse ce qu'on veut. Mme Roger de Beauvoir a « eu le tort de quitter le rôle d'Agnès pour jouer les « *Femmes savantes*. Je lui ai parlé de sa rentrée au « théâtre, mais elle s'obstine à ses taches d'encre : elle se « croit auteur dramatique, parce qu'elle a signé quelques « saynètes. C'est le tort de la Maison. Sous prétexte que « Molière jouait la comédie, tous les comédiens écrivent « des comédies : Samson, Beauvallet, Régnier, Brohan, « Mme Roger de Beauvoir. Que leur dirait Molière? Qu'il « écrivait des chefs-d'œuvre, mais qu'il était mauvais « comédien. Maintenant c'est tout le contraire.

« La pièce de Mlle Doze, ni bonne ni mauvaise, n'a « pas été comprise, parce que c'est une spirituelle co- « médie de paravent qui ne dépasse pas la rampe. Vous « avez oublié que vous me l'avez recommandée — « quand vous n'étiez pas ministre. ARSÈNE HOUSSAYE. »

« Mon cher Houssaye,

« Sa Majesté va ce soir au Théâtre-Français. J'espère « que cette fois vous serez armé des flambeaux légen- « daires comme Roqueplan, Perrin et Montigny.

« BACCIOCHI. »

« Mon cher Bacciochi,

« Vous insistez pour que je sois *porte-flambeau*, j'in- « siste pour ne pas tomber dans ce travers.

« Rappelez-vous l'origine de cet usage presque deux « fois séculaire : autrefois, un des semainiers du théâtre « allait au-devant des Royautés, armé de deux flam- « beaux ; mais ce n'était pas seulement un simulacre de « servitude courtisanesque ou de vaine courtoisie : les « chandeliers n'étaient pas allumés pour rien ; le gaz « n'avait pas remplacé le soleil ; il fallait que les Majes- « tés ne se cassassent pas le cou dans les défilés du « théâtre.

« Aujourd'hui, les défilés du Théâtre-Français sont « représentés par un grand escalier tout rayonnant, où « l'on ne risque pas de trébucher. Que voulez-vous que « fassent deux flambeaux ou un chandelier à deux bran- « ches dans ce flamboiement de lumières ? Ce serait la « comédie avant la comédie.

« Vous dites, il est vrai, que c'est comme souvenir « des usages consacrés, mais Napoléon III ne danse « pas dans les ballets comme Louis XIV sous la figure « d'Apollon.

« Ne me condamnez donc pas à faire ce que les au- « tres directeurs font pour leur plaisir. L'Empereur a « toujours été si gracieux pour moi, qu'il ne songera

« pas à s'offenser de cette rébellion aux vieilles cou-
« tumes.

« Quand l'Empereur vient au théâtre, il me donne la
« main ; si je tenais mon flambeau, je perdrais cette
« marque de sympathie. L'Empereur me fait souvent
« asseoir à côté de lui dans sa loge ; croyez-vous qu'il
« daigne encore causer avec un porte-flambeau ! Et d'ail-
« leurs je ne veux pas moi-même ne plus me trouver
« digne de causer avec lui — ni avec moi. »

Je ne sais si Bacciochi, qui se fâcha à moitié, montra ce billet à l'Empereur ; je continuai à aller recevoir — sans flambeau — Napoléon III, qui fut toujours aussi gracieux pour moi et qui peut-être fut plus gracieux encore.

***

Voltaire a toujours ses enthousiastes : ils sont trois ; c'est pour ces trois fidèles que je donne quelquefois *Zaïre*. Ces soirs-là, je vais m'asseoir près d'eux à l'orchestre, ils tressaillent à tous les beaux vers. Victor Hugo dirait qu'il y en a trois ; mais les trois voltairiens en saluent trois cents. Voltaire, s'il venait faire un quatrième, serait quelque peu surpris de voir son théâtre ainsi abandonné. Il dirait, comme Mlle Desmares : « Applaudis donc, sot parterre : c'est du Voltaire ! »

Mais aujourd'hui il n'y a plus rien de sacré, pas même le divin Racine. J'ai beau donner *Mithridate* pour tous les débuts des lauréats du Conservatoire, les spectateurs rebelles se détournent du théâtre. Beauvallet s'en indignait hier : « Vous avez raison, lui dis-je, Mithridate s'habituait aux poisons, et le public ne veut pas s'habituer à Mithridate. »

*
* *

Mlle Rachel n'était pas souvent contente d'elle, car elle se comparait à l'orage qui court le ciel mais qui éclate en larmes tout en se noyant dans le bleu. Elle a dit que sa destinée voulait que les joies sereines de la vie fussent ses joics à elle — elle qui aspirait à la solitude, au recueillement, au coin du feu — ce doux coin du feu si cher aux amoureuses et aux mères de famille! Que de fois on l'a vue entrer en scène en pleurant : « Pourquoi pleurez-vous ? — Je pleure parce que je vis la vie des autres et non la mienne. »

VII

Marion Delorme

Après le coup d'État, jugeant qu'il ne fallait pas brouiller la littérature avec la politique, je continuai à jouer Victor Hugo ; ceux qui étaient plus impérialistes que l'Empereur, comme Romieu, s'ameutèrent contre moi. Or, Romieu était directeur des Beaux-Arts, mais je n'avais pas peur de lui. Après la publication de *Napoléon le Petit*, l'affaire s'aggrava, je n'en affichai pas moins *Marion Delorme ;* après les *Châtiments*, toujours *Marion Delorme,* toujours ce chef-d'œuvre qui renferme les plus beaux sentimens sur la clémence. Grande rumeur au théâtre et au ministère ; les comédiens me dirent : « Vous n'oserez pas.» Au ministère, on prépara ma révocation; toutefois, à minuit, quand il était tems encore de changer l'affiche pour le lendemain, Romieu, mon ami, d'ailleurs, vint me dire gaiement : « Vous serez révoqué demain matin si vous ne changez pas l'affiche, parce que *Marion Delorme* ne sera pas joué : ce serait un défi à l'Empereur. »

Je répondis à Romieu que c'était pour moi une question toute littéraire; qu'il me fallait garder au Théâtre-Français le plus grand poëte dramatique du siècle; que j'aimerais mieux me faire couper la main que de changer l'affiche. « D'ailleurs, poursuivis-je, je connais l'Empereur, il est au-dessus de toutes les colères de parti — parce qu'il n'a jamais eu un moment de colère — et parce que c'est un homme politique. »

L'affiche parut, ma révocation fut signée, on avait la fièvre au Théâtre-Français : jouerait-on ou ne jouerait-on pas ?

On joua. Vers midi, au moment où M. de Persigny soulevait la plume pour ma révocation, il m'arriva un message de l'Empereur: c'est que Napoléon III voulait assister à la représentation. Conflit. Je vais chez Persigny, qui me présente d'une main ma révocation, et qui de l'autre main presse la mienne. Messieurs les Anglais, tirez les premiers !

— J'ai bien peur, lui dis-je, que Romieu n'ait perdu son encre, car l'Empereur m'avertit qu'il ira ce soir à la Comédie pour voir jouer *Marion Delorme*. Je viens vous prier d'être de la fête.

— Je n'y manquerai pas.

Si jamais un homme fut heureux d'avoir raison, ce fut moi. Quand je rentrai au théâtre, tout le monde me félicita par des poignées de mains, par des cartes, par des lettres, témoin celle-ci, écrite par Mme de Girardin :

« Votre conduite envers Victor Hugo proscrit est
« noble et belle, et je veux vous en remercier par ce
« tems d'ingratitudes systématiques et de lâchetés glori-
« fiées ; cela fait du bien de savoir qu'il y a quelque part
« un cœur fier, un cœur ami, qui a l'imprudence d'être
« fidele.

« DELPHINE DE GIRARDIN. »

« Cette lettre vaut un parchemin », me dit Alfred de Musset, qui, lui aussi, était bien de mes amis.

Le soir, le Tout-Paris fut à la représentation. Quelle figure ferait l'Empereur ? Napoléon III arriva pour le commencement. Dans l'état-major des ministres, presque tous, Baroche et Persigny entre autres. M. de Morny et M. Rouher vinrent ensuite dans la loge impériale. L'Empereur m'avait dit à son entrée : « Vous viendrez me voir dans la soirée. »

La pièce commença dans un silence glacial, tout le monde s'observait, l'Empereur Napoléon III était une statue. Pas un mot autour de lui ; on attendait toujours qu'il parlât pour prendre le diapason, hormis pourtant Morny et Persigny. Je n'étais pas inquiet, je savais bien qu'on ne voit pas un drame de Victor Hugo sans être pris bientôt par les plus beaux sentimens ; aussi l'Empereur ne tarda pas à s'émouvoir et à donner le signal des applaudissemens.

Et ce fut superbe : toute la salle se leva comme un seul homme, applaudissant d'un coup de tonnerre le poëte et le souverain.

Les applaudissemens recommencèrent à tous les actes. Jamais Victor Hugo n'eut un plus beau triomphe, jamais l'Empereur ne fut plus heureux. Il semblait dire à Hugo : « Soyons amis, Cinna, c'est moi qui t'en convie. » Mais Cinna ne voulut pas prendre le siège que lui présentait Auguste.

Au quatrième acte, j'entrai dans la loge de l'Empereur, qui me fit asseoir à côté de lui et qui me dit de sa voix de basse-taille :

— Voilà qui est beau.

— Alors, Sire, j'ai bien fait de représenter *Marion Delorme ?*

— Oui, certes !

— Cependant, je suis révoqué pour avoir joué ce beau drame.

L'Empereur regarda Persigny.

— Oui, dit-il, je sais l'histoire, mais c'est une méprise.

Et se retournant vers moi :

— Si vous n'aviez pas eu le courage de donner *Marion Delorme* après l'avoir affiché, c'est alors qu'on vous eût révoqué.

VIII

Des vers de Méry dits par Napoléon III

Méry, qui avait comme tant d'autres demandé la direction du Théâtre-Français, mais qui se consolait de tout en jouant, vint un matin de 1850 me prier de faire dire de beaux vers de lui à la Comédie-Française, par Mlle Rachel. Il avait chanté, par avance, le *Retour de l'aigle*. J'allai avec les vers à l'Élysée pour les recommander au prince, mais surtout pour le prier de faire accorder une pension à Méry, par le ministre de l'instruction publique. Le prince me lut lui-même les vers, quoiqu'il y eût beaucoup de monde dans les salons voisins. Je crus entendre Beauvallet, non seulement par la voix, mais par le geste. « Monseigneur, lui dis-je, vous joueriez très bien la comédie. » Il me répondit en souriant : « Je ne fais pas autre chose, mais j'ai souvent un mauvais public. Je ne suis soutenu que par l'idée de la pièce. »

Et tels j'ai vu marcher dans nos jours triomphans
Les pères glorieux, tels marchent les enfans!

Après ce jour sanglant de gloire et d'épouvante
Où la France à Moscou se révéla vivante,
Ce grand jour, le dernier de tant d'illustres noms,
Ce volcan où l'Europe épuisa ses canons,
L'Empereur au Kremlin, dans sa brûlante veille,
Se souvint du théâtre où triompha Corneille;
De cette même main qui, par un signe ardent,
Entraînait son armée au bout de l'Occident,
Il signa l'avenir de ce noble domaine
Où règnent Andromaque, Horace et Célimène.
Et l'Aigle messager dans Paris arriva,
Encor tiède des feux pris sur la Moskova!

Puisque vous êtes content des vers, Monseigneur, je les ferai dire par Beauvallet entre la tragédie et la comédie.

— Pourquoi pas? Il est toujours très bon de rappeler cette grande figure ; d'ailleurs ces vers font honneur au théâtre. »

Mais le lendemain, le prince m'écrivit ce billet :

Ne faites pas dire les vers de Méry, mon cher Monsieur Arsène Houssaye. Ce n'est pas le moment. Méry est plus royaliste que le roi. Remerciez-le, ce sont de beaux vers sonores et pensés ; mais ils m'ont fait plus de plaisir en les lisant pour moi seul que si je les entendais déclamer par M. Beauvallet ou par Mlle Rachel.

. . . .

L. N.

En 1852, Méry n'avait pas oublié ses vers de 1850, où il chantait le retour de l'aigle avant que l'aigle ne revînt. Or, quand le prince eut distribué les drapeaux au Champ-de-Mars avec l'aigle guéri de ses blessures, Méry me rappela les alexandrins oubliés. La pension promise aussi avait été oubliée. Je parlai de tout cela au futur Empereur, qui me répondit : « Cette fois le moment est venu. » On donna une représentation au théâtre des Tuileries, quoique Napoléon fût encore à l'Élysée. On aurait voulu Rachel, mais Rachel partait pour Londres. On se rabattit sur Judith, que j'habillai en Muse de l'Histoire. Elle apparut dans tout l'éclat de sa beauté comme une théorie antique. Quand elle montait sur le trépied elle était radieuse. Ce soir-là elle fut superbe et dora les vers de Méry d'une poésie toute de flamme. Il leur fallait cela, car ce merveilleux improvisateur jonglait avec la poésie, sans jamais l'étreindre passionnément.

Ce que l'empereur Napoléon III ne fit pas plus tard

pour Rachel, il le fit pour Judith, parce qu'on était sur un théâtre privé : il descendit sur la scène et embrassa l'actrice au milieu des bouquets qu'on lui avait jetés.

Pour les curieux de l'histoire poétique — ou politique — je donnerai encore ici ce passage du retour de l'aigle.

Quand ce siècle naissait, en agitant le monde
Sous le glaive de feu qui détruit et qui fonde,
Napoléon ouvrit de sa puissante main
La tombe où reposait le colosse romain ;
Rêvant pour ses soldats un glorieux symbole,
Il saisit l'étendard tombé du Capitole,
Et dit à l'Aigle : « Sors enfin de ton repos,
« Étends tes ailes d'or sur mes jeunes drapeaux ;
« Reprends ton premier vol ; vas effleurer la nue
« Pour voir les ennemis de plus loin ; continue
« Ce beau livre où la gloire, associée aux arts,
« S'arrête, interrompue, au dernier des Césars. »

César ! c'était le mot du jour.

Le prince envoya six mille francs à Méry, pour ses rimes sonores. C'était le payement de la première année de la pension rêvée, mais les princes n'ont pas de mémoire. Il est vrai que plus tard, quand on recommandait Méry, on n'oubliait pas de dire : « Il a tant de plaisir à perdre son argent à Bade ! » On se demande encore où il a trouvé tout l'argent qu'il a perdu !

IX

Le portrait de Mlle Leverd

On n'a pas encore oublié les fêtes de l'hôtel Castellane, une autre académie où on jouait la comédie, où les comédiens du Théâtre-Français se trouvaient bien chez eux. On peut dire que là était le *Tout Paris*, à commencer par le faubourg Saint-Germain. Après la représentation, après les joutes de l'esprit, les tournois de la beauté, on soupait gaiement, avec quelque solennité, car la comtesse de Castellane voulait rappeler les grands airs de la cour de Louis XIV. En 1852, on joua *Alice*, de M. de Flotow, les *Métamorphoses de l'amour*, une petite merveille de Mlle Brohan, et la *Comédie à la fenêtre* « écrite le matin pour être représentée le soir ». Mme de Castellane, qui avait lu mon *Voyage à la fenêtre*, m'indiqua elle-même les scènes de ma comédie.

Cette pièce pour rire fut merveilleusement jouée par Got, Brindeau, Mlle Judith et Mlle Fix. Avant la comédie, Beauvallet inaugura l'ère détestable des monologues par ma *Chanson du vitrier*, où il brisa sa voix dans un sanglot qui arracha des larmes à tout le monde.

La Comédie-Française gagna quelque chose à cette représentation : le lendemain, le comte de Castellane donna au musée du théâtre le beau portrait de Mlle Émilie Leverd, la Célimène de la Restauration. Voici sa lettre :

« J'ai l'honneur d'envoyer à M. Arsène Houssaye le
« portrait d'Émilie Leverd, que je le prie d'offrir de ma
« part à la Comédie-Française. Ce sera remercier
« M. Arsène Houssaye de sa très charmante *Comédie à*

« *la fenêtre*, et MM. Brindeau et Got, Mlles Judith et « Fix, qui l'ont si bien représentée chez moi. Je veux « aussi témoigner ma reconnaissance à Mlle Augustine « Brohan, pour tout l'esprit et toute la grâce de sa « comédie, les *Métamorphoses de l'amour*, jouée par « elle-même avec son inimitable talent.

« C'est rendre hommage au mérite de Mlle Leverd que « de la placer dans le sanctuaire où tant d'illustrations « font en ce moment de la scène française le premier « théâtre du monde. Le comte Jules DE CASTELLANE. »

Cette représentation fit du bruit jusqu'à la cour. L'empereur me témoigna le désir de voir la *Comédie à la fenêtre* et les *Métamorphoses de l'amour*. Je lui parlai du théâtre des Tuileries ; il me dit qu'il était bien plus simple de donner ces deux pièces au Théâtre-Français. Je lui représentai qu'un directeur ne pouvait pas se faire jouer lui-même. « Tant pis, dit-il, vous jouerez *par ordre*. »

Je m'inclinai, agréablement chatouillé dans ma vanité. On brossait déjà les décors des deux pièces, quand je vins à penser que, jouées *par ordre*, elles seraient sifflées, du moins la mienne. Je remis cette petite fête au lendemain, c'est-à-dire à jamais.

X

Les premières représentations

En l'année 1852, quelques pièces furent des événemens littéraires; ainsi, la *Diane* d'Émile Augier, un drame en cinq actes, en vers, une œuvre de haute lignée où

Mlle Rachel révéla une face nouvelle de son génie. Elle était d'ailleurs dans la période des trouvailles, mais les spectateurs s'obstinaient à ne voir en elle qu'une Camille, une Phèdre, une Hermione. La bourgeoisie ne se payait le spectacle de Mlle Rachel que si elle jouait les maîtres anciens. Quand elle tentait une figure du répertoire moderne elle n'appellait au théâtre que les chercheurs, les artistes, les curieux et les mondains. *Diane* n'eut donc pas une carrière digne de l'auteur, digne de Rachel, digne des comédiens, digne du théâtre. C'est en vain qu'on avait monté la pièce avec tout le luxe de l'art, c'est en vain qu'on l'avait jouée avec beaucoup de talent; au bout de vingt-cinq représentations il ne fallut plus y songer.

Un succès qui sembla s'éterniser fut le *Bonhomme Jadis* de Henry Murger. Là l'auteur disparut sous les acteurs. Le *Bonhomme Jadis* n'était qu'un scénario dont Provost fit une comédie tant il y mit de verve et de gaieté.

Une pièce vint ensuite qui méritait de faire du bruit, le *Sage et le Fou* de Méry; il y avait là un sujet sous des vers spirituels et charmans ; mais les personnages s'effacèrent sous des teintes trop douces; il aurait fallu que la pièce fût jouée à la diable, afin que chaque acteur accentuât la physionomie. Au théâtre, la perfection refroidit le jeu de la scène. Et puis, il y a des jours de veine et de déveine. L'année suivante M. Laya donna les *Jeunes Gens* qui eurent un succès fou. Or c'était le même sujet ; la prose quelque peu vulgaire de l'auteur du *Duc Job* avait remplacé les jolis vers de Méry ; le vaudevilliste avait eu raison du poëte.

Ce fut un succès sur toute la ligne, même sur la ligne des musiciens, que l'*Ulysse* de Ponsard. Le poëte s'était évertué à peindre en toute vérité la vie antique. C'était une tentative digne de celui qui s'était révélé par *Lucrèce*. Il reconnaissait que son œuvre première montrait trop l'école, la mauvaise école de la tragédie française. Il interrogea un maître grec, il s'inspira d'Homère et mit l'*Odyssée* en scène.

Pour plus de vérité, nous pensâmes à représenter *Ulysse* avec des chœurs; nous connaissions un jeune musicien qui avait, je ne dirai pas le génie de la musique grecque, mais qui en lisant les poëtes antiques les accompagnait de mélodies charmantes, comme si quelques muses descendues de l'Olympe lui chantaient les beaux airs perdus. Ce jeune musicien, c'était Charles Gounod.

Je fis apporter dans mon cabinet un piano d'Érard; Charles Gounod se mit à l'œuvre. Ce fut tout un enchantement; il improvisait la musique comme Lamartine parlait, bien mieux encore, car la politique frappait de mort les paroles de Lamartine, tandis que la poésie frappait de vie les improvisations du musicien.

L'Opéra nous donna les plus jeunes chanteuses; nous en trouvâmes même à la comédie, témoin Alice Théric, la voix la plus fraîche et la plus harmonieuse.

Je jouai au prodigue pour les décors; Rubé fit des merveilles. Plus d'un spectateur me rappelle encore ces beaux tableaux de l'*Odyssée* qui apparurent comme par magie sur la scène du Théâtre-Français. Augier et les amis de Ponsard se réjouissaient par avance du spectacle promis. Le drame antique avec les chœurs, n'était-ce pas tout un renouveau littéraire? Mais pendant qu'on me donnait raison au théâtre on me condamnait au dehors. Le ministre, je ne sais déjà plus lequel, trouvait étrange qu'on s'avisât de chanter au Théâtre-Français. Il me fit des représentations sur cet « enfantillage ». C'est en vain que je tentai de le faire pénétrer dans l'histoire de l'antiquité. Pour lui les antiques c'étaient Corneille, Racine et Voltaire. Je lui parlai des chœurs d'*Esther*. Il me dit que cette fantaisie de Mme de Maintenon n'était admissible qu'à Saint-Cyr. Enfin il me donna rendez-vous à la première représentation.

Or à la première représentation il y eut deux publics. Chose étrange et naturelle, l'école du bon sens fondée par Ponsard, c'est-à-dire la famille de M. Prudhomme, se révolta contre Ponsard. Elle se demandait s'il devenait fou de s'amuser en ces chansons. Ce furent les romantiques qui soutinrent la pièce dans leur culte de l'art pour l'art. La vérité c'est qu'ils étaient ravis. Par cette tentative hardie Ponsard passait armes et bagages de leur côté ; d'ailleurs la musique de Gounod n'avait pas peu contribué à les conquérir. Il y avait donc enfin un musicien français qui versait la mélodie à pleine amphore sans aller puiser aux sources connues. On était pénétré grâce à lui d'une fraîcheur toute matinale. On respirait l'arome des prairies de Théocrite et on traversait la pure atmosphère de la maison de Pénélope. Pas un air ne rappelait les flonflons chers à l'Opéra-Comique. La musique n'était plus alors à Paris qu'une coureuse des rues; Charles Gounod en refaisait une déesse.

A la fin de la représentation, il était impossible de savoir qui l'emporteraient des critiques ou des enthousiastes. Hélas ! ce ne fut ni une victoire ni une défaite. Comme ce n'était pas une victoire, le ministre me donna tort et ne voulut pas que ce chef-d'œuvre fût joué longtems. Pour maintenir la pièce au répertoire pendant vingt représentations, il me fallut lutter héroïquement, car les spectateurs n'affluèrent point. Ponsard ne fut ni grandi ni amoindri, mais au moins le nom de Charles Gounod sortit tout glorieux de cette aventure. On ne voulait pas entendre parler de lui à l'Opéra. Ce fut une bonne fortune du Théâtre-Français de le révéler dans tout son génie. Il n'a rien fait de plus beau que les chœurs d'*Ulysse*.

N'oublions pas en cette année une comédie romanesque de Melesville, *Sullivan*, qui fit plaisir à tout le monde. Melesville, comme Scribe, n'était d'aucune école sinon de l'école qui fait rire et pleurer, l'école du cœur humain. C'est encore la meilleure.

Quel homme charmant c'était là. On était son ami à première vue. Le Président de la République, déjà presque empereur, fut charmé plus qu'aucun autre. Il me pria de témoigner à Melesville tout le plaisir qu'il avait eu de voir cette pièce. « Melesville est là dans ma loge. Voulez-vous que je vous l'amène ? Il sera ravi de tous vos complimens. — Oui, de tout mon cœur. »

Melesville ne fit pas de façon ; il vint saluer le prince. L'entrevue fut si cordiale, qu'ils me remercièrent tous les deux de la rencontre. « C'est un ami que vous m'avez amené, me dit le Président. Expliquez-moi pourquoi les auteurs dramatiques sont mille fois plus aimables que les autres hommes de plume. — C'est qu'ils ne sont pas des hommes de cabinet. Comme ils sont toujours en face du public ils s'évertuent à magnétiser les hommes comme si chacun d'eux était un spectateur. »

On finit l'année par le *Cœur et la dot* de Félicien Malefille ; le titre primitif était la *Fille qui cherche*. C'était sur ce titre que j'avais encouragé le dramatiste, célèbre alors par les *Sept Infants de Lara*, à faire sa comédie.

Augustine Brohan, cette inquiète d'idéal, était bien le personnage de la fille qui cherche. Mais Félicien Malefille s'égara dans les cinq actes et perdit l'idée du caractère de son héroïne. Combien de pièces qui sont belles à première vue et qui s'étiolent dès qu'on les touche. L'auteur était un homme charmant vu d'un côté, comme disait George Sand qui le rejeta de sa compagnie dès qu'elle le vit borgne. Il y avait de cela dans son talent et dans sa conversation. Tant bien que mal la comédie arriva à la scène. On refit un peu la pièce aux répétitions. Malefille avait beaucoup d'amis; c'était un esprit élevé, mais trop habillé de politique. Ces réformateurs de sociétés se préoccupent plus des inégalités que des ridicules. Ils sont plutôt destinés à faire des premier-Paris que des comédies. Malefille soutenait donc la thèse du cœur contre la dot, mais plus par l'esprit que par le sentiment, si bien qu'on trouva plutôt une dot qu'un cœur. La comédie réussit pourtant par plusieurs scènes à l'emporte-pièce. On sentait que ce n'était pas l'œuvre du premier venu. Tout le monde d'ailleurs s'intéressait à Malefille, qui après avoir fait grande figure sous la République était tombé dans la pauvreté en drapant son manteau troué à la castillane. Il avait rêvé un succès à sa taille; ce ne fut qu'un succès de haute estime qui lui donna pourtant de quoi vivre une année de plus.

Je ne parle pas de toutes les pièces représentées en 1852. On avait commencé, le 7 janvier, par la *Diplomatie du ménage* de Mme Caroline Berton, la fille de Samson et la mère de Pierre Berton. Beaucoup d'esprit et de charme, mais vraie comédie de femme à jouer dans un salon plutôt que sur un théâtre. Le même mois on donna le *Pour et le Contre* de MM. Laffitte et Nyon.

Quoique cette fois ce fussent deux hommes pour un acte, la comédie était encore plutôt un proverbe à jouer entre deux paravents, comme *L'un et l'autre*, une comédie de Mme Roger de Beauvoir, qui parut à la scène en ce tems-là. M. de Morny avait recommandé la pièce avant d'être ministre, il vint la voir aux répétitions, et me pria de l'ajourner. « Comment a-t-elle tant d'esprit quand elle cause et comment en a-t-elle si peu quand elle fait causer ses personnages ? — C'est bien simple, quand elle cause, elle montre la plus jolie figure du monde, tandis que quand ses personnages parlent on ne la voit pas. » Après tout *L'un et l'autre* valait toutes les petites pièces du tems, moins *Il faut qu'une porte soit ouverte ou fermée*.

En mars, on représenta les *Trois Amours de Tibulle* d'Arthur Tailhand. C'était encore la série des proverbes antiques comme le *Moineau de Lesbie*. On pourrait rappeler à ce propos le mot de Voltaire : « Le premier qui compara une femme à une rose était un poëte, le second était un perroquet. » J'ai peur de faire froncer le sourcil à quelque président de cour d'appel provinciale, car M. Arthur Tailhaud, a, je crois, passé de la poésie dans la magistrature. Comme il pourrait m'atteindre du haut de son siège si je lui tombais sous la main, j'avouerai que les *Trois Amours de Tibulle* ont fait battre doucement tous les cœurs des spectatrices.

Le *Voyage à Pontoise* d'Alphonse Royer et Gustave Waëz ramena, sinon à la vraie comédie, du moins à l'esprit comique. Cela condamnait toutes les mièvreries et toutes les ténuités, tous les pastels et toutes les aquarelles.

Il ne fallait pas trop m'accuser, car presque toutes

ces petites pièces étaient depuis longtems reçues par un comité que je ne présidais pas. Trouvez-moi le moyen de ne pas jouer un auteur qui a le droit d'être joué ou même qui a le droit d'être sifflé, car il aimera mieux être sifflé que de n'être pas joué du tout! Parmi les petites pièces destinées à ne vivre qu'un jour, il me fallut aussi jouer les *Droits de l'homme* de M. Jules de Prémaray, un critique qui ne trouvait rien de bon et qui partant de là fit une mauvaise pièce: ce qui amusa tout le monde. C'est toujours cela.

M. de Persigny, qui fut longtems mon ministre, avait juré qu'il ne m'imposerait ni une comédienne ni une pièce, me laissant la bride sur le cou pour bien faire ou mal faire. Par malheur, il finit par recommander à plusieurs sociétaires M. Francis Wey, qui se croyait un phénix parce qu'il était né à Besançon comme Victor Hugo, Jules Grévy et Jean Gigoux. Il avait beaucoup écrit; on ne savait pas quoi. Il écrivit une comédie avec le laisser-aller d'un homme qui ne doute de rien. Ce que c'est que de croire en soi! En nous la lisant, il nous fit croire à lui tant il paraissait émerveillé à chaque scène et à chaque mot. Et il n'y avait ni une scène ni un mot en cette comédie en cinq actes! Il osa même la baptiser du nom de *Stella*, mais cette étoile ne resta qu'un soir au ciel du théâtre.

XI

La Muse de l'Histoire

A la veille du second Empire, les théâtres, qui sont des flatteurs au premier chef, donnèrent tous une représentation en l'honneur du Président de la République, déjà *Cesar imperator*. Je ne fis pas plus de manières que les autres directeurs. Bien mieux, Rachel n'eut pas trop de peine à me convaincre qu'il me fallait rimer des strophes au prince qui avait gravé cette parole à Bordeaux : « L'empire, c'est la paix! » Elie me dit, cette autre flatteuse, qu'elle voulait bien paraître en Muse de l'Histoire pour dire des strophes, si elles étaient de moi. J'écrivis sous ses yeux, sur ce thème consacré : « L'empire, c'est la paix! » des vers dans le style pindarique. Hélas ! l'empire ce fut la guerre. — S'il en a vécu il en est mort! — Toute la comédie se mit sur pied. Les stalles furent payées jusqu'à vingt-cinq louis. Madeleine Brohan a été adorable dans le *Misanthrope*, Rachel a été sublime dans la *Muse de l'Histoire* *.

* Ce beau soir-là, toute la Comédie-Française était sous les armes, drapée, sérieuse, comique, légère : satin de toutes les couleurs, gens d'esprit de tous les âges et beautés pour tous les goûts. En avant, dans son péplum aux étoiles d'or, une branche d'olivier à la ceinture, Mlle Rachel, la Muse antique de l'Histoire, les personnages créés par Corneille, par Racine, par Molière, par Regnard, par les nouveaux auteurs dramatiques de la France. Réimprimons la liste authentique des *costumes de l'emploi* que les divers acteurs avaient revêtus; la

L'empereur m'appela dans le salon de la loge impériale et m'embrassa comme on embrasse au théâtre; après quoi il me dit : « Allez embrasser Rachel de ma part. » Et j'y allai. Elle voulut bien se contenter de l'ambassadeur. Mais ce qui, je crois, lui fit le plus de plai-

voici d'après l'ordre des sociétaires et les dates de réception.

Samson, grande livrée, Mascarille de l'*Étourdi*. — Beauvallet, Auguste de *Cinna*. — Geffroy, Alceste du *Misanthrope*. — Regnier, Scapin. — Provost, Van Buck de *Il ne faut jurer de rien*. — Brindeau, Valentin de la même pièce, — Leroux, le marquis de Moncade. — Maillart, Didier de *Marion Delorme*. — Got, La Flèche de l'*Avare*. — Delaunay, Valère de l'*École des maris*. — Maubant, rôle de *Cinna*. — Monrose, grande livrée, Cliton du *Menteur*. — Mirecourt, Oronte du *Misanthrope*. — Fonta, Euphorbe de *Cinna*. — Chéry, Maxime de *Cinna*. — Ballande, rôle de *Sextus*. — Anselme, Chrysale des *Femmes savantes*. — Guichard, Xipharès de *Mithridate*. — Didier, Glocester des *Enfants d'Édouard*. — Deloris, Cléanthe de *Tartuffe*. — Mlle Noblet, Philaminte des *Femmes savantes*. — Mlle Augustine Brohan, Mme de Prie dans *Mademoiselle de Belle-Isle*. — Mlle Denain, Marie des *Trois époques*. — Mlle Rébecca, dona Florinde de *Don Juan d'Autriche*. — Mlle Bonval, Marinette du *Dépit amoureux*. — Mlle Nathalie, Arsinoë du *Misanthrope*. Mlle Madeleine Brohan, Célimène. — Mme Thénard, Mme Abraham de l'*École des bourgeois*. — Mme Mirecourt, Fulvie de *Cinna*. — Mlle Rimblot, Andromaque. — Mlle Allan, Mme de Léris du *Caprice*. — Mlle Fix, Abigaïl du *Verre d'eau*. — Mme Moreau-Sainti, Hermia des *Caprices de Marianne* — Mlle Théric, Isabelle des *Contes de la reine de Navarre*. — Mlle Marquet, Lucile du *Bourgeois gentilhomme*. — Mlle Biron, Lisette du *Légataire*. — Mlle Savary, Cécile des *Trois époques*. — Mlle Marie Dupont, Angélique de l'*Épreuve*. — Mlle Favart, Éléonore des *Contes de la reine de Navarre*. — Mlle Jouassain, Bélise des *Femmes savantes*.

Avec de l'imagination, on pourra faire revivre soi-même sous ses yeux le spectacle charmant que nous avons eu sous les nôtres. Sur un nouveau rideau était peint le *Parnasse de Raphaël*: le Parnasse était dans la salle — moins Apollon-Hugo.

La représentation fut si éclatante qu'on publia, pour la consacrer, un volume aujourd'hui hors de prix.

sir, c'est que, le lendemain matin, Bacciochi porta un magnifique bracelet de dix mille francs à la grande tragédienne. Du même voyage, il avait remis un pareil bracelet à Mme Arsène Houssaye. Persigny, très enthousiaste, me dit le lendemain que l'empereur lui avait ordonné de me nommer officier de la Légion d'honneur. Persigny, succédant à Morny, était alors mon ministre. Je le suppliai de n'en rien faire, en lui disant : « Remettez ça à mon prochain livre. » Mon prochain livre, ce fut l'*Histoire du 41e fauteuil.*

Gounod.

Madeleine Brohan.

LIVRE XIX

LA COMÉDIE-FRANÇAISE EN 1853.

I

L'année 1853 commença par la première représentation de *Lady Tartuffe*. Mme de Girardin et Mlle Rachel avaient osé continuer l'idée de Molière en donnant une femme à cet horrible *Monsieur Tartuffe*, qui n'a survécu que par la force du génie. Mlle Rachel se passionnait alors pour la haute comédie, elle voulait briser son masque tragique et prouver qu'elle était une contemporaine exprimant tous les caractères et toutes les passions. Mais si elle pouvait se métamorphoser en Muse de la comédie, le public ne permettait pas que son idole changeât de figure. C'est d'ailleurs l'histoire éternelle à

Paris. On ne permet pas à un romancier de devenir un historien, ni à un historien de se faire auteur dramatique. Au théâtre, le comédien est un comédien, le tragédien est un tragédien, quelle que soit la variété de son génie. Le public n'a pas le tems de se faire une seconde opinion sur un homme. Mlle Rachel et Mme de Girardin avaient d'ailleurs oublié que *Tartuffe* devait la moitié de son succès à la hardiesse de Molière : c'était une arme de guerre, qui pouvait blesser mortellement l'auteur si Louis XIV eût mal pris la chose. Supposez un instant *Tartuffe* n'arrivant qu'à la veille de la Révocation de l'Édit de Nantes, quand Mme de Maintenon tenait la plume du roi, Molière était perdu. On ne jouait *Tartuffe* qu'à la mort de Louis XIV, quand la Régence avait supprimé tous les hypocrites, si bien qu'il n'y avait plus de tartuffes.

Arriver à tems, c'est une des lois du génie. Aujourd'hui cette comédie de Molière réussit plus encore parce qu'elle est une page d'histoire que par sa force comique.

Quand Mme de Girardin me parla de cet odieux caractère qu'elle voulait personnifier par une femme, je prédis ce qui est arrivé ; mais Mlle Rachel s'obstina, Emile de Girardin débita cinquante alinéas ; la pièce était faite, on la lut au comité, on l'accepta, on la joua et on l'applaudit surtout au IVe acte, un acte de chef-d'œuvre ; mais il y eut dans le succès un peu de tartufferie. Nul n'était convaincu, hormis Mme Emile de Girardin, qui n'a jamais douté d'elle. C'était là sa faiblesse et sa force.

Mlle Rachel m'avoua qu'elle était désespérée de cette aventure, mais elle fit semblant de croire au succès.

Elle avait d'ailleurs sauvé son honneur d'artiste par quelques accens dramatiques, par toutes les malices, toutes les félineries, toutes les hypocrisies de la femme.

On donna ensuite une scène tragique du marquis de Belloy, la *Mal'aria*. Il aurait fallu que Hébert animât ces pâles figures pour jouer ce drame funèbre.

Vinrent là-dessus les *Souvenirs de Voyage* d'Amédée Achard, une comédie qui promettait d'être gaie, mais qui fut prise de travers. On ne put rire qu'à moitié.

On était au 1er avril. Ce jour-là ne nous porta point bonheur. Fut-ce parce que M. Achille Fould, devenu ministre d'État, prit la surintendance ou le protectorat des théâtres ? On représenta les *Lundis de Madame*, un acte fort spirituel, une causerie de salon dans la manière du *Monde où l'on s'ennuie*. M. de Morny avait trouvé cela dans les papiers d'un de ses amis et l'avait donné à Léon Gozlan. D'un méchant proverbe Léon Gozlan avait fait une jolie comédie où il y avait plus d'un joli mot de M. de Morny, ce qui perdit la pièce parce que M. Fould, qui était mal avec l'homme d'Etat, leva les bras à la représentation en s'indignant qu'une telle sottise fût jouée au Théâtre-Français.

Le bruit se répandit que le ministre était furieux, ce qui jeta un froid dans la salle et jusque sur la scène. Après la représentation, M. Achille Fould le prit de haut pour dire qu'il ne voulait pas que cette pièce fût jouée une seconde fois.

Il n'avait qu'une baignoire; j'avais, comme on sait, l'avant-scène du rez-de-chaussée, ce qui le fâcha un peu plus. Il me fit appeler. Il était flanqué de son secrétaire Pelletier (?) qui fut à ce titre membre de l'Institut. Il me demanda comment je pouvais jouer de pareilles choses.

Je lui répondis que les *Lundis de Madame* n'étaient rien moins qu'un petit chef-d'œuvre d'esprit sur les travers du monde, mais que d'ailleurs le nom de l'auteur Léon Gozlan, couvrait le théâtre. « Le nom de l'auteur, s'écria-t-il ! Morny est de la pièce. — Eh bien ! tant mieux ; Morny a beaucoup d'esprit et beaucoup d'amis. Si tous ses amis viennent, il y en aura pour cent représentations. — Oui, mais la pièce ne sera plus jouée. »

Je dis au ministre que tout auteur avait droit à trois représentations. M. Pelletier ne manqua pas de dire que cet abus serait changé, car M. Pelletier se croyait à moitié ministre d'État, on n'a jamais su pourquoi. Il y avait à côté du ministre un autre secrétaire ; celui-là était spirituel ; il ne voulait pas gouverner le monde ; il ne pensait qu'à s'amuser et à faire son chemin : c'était M. de Soubeyran. Aussi il demanda grâce pour la pièce. Camille Doucet vint à la rescousse. Je sortis de la loge avec tout mon droit, mais on verra que tout n'était pas dit.

A quelques jours de là, reprise d'*Amphitryon*. Grande fête à Molière. Sa servante ordinaire et extraordinaire a dit vertement des strophes de moi. Mlle Rachel s'est, on ne sait pourquoi, cavalièrement dispensée d'apporter sa couronne ; on a attribué son absence à une indisposition — contre le public — qui heureusement ne prendra pas sa revanche.

Le lendemain de cette fête, les sociétaires de la Comédie m'ont offert un festin de Balthazar. « M. Samson, « en sa qualité de doyen, a porté, avec beaucoup de « cœur et d'esprit, un toast à M. Arsène Houssaye, qui « a répondu gaiement par un toast à la Comédie-Fran-« çaise et à son doyen. On a dansé jusqu'à l'heure où le « chant du coq a éclaté dans le chant des violons. »

M. de Balzac voulait mettre en pièces tous ses romans. Ce qui était faute. Qui donc jouerait mieux sa comédie humaine que ne le font ses personnages ? Ne sont-ils pas tous debout vivant encore dans leurs passions, dans leurs caractères et dans leurs ridicules ? A quoi bon un autre théâtre que celui qu'ils ont. Ne risquerait-on pas de les diminuer si les acteurs n'étaient pas à leur taille ? Jules Sandeau et Alexandre Dumas, par *Mlle de la Seiglière* et la *Dame aux camélias*, ont pourtant fait descendre sur la scène leurs immortelles héroïnes dans toute la poésie de leur amour et de leur passion. Mais combien de romans dont les personnages vivaient dans nos imaginations et qui se sont évanouis comme des fantômes devant le feu de la rampe.

C'est bien un peu ce qui est arrivé aux figures créées par Balzac dans le *Lys dans la vallée*. C'était une de ses héroïnes dont il était le plus amoureux, il avait juré de lui donner les honneurs de la scène. Il mourut. Théodore Barrière et Arthur de Beauplan voulurent réaliser le rêve de Balzac. Ils vinrent nous lire le *Lys dans la vallée*, comédie en cinq actes, où Balzac n'était pas trahi, car il n'eût pas mieux fait. La pièce fut reçue à l'unanimité, elle fut mise en scène avec beaucoup de sollicitude; elle fut jouée avec beaucoup de talent. C'était à qui s'évertuerait à bien faire pour rendre hommage à Balzac, dont l'ombre planait sur nous tous. Ce fut d'ailleurs dans cet esprit-là que la pièce fut accueillie, les spectateurs croyaient assister à la fête de Balzac, il n'y eut donc point la moindre protestation parmi les applaudissements; pendant tout un mois ce fut un succès, on se promettait déjà dans tous les théâtres de mettre en scène la *Comédie humaine*, mais peu à peu les illusions s'envolèrent, les fanatiques du grand romancier écrivirent dans les journaux que c'était un outrage à sa mémoire que de toucher à son œuvre. Certes on ne le pouvait pas faire avec plus d'esprit et de délicatesse que dans la tentative de Barrière et de Beauplan, mais il y a des courants d'opinion qui renversent tout. Après vingt-cinq représentations le *Lys dans la vallée* ne fut plus qu'un souvenir.

Le marquis de Belloy, tout attristé lui-même par son drame la *Mal'aria*, donna *Pithias et Damon*, une scène de comédie antique dont les personnages firent bonne figure et entrèrent gaiement dans le répertoire. Une pièce espagnole vint jouer son jeu : *Murillo*, par Aylic Langlé. C'étaient trois actes lestement enlevés où la grande figure du peintre espagnol ne déchantait pas. Plus d'une scène avait la chaleur du soleil des Espagnes ; mais ce fut encore un succès sans lendemain. C'est-à-dire un succès de vingt-cinq représentations *.

Les monographies au théâtre ne font jamais merveille. Édouard Foussier, trop protégé par son ami Émile Augier, était capable de faire de la bonne comédie contemporaine, comme il l'a prouvé par quelques scènes des

* *Murillo*, un peu plus, touchait aux succès de haute fantaisie. Rébecca n'a pas donné assez d'accent au rôle de Perdita. En revanche, Brindeau, dans le rôle du grand peintre, Monrose et Anselme représentant deux Bartholos, ont été merveilleux ; Mlles Favart, Valérie et Fix, symbolisaient la vigne aux trois périodes les plus savoureuses de son existence poétique : la vigne de Chanaan, la vigne de Tibur et la vigne de France, ont été adorables dans leur jeunesse, dans leur brio, dans leur grâce savante. On aurait voulu les cueillir sur l'espalier, comme trois grappes empourprées.

Meyerbeer, ami de l'auteur, débutait ce soir-là au Théâtre-Français, puisqu'il avait voulu mettre en musique la chanson de Murillo, un chef-d'œuvre où le grand musicien avait pris l'air des Espagnes.

Lionnes pauvres. Pourquoi a-t-il donné au Théâtre-Français une comédie sur *Agrippa d'Aubigné?* La pièce réussit d'ailleurs, mais ce n'était pas la peine de remuer tant de monde pour ne pas frapper un grand coup.

On dira que c'est bien quelque chose de vivre au théâtre, ne fût-ce que six semaines. Si on évoque les œuvres du passé, on en voit à peine quelques-unes dignes d'être réétudiées, sinon d'être remises au répertoire.

Vers la fin de l'année, le théâtre donna la première représentation de la *Pierre de touche*, cette comédie de mœurs et de caractères que nous avions reçue à toutes voiles et qui tomba sans bruit. Que manquait-il donc à la *Pierre de touche?* Il y a là beaucoup d'esprit et beaucoup de sentiment. On y respire l'air vif des sommets de l'art. On y retrouve à chaque mot le moi humain qui est l'âme des comédies. Mais avec tout cela le vent du Nord souffla dans la salle, les personnages pâlirent devant un public glacé. La flamme qui dans les grands jours court invisible de la scène jusque dans les profondeurs de la salle; cette expansion magnétique qui va de l'idée de l'auteur dramatique au cœur du comédien, pour embraser comme par magie tous les spectateurs, fut arrêtée dans son vol.

En cette année 1853, le théâtre vécut beaucoup des chefs-d'œuvre du répertoire : Mlle Rachel et les grands comédiens du théâtre nous ramenaient à l'école de Corneille, de Racine, de Molière, de Regnard, de Marivaux, de Beaumarchais et des maîtres modernes déjà consacrés qui seront encore des maîtres dans cent ans, Victor Hugo, Alexandre Dumas, Alfred de Musset.

Je reviens aux *Lundis de Madame.*

Morny avait un ami qui travaillait platoniquement

pour le théâtre. Il avait joué dans sa jeunesse les *Proverbes* de Carmontelle, il s'amusait à en faire de pareils. Je dis il s'amusait, parce que ce n'était pas là son métier. Morny me le présenta comme un gros bonnet du télégraphe qui entre deux dépêches officielles se permettait d'avoir beaucoup d'esprit. Par politesse plutôt que par curiosité, je lus vingt proverbes de lui pour en trouver un qu'on pût risquer au théâtre. « Eh bien? me demanda Morny un matin. — Eh bien, votre ami a beau être au télégraphe, il n'a pas encore trouvé le style rapide du théâtre. Il lui arrive d'être spirituel, mais il souligne son esprit à trois reprises, en homme qui croit que le public est une bête; en un mot, il a le défaut de ceux qui n'écrivent pas et qui ne parlent pas. J'ai pourtant trouvé une idée de comédie dans les *Lundis de Madame*. — N'est-ce pas? — Oui, mais c'est une comédie à faire. — Nous la ferons. »

Léon Gozlan déjeunait avec nous. Il fut décidé qu'il serait de la pièce; on dirait à M. Alexandre qu'on changerait trois ou quatre mots pour la mise en scène. Il n'assisterait pas aux répétitions parce que le télégraphe ne se croisait pas les bras, mais on lui donnerait la plus belle loge du théâtre pour la première représentation.

Et, séance tenante, on se mit à l'œuvre.

M. de Morny avait l'esprit trop pratique pour ne pas tailler dans le vif. Il avait trop d'esprit dans la conversation pour ne pas trouver des mots dans cette *Causerie du Lundi* qui n'inquiéta Sainte-Beuve. Gozlan et moi nous payâmes l'obole. En moins de rien, le ci-devant proverbe fut une comédie fort amusante qu'on mit tout de suite à la scène. La représentation fut quelque peu houleuse. On trouva la pièce trop originale; mais ce qui lui fit du tort, c'est que le bruit s'était répandu que M. de Morny en était, comme il était déjà de tout. On eût joué le *Misanthrope* ou le *Cid* en l'attribuant au président du Corps législatif que la pièce eût été trouvée mauvaise. Que fut-ce quand on s'aperçut que cet homme d'État s'était amusé aux infiniment petits du théâtre ! Ce qu'il y eut de plus humain en ceci, c'est que ce furent les quasi-hommes d'État de l'entourage de l'Empereur qui tombèrent le plus les *Lundis de Madame*. Ceux-là faisaient semblant de ne pas savoir que M. de Morny en était, car ils n'osaient le braver à front découvert.

Les *Lundis de Madame* ne furent donc pas les lundis de tout le monde. Le ministre d'État, qui n'était ministre que depuis quelques heures, aurait voulu qu'on inaugurât sa surintendance des théâtres par des pièces comme le *Cid* et le *Misanthrope*. — On n'en fait plus. — A minuit, il me fit dire qu'il me défendait d'afficher la pièce une seconde fois. Je lui écrivis le soir même :

« Vous êtes sévère aux *Lundis de Madame*. Ce n'est « pas une comédie, je l'avoue, mais c'est une spirituelle « saynète dont un homme d'esprit avait indiqué l'idée « et que M. Léon Gozlan a mise sur pied avec tout le « feu de son dialogue. Le public s'est fort diverti à ce « tableau d'intérieur pris sur le vif et qu'on pourrait « comparer à une aquarelle d'Eugène Lami. Jamais une « comédie n'a été mieux jouée : Samson, Got, Monrose, « Leroux, Didier, Mlles Brohan, Favart, Biron, Théric, « une brillante pléiade ! Je croyais, avec M. de Morny « et Léon Gozlan, qui sont un peu de la pièce, que « c'était une bonne fortune pour le public de ne lui « pas imposer, comme dans toutes les pièces en un « acte, un amoureux et une amoureuse qui finissent par

« s'épouser après un imbroglio. Vous voulez, monsieur « le Ministre, que je ne donne plus les *Lundis de Ma-* « *dame*. Un des auteurs serait de bonne composition, « puisque M. Samson a dit au public : *La pièce que* « *nous avons eu l'honneur de représenter devant vous* « *est de feu M. Alexandre*. Mais M. Léon Gozlan n'est « pas mort, Dieu merci! Il ferait le diable contre votre « arrêt, car il serait dans son droit. Et d'ailleurs, que « dirait le public, puisque la pièce a du succès ? Je crois, « monsieur le Ministre, que vous avez raison de juger « le Théâtre-Français au point de vue des chefs- « d'œuvre; mais Molière n'a-t-il pas donné l'exemple « de ces saynètes, dans l'*Impromptu de Versailles* et « dans la *Critique de l'École des femmes?*

Je continuai naturellement à jouer la pièce. Second ordre du ministre. J'offris ma tête, on ne la prit pas; on me savait trop bien avec l'Empereur. Les *Lundis de Madame* ne tinrent pourtant pas longtems l'affiche, parce que M. de Morny lui-même me pria de tourner bride.

C'est Gozlan qui ne fut pas content, M. Alexandre ayant réservé sur lui les droits d'auteur ; aussi s'en vengea-t-il cruellement sur le ministre par une complainte qui eut ses huit jours de célébrité. Il faut savoir pour bien comprendre ces beaux vers que M. Achille Fould, un beau matin, fut remercié par l'Empereur à l'heure même où il se croyait tout-puissant; la veille encore il avait chassé avec Napoléon III; or, voici le refrain de la complainte :

Fould a chassé-z-hier
Avec son Empereur,

Ce dont il était fier
Car il est bon tireur.
Mais aujourd'hui, triste comme un linceul,
Il a-z-été chassé tout seul.

Ce ne fut pas tout : Achille Fould, spirituel et moqueur, eut encore à quelque tems de là les rieurs contre lui. Un soir on dînait gaiement chez Eugène Delacroix, devant de beaux portraits de famille peints par David. On parla d'une place vacante d'académicien libre à l'Académie des beaux-arts. « Houssaye, il faut vous présenter, dit Eugène Delacroix. Chez nous il n'y a pas de quarante et unième fauteuil. Nous ne voulons plus de tous ces grands seigneurs oisifs qui ne viennent pas à nos séances et qui n'ont jamais laissé un souvenir à l'Académie. — Des grands seigneurs, dit Robert Fleury, je n'en connais plus un seul en France; pour moi, je suis de l'opinion d'Eugène Delacroix, je vote pour Arsène Houssaye. — Moi aussi! dit Halévy. »

Le surlendemain, un journal imprima que M. Arsène Houssaye était candidat. M. de Mercey, directeur des Beaux-Arts, vint me trouver et me dit : « Mon cher ami, l'Académie des beaux-arts est le but de toutes mes ambitions, ne vous présentez pas cette fois... » Je ne laissai pas M. de Mercey achever sa phrase. Voilà donc le directeur des Beaux-Arts sûr de devenir immortel. Il s'en va chez Achille Fould, ministre d'État, pour lui dire qu'il est candidat : simple visite de bienséance.

Or, le ministre — ce n'était pas là l'ambition de toute sa vie — avait pensé, lui aussi, à devenir immortel. Il appelle M. de Mercey et lui tint à peu près le même langage que M. de Mercey à moi même.

Ce soir-là, Achille Fould dînait chez le prince Napoléon. On parle des candidatures, M. Fould avoue sa fantaisie; tout le monde l'encourage. Mais le lendemain, son huissier de service ouvre sa porte à deux battans, ce qui ne se fait chez les ministres que pour les princes du sang.

C'était le prince Napoléon, qui venait à son tour pour lui dire : « C'est moi qui me présente. » Et il fut élu.

Quelques jours avant la représentation des *Lundis de Madame*, j'étais allé à l'ancien ministère de l'intérieur, au bureau même du télégraphe. « M. Alexandre est-il chez lui ? demandai-je au portier. — Monsieur arrive trop tard. — Il est déjà sorti ? — Oui, vous auriez pu le rencontrer si vous venez du côté de Sainte-Clotilde. — Est-ce qu'il est allé à la messe ? — Oui, le pauvre homme, j'aurais bien voulu l'accompagner. — Le trouverai-je encore à l'église ? — Peut-être. — Je vais toujours vous laisser ma carte, n'oubliez pas de lui dire que je suis venu. — Vous ne savez donc pas qu'il est parti pour son dernier voyage ? — Eh bien, vous lui ferez parvenir ma carte avec son courrier. — Je ne demanderais pas mieux si la poste allait par là. » Sur ce mot, le portier envoya vers le ciel une bouffée de fumée de son brûle-gueule.

Tout distrait que je fusse, je finis par comprendre. N'y avait-il pas là une scène tragi-comique pour le brave faiseur de proverbes qui avait jugé à propos de mourir sans en faire part à ses amis ? C'était la Comédie de la Mort.

III

La Jeunesse de Louis XIV et la Jeunesse de Louis XV

En cette année 1853, Dumas, ennuyé de jouer à la proscription, parce qu'on le trouvait trop spirituel pour voir en lui un homme politique, m'arriva un beau jour, me jeta dans ses bras et me dit ainsi, à brûle-pourpoint : « Mon cher ami, vous jouez trop de pièces sans lendemain. Je vous en apporte deux qui feront merveille : *la Jeunesse de Louis XIV* et *la Jeunesse de Louis XV*. — Mon cher Dumas, vous me comblez ; mais vous allez mettre les comédiens sur les dents ; or, vous savez qu'il y en a quelques-uns qui n'en ont plus. — N'ayez peur. D'ailleurs, il y a beaucoup de femmes dans mes comédiens ; or, toutes vos comédiennes ont leurs trente-deux dents. Jugez donc quel tapage nous allons faire ; on jouera aujourd'hui *la Jeunesse de Louis XIV*, et demain *la Jeunesse de Louis XV*. — Il faudrait jouer le surlendemain *la Jeunesse de Louis XVI*. Ne rions pas. Louis XVI n'a jamais existé que sur la guillotine. Point de trilogies. Voulez-vous que je vous lise *la Jeunesse de Louis XIV?* — Demain, si vous voulez, je vais réunir le comité. — Demain, c'est peut-être un peu tôt, car mes deux comédies ne sont pas commencées. Nous rîmes tous les deux ; après quoi, je lui proposai de lire à huit jours de là. — C'est ça. Si vous voulez lire la pièce avant tout le monde, je vous la donnerai dimanche. Combien me donnerez-vous de prime ? — Cinq mille francs par comédie. — C'est dit. Je vais travailler. » Et le voilà parti.

Mais, au même instant, il me ramena deux comédiennes qu'il avait trouvées dans l'escalier, en me disant : « Deux rôles superbes pour ces deux mamours. « Et il les embrassa avec son entrain du diable. » A propos, lui dis-je, qui est-ce qui jouera Louis XIV et Louis XV ? — Oh ! je ne suis pas si bête que de vous dire le nom des comédiens. Attendons leur jugement. »

Et le voilà reparti. Je l'arrêtai sur le seuil. Je ne l'avais pas vu depuis le coup d'État et je lui demandai pourquoi il avait joué la comédie de l'exil, lui qui n'était pas proscrit. Il voulut me parler comme Lycurgue, mais il se remit à rire et me répondit : Une femme à principes m'a emmené prendre les eaux de Spa. »

Huit jours après, Dumas nous lut *la Jeunesse de Louis XIV*. La pièce fut reçue à l'unanimité et les rôles furent distribués le jour même. Mais des fâcheux, parmi les membres du comité, allèrent sonner l'alarme au ministère d'État. La censure se jeta à la traverse. Dumas ne perdit pas une heure à la combattre, tant il avait hâte d'écrire les cinq actes de *la Jeunesse de Louis XV*. Il allait lire cette autre comédie quand, au préalable, il me demanda les dix mille francs de prime. Je lui avais déjà donné cinq mille francs sur ma petite liste civile. Je tentai de lui donner cinq mille francs sur les fonds du théâtre, en attendant que le mandat fût approuvé par le ministre. Mais messieurs de la censure furent les plus forts. Ils décidèrent, comme plus tard pour le *Roi-Soleil*, qu'on ne pouvait pas mettre de rois en scène sans attenter à la majesté des empereurs. Dumas, furieux, me rapporta galamment mes cinq mille francs et s'en alla se faire jouer à Bruxelles. Deuxième exil ! Le troisième exil fut plus fécond encore, puisque Dumas — c'est de l'histoire — prit Naples à lui tout seul pour donner ce royaume des Bourbons à Victor-Emmanuel.

IV

La force de la tragédie

On avait dit à tout propos : Napoléon III a les papiers de son oncle, il l'imitera de point en point. Je m'en aperçus un jour. Il m'appela dans sa loge et me dit d'un air fâché : « Voyons ! mon cher directeur, vos comédiens se moquent du monde. En vérité ils jouent pour l'amour de Dieu ! — Sire, c'est qu'ils ne vous attendaient pas pour la tragédie : la vraie pièce aujourd'hui c'est le *Distrait*, une comédie que nous reprenons avec tous les chefs d'emploi. — Ce n'est pas une raison pour sacrifier la tragédie comme un lever de rideau. — Voyez, Sire, il n'y a pas trois cents spectateurs. Vous pourriez dire comme la Médée de Corneille : « Moi seul et c'est assez. » Si tous ces acteurs jouent déjà le *Distrait*, c'est que la tragédie ne commence qu'au troisième acte. Votre Majesté est venue trop tôt. — Non, je suis venu pour la tragédie. »

Je descendis sur la scène et je dis à Beauvallet : « Brûlez donc un peu les planches, cette salle est au-dessous de zéro, l'Empereur se morfond dans sa loge. — L'Empereur, je ne l'avais pas vu, dit Beauvallet. Alors c'est le seul dans toute la salle qui aime la tragédie : je vais jouer pour lui. »

Beauvallet rentre en scène, se transfigure, élève la voix et jette son âme comme la foudre.

Je retourne dans la loge impériale : l'Empereur est transporté. « Voyez, me dit-il, Beauvallet a remué tous ces fantômes qui jouent avec lui. — Sire, c'est l'histoire des grands capitaines, il ne faut qu'un homme pour jeter l'héroïsme dans toute une armée. »

Après le cinquième acte j'allai de la part de l'Empereur serrer la main de Beauvallet. Et en lui parlant des flammes vives de son jeu, je n'oubliai pas de lui parler d'un feu de cinq cents francs. Il avait sauvé la tragédie ce soir-là.

La colère imprévue de Napoléon III me rappela l'étrange colère de Napoléon Ier, qui, au beau tems de ses conquêtes, était venu à l'improviste voir jouer le *Cid* au Théâtre-Français. Il se cachait dans sa loge. Le chef-d'œuvre de Corneille était si mal joué qu'à la fin du second acte l'Empereur sortit furieux. Il appela M. de Rémusat, chambellan, chargé de la direction de la Comédie-Française : « Vous ne voyez donc pas que le *Cid* joué ainsi n'est plus qu'une parodie! » M. de Rémusat voulut prouver que tout était pour le mieux dans le meilleur des théâtres, mais d'un ton impératif l'Empereur lui dit : « Monsieur, écrivez la distribution que je vais vous donner : *Rodrigue*, Talma ; *don Diègue*, Monvel ; *le comte de Gormas*, Saint-Prix ; *le roi*, Lafon ; *don Sanche*, Damas ; *Chimène*, Mlle Duchesnois. Il n'est qu'onze heures, allez-vous-en à la Comédie-Française, faites assembler le comité et remettez-lui cette distribution ; vous ajouterez que je veux que le *Cid* soit joué comme je l'ai distribué, et ce jour-là je serai à sept heures précises dans ma loge. Mais qu'ils n'en sachent rien, car je veux qu'ils jouent pour le premier venu comme pour moi. »

L'œil du maître voyait tout, mais quel amour de la tragédie ! Il est vrai que c'était le *Cid*.

V

Le Meunier, son Fils et l'Ane.

Si un directeur du Théâtre-Français se soumettait au caprice des flots, il se briserait bien vite aux écueils.

Il a été sérieusement question d'interdire du même coup *Tartuffe* et *le Mariage du Figaro*. Romieu m'en parla gaiement d'abord, officiellement ensuite, quand il vit que je ne prenais pas ces interdictions au sérieux. Ce fut alors que j'écrivis à M. de Persigny une lettre signée Molière et Beaumarchais. Romieu était entouré d'esprits timorés qui voyaient en tout par ses yeux un attentat contre la société, pâle encore des secousses révolutionnaires ; mais le ministre était un esprit hardi qui ne voyait pas, comme Romieu, que la société fût menacée par des chefs-d'œuvre. Il se moqua du Directeur des Beaux-Arts.

C'était au tems du duel d'Augier et de Monselet. — Pourquoi ce duel. — Parce que Monselet avait écrit que, comme admirateur de Ponsard, Augier aimait l'honneur et l'argent. Le poëte de *l'Aventurière* se cabra et envoya ses témoins à Monselet qui, loin de faire un pas en arrière, fit un pas en avant. Le critique fut aussi galant homme que le poëte. Heureusement, dans ce duel au pistolet, les deux adversaires ne tuèrent que le tems.

On fit beaucoup de mots avec *l'Honneur et l'Argent*. Les journaux amis de Ponsard et d'Augier me reprochèrent de ne pas les mettre tous les jours sur l'affiche.

Ils me reprochèrent surtout de ne pas avoir reçu avec enthousiasme *l'Honneur et l'Argent;* mais cette pièce, qui ne fut pas refusée, n'avait obtenu du comité qu'un succès d'estime. Je répondis au directeur du *Moniteur officiel :*

« *Mon devoir n'est pas de répondre aux injustices* « *du feuilleton; mais, puisque dans le journal officiel,* « *le Théâtre-Français est accusé d'avoir refusé* L'HON- « NEUR ET L'ARGENT, *je dirai en deux mots que* « *le comité de lecture n'a pas refusé la comédie de* « *M. Ponsard, qui, voyant dans la réception un vote* « *d'estime plutôt qu'un vote d'enthousiasme, a mieux* « *aimé passer l'eau* AVEC *l'Honneur et l'Argent.* »

En copiant la lettre, l'irascible Verteuil, qui ne voulait jamais donner tort au Théâtre-Français, avait écrit *sans* au lieu de *avec.*

A ce propos, voici une appréciation de Théophile Gautier sur le Théâtre-Français en 1853 :

« Une représentation extraordinaire, à laquelle assistaient l'empereur et l'impératrice, a eu lieu mercredi au Théâtre-Français. Il nous serait difficile d'en rendre compte. La foule était si grande, que les couloirs mêmes étaient pleins, et que l'œil-de-bœuf de chaque loge était assiégé par cinq ou six curieux ; mais nous avons pu pénétrer dans le foyer du théâtre et voir scintiller les dentelles d'argent du magnifique costume de Mlle Judith, et apprendre que Got remplaçait Regnier, qui devait jouer le rôle de Figaro. Mme Guy Stéphan faisait babiller ses castagnettes avec une volubilité andalouse ; la Rosa Espert tordait ses reins souples, et Petipa se cambrait en attendant l'heure de l'intermède ; les plus jolis visages du ballet et les pêches les plus veloutées de l'espalier s'épanouissaient sur les banquettes du foyer.

« Puisqu'il nous est impossible de pénétrer dans la salle, restons derrière la coulisse et causons un peu des affaires du théâtre pendant que les comédiens s'escriment et font de leur mieux devant leurs augustes spectateurs.

« Le Théâtre-Français a fait parler de lui dans ces derniers tems, surtout à propos des pièces qu'il n'a pas données. On s'est demandé pourquoi *l'Honneur et l'Argent* se jouait à l'Odéon et *Philiberte* au Gymnase, et on lui a fait presque une défaite de ces deux succès. Il n'est pas sûr, quel que soit le mérite de ces pièces, qu'elles eussent aussi bien réussi à la rue Richelieu que de l'autre côté de l'eau et sur le boulevard du Gymnase. Nous ne croyons pas, du reste, que MM. Ponsard et Augier se plaignent de ne pas avoir été représentés au Théâtre-Français, car depuis deux ans : *Charlotte Corday*, *Horace et Lydie*, *Ulysse*, *Gabrielle*, le *Joueur de flûte*, *Diane*, reprise de *Lucrèce*, reprise de l'*Aventurière*. Le terrain importe plus qu'on ne pense au gain des batailles. Ces messieurs sont des généraux dramatiques trop expérimentés pour ne pas le savoir. D'ailleurs, un théâtre ne peut pas jouer ce qu'on ne lui présente pas, et M. Augier, dont la Comédie-Française a représenté toutes les œuvres depuis l'*Homme de bien* jusqu'à *Diane*, a passé devant la porte hospitalière sans même saluer en passant. *Philiberte* n'aurait pas plus réussi que *Diane*, et ce joli tableau de genre gagne beaucoup à être encadré dans l'étroite scène du Gymnase. M. Ponsard s'est senti blessé dans sa dignité de poëte d'une réception à corrections, et, comme un autre Coriolan, a franchi la Seine et s'est réfugié fier et superbe à Véies, c'est-à-dire à l'Odéon. Tant mieux pour le Théâtre-Français.

« Il est en outre impossible au Théâtre-Français, dont les nécessités du vieux répertoire limitent le nombre de représentations, de jouer seul toutes les nouveautés littéraires; c'est pour cela que le privilège de donner des pièces en trois actes et en vers a été accordé au Gymnase : *l'Honneur et l'Argent* et *Philiberte* eussent supprimé le *Cœur, la Dot* et *Lady Tartuffe*, et l'*Ulysse* de Ponsard lui-même, un succès qui a coûté cher au Théâtre-Français par les beautés de la mise en scène. A cela on peut objecter que le Théâtre-Français prend le loisir de représenter quelques comédies légères qui seraient mieux placées au Gymnase; mais dans un musée, sous les grandes toiles austères et parfois un peu ennuyeuses, l'œil ne rencontre-t-il pas avec plaisir un Meissonnier grand comme la main ?

« Le Théâtre-Français est un peu comme le gouvernement constitutionnel, d'abord parce qu'il y a un roi qui règne et ne gouverne qu'à moitié, ensuite parce que tout le monde se croit le droit d'y gouverner par ses conseils. M. Arsène Houssaye a encadré dans son cabinet — ce cabinet tendu de tapisseries de haute lisse — la fable de La Fontaine : *Le Meunier, son Fils et l'Ane*, pour répondre d'avance à tous ceux qui viennent lui dire ce qu'il a à faire. Ce qu'il a à faire, il le sait bien ; mais là, vouloir n'est pas pouvoir. Il y a, d'une part, la société et la tradition ; d'autre part, il y a les ministres qui se succèdent rapidement, chacun avec un nouveau point de vue. Mais le vrai directeur du Théâtre-Français, c'est le comité de lecture — c'est-à-dire ce conseil des Dix de la République de Molière, qui dit oui ou non à l'œuvre qui passe. — M. Arsène Houssaye ne reçoit ni les pièces ni les sociétaires; et cependant, aux yeux du public, il est responsable, comme l'est, après tout, un roi constitutionnel! M. Arsène Houssaye ne s'est tiré de tous les périls d'une telle situation qu'à force de succès. Il a débuté par *Gabrielle* et *Charlotte Corday;* il a passé ces derniers mois avec *Mlle de la Seiglière*, le *Cœur et la Dot* et *Lady Tartuffe*.

« A tout cela se joint la sévérité du jugement du public, beaucoup plus difficile à contenter au Théâtre-Français que partout ailleurs. — Si c'est une comédie qu'on joue et qu'elle s'égaye un peu librement, il crie à la farce et oublie Molière pour ne se souvenir que de Sainville ou de Grassot; si elle se contient et ne dépasse pas l'atticisme, il bâille et crie à l'ennui, disant que le vrai rire n'existe qu'au Palais-Royal ou aux Variétés. — Si c'est un drame, il crie au mélodrame; il renvoie l'œuvre au boulevard et s'étonne qu'on ne fasse pas tous les jours des *Cid* et des *Phèdre*. — Puis, il y a les vieux amateurs qui regrettent Voltaire et Lekain, qui ont connu Luce de Lancival et serré la main à Colin d'Harleville. Pour ceux-là rien n'est bon, rien n'est supportable; ils tournent le dos à la scène et admirent les pièces qui ont charmé leur jeunesse en se racontant des anecdotes sur Molé, Préville et Mlle Contat. La critique même, ordinairement si bonne fille, a *des rigueurs à nulle autre pareilles* pour le Théâtre-Français et lui demande exclusivement des chefs-d'œuvre.

« Et puis il y a encore une autre raison : figurez-vous que dans la galerie du Louvre on place alternativement, entre des tableaux de Léonard de Vinci, de Corrège, de Titien, de Paul Véronèse et de Prud'hon des toiles modernes même de beaucoup de mérite, et jugez de l'effet qu'elles produiront. C'est précisément ce qui a lieu de deux jours l'un au Théâtre-Français. »

VII

Le Lys dans la Vallée

Lettre retrouvée. 14 juin 1853.

Le Théâtre-Français a donné mardi la première représentation du *Lys dans la Vallée*, devant une salle très brillante, très lettrée et très difficile, comme toujours, mais qui a commencé par rire et qui a fini par pleurer.

C'est un succès de larmes, c'est un succès d'esprit : succès pour l'illustre romancier, succès pour les auteurs, succès pour les acteurs. M. de Balzac aurait applaudi avec quelque surprise à cette œuvre, qui paraissait impossible à tous ceux qui avaient lu le roman. En effet, comment mettre en scène cet amour contenu, cette profonde et charmante étude d'un cœur qui aime en silence, sans oser se le dire à soi-même; toute cette poésie voilée, qui se couronne des pâles fleurs de la tombe, même sur le chemin de l'amour? Mlle Judith a été la vraie héroïne de Balzac : aussi doucement belle, aussi amoureusement chaste, aussi tristement tendre — l'idéal des femmes de trente ans.—Geffroy vient d'ajouter une belle création à sa galerie déjà nombreuse. Provost a été plein d'entrain et plein d'esprit. Maillart a vaincu toutes les difficultés d'un rôle où il n'y a presque rien à dire et presque rien à faire. Il a été charmant. Mlle Denain a eu toute la beauté de lady Arabelle. Mlle Théric a été jolie comme toujours; elle a même été plus jolie, parce qu'elle a montré son cœur. Il n'est pas jusqu'à la petite Marie, qui a joué son rôle d'enfant comme si elle eût été avec sa vraie mère.

On a rappelé tous les acteurs et c'était de toute justice, car on n'a jamais joué avec plus de talent et plus d'ensemble. Ils ont reparu sous une avalanche de bouquets, qui témoignaient en faveur de la saison, mais qui témoignaient surtout en faveur de ces excellens comédiens, toujours aimés et toujours critiqués, parce qu'ils sont les premiers comédiens du monde. Plus d'un bouquet est venu apporter aux pieds de Mlle Judith les larmes qu'elle avait arrachées de ces cœurs de roche qui font le public ordinaire et extraordinaire du Théâtre-Français.

On n'a pas besoin de dire que la pièce est bien montée, que les costumes sont d'une exactitude romanesque digne de l'histoire, que les décors ont été très appréciés; on s'est efforcé de reproduire, telle qu'elle est dans tous les esprits, l'œuvre du grand romancier. C'était rendre à Balzac ce qui est à Balzac.

M. Théodore Barrière triomphe sur toute la ligne. Hier, les *Filles de marbre*, aujourd'hui le *Lys dans la Vallée*. Sans compter le succès d'avant-hier et le succès de demain. Il faut hautement dire à sa louange, comme à la louange de M. de Beauplan, qu'ils se sont effacés devant l'ombre de Balzac; leur seule ambition, dans leur enthousiasme pour le roman, a été de transporter pieusement au théâtre les personnages, les sentimens, le style même du grand romancier.

VIII

Les heures perdues

Ce qui me manquait le plus au Théâtre-Français, c'était le tems. J'aurais volontiers mis sur la porte de mon cabinet, comme Théo : « Ceux qui viennent me voir me font honneur; ceux qui ne viennent pas me font plaisir. » Ou encore la parole du poëte indien : « La parole est d'argent, mais le silence est d'or. » Ce que le philosophe antique a traduit par ce mot plus énergique : «Tais-toi, ou dis quelque chose qui vaille mieux que le silence. »

Les plus belles heures de la journée sont prises par ceux qui n'ont rien à faire, ceux qui viennent toujours et qui ne s'en vont jamais. Ces charmans importuns me donnaient la fièvre. J'avais d'abord défendu ma porte, mais ces jours-là de vrais personnages s'y cassaient le nez. Mon huissier, d'ailleurs, ne résistait qu'à moitié devant les ambassadeurs de l'Élysée ou des Tuileries, devant les sociétaires ou les auteurs dramatiques. Je finis par lui dire : « Faites entrer tout le monde. » C'est encore la vraie politique, car les gens ne s'obstinent pas longtemps dans une ruche bourdonnante, d'autant moins que j'avais alors un sablier que je retournais à toute minute.

La journée ne donne que quelques heures d'or, ces heures-là il faut les dépenser à bon escient, non pas en vaine causerie. On n'a le droit de vivre de temps perdu qu'après les heures de travail. Or, j'avais fort à faire : renouveler le répertoire, réétudier tout l'ancien théâtre, monter coup sur coup des pièces nouvelles, présider le comité de lecture et le comité d'administration, réorganiser tout un théâtre, faire face à un budjet dévorant, écrire beaucoup de lettres pour ne pas me faire beaucoup d'ennemis, dîner beaucoup en ville pour me faire des amis, ce qui est un travail comme un autre ; ne pas s'attarder hors du théâtre pour assister, plus ou moins, à toutes les représentations ; le matin, arriver le premier, et, le soir, s'en aller le dernier : on est sûr alors de tenir son monde sous la main et d'empêcher tel comédien ou telle comédienne de faire changer le spectacle. Aussi j'avais espéré continuer à écrire quelques livres, mais il me fallut rengainer la plume. Tout au plus je parvins à achever l'*Histoire du quarante-unième fauteuil de l'Académie française*, parce qu'il me semblait que je vengeais Molière, qui se fût bien passé de moi.

IX

De l'art du comédien

Samson ne pardonnait pas à un directeur d'avoir une autre opinion que la sienne sur les choses du théâtre.

Un matin il arrive furieux au comité ; car cet homme si froid dans son jeu ne pouvait dompter ses colères. « Vois, dit-il à Provost, les beaux paradoxes d'Arsène Houssaye :

« Dans l'art, il faut obéir à l'art lui-même et non à

la tradition. Grâce à la tradition, il n'y aura bientôt plus que des orateurs au Théâtre-Français.

« Le Conservatoire, comme l'école de Rome, est une pépinière de médiocrités. Je veux bien qu'on fasse voyager les jeunes peintres, mais à la condition qu'ils iront à Madrid comme à Rome, à Venise comme à Florence, à Anvers comme à Amsterdam. Ils iront non pas seulement dans le pays des grands peintres, mais dans chacun des musées qui ont recueilli leurs œuvres.

« Rome est mortelle aux jeunes peintres comme le Conservatoire est fatal aux jeunes comédiens; pour les premiers, il n'y a pas de meilleure école que le Louvre; pour les seconds, il n'y a pas de meilleure école que le théâtre.

« Si je mets en regard les peintres et les comédiens, c'est qu'ils font le même métier, puisqu'ils représentent des actions humaines pour les yeux comme les poëtes les représentent pour l'âme.

« La comédie est une peinture parlante. Aussi les comédiens doivent-ils avoir le sentiment de la ligne comme le sentiment de la couleur. Au Théâtre-Français, il y a trop de dessinateurs et pas assez de coloristes.

« Un directeur de théâtre doit savoir peindre, pour mettre en harmonie le décor avec la mise en scène. Que diriez-vous d'un peintre d'histoire qui n'aurait pas la science des fonds et des accessoires?

« Samson est un dessinateur très savant et très fin, mais d'un coloris glacial, tandis que Provost, qui dessine à la diable, est un coloriste vivant et lumineux. »

Samson se redressa et regarda Provost. « Que dis-tu de cette manière de nous juger? — Je dis que ce sont des phrases, murmura Provost. — C'est outrageant, reprit Samson. Ainsi je suis un comédien sans couleur? — Ainsi je ne sais pas dessiner mon rôle? — Ainsi je ne sais pas peindre la passion? »

Et tous les deux s'emportaient, quand survint Beauvallet. « Toi aussi, Beauvallet, lui dit Samson, tu es jugé par Arsène Houssaye. » Là-dessus, Samson continua la lecture: « La nature, qui a tout fait pour Talma, ne s'est pas mise en quatre pour Beauvallet. Mais Beauvallet s'est mis en quatre contre la nature. Il l'a domptée par la force de sa belle voix et par la force de sa volonté. » Samson regarda Beauvallet d'un air triomphant. « La question est de savoir, dit Beauvallet, à quelle époque Arsène Houssaye écrivait cela. » Samson, regarda le journal: « C'était en 1847. — Tout s'explique, dit Beauvallet, qui aimait à rire; depuis 1847, Samson a mis beaucoup de rouge sur sa palette et Provost beaucoup de dessin dans sa couleur, moi-même je suis devenu beau et superbe. »

J'ai vu professer, au Conservatoire, Beauvallet, Samson et Provost. Beauvallet est un musicien, Samson un poëte, Provost un peintre. Beauvallet a plus d'oreille, Samson a plus de pensée, Provost a plus de couleur. Beauvallet trouve tous ses effets dans sa voix; Samson dans son esprit; Provost dans son jeu.

Le grand comédien est le premier des artistes, puisqu'il peint toutes les actions et tous les sentimens: il a, tour à tour, l'âme d'un apôtre et d'un criminel; d'un Dieu et d'un fourbe; d'un héros et d'un lâche; d'un antique et d'un contemporain; d'un tyran et d'un esclave. Il lui faut changer d'âme et de figure; passer par toutes les métamorphoses, montrer des rires ou des larmes, être superbe ou ridicule: en un mot, jouer toutes les figures et tous les masques dans ce carnaval de l'humanité, se supprimer soi-même pour devenir un autre, refouler sa passion pour vivre de la passion de cent personnages opposés.

C'est surtout pour devenir un comédien qu'il faut être doué. A force de patience, un rimeur prend des airs de poëte, un barbouilleur fait croire qu'il est peintre, mais les plus belles études du monde ne font pas un comédien d'un homme qui n'est pas né comédien, parce qu'il n'arrivera jamais à faire rire ni pleurer, à donner un rayon à l'esprit ni un coup au cœur.

On a beaucoup ri de Rouvière qui, jouant *Antony* je ne sais plus où, oublia son jeu en voyant pâlir sa maîtresse sous le coup qu'il lui avait donné : « O mon Dieu ! je l'ai tuée », s'écria-t-il avec désespoir, tant elle jouait bien la morte. C'est que Rouvière n'était plus Rouvière, mais Antony.

Le comédien qui enlève la salle est un général qui enlève son armée. L'auteur dramatique croit aisément que c'est par son génie qu'il fait ainsi battre le cœur ; mais il aurait beau lire lui-même la scène au moment le plus pathétique, il ne frapperait que l'esprit. On n'aime un poëte ou un peintre que dans les régions de la pensée, tandis qu'on se prend d'amitié à brûle-pourpoint pour un homme ou pour une femme de théâtre. Aussi que ne leur permet-on pas à tous les deux!

Une seule histoire.

Une actrice, impatientée par le *Oh la la!* d'un spectateur, lui crie : « Imbécile! » Tous les spectateurs prennent pour eux l'apostrophe et demandent des excuses. Grand tapage. La toile tombe; mais on veut des excuses. Le parterre est de plus en plus exaspéré, le rideau remonte, l'actrice reparaît avec son plus beau sourire : « Messieurs, je m'excuse d'avoir appelé un imbécile par son nom, j'en demande très humblement pardon à tous les autres. » Triple salve d'applaudissemens. Au théâtre, on pardonne tout à l'esprit, parce que tout le monde a encore plus d'esprit que Voltaire.

Je vais dire une vérité qui fera crier au paradoxe : c'est que le génie dramatique est bien plus dans le comédien que dans le poète. Le poète a beau souffler la vie par l'héroïsme, par le sentiment, par la passion, par tout ce qui agite le cœur et la pensée, s'il ne trouve pas pour le traduire sur la scène au moins un grand comédien ou une grande comédienne parmi les acteurs et les actrices, il n'aura pas fait œuvre qui vive, même s'il a fait des chefs-d'œuvre. Au Théâtre-Français, j'ai donné cent premières représentations, y compris les reprises; j'ai donc pu étudier de près la force de l'œuvre : tragédie, drame, comédie. J'ai vu d'admirables pièces, nées du jour ou ressuscitées du répertoire, qui tombaient si elles étaient mal jouées, tandis que j'ai vu des pièces médiocres élevées aux nues, grâce au jeu des comédiens. Entendons-nous bien : quand je dis grâce au jeu des comédiens, je veux dire qu'un rôle au moins avait été joué avec une passion entraînante, ou avec la verve endiablée de l'éclat de rire; aussi la même pièce, jouée par d'autres comédiens, n'existait plus que comme curiosité littéraire. Ceci explique le triomphe des tragédies de Voltaire, que nul tragédien aujourd'hui ne peut arracher de leur suaire, quoique Voltaire eût le génie dramatique, tout mauvais poëte qu'il fût. Ceci explique aussi pourquoi les figures de Corneille ou de Racine, Camille ou Hermione, Émilie ou Phèdre, sont redevenues des statues ou des figures de bas-reliefs à la mort de toutes les grandes tragédiennes qui leur avaient redonné la chair de leur chair, depuis la Champmeslé jusqu'à Mlle Rachel.

X

Un souper chez Mlle Rachel

La vie d'intérieur, prise sur le vif dans son accent pittoresque, est un tableau destiné aux générations futures. Autrefois, on ne s'inquiétait que des choses de la cour ou du château, mais aujourd'hui que tout le monde a sa part de royauté, chaque personnalité qui s'accentue par le génie, le talent, l'héroïsme, l'esprit et la beauté, mérite sa part de vie immortelle.

Nous serions très heureux à cette heure si Voltaire, amoureux d'Adrienne Lecouvreur, eût peint un souper chez elle, à ses débuts, comme Alfred de Musset a peint un souper chez Mlle Rachel.

Vous vous rappelez ce fameux souper, passage Véro-Dodat, dans la nuit du 29 au 30 mai 1839? Voilà du réalisme dans toute sa force et dans toute sa saveur. Mlle Rachel ayant envoyé « sa bonne » chercher au Théâtre-Français ses bijoux oubliés, passe lestement à la cuisine et se fait cuisinière avec la grâce enjouée de la gamine, sans perdre sa fierté de patricienne. Mais voyons le souper :

Rien n'est plus incohérent. Rachel raconte que chez sa mère elle en faisait bien d'autres. Ce n'était pas tout que d'être cuisinière, il fallait se faire blanchisseuse.

Tout cela sur les heures de sommeil, car le jour on chantait en courant les rues.

Alfred de Musset lui demande si elle faisait danser l'anse du panier.

Elle répond que non ; elle en appelle à sa mère ; elle avoue pourtant que pendant tout un mois elle a volé deux sous par jour, ce qui la mit à la tête de trois francs. « Et qu'avez-vous fait de ces trois francs, Mademoiselle? » lui demande sévèrement Alfred de Musset. La mère répond : « Elle s'est acheté les œuvres de Molière. — Oui, dit Rachel, mais j'ai confessé mes crimes. » Alfred de Musset regarde les mains de Rachel, ci-devant cuisinière et blanchisseuse d'occasion : « Elles sont mignonnes, blanches, effilées comme des fuseaux, de vraies mains de princesse. »

On gronde Sarah qui ne se conduit pas comme une princesse. Le matin même une jolie escapade l'a entraînée loin de l'aile maternelle, mais Rachel a obtenu qu'elle fût du souper. « Ah ! si nous faisions du punch! donne-moi du kirsch, Rose. » La cuisinière apporte une bouteille. « Elle s'est trompée, dit la mère, c'est une bouteille d'absinthe. » Alfred de Musset profite de l'occasion et tend son verre. « On dit que c'est bon, l'absinthe? — Pas du tout, s'écrie Alfred de Musset, c'est détestable. — Alors, pourquoi en buvez-vous ? »

Rachel toute rieuse allume le kirsch. Ceci jette un peu de gaieté et un peu de richesse dans ce pauvre intérieur. On boit le punch ; soupeurs et soupeuses s'en vont. Rachel se trouve seule avec le poëte ; la mère s'est endormie. Alors la causerie change de ton, elle devient toute littéraire. Rachel parle de ses dieux ; elle n'a pas encore joué *Phèdre*, mais elle dit que ce sera le plus beau rôle de son répertoire. Je laisse parler Alfred de Musset : « Elle a Racine sous la main ; elle lit *Phèdre*. d'abord d'un ton monotone, comme une litanie ; peu à peu elle s'anime, elle ne parle encore qu'à mi-voix. Tout à coup ses yeux étincellent, le génie de Racine éclaire son visage ; elle pâlit, elle rougit ; jamais je ne vis rien de si beau ; jamais, au théâtre, je ne la vis si belle. La fatigue, le punch, un peu d'enrouement, l'heure avancée, une animation fiévreuse sous ses petites joues entourées d'un bonnet de nuit, je ne sais quel charme inouï répandu dans tout son être ; ses yeux brillants qui vous consultent, un sourire enfantin au milieu de tout cela ; enfin, jusqu'à cette table en désordre, cette chandelle dont la flamme tremblote, cette mère assoupie, tout cela compose à la fois un tableau digne de Rembrandt, un chapitre de roman digne de Wilhelm Meister et un souvenir de la vie d'artiste qui ne s'effacera jamais de ma mémoire. Le père rentre alors, et adresse à sa fille des paroles brutales, plus que brutales, pour lui ordonner d'aller se coucher. « C'est révoltant, dit-elle, j'achèterai un briquet « et je lirai seule dans mon lit. » Je la regarde : deux grosses larmes roulaient dans ses yeux. Oui, c'était révoltant de voir traiter ainsi une pareille créature ! Je suis parti plein d'admiration, de respect et d'attendrissement. »

Rien n'est plus curieux, ni plus touchant que ce récit qui est aujourd'hui une page d'histoire.

Et il y a encore des gens qui vous disent : Mlle Rachel devait beaucoup à son père. Cet homme qui n'a jamais dit un mot de français, lui aurait enseigné l'art d'être belle comme un marbre antique et de parler comme à la cour de Louis XIV !

Quoique sa mère fût une femme vertueuse, la vraie mère de famille selon la Bible, je me suis toujours demandé si Jupiter n'était pas descendu un jour chez elle comme chez Amphitryon, neuf mois avant la naissance de Rachel. Les dieux ne nous disent pas ce qu'ils font.

A mon tour je vous peindrai un souper chez Rachel, douze ans plus tard; elle ne demeure plus passage Véro-Dodat; elle est devenue une vraie grande dame; elle a bâti son hôtel dans le beau Paris. C'est là qu'on ne bâtit jamais que sur le sable, puisqu'il a fallu démolir l'hôtel quelques années après pour élever l'Opéra.

Il est minuit. C'est l'heure de souper. — Un souper improvisé envoyé par Chevet. — Nous quittons tous le Théâtre-Français, qui dans un carrosse, qui dans un fiacre. Un prince arrive le premier, en compagnie de Rachel, dans le petit coupé que lui a donné un autre prince, traîné par deux chevaux anglais que lui a donnés un ambassadeur : elle ne refuse rien à ceux qui sont pauvres, mais elle accepte tout de ceux qui sont riches.

Le prince n'aurait pas mal fait d'amener deux laquais avec lui, car le service ne se fera pas beaucoup mieux qu'au célèbre souper de Mlle Rachel et d'Alfred de Musset. Ce n'est pas la faute de la grande tragédienne, qui se laisse mener par Rose, une servante du vieux temps, une âme dévouée jusqu'à la mort. Quelle tyrannie dans ce dévouement! C'est Rose qui est la maîtresse de la maison; aussi, elle fait tout, pour que tout soit bien fait, mais comme elle n'a pas cent bras, les jours où il y a beaucoup de monde, les invités y mettent la main pour être bien servis.

Ce soir-là, il n'y a pas moins de douze convives pris au théâtre, à l'improviste, pour fêter le succès que

Mlle Rachel vient d'obtenir dans *Lady Tartuffe*. Elle n'est d'ailleurs qu'à moitié contente. Il faut qu'on la grise de bonnes paroles et qu'elle se grise un peu de vin de Champagne, pour oublier quelques scènes mal venues.

Mme de Girardin est là. Pour la première fois depuis longtems, elle a entraîné Émile de Girardin, un camarade qui n'est plus son mari. Mais si, comme Louis XV, il est le mari de toutes les femmes, hormis de la sienne, Mme de Girardin garde vertueusement la maison comme Pénélope. Beaucoup d'amoureux, pas un amant.

Jules Janin, Théophile Gautier, Paul de Saint-Victor, Albéric Second, Fiorentino sont aussi de la fête comme moi.

Que fait là cette princesse Rhéa ? Elle est si belle qu'on ne lui fait pas un crime d'être venue. La maîtresse de la maison la présente à Mme de Girardin comme une princesse plus étrange qu'étrangère. C'est une vraie joie pour les yeux de se reposer doucement sur cette adorable figure gréco-française. Beauté sculpturale des Athéniennes dans le sourire voluptueux des amoureuses de Paris.

Girardin, qui connaît bien Rhéa, s'assied à table à côté d'elle et commence un premier alinéa. « Pourquoi, madame, vous surnomme-t-on la consolatrice des affligées ? — Monsieur, c'est bien naturel, puisque je les console en pleurant avec elles. »

Sur la nappe, dont le chiffre a été brodé sous une couronne de lauriers par une sœur de Rachel, Fiorentino croit jeter un rayon de soleil de Naples par quelques malices plus ou moins inédites.

Les cuillères d'étain de Rachel à ses débuts ne feraient pas là bonne figure. La lumière du lustre y frappe les miroirs de toute une argenterie incomparable par les plus fines ciselures de l'orfèvrerie.

On commence à parler tout haut de *Lady Tartuffe*, mais on voudrait que Molière fût là. Il dirait à Mme de Girardin pourquoi elle a manqué son coup, tout en la couvrant de roses, car ce n'est pas l'œuvre du premier venu.

Janin s'écrie : « On voudra la voir, cette bataille nouvelle où Mme de Girardin et Mlle Rachel ont couru tant de périls. « *Lady Tartuffe*, me disait au cinquième acte « M. Villemain lui-même, c'est la comédie de tous les « talens. » Bossuet a dit que si les tartuffes trompent le monde, ils ne trompent pas Dieu. Qu'importe, s'ils prennent le public. — Je ne m'attendais pas, dit Théophile Gautier, à voir apparaître ici Bossuet. — Ce Janin est terrible, continue Paul de Saint-Victor. Tout à l'heure, il nous parlera de l'*Iliade*. »

Et Janin, qui a entendu à moitié, s'écrie : « Oui, quand je vois Mlle Rachel abandonner le voile, et le manteau, et la coupe d'or, et le sceptre, et le poignard, je la compare à Achille désarmé ; mais les armes de Rachel ne sont pas aux mains de l'ennemi. Après *Lady Tartuffe*, elle jouera *Phèdre*. »

Rachel, qui est bonne, parle de reprendre bientôt les deux tragédies de Mme de Girardin : *Judith* et *Cléopâtre*.

Hormis Mme de Girardin, tout le monde partage la même opinion sur *Lady Tartuffe*. Le titre avait séduit Rachel, qui connaissait plus d'une lady Tartuffe. Elle voulait immortaliser au théâtre cette odieuse figure, comme Molière avait immortalisé l'autre. Mais Mme de Girardin, qui atteignait aux vers tragiques, ne sut jamais rire. Aussi, ce fut avec un rude courage que la pauvre

Rachel parvint à jouer vingt-sept fois cette comédie sans comédie. Le public lui disait qu'il était content d'elle, mais elle n'était pas contente d'elle-même. Or, c'était encore Rachel qui jugeait le mieux Rachel. Jamais une illusion n'a irisé ses cils.

Ce soir-là, elle laissait dire, en pensant que tous ses amis étaient d'aimables tartuffes. Elle continua donc à jouer à sa table le rôle de *Lady Tartuffe*, mais la franchise éclatait dans ses yeux. Elle disait aux plus intimes, en levant sa coupe : « Ah! comme je voudrais boire un peu de vérité ! »

Heureusement, la causerie prit un autre tour. On avait attaqué un pâté de gibier et un pâté de foie gras, car tout menaçait d'être froid dans ce souper. Rose n'avait pas allumé les fourneaux; le jambon d'York avait été servi froid, comme le chaud-froid de perdreaux. Et encore on reprocha à Rose, qui errait autour de la table comme une âme en peine, de n'avoir pas frappé le vin de Champagne.

Girardin dit tout à coup à Jules Lecomte, chroniqueur assermenté près les cours du Nord comme près les reines de théâtre : « Est-ce ainsi que vous soupiez avec Marie-Louise? »

Le prince, surpris par cette apostrophe, tourna les yeux vers le chroniqueur, qui répondit à Girardin : « A peu près. On soupait toujours à la diable, parce qu'il n'y avait pas de gouvernement chez elle. — Mais c'est vous qui donniez des ordres ! » Jules Lecomte sourit : « Oui, oui, je disais à tout le monde de s'en aller. — Alors, vous soupiez en tête-à-tête? — Oui, je faisais une étude de femme dans une impératrice. — Une sacrée femme dans une impératrice sacrée, dit le prince; elle pouvait tout sauver, elle a tout perdu. — Dites-moi, reprit Girardin, impertinent sans le vouloir, ce que Marie-Louise aimait en vous, était-ce l'homme d'esprit ou le ténor? — Oh! oh! je ne me fais pas d'illusions. Mario avait ténorisé avec elle et elle voulut me voir ténoriser aussi.— Eh bien! dit Rachel, si je vous nomme un jour mon maître des cérémonies, ce ne sera pas pour vous faire chanter. » Théophile Gautier partit en guerre contre les ténors et contre tous ceux qui font du bruit sous prétexte de chanter. « Taisez-vous, lui dit Mme de Girardin, quand vous étiez amoureux de Julia Grisi, sur un signe de ses yeux vous vous seriez métamorphosé en rossignol. »

Le prince constata que dans presque toutes les maisons du beau monde, on se heurtait toujours à un ténor ou à un baryton. « Tant les femmes se laissent prendre aux chansons. — Pas chez moi ni chez Mlle Rachel, dit Mme de Girardin. — Pardieu! c'est vous qui prenez les hommes à vos chansons. »

On remarqua que Saint-Victor n'exprimait pas d'opinion sur l'art de prendre les femmes. C'est que, ce soir-là, il faisait une cour assidue à la troisième sœur de Rachel, celle-là même qui avait le plus d'affinité avec la grande comédienne, par le dessin de la figure comme par l'accent dramatique.

Rachel les bénira à l'hôtel d'Iphigénie. Ils seront heureux et mettront au monde la plus charmante des filles.

Tout à coup on vit entrer un monsieur bruyant et désordonné, un ci-devant cuirassier devenu un grand sculpteur, se conduisant partout comme au café du régiment et à l'atelier. « Seigneur du ciel! s'écria Rose, il ne restera rien pour déjeuner demain. » « Un treizième! »

s'écria Théophile Gautier. Et il jeta une pincée de sel par-dessus son épaule.

Le nouveau venu se planta derrière Rachel et débita ceci ou à peu près, d'une petite voix flûtée qui contrastait avec sa taille et sa désinvolture : « Eh bien! quoi! oui, je suis le sculpteur Clésinger ou Clésingre. Il n'y a pas de fêtes sans moi, quand ma femme n'y est pas. Connaissez-vous ma femme? Très gentille et très jolie! Un ange quand sa mère n'y est pas; car c'est la fille de George Sand. On dit que je la moule à vif; voilà une bêtise! C'est l'Académie des beaux-arts qui fait courir ces bruits-là. Ah ça, on ne boit pas ici! Est-ce qu'on a perdu les clés de la cave, comme au dernier souper? »

Rachel, toute rieuse, s'était tournée vers lui : « Asseyez-vous près de moi, grand fou de génie. On ne perd les clés de la cave que quand vous êtes là. Voulez-vous souper un brin? — Mais je veux souper à fond et il ne reste que des croûtes de pâté! Voilà une gargote! Vous figurez-vous que je me nourris de miettes de marbre? Ah! sublime Rachel! je vais faire de vous la Muse de la tragédie, et puis la Muse de la comédie, et puis la Muse de l'amour; par exemple, vous ne poserez pas pour la Muse de la gourmandise. — Alors, Rhéa posera pour moi. N'est-ce pas, Rhéa? »

Clésinger voit Girardin à son vingtième alinéa amoureux : « Dites donc là-bas, grand publiciste, pourquoi ne peuplez-vous pas de statues votre jardin des Champs-Élysées? Je vous en sculpterai une demi-douzaine pour trente-six mille francs et je vous ferai votre buste pardessus le marché.—Pourquoi pas ma statue? dit Girardin. — Parce que vous n'êtes pas encore assez grand. Singulier tems, où tous les hommes d'État n'ont pas la taille ! Napoléon III, Thiers, Guizot, Girardin, des nains ! »

Mme de Girardin dit à Clésinger que les grands hommes d'État étaient tous petits. « Oui, oui, dit Clésinger, on voit bien que Charlemagne ne leur a pas passé la main ; car celui-là était grand. »

Sur ce mot, il se leva, pirouetta et disparut, disant qu'il allait souper au cabaret. « Ouf ! s'écria Rachel, j'avais peur qu'il ne s'acclimatât parmi nous ; la dernière fois, il s'est si bien acclimaté que, le lendemain matin, on l'a trouvé endormi sur le canapé de la bibliothèque. »

On était au dessert. Théophile Gautier avait demandé la permission de fumer; mais sa voisine, Mme de Girardin, lui éteignit son cigare à peine allumé. « Qui est-ce qui découpe l'ananas ? cria Rhéa. — Chut! dit Rachel qui voulait rire, c'est un ananas sacré, personne n'y touche; on me l'a prêté à la Comédie-Française pour mes jours de gala. — Passe-nous au moins ces magnifiques raisins. — Tu sais bien qu'ils sont en marbre. Je les ai rapportés de Naples avec ma parure de corail. »

Un trop curieux demanda à Rachel si elle n'était pas elle-même en marbre quand on voulait y mordre.

Elle sourit et dit sans façon : « Vous voyez bien que le prince ne s'est pas cassé les dents. »

Mme de Girardin jugea que la causerie allait monter de ton ; elle leva la séance prestement.

Girardin l'accompagna — jusqu'à son coupé.

Le chapelet était brisé; les grains s'éparpillèrent bien vite. Il ne resta bientôt plus que Rose dans cette salle à manger pompéienne. Elle regarda la table encore très correcte : « Dieu d'Israël ! s'écria-t-elle. Quelle orgie ! On appelle cela des gens d'esprit ! Mais Gargantua était un ange du ciel si on le compare à ces voraces! Je n'ose pas faire l'addition. Un souper à douze francs par tête! — sans les vins et les fruits! Douze fois douze font cent quarante-quatre. Il ne leur a fallu qu'une heure pour faire ce massacre! »

Il faut rendre cette justice à Rachel qu'elle ne comptait jamais ce que coûte un souper.

Aujourd'hui ce souper de cent quarante-quatre francs coûterait dix fois plus — et Rachel n'y serait pas!

Mlle Nathalie.

Mlle Favart. Mlle Mante. Mme Allan.

LIVRE XX

LA COMÉDIE-FRANÇAISE EN 1854

I

Ce fut Alexandre Dumas qui ouvrit au Théâtre-Français les portes radieuses de 1854 par une comédie charmante qui n'est plus au répertoire, je ne sais pas bien pourquoi. *Romulus* prit le cœur et l'esprit de tout le monde, mais le spectateur le plus content ce fut Alexandre Dumas lui-même.

Il était dans ma loge tout épanoui de gaiété à la fois railleuse et bonne ; il riait à gorge déployée ; un fâcheux de l'orchestre impatienté qui ne riait pas du tout osa lui demander pourquoi il riait. « Eh ! pardieu, vous ne voyez donc pas que je ris pour vous. » Là-dessus, devant nous, une salve d'applaudissemens.

Le soir même, Dumas promit à Girardin de lui faire un roman sous ce titre *l'Homme qui ne rit pas*. C'était en plein foyer, car on sait que Dumas ne se dérobait jamais au triomphe. Je lui dis que c'était bien plutôt le sujet d'une pièce que d'un roman « Eh ! bien, s'écria-t-il, nous mettrons demain la pièce en répétition. Samson jouera le principal rôle, à moins qu'on ne le fasse jouer à l'homme qui n'a pas voulu rire. »

Dumas prit Mlle Fix dans ses bras et lui promit un rôle qui la conduirait au sociétariat. Quoiqu'il n'aimât pas les mots connus, il jura qu'il l'élèverait au beau fixe. La pauvre Fix ne trouva que le beau fixe du linceul.

J'avais engagé Bressant qui cherchait depuis un mois le rôle de son début; jouerait-il Alceste ou Almaviva, tenterait-il l'aventure dans une comédie moderne? M. Scribe, toujours en éveil, lui apporta un matin une jolie comédie sous ce titre : *Mon Étoile*. « Je vais vous lire cela », dit l'auteur au comédien. Bressant répondit à M. Scribe que le titre seul le décidait. On est plus superstitieux encore au théâtre que dans le monde; c'était d'ailleurs le tems où l'Empereur avait remis les étoiles à la mode; les femmes parlaient mystérieusement de la voie lactée; il n'est pas de gamin dans les lettres et dans les arts qui n'affichât son étoile.

Je voulais que Bressant entrât de plain-pied dans le répertoire : *Mon Étoile* était une vraie pièce du Gymnase ; mais il me dit que là-dedans il se trouvait encore chez lui, tandis que dans un grand rôle il aurait plus de battemens de cœur.

M. Scribe disait qu'il voulait faire le succès de Bressant. Ce fut Bressant qui fit ce soir-là le succès de M. Scribe; on aimait trop Bressant pour ne pas lui faire fête quelle que fût la pièce. M. Scribe était trop malin d'ailleurs pour manquer son coup un jour où le tout-Paris serait au parterre.

Les débuts de Bressant furent une bonne fortune pour le Théâtre-Français, mais ils firent le désespoir d'un homme de beaucoup de talent — Brindeau — qui ne voulut pas comprendre que dans le monde des arts un homme n'en efface jamais un autre. Brindeau pouvait garder sa figure à côté de celle de Bressant sans rien perdre de son prestige sur le public. Du prestige il en avait : nul n'a si bien joué Alfred de Musset. Quoique l'auteur du *Chandelier* aimât beaucoup Bressant, il me dit un soir d'un air attristé : « O Brindeau, où es-tu ? » Le pauvre Brindeau avait quitté la Comédie-Française pour tomber de scène en scène jusque dans les théâtres de province; il mourut à la peine, puni d'avoir fui son public. Pouvait-il être compris ailleurs que dans la maison légendaire qui ne trahit jamais le talent ! Je l'ai rencontré en ses derniers jours, il se jeta dans mes bras en pleurant. « Ah ! 1854 ! » murmura-t-il douloureusement pour rappeler la date de sa blessure qui lui fut mortelle. Je ne sais rien de plus triste que le cœur de l'homme qui a fui sa patrie et qui n'abordera plus au rivage.

J'avais compris ceci de bonne heure, aussi chaque fois qu'un vrai comédien parlait de quitter le théâtre, je le retenais des deux mains.

On était encore en février quand nous jouâmes *La joie fait peur* de Mme Émile de Girardin; c'était un succès prévu : la première représentation ne nous trahit pas.

Régnier retrouva son double triomphe de *Mademoiselle de La Seiglière*, car par la mise en scène si bien étudiée, il était pour moitié dans *La joie fait peur*. On a vu peu de pièces en un acte faire ainsi courir Paris ; on venait et on revenait, on pleurait et on repleurait; voilà qui était trouvé loin du *Traité du sublime* quoique ce fût le sublime du sentiment. Jusque-là Mme de Girardin avait trop aimé la rhétorique.

Pendant deux mois, quoique Mlle Rachel fût absente, on ne put représenter une pièce nouvelle; enfin on donna *Mademoiselle Aïssé* : c'était une comédie sentimentale de Paul Foucher et d'Alexandre de Lavergne. Tout le monde connaît cette figure sympathique ; il ne fallait que la mettre en scène pour qu'elle prît tous les cœurs; mais les figures qui l'entouraient n'étaient pas douées de la vie théâtrale : il y avait trop d'ombres errantes. La pièce tint pourtant la scène pendant quelque tems sans que la salle fût abandonnée. Mlle Judith, adorable dans le rôle d'Aïssé retenait les spectateurs.

Le *Double veuvage* de M. Léon Guillard ne fit pas beaucoup de bruit. Il était ami de la maison comme archiviste du théâtre. On aurait dû consigner sa pièce aux archives pour prouver un jour qu'on avait eu raison de ne pas la jouer; il faut n'avoir d'amitié que pour le public. Cette année-là, ce fut Théodore de Banville qui prit la parole le 6 juin à l'anniversaire de la naissance de Corneille. Mlle Judith représenta la Muse héroïque. On ne pouvait pas dire de plus beaux vers avec un enthousiasme plus pénétrant. Certes, Rachel eût donné un accent plus cornélien à la poësie de Banville, mais elle n'y eût pas mis plus de sentiment; Mlle Judith me rappelait toujours Mlle Gaussin que j'ai applaudie il y a cent cinquante ans, quand j'étais l'ami de M. de Voltaire et qu'il me donnait une stalle à ses tragédies.

A propos de poësie, nous représentâmes dans le même mois de juin le *Songe d'une nuit d'hiver*, d'Édouard Plouvier et la *Reine de Lesbos*, de Paul Juillerat. La pièce d'Édouard Plouvier était en prose, mais en prose brodée de poësie. Aussi le public fut trompé. « De beaux vers ! » disait-on dans la salle. C'était une tentative de fantaisie shakespearienne qui amusa tout autant les spectateurs que les réalités vulgaires prônées par les critiques de l'école des mœurs. Édouard Plouvier fut un poëte méconnu : un peu moins de misère et un peu plus de protection, il faisait grande figure dans les lettres. J'ai du moins la consolation de lui avoir tendu la main quand tous les théâtres lui étaient fermés ; aussi sur son lit de mort m'écrivit-il un adieu qui me va encore au cœur.

La *Reine de Lesbos* était cette éternelle Sapho qui se précipite du haut de sa passion, croyant retrouver dans les vagues les bras de Phaon ; on lui fit bon accueil à la Comédie-Française, mais il y avait alors trop de Sapho dans l'espace ; la mienne, la première en date, que Rachel voulait jouer avant que je fusse directeur du Théâtre-Français ; celle de Philoxène Boyer qui fut représentée à l'Odéon avec beaucoup d'éclat, enfin deux ou trois autres qui frappaient à la porte des théâtres et qui ne trouvaient pas de Phaons.

A la mi-juillet, M. de Voltaire reparut sur la scène du théâtre qui lui fut si cher. Il put croire encore ce jour-là qu'on allait reprendre toutes ses tragédies. Cette résurrection fut l'œuvre d'Albéric Second : la *Comédie à Ferney*. Il y a peu de pièces en un acte aussi vivantes et aussi spirituelles; quand Geoffroy parut sous la figure de Voltaire, tout le monde salua le patriarche de Ferney. Non seulement c'était bien la tête, mais c'était l'attitude de ce corps tout à la fois résistant et brisé; c'était l'œil de feu, la bouche malicieuse, l'esprit mordant. Et la canne de M. de Voltaire, comme elle jouait bien son rôle! A la fin de la pièce on appela l'auteur pour qu'il couronnât le buste de Voltaire, mais Albéric Second qui continuait la pièce au foyer des acteurs se déroba à cette ovation.

Vous avez déjà ouï parler de la *Niaise,* cette figure que M. Mazères devait encadrer dans les diamans et les rubis. Par malheur il ne trouva sous sa main que du stras. On a vu que la *Niaise* avait été reçue par surprise. Tout le comité avait dit je voterai contre, parce que M. Mazères rabâchait trop dans la conversation pour créer une vraie comédie, mais chaque membre du comité, comptant sur les boules noires des autres, avait voulu donner une boule blanche de consolation. La pièce reçue, il fallut bien la jouer. Les comédiens s'évertuèrent même à sauver l'honneur de M. Mazères comme l'honneur de la maison, mais la *Niaise* fut bientôt couchée dans le linceul de l'oubli, ce qui ne surprit personne, hormis l'auteur. Ce fut pour lui un coup terrible. Il me fallut alors consoler mon ennemi par des promesses chimériques; mais c'était le coup de la mort; il ne survécut pas longtemps à cette chute. Le préfet avait déjà tué l'auteur dramatique. On ne saurait trop dire aux hommes de plume que la politique est leur tombeau.

Vint *Rosemonde* que Latour de Saint-Ybars avait offerte à Rachel et que Rachel avait prise sous sa protection en souvenir de *Virginie.* Latour de Saint-Ybars est un Romain qui se perdit dans le drame shakespearien. Il était passé de la terreur à l'horreur : *Rosemonde* buvait du sang dans un crâne. Le soir de la première représentation, Rachel se crut empoisonnée et se poignarda. Si le coup ne porta pas ce ne fut pas sa faute mais la mienne. Elle eut pourtant le courage de jouer encore plusieurs fois *Rosemonde*, tant était sérieuse son amitié pour le poëte.

Trois jours après cette méprise, le théâtre partit d'un vif éclat de rire, oubliant *Rosemonde* dans *Une Tempête dans un verre d'eau*, de Léon Gozlan. Ce fut une tempête de gaieté.

Ce mois de novembre fut un des plus féconds qu'on ait jamais vus au théâtre. En effet, nous ne donnâmes pas moins de cinq premières représentations. Le 29, ce fut le tour des *Ennemis de la Maison*, comédie en trois actes de Camille Doucet qu'on reverrait aujourd'hui avec plaisir tant la pièce est vraie de l'éternelle vérité. Si Camille Doucet a eu un tort, ç'a été d'aimer plus les peintures de chevalet que le coup de pinceau hardi des fresques. Au théâtre, il faut peindre à fresque, mais il y a pourtant tout un public aux yeux délicats, qui aime les Metzu et les Stevens. Les *Ennemis de la Maison* restèrent toute la saison les amis de la maison.

Ce fut M. Samson qui termina cette année 1854 par la *Dot de ma fille*; heureusement il avait donné une autre dot à Mme Berton : l'esprit. Samson n'avait qu'un tort dans son théâtre, c'était de se tromper de date. Toutes les pièces attardées eussent réussi vingt-cinq ans plus tôt, quand Andrieux et son école tenaient le haut de la scène. Ce n'était certes pas l'esprit qui manquait à Samson, mais autant il était hardi quand il créait un rôle, autant il était timide quand il écrivait une scène ; en un mot c'était le vieux jeu. Hélas ! trop de monde en arrive là !

L'année avait été pareillement féconde en reprises, toute la Comédie avait fait merveilles dans les pièces de l'ancien répertoire comme dans les pièces nouvelles. Le Théâtre-Français était à son zénith.

II

Les caprices d'Alfred de Musset

Alfred de Musset était l'homme du monde le plus charmant, mais le plus fantasque. On le quittait en pleine amitié après un déjeuner au café Foy ou un dîner aux Frères Provençaux, et le lendemain on le trouvait fâché. — Il avait marché sur un pli de robe où il avait vu un papillon noir. — J'ai gardé de vifs souvenirs de nos rencontres presque quotidiennes — moins le souvenir d'une rencontre sur un autre terrain. — J'ai été assez heureux pour n'avoir jamais tort envers lui, parce que mon amitié était doublée d'admiration, tandis que lui, dans son oubli des misères de la vie, avait tort envers tout le monde. Mais ce n'étaient que des nuages, le fond du ciel montrait le beau tems.

Il avait un répertoire très choyé en ce tems-là. En effet, je jouais tour à tour le *Chandelier*, le *Caprice, Il faut qu'une porte soit ouverte ou fermée*, les *Caprices de Marianne, Il ne faut jurer de rien*. Toutes ces petites merveilles reparaissaient à tour de rôle.

Elles n'ajoutaient rien à sa gloire, mais comme il le disait lui-même, elles ajoutaient à sa bourse, d'autant plus que contre l'avis de quelques sociétaires, je donnais souvent un acte de Musset après une tragédie jouée par Rachel. Il appelait ces jours-là ses *billets de cinq cents francs;* c'était tout autant que je prenais au théâtre pour les donner à Alfred de Musset puisque aussi bien la salle était remplie pour Mlle Rachel. Mais pouvait-on mieux placer l'argent de la Comédie-Française ? Je ne faisais cela que pour lui, Gozlan, Albéric et Murger.

Un soir qu'il était parti de bonne heure, je lui envoyai son billet de cinq cents francs, accompagné de ce sonnet :

Dors-tu content, Musset, et ta mélancolie
Inonde-t-elle assez notre siècle moqueur ?
Amis de ta jeunesse, échos de ta folie,
Portons-nous assez bien tes vers sur notre cœur ?

Namouna, Belcolor, les Contes d'Italie
Ce sont nos passions qui nous chantent en chœur
Le beau Miserere *de ta muse pâlie,*
O poëte des Nuits, *trahi, vaincu — vainqueur !*

Sur ton livre charmant penchent les silhouettes
Des cruelles qui font un miroir de leurs yeux,
Et des Mimis Pinsons, qui t'admirent, muettes.

Autour de toi l'on voit, ô maître radieux,
Ceux que la passion a révélés poëtes,
Comme autour d'Apollon tout un peuple de dieux!

Il m'écrivit : « *Mon cher ami, j'ai recu les deux billets de cinq cents francs, l'un signé* SOLEIL, *l'autre signé* HOUSSAYE. *Je ne sais pas quel est celui que j'aime le mieux. A vous toujours.* ALFRED DE MUSSET. »

Mais le lendemain ce fut un autre compliment.

Ce jour-là, M. de Lachaume, l'huissier à chaîne

d'acier du Théâtre-Français, portant je ne sais quoi à Alfred de Musset, lui demanda s'il n'avait rien à me dire : « Suis-je sur le répertoire de cette semaine ? -- Non. —Qui a fait le répertoire ? Est-ce Achille Fould ou Arsène Houssaye. — Vous savez bien que c'est le directeur et pas le ministre. — Eh ! bien, vous direz à votre directeur que je me Fould de lui.—Oui, Monsieur. — N'oubliez pas ? Je me Fould de lui ! — Je n'oublierai pas, Monsieur. »

Voilà Lachaume sorti. Alfred de Musset le suit jusque sur le palier. « Lachaume, n'allez pas oublier ! — Non, Monsieur. »

Lachaume ne perd pas de tems, il vient droit au Théâtre-Français, il entre dans mon cabinet et me dit sans préface : « M. Alfred de Musset se Fould de vous, Monsieur. »

Comme je connaissais bien l'homme, je ne demandai pas à Lachaume le mot de ce logogriphe.

A peine fut-il retourné dans son antichambre, que voilà Alfred de Musset qui lui apparaît : « Lachaume, est-ce que vous avez rempli votre message ? — Comment donc ! Monsieur. N'était-ce pas mon devoir ? — Que le diable vous emporte ! Et qu'est-ce qu'il a dit ? — Il a éclaté de rire. — Annoncez-moi. »

Et Alfred de Musset entre, me tend la main et rit lui-même.

C'était un travail surhumain que de mettre en scène une pièce d'Alfred de Musset — quand il n'était pas au café de la Régence ; — lui présent aux répétitions, il était mécontent de tout le monde, de l'auteur comme des comédiens. On avait beau lui donner le dessus du panier de la troupe, il semblait n'y voir que des orties ou des couleuvres. Il menaçait chaque jour de retirer la pièce. Cet homme d'imagination ne voyait pas la transfiguration du comédien dans le personnage du poëte ; en revanche, à la première représentation, il était ravi, il voulait embrasser tout le monde, même le chef d'orchestre Offenbach, dont il se défiait comme d'un porte-malheur.

Un jour, la veille de la représentation du *Chandelier*, je venais de quitter la scène parce que Mme de Girardin m'attendait dans mon cabinet. A peine avais-je salué la dixième Muse — style du tems — que voilà Alfred de Musset et Clavaroche, c'est-à-dire Brindeau, qui entrent comme deux bourrasques. Espérant les calmer, je les présente gravement à Mme de Girardin, qu'ils connaissent bien; mais c'est à peine s'ils la saluent. — « Mon cher Houssaye, me dit de Musset, je retire ma pièce. — Cela se trouve bien, continue Brindeau, car je ne veux plus de mon rôle. — Messieurs — et amis — leurs dis-je, la pièce est affichée pour demain, la pièce sera jouée demain. — Je crois bien, s'écria Mme de Girardin, c'est un chef-d'œuvre. »

Alfred de Musset s'adoucit et me demande si je savais l'histoire naturelle. — « Oui, l'histoire naturelle en manchettes, celle de M. de Buffon. — C'est que je cherche une périphrase pour ne pas offenser Mme de Girardin. Vous savez que la femelle du coucou fait des siennes dans le nid des autres. Voilà pourquoi le coucou chante ses malheurs de coucou imaginaire : coucou ! coucou ! coucou ! Il se siffle lui-même. De là l'origine du mot familier à Molière. Eh bien ! croyez-vous que Brindeau, ici présent, ne veut pas jouer les coucous ! — Non ! s'écria Brindeau, je ne suis pas venu au Théâtre-Français pour ça. — A merveille ! M. Brindeau veut bien faire les coucous, mais ne veut pas les jouer. Il me demande de changer la dernière scène. N'est-ce pas que cela dépasse les hauteurs de Notre-Dame ? »

Nous nous mîmes tous à rire. Mme de Girardin dit à Brindeau : « Rassurez-vous, Monsieur, je viens parler à Houssaye d'un rôle pour vous : le *Fils de Don Juan.* »

Brindeau s'épanouit. Il étudiait tout justement le *Don Juan de Molière*, aussi il ne fit plus de façons pour se sacrifier à Fortunio.

On sait que le lendemain ils furent parfaits tous les deux. Ç'a été d'ailleurs un triomphe pour tout le monde, hormis pour Offenbach dont on ne chanta pas la chanson, parce que Delaunay, qui aurait pu la bien chanter, aima mieux la dire. Et Dieu sait avec quel art et quel sentiment !

M. Scribe, qui était un trouveur de situations comiques, fut bien étonné, à une représentation du *Chandelier*, de saluer son maître dans Alfred de Musset, ce poëte qui trouvait sans chercher. Si le byronisme et le romantisme n'eussent pas au début entraîné Alfred de Musset, il eût peut-être été un Molière contemporain, parce qu'il avait la verve, l'imprévu et la gaieté, frappant bien et frappant juste. Comme Molière, il avait joué la comédie en ses plus jeunes années, ce qui est une excellente école pour les poëtes comiques, car ils jugent mieux que les autres de l'effet d'un mot ou d'une situation ; ils posent leurs personnages avec plus de certitude en leur soufflant la vie. Chez la plupart des auteurs dramatiques, le métier tue l'art ; chez Alfred de Musset, l'art efface le métier. Aussi ne sent-on pas le travail quand on entre dans les passions de toutes ces figures qui vont et viennent avec tant de vérité, même quand c'est dans le royaume de la fantaisie.

A la seconde représentation du *Chandelier*, Scribe trouvant Musset qui débitait des paradoxes à Mme Allan, lui dit à brûle-pourpoint :

— Monsieur de Musset, je suis ravi de votre comédie. Quel est donc votre secret pour si bien faire ?

— Et le vôtre ? demanda le poëte à Scribe.

— Mon secret, c'est de vouloir amuser le public.

— Eh bien, mon secret à moi, c'est de vouloir m'amuser.

III

A propos du Demi-Monde

A un ami, juillet 1854.

Je suis le premier à reconnaître les succès qui éclatent sur la scène en dehors du Théâtre-Français. Une nouvelle école triomphe grâce à M. Augier, à M. Sandeau, à M. Dumas fils, à M. Barrière. On pourrait l'appeler l'école de la vérité. Les fantômes de la comédie du XVIIIe siècle ne réapparaîtront plus devant ces créations viriles des nouveaux venus ; le *moi* contemporain tient enfin la scène dans toute sa force vivante.

« Je ne m'effraye pas des hardiesses qui font peur à la tradition. M. Dumas fils termine une troisième comédie qui aura, je crois, pour titre : *La Baronne d'Ange ou le Demi-Monde*. Il m'a conté sa pièce, qui sera, je n'en doute pas, une des œuvres les plus caractéristiques du théâtre contemporain. M. Dumas fils a découvert un monde nouveau dans le monde : il le peint avec toutes les ressources du génie dramatique ; c'est donc là une œuvre pour le Théâtre-Français.

« Mais M. Dumas fils a peur des vieux préjugés ; je lui ai promis qu'il ne passerait que pour la forme devant le comité de lecture. Je ne sais s'il pourra se dégager du Gymnase, où naturellement le directeur lui donne un blanc-seing, où il trouve d'excellents comédiens. Il faudrait, en cet état de choses, que le ministre d'État intervînt et fît violence à l'auteur, qui n'en serait peut-être pas fâché, mais qui, je dois le dire, est devenu l'enfant gâté du triomphe.

« Si sa nouvelle pièce est jouée au Gymnase, qu'aurons-nous à lui opposer le même soir ?

« Par malheur, M. Achile Fould a peur du nouveau comme tous les hommes de tradition ; il veut et ne veut pas du *Demi-Monde*. M. Camille Doucet plaide la bonne cause, mais M. Fould ne se décide pas sur ma prière souventes fois renouvelée à demander à l'Empereur la croix de la Légion d'honneur pour M. Dumas fils, qui, certes, ne m'en avait pas parlé ; mais cette justice sans doute l'amènerait au Théâtre-Français.

« Je n'ai jamais eu la prétention de représenter toutes les œuvres qui, depuis la révolution de Février jusqu'à aujourd'hui, ont donné l'expression bien vivante de l'art théâtral contemporain. Plus d'une fois, dans les théâtres de genre, j'ai vu la vraie comédie avec son beau rire attique sous les larmes de la passion. J'aurais bien voulu toujours retenir ceux qui courent les aventures ailleurs : Dumas, Ponsard, Augier, Barrière.

« Ainsi, j'ai appelé Barrière qui, au lieu de me donner *les Filles de marbre*, me donna *le Lys dans la vallée*.

Quoique je joue un grand nombre de pièces tous les ans, je ne puis pas jouer tous les auteurs à la mode. Voilà pourquoi *le Gendre de M. Poirier* alla au Gymnase. Mais pourquoi ne pas voir le Théâtre-Français hors de chez lui quand les autres théâtres se montrent dignes de la maison de Molière par le jeu des acteurs et le goût de la mise en scène ? On m'a toujours vu applaudissant au milieu des spectateurs, quand ce n'était pas à l'orchestre du théâtre-Français. J'ai applaudi de toutes mes forces *la Dame aux camélias* et *les Filles de marbre*.

« Mais je ne désespère pas de jouer *le Demi-Monde*. »

IV

La légende de Bache

En ce tems-là, pour égayer la Comédie, Jules Sandeau, qui avait ses heures de malice, me recommanda par lettre recommandée le célèbre Bache, un comédien qui semblait arriver tout droit du théâtre de Gautier Garguille, Gros Guillaume et Turlupin. Rien ne peut donner l'idée de Bache. Il avait tout juste la tête de plus que moi qui ne suis pas lilliputien. Il eût rendu des points à Sarah Bernhardt pour la désinvolture. Quand il saluait, c'était un cerf-volant ; il prenait çà et là des airs de girafe sentimentale. Cet homme, haut de six pieds, avait le timbre aigu d'un adolescent ; il parlait tantôt avec une lenteur cadencée, tantôt avec une volubilité étourdissante, sans qu'il y fût obligé par son engagement, car je l'avais engagé sur sa mine. Il a laissé au théâtre une légende. On ne pouvait pas prononcer le nom de Bache devant Brindeau, Augustine Brohan, Geffroy, Got, Mlle Favart, Delaunay, sans provoquer des colères ou des éclats de rire. Chose singulière, il ne fut jamais drôle sur la scène, ce comique pour les yeux.

Il dépassa tous les blasphémateurs. Il niait Dieu ou plutôt il lui parlait du haut de sa grandeur comme il eût fait à un petit artiste qui jouait mal la comédie. « Mon bonhomme, lui disait-il, tu ne savais pas ton rôle, aussi je n'ai pas assez de clefs pour te siffler. Ta comédie est plus mauvaise qu'une pièce de Scribe, Bayard, Legouvé et Cie. As-tu fait assez de fautes de français, vieil hébreu, quand tu nous as donné la loi. Et pas le plus petit mot pour rire dans tous tes monologues ! C'est Beauvallet qui ne voudrait pas t'apprendre par cœur. J'ai une fille qui cherche à te connaître. Elle songeait à se faire présenter à toi par ton auguste fils, mais je lui ai dit que tu n'existais pas. Ma fille, j'ai tout fait pour cela, jouera le rôle de la Madeleine, mais de la Madeleine sans Jésus. Le repentir, mon directeur l'a dit, c'est le chagrin de ne pouvoir plus recommencer. Ma fille n'aura pas ce chagrin-là. »

Bache débitait cela dans la coulisse ou dans le foyer :

* Balzac avait promis de lui faire un rôle à sa taille. Théophile Gautier lui en a fait un. Son nom est un pseudonyme qui cache un nom sérieux dans la magistrature. Tous ses cousins étaient plus ou moins ministres de la royauté. A la Comédie-Française, on ne le connut longtems que sous le nom de Farabosco, son premier rôle dans le *Songe d'une nuit d'hiver*.

Il jouait quelquefois la comédie hors du théâtre, sans compter que dans les entr'actes il écrivait un traité in-quarto sur la tragédie.

On avait commencé par rire, parce qu'il était vraiment drôle. Mais un jour Beauvallet, indigné, le prit par les épaules, le jeta à terre et le tint agenouillé jusqu'à ce qu'il demandât grâce par un signe de croix.

Il débitait d'autres sacrilèges de son répertoire; par exemple, il arrivait tout essoufflé et contait ceci : « Ah ! par la sambleu, je viens d'en voir une qui dépasse toutes les autres. Comédie, comédie, tout est comédie. Figurez-vous, mes enfans, que je passais devant un théâtre qui s'appelle Saint-Germain-l'Auxerrois, sans doute du nom d'un brave bourguignon qui se sera soûlé par là. Comme beaucoup de jeunes gens entraient, je suis entré moi-même; mais il y a là un singulier contrôle: il paraît qu'on ne paye qu'en sortant. Seulement, on est obligé de tremper l'index dans une eau quelconque, après quoi on porte son doigt à son front, de son front à son nombril, puis d'un côté, puis de l'autre, c'est tout un travail. Alors, on est averti par l'orchestre que le spectacle va commencer : une musique à mettre le diable en terre. Il y avait là des spectateurs qui pour me permettre de mieux voir, se sont tous mis à genoux. On n'est pas plus talon rouge. Je ne voyais pas la scène. Un voisin me la montra d'un signe de main. C'est une scène surélevée de quelques marches; seulement les chandelles, au lieu d'être à la rampe, sont au-dessus. Enfin, le spectacle a commencé. Je croyais être à la Comédie, j'étais à l'Opéra. L'ouverture m'a prouvé que Gounod, qui vient de faire ici les *Chœurs* d'*Ulysse*, pourrait faire des opéras à Saint-Germain-l'Auxerrois. En un mot, musique de l'ancien tems : je ne lui en veux pas. Il y a des gens qui disent que le vin gagne avec les années : moi, je dis qu'il gagne à être bu avec attention. Les acteurs défilent un à un ; c'est ici que ma curiosité s'accroît. Voilà des mufles et des mufletons. Figurez-vous que, au lieu de se tourner vers moi, ils me tournent ce que ma dignité de comédien m'empêche de nommer par son nom. Et des poses, et des gestes, et des attitudes ! Je ne comprenais pas bien ce qu'ils chantaient, quand on m'a dit que c'était un opéra romain qui s'appelle *la Messe*. Je n'avais jamais vu jouer *la Messe*. On dit pourtant que c'est un opéra qui se joue de toute éternité. Eh bien ! non seulement je ne l'avais pas vu, mais je ne le reverrai pas. J'ai été héroïque de patience, car je suis resté jusqu'au bout. Je n'y ai trouvé qu'un peu d'intérêt, c'est au moment où les gamins en blanc qui sont en scène versent à boire au premier rôle. Je me suis gravement approché de la scène en ma qualité de confrère. J'ai monté les marches et j'ai demandé qu'on me versât à boire à moi aussi. Le croirez-vous : le premier rôle, qui est un fieffé gourmand, avait déjà tout bu. Sur quoi on a chanté *alleluia* et je me suis en allé, mais je n'ai pas payé en sortant. Tout bien considéré, j'aime encore mieux la Comédie-Française. »

Si Bache fut odieux à l'archiprêtre de Saint-Germain-l'Auxerrois, il le fut aussi à M. Ancelot qui était sa tête de turc. Il alla demander Mme Ancelot en mariage, quand M. Ancelot fut élu un des quarante immortels. C'est que M. Ancelot n'avait pas voulu de ses talens au théâtre du Vaudeville, dont il fut directeur une année. Bache lui fit la vie dure pendant trois cent soixante-cinq jours, trouvant chaque matin « une bonne farce à lui faire ». Il épuisa le répertoire de Turlupin rajeuni par le répertoire de Bache. Je crois bien fermement que M. Ancelot mourut de ces farces-là.

Quand M. Ancelot osait se fâcher, Bache lui disait gravement : « Monsieur l'Immortel, respectez-moi, car je suis un enfant légitime. Mon père et ma mère sont mariés légitimement, mais pas ensemble. »

C'était au temps où Vivier éclairait tous les soirs son transparent de la place de la Bourse, orné de cette moralité parisienne : *N'allez pas au théâtre du Vaudeville!* Le directeur, M. Ancelot, était un livre en deux tomes grâce à Mme Ancelot. Le tome premier devait faire représenter une pièce du tome second. A la répétition générale, il va droit à Bache, lui frappe sur le ventre et lui dit : « Bravo! tu joues comme un ange. » Bache trouva cela un peu familier, d'autant plus qu'il n'avait pas de ventre.

Le soir même, il commença cette fameuse tragédie qui s'appelle les *Vengeances de M. Bache.* Il saisit le moment où quelques-unes des Quarante complimentaient Mme Ancelot au foyer des acteurs. Bache se précipite vers son directeur, lui frappe à son tour sur le ventre et lui dit de l'air du monde le plus dégagé : « Eh bien ! mon cher, tu dois être assez content de ta femme, voilà un succès qui ne sera pas inutile à tes créanciers. La petite mère tourne encore joliment le couplet badin. »

L'Académicien prend toute sa dignité et veut renvoyer M. Bache à ses tréteaux : « Qu'est-ce que cela veut dire, entre gens de théâtre comme nous? » s'écrie Bache révolté.

Nous supprimons tous les actes intermédiaires de la vengeance de M. Bache. Nous arrivons au dénouement. Le tome premier et le tome second en avaient produit un troisième qui valait les deux autres. C'était une fille charmante qu'on mariait à un grand avocat; point de dot, mais jeune et belle comme une héroïne des vaudevilles de sa mère. Bache fut surpris de n'avoir point reçu une lettre d'invitation, ce qui ne l'empêcha pas d'acheter une cravate blanche le jour des noces. On n'attendait plus personne pour se mettre à table; mais on avait compté sans Farabosco. Tout à coup la porte s'ouvre à deux battans: on annonce M. Bache. Tout le monde se retourne avec effroi. Bache s'avance avec la grâce innée d'un marquis de pantomime, ganté des pieds jusqu'à la tête. Son costume était irréprochable. Il s'approche de l'académicien consterné. « J'arrive un peu tard, mon cher, mais il est encore tems de te faire mes complimens sur l'esprit de ta femme, sur la beauté de ta fille et sur l'éloquence de ton gendre Lachaud, immortel comme toi. »

A cet instant, on annonce solennellement que madame est servie. Bache se précipite et offre galamment son bras à la mariée! Il se contente de la demoiselle d'honneur. Pendant tout le dîner, il est éblouissant; il a des allusions exquises touchant le bouquet de fleurs d'oranger. Au dessert, il improvise des couplets où il chante la prospérité du Vaudeville et la postérité des époux, sans oublier les académiciens des deux sexes, car ce n'était pas Ancelot, mais Mme Ancelot qu'on avait nommée à l'Académie française.

V

Une tragédienne improvisée

Un matin, M. Achille Fould m'appela dans son cabinet. « Connaissez-vous Charles Ledru? — De bien loin, c'est un avocat à qui on a coupé la parole. — Par une souveraine injustice, car c'est un galant homme. Je voudrais lui être agréable. — Vous ne voulez pas le faire débuter au Théâtre-Français? » Le ministre m'offrit un cigare comme les jours où l'audience était plus intime. « Vous êtes dans le vif de la question. Charles Ledru m'a présenté Mme Dartès qui se croit née tragédienne ; elle ne parle que par hémistiches ; elle a des attitudes de déesse : il faut la faire débuter. — Un dimanche, dis-je, d'un air peu convaincu. — Pas du tout, je veux des débuts éclatans. »

Quoique le cigare fût bon, je rappelai au ministre qu'on ne débutait pas au Théâtre-Français comme aux Folies-Dramatiques; il fallait commencer par une audition et avoir l'assentiment des sociétaires. « Eh bien, vous aurez l'assentiment des sociétaires, sinon vous passerez outre, car je suis décidé à vous donner un ordre de débuts. — Après tout, dis-je au ministre, si vous avez sous la main une étoile, ce sera une bonne fortune. » Le lendemain, j'avais réuni les sociétaires pour l'audition. La tragédienne en chambre passa par mon cabinet. Comme elle était fort belle, je fus très encourageant, mais je vis tout de suite qu'elle n'avait pas toutes les aptitudes qui émerveillaient le ministre. La nature avait très bien travaillé, mais l'art n'avait encore rien fait. A l'audition, la belle tragédienne fut invraisemblable. Je laissai dire les comédiens qui tous furent contre les débuts. Quand j'allai chez le ministre, il avait déjà vu la dame, qui venait de lui apprendre que le parterre de rois, c'est-à-dire le parterre de comédiens, l'avait interrompue par mille quolibets. Le ministre était furieux. Il me dit qu'il en appelait de ce jugement, et que Mme Dartès débuterait au premier jour. J'eus beau lui représenter que, dans l'intérêt de sa protégée, il serait bon qu'elle prît, pendant quelques mois, des leçons de Beauvallet. Il me rappela que Rachel avait été refusée au Conservatoire. Après quoi il déclara qu'il passerait outre.

On sait que sous Napoléon III, qui était d'une très bonne pâte d'homme, pas tyran du tout, ses ministres étaient d'un despotisme altier. Il semblait qu'ils fussent revenus des Pyramides ou d'Austerlitz.

J'avais déjà donné plusieurs fois ma démission à M. Achille Fould, je jugeai que ce n'était pas la peine cette fois, je lui dis que je ferais débuter Mme Dartès. Et je fus de très bonne foi : j'appelai cette quasi-tragédienne au théâtre et j'essayai de la mettre sur pattes. C'était une très bonne créature que ses flatteurs avaient gâtée. Elle ne marchait plus sur la terre, elle se croyait une princesse de tragédie, que dis-je? une archidéesse de l'Olympe. Beauvallet lui-même, tout railleur qu'il fût, lui donna des conseils avec beaucoup de bonne grâce. Elle n'en tint pas compte, car elle ne croyait qu'à son inspiration.

Une femme du monde prise à l'improviste joue très bien la comédie dans un salon, parce qu'au fond elle ne fait pas autre chose depuis qu'elle est dans le monde, ou même depuis qu'elle est au monde ; mais, prenez-en mille et dites-leur de jouer au pied levé *Phèdre* ou *Roxane*, aucune ne jouera bien ; elles feront toutes la caricature du personnage. Voilà pourquoi il y a beaucoup de comédiennes et si peu de tragédiennes. Je suppliai Mme Dartès de jouer *Célimène* ou *Sylvia*, pour faire revivre Mlle Mars, mais elle persista à me dire qu'elle avait le feu sacré des Champmeslé et des Adrienne Lecouvreur. J'essayai encore d'avertir le ministre avant d'afficher la dame ; il avait parlé en despote, il parla en tyran. Il me sembla d'autant plus aveugle qu'il était presque toujours fort bon prince. Pourquoi cette obstination ? C'est le secret des dieux ; il lui fallut pourtant en rabattre quand vint la représentation. Il était dans la loge de l'Empereur ; il trouva tous les tragédiens détestables. Il m'accusa de ne pas avoir accordé assez de répétitions à la débutante.

La débutante ? Parlons-en ou n'en parlons point. En voyant la cour et la ville à ses débuts, elle avait été prise d'une peur bleue, les vers de Racine l'étranglaient. Elle demanda à Beauvallet comment faisait Mlle Rachel pour affronter le public : *Elle boit*, lui dit Beauvallet de sa voix de tonnerre. La vérité, c'est que Mlle Rachel buvait du bouillon, ce qui n'était qu'un crime de lèse-poésie. Mme Dartès se fit apporter un carafon d'eau-de-vie ; ce qui l'acheva. Jusque-là elle avait joué son rôle comme une bourgeoise qui s'en fait accroire en famille ; mais, quand elle fut à moitié grise, on assista à la comédie la plus lamentable qui se fût jouée depuis longtems. On voulait rire, mais beaucoup de spectateurs, moi le premier, étaient désolés de voir s'effondrer la destinée de la belle créature. Je fus ce jour-là plus grand que M. Fould. L'Empereur m'ayant appelé dans sa loge, je pouvais entrer victorieux devant le ministre par le mot : « Je vous l'avais bien dit. » Je me contentai d'expliquer comment Mme Dartès avait perdu la tête à sa première entrée en scène. « D'ailleurs, dis-je, en me tournant vers le ministre, M. Achille Fould sait bien qu'il n'y a qu'une grande tragédienne par siècle. »

VI

De quelques comédiens

N'est-ce pas un vrai plaisir de saluer en passant, au foyer des comédiens, toutes ces figures qui ont marqué leur accent à la scène ? Un mot, s'il vous plaît, à celles du XIXe siècle.

Quand on fonda le Conservatoire, en 1799, trois excellens maîtres enseignèrent l'art de la comédie et créèrent d'autres maîtres. C'étaient Dugazon, Molé et Fleury, dont la renommée est encore toute vivante au théâtre. Dugazon, le maître de Talma, avait été à l'école de Préville, un autre nom célèbre. Il appartenait d'ailleurs à une famille de bons comédiens, puisqu'il était le frère de Mlle Dugazon et de Mme Vestris. Molière lui-même l'eût applaudi dans les rôles de Mascarille, de Scapin, de Sganarelle. Une célébrité qui va s'effaçant peut-être plus vite que celle de Dugazon, c'est Alexandre Duval, tout à la fois comédien, auteur dramatique et académicien. Mais l'immortalité ne préserve pas de l'oubli. Il faudrait aussi donner un coup de chapeau à Baptiste aîné et à Baptiste cadet, comme à ces deux parfaits gentilshommes : Firmin et Menjaud, « des talons rouges comme on n'en fait plus », disait Bressant, cet autre talon rouge. Et Monrose, le retrouvera-t-on jamais dans tout son esprit, dans toute sa verve, dans tout son diable au corps ? Samson lui-même, la comédie mathématique, fut une figure à part, ce comique à froid, ce créateur de rôles, témoin le marquis de la Seiglière.

Un autre contemporain qui manque au Théâtre-Français depuis vingt ans bientôt, quoiqu'il soit encore armé de toutes pièces, a été aussi un créateur de rôles tout en gardant la religion du répertoire, c'est Geffroy. Que de figures il a mises à la scène, dans le théâtre moderne, depuis don Juan d'Autriche jusqu'à Marat ! Qui donc, en même tems, a joué comme lui la haute comédie de Molière ? Jamais on n'a si fièrement et si amèrement représenté le *Misanthrope*.

Ligier a marqué sa figure grimaçante mais expressive dans beaucoup de créations contemporaines ; mais il n'a jamais rien compris à la tragédie. Il la jouait comme les forcenés de l'hôtel de Bourgogne, tandis que Beauvallet était un maître irréprochable, doué d'une voix de tonnerre tour à tour terrible ou éplorée. Qui ne se le rappelle dans *Polyeucte* et dans tous les chefs-d'œuvre du XVIIe siècle ! Il a même donné une âme tragique aux thèses de Voltaire. Il eût été parfait aussi dans les créations contemporaines, s'il ne se fût obstiné çà et là à jouer des œuvres de Beauvallet. C'était le tort de Samson, mais d'ailleurs combien d'œuvres ont passé au théâtre avec fracas, qui ne valaient pas mieux. Molière oblige à trop de génie les comédiens qui font des pièces.

Provost aussi fut de toutes les comédies passées et présentes, depuis Molière jusqu'à Alfred de Musset, redonnant la vie à tout le répertoire avec la bonhomie la plus malicieuse. C'est l'histoire de Régnier, un maître qui avait été à l'école des maîtres. Parti de Molière que nul n'a mieux compris, il a repris les figures comiques des deux siècles pour trouver un jour, dans les personnages des auteurs contemporains, l'art de toucher jusqu'aux larmes, ce comique de race!

Parmi ceux qui ne sont plus au Théâtre-Français, car je ne veux point parler de ceux qui le représentent aujourd'hui, dans la peur de leur faire des critiques et surtout des complimens à brûle-pourpoint, je dois une parole sympathique à Bressant, autre gentilhomme de la famille de Firmin et de Menjaud.

On parla beaucoup à Paris et à Pétersbourg de ce gentilhomme qui avait grand air et qui rappelait tour à tour les d'Orsay, les incroyables, les Richelieu et les Lauzun par la désinvolture, la légèreté, l'impertinence, la raillerie. Il était fort aimé des femmes, depuis la duchesse jusqu'à la bourgeoise du Marais. Tout en raillant, il parlait avec passion, prenant ainsi le cœur, les yeux et l'esprit. Il se nommait Bressant; il avait conquis la Russie comme la France. Il n'en était revenu qu'en dénouant des chaînes de fleurs.

Il y eut aussi Leroux qui avait grand air, Brindeau qui jouait avec tant de charme et de brio les personnages d'Alfred de Musset et d'Alexandre Dumas, un créateur encore, mais un enfant gâté qui, un jour d'orgueil, a quitté la maison de Molière, sa vraie maison, pour ne plus se retrouver chez lui. Pourquoi Maillart, qui m'a toujours rappelé La Grange — que je n'ai jamais vu qu'en peinture, mais qui était comme lui le parfait amoureux et le parfait comédien — est-il parti, lui aussi, avant l'heure ? Un des Poisson disait qu'il aimait trop la pêche; Maillart dit qu'il aime trop la chasse.

Bocage a passé un jour par le Théâtre-Français. Il fut en son tems le romantique des romantiques, puisqu'il créa Antony et Buridan ; mais il frappa trop tôt et trop tard à la porte de la maison de Molière. C'est regrettable, puisqu'il avait le masque de Molière. Comme Molière, il fut directeur de troupe, mais ne fit pas le *Misanthrope* *.

Le foyer des artistes s'illustrera bientôt par les portraits des comédiennes du XIXe siècle, depuis Mlle Mars et Mlle Rachel jusqu'à Sarah Bernhardt. Combien de figures charmantes : Plessis, les Brohan, Doze, Judith, Nathalie, Luther, Favard, Fix. J'en passe et d'excellentes. Parmi les moins célèbres, plus d'une a eu son jour et mérite un portrait qui sera son lendemain.

* Il est impossible de parler des comédiens du XIXe siècle sans saluer Frédérick Lemaitre. S'il ne fut pas de la Comédie-Française, il fut du théâtre français. Son éternel chagrin, il me l'a dit quand je lui ai offert un engagement en 1849, a été de ne pas jouer, sous l'ombre de Molière, Tartuffe, Don Juan et Harpagon. Ne le voyez-vous pas sous ces trois figures vivantes, accentuées, imprévues, terribles, en compagnie des maîtres de la tradition !

Plus d'un autre a manqué à la Comédie-Française, comme Rouvière et Mélingue, pour ne parler que des morts. Rouvière, figure de Shakespeare que rappelle aujourd'hui le grand jeu du baryton Maurel dans *Hamlet;* Mélingue qui, par son entrain railleur et son jeu original, a donné la vie à tant de drames couchés dans son tombeau.

VII

Mlle Rachel

Dès que Mlle Rachel parut au Théâtre-Français, elle fit ombre à toutes les figures, comme une reine dans son auréole.

Voici quelques dates pour jeter des points lumineux sur ses débuts, toujours mal contés. En 1835, Rachel, qui n'a pas quinze ans, a passé de l'école de Choron à l'école de Saint-Aulaire. Jouslin de la Salle, directeur de la Comédie-Française, la voit jouer à la salle Molière de la rue Saint-Martin. Il est frappé de son action sur le public. Il apprend que sa mère traîne la misère avec six enfants ; il engage Rachel, non pour la faire jouer sitôt, si ce n'est la Louison de la *Fausse Agnès*, mais pour réconforter un peu cette pauvre famille. L'engagement est de 75 francs par mois; simple engagement verbal qui fut bientôt oublié. Rachel passa de l'école Saint-Aulaire au Conservatoire, sur la recommandation de Jouslin de la Salle. C'était en octobre 1836. Quatre mois après Provost l'envoya vendre des fleurs, ne la trouvant pas digne de la maison. Mme Desmousseaux la sauva de ce naufrage. Elle aussi faisait jouer ses élèves à la salle Molière. C'est là que le directeur du Gymnase la vit en scène et l'appela sur son théâtre, où elle débuta le 24 juillet 1837. On sait qu'elle ne réussit point dans la *Vendéenne*, parce que la *Vendéenne* eût emporté, dans sa chute, toutes les débutantes qui s'y fussent risquées. « Et pourtant, se disait-on de loin en loin, il y a une comédienne dans cette fille-là. » Un nouveau directeur était nommé au Théâtre-Français. Au mois de mars 1838, il signa avec elle un engagement plus sérieux que le premier. Elle débuta le 13 juin devant trois cents spectateurs. Après avoir joué la Camille des *Horaces*, elle joua l'Émilie de *Cinna*, l'Hermione d'*Andromaque* et l'Aménaïde de *Tancrède*. Elle n'était qu'à demi contente et elle reprochait au directeur de l'avoir fait débuter un treize. On n'était pas alors à la tragédie, car presque tous les feuilletonistes du lundi avaient passé, armes et bagages, à l'école romantique, moins Jules Janin, qui était de l'école de Jules Janin. Mais il voyageait en Italie, où le prince Demidoff lui avait donné un *palazzo* pour rire.

Enfin il revint et cria tout haut le nom de Rachel à la renommée. Elle avait joué Hermione devant treize cents francs de recette. Alors le chiffre treize lui fut agréable. Le second article fut encore plus éblouissant. « Cette fois, dit le directeur, Jules Janin a dit *Fiat lux* et la lumière fut faite, lumière splendide, éclatante, inondant de ses rayons l'intérieur et les abords du Théâtre-Français. De proche en proche, l'enthousiasme se propagea comme l'étincelle électrique et chacun s'empressa d'accourir vers le sanctuaire qui recélait la divinité. Paris n'avait plus d'autre pensée : depuis la loge du portier jusqu'à la mansarde, Rachel était de tous les entretiens. Les recettes de la Comédie devinrent colossales; le nom de Rachel fut une lettre de change de six mille francs tirée sur le public. »

En 1840, Rachel gagnait cent mille francs y compris le bénéfice d'une représentation et les revenus de son congé de trois mois. Jusqu'en 1855 ce fut toujours le même triomphe et les mêmes adorations. Elle était devenue sociétaire en 1842. En 1849, elle rompit le contrat « comme un aiglon dans la cage d'un merle * ».

Un ancien a dit que la femme la plus vertueuse était celle dont on parlait le moins, ce qui a fait dire à un moderne que les comédiennes sont celles dont on parle le plus. Et pourtant, si la vertu était bannie de ce monde, on la retrouverait peut-être dans les coulisses du théâtre.

Mlle Rachel commença, comme toutes les femmes, par la vertu la plus romaine. Il ne lui manquait que de jouer Lucrèce ou la femme de César. Mais, un peu moins romaine, elle fut toujours une grande dame **.

* C'est par erreur que dans son livre très étudié : *Rachel d'après sa correspondance*, l'historien met la Comédie-Française aux pieds de l'illustre tragédienne. Elle avait trop le sentiment de son devoir pour vouloir régner despotiquement. Elle fut toujours charmante à tout le monde. On la représente jalouse des succès des autres, ne pardonnant pas à une pièce qu'elle ne jouait pas, non plus qu'à un acteur ou à une actrice de faire de l'argent. J'ai des lettres d'elle où elle félicite le Théâtre-Français, Mlle Judith, Geffroy, Régnier, Bignon, du succès de *Charlotte Corday*. Elle fut très gracieuse à Madeleine Brohan. « Elle est charmante, écrivait-elle, le théâtre va être trop riche. On ne dira plus les lendemains de Mlle Rachel, mais les lendemains de Mlle Brohan. » Il y avait peut-être là une pointe de raillerie, mais il y avait aussi une expression de vérité, puisque Madeleine Brohan appelait tout Paris dans les *Contes de la reine de Navarre*.

** J'ai vu venir chez elle une des vingt duchesses de Sainte-Clotilde, la priant de jouer dans son salon un acte pour ses pauvres. « Combien vous donneront les plus généreuses ? demanda Mlle Rachel. — Cinq louis. — Eh bien ! je vais vous donner vingt-cinq louis, ce qui ne m'empêchera pas d'être de la fête. »

Et combien de fois, cette femme accusée d'aimer l'or, elle qui n'en a eu qu'à l'heure de sa mort, combien de fois a-t-elle donné, pour les pauvres, sa bourse et sa vie ?

On sait toute la légende de Mlle Rachel : elle va au Conservatoire ; Provost la mal-juge : « Mon enfant, allez vendre des fleurs ! » Mais elle n'était pas de celles qui se découragent. Un soir, elle est acclamée au Théâtre-Français ; on la noie sous les bouquets ; elle prend le plus beau et s'avance vers Provost : « Vous m'avez conseillé de vendre des fleurs, en voilà ! »

Sacrée par Chateaubriand, comme le fut Victor Hugo, elle marqua chaque pas par un triomphe. Le comte Duchâtel, ministre de l'intérieur, lui offrit une bibliothèque composée des chefs-d'œuvre du théâtre ; Samson lui donna les leçons les plus savantes ; mais, comme toujours, ce fut la nature qui travailla avec elle. Cette fille d'Eschyle, comme la nommait Chateaubriand, avait toute la grandeur antique ; le péplum la transfigurait à ce point, qu'elle devenait à l'instant même Hermione, Andromaque, Phèdre, Camille, avec le fier accent de ces immortelles figures. Si elle eut un maître, ce fut Corneille, ce fut aussi Racine ; mais on pourrait dire qu'elle fit Racine plus grand, en imprimant mieux le caractère olympien à ce poëte trop souvent trompé par l'Olympe de Louis XIV. Les pleurards de la tragédie ont reproché à Rachel de n'avoir pas eu la corde sensible et de n'avoir pas trouvé la source des larmes. Il ne faut pas brouiller les styles ; Mlle Adrienne Lecouvreur parlait au cœur, Rachel parlait à l'âme. Le mot de Bouchardon lisant Homère : « Les hommes me semblent grandis d'une coudée », était le mot des spectateurs qui avaient vu cette merveilleuse tragédienne dans ses rôles de Phèdre et d'Hermione. Et n'était-elle pas, dans l'intimité, la plus adorable des femmes : de l'esprit trouvé et jamais cherché, la grâce de tout faire et de tout dire. Le comte Molé, premier ministre en ce temps-là, lui dit un jour sentencieusement : « Ah! Mademoiselle, vous avez sauvé la littérature de l'invasion des barbares! La langue française vous doit beaucoup. — Comme c'est heureux! moi qui ne l'ai jamais apprise », dit Rachel de l'air du monde le plus simple.

Quand je fus nommé, grâce à elle, directeur du Théâtre-Français, elle me montra sa lettre de remerciemens au ministre; elle avait déjà de vive voix remercié l'Empereur, qui n'était encore que le président de la République. « Vous allez me trouver bien pédant, lui dis-je, votre lettre est de Mme de Sévigné, mais avec deux fautes d'orthographe qui ne sont pas de ce temslà. — Eh bien! dit-elle, je les laisserai : ma lettre aura l'air bien plus sincère. »

Il y avait là du cœur et de l'esprit.

Comme Adrienne Lecouvreur, elle est morte en pleine jeunesse, après avoir répandu sur la Comédie-Française toute la lumière des chefs-d'œuvre ravivés par son jeu sublime. Mais c'est surtout au théâtre qu'il faut redire la parole du poëte : « Bienheureux ceux qui meurent jeunes, ils sont aimés des dieux. » Quand on a vu comme moi Mlle Georges crier misère dans sa vieillesse, quand on a vu Mlle Clairon et Sophie Arnould pleurer aux funérailles de leurs renommées mortes depuis un demisiècle, il faut envier les comédiennes qui meurent à leur zénith, comme Mlle Rachel.

VIII

Deux drames pour un.

Beaucoup de comédies en action dans la vie de Mlle Rachel, mais aussi plus d'un drame. Il m'a fallu lui retenir le bras pour l'empêcher de se frapper au cœur, non pas du poignard tragique, mais d'une paire de ciseaux qu'elle trouvait sous sa main. C'est moins poétique, mais ce fut plus terrible et plus imprévu.

A ses débuts, elle avait joué *Virginie*, une vraie tragédie qui annonçait un jeune maître, mais par malheur pour le poëte, Ponsard rejeta à l'arrière-plan Virginie par Lucrèce. Mlle Rachel se disait toujours que l'auteur aurait sa revanche. Voilà pourquoi, par sentiment de la justice, elle lui demanda une autre pièce. De là, *Rosemonde*. C'était un drame armé d'alexandrins. Un seul acte résumaït toute l'action. Et quelle action ! Deux empoisonnements et un meurtre en moins d'une heure. C'était la scène de tous les crimes et de toutes les horreurs. Eschyle et Shakespeare se fussent détournés.

On eut beau représenter à Mlle Rachel qu'elle ne pouvait jouer un rôle où elle était contrainte à boire la mort dans une coupe faite du crâne de son père — la libation de l'adultère * — elle s'obstina par amitié pour le poëte.

* Après la représentation de *Rosemonde*, un critique a très gaiement fait une conférence au foyer des acteurs sur la Cuisinière bourgeoise des tragiques anciens et modernes:

Les poëtes tragiques ont toujours entendu la gastronomie d'une singulière façon. Bêtes et gens me font vraiment pitié par la manière dont ils les nourrissent ; celui-ci mangeant, celui-là

Les répétitions ne lui dessillèrent pas les yeux. Il fallut la lumière de la rampe pour lui montrer toute la folie de cette œuvre. Devant l'effroi et la consternation du public, elle perdit pied et sentit tomber sa force tragique ; elle lutta pourtant parce que sa volonté était de fer. Ses amis eux-mêmes l'abandonnèrent, au moment où plus que jamais elle devait se montrer résolue à tout. Déjà malade, elle était effrayante à voir par son double désespoir, celui de *Rosemonde* et celui de Rachel, celui de l'héroïne qu'elle représentait et celui de la comédienne qui était vaincue pour la première fois.

Ici je laisse la parole à un journaliste qui l'a bien connue : « La grande artiste tomba dans une crise nerveuse qui alarma vivement ceux qui l'entouraient. La loge où s'habillait Mlle Rachel au Théâtre-Français était précédée d'un salon tendu en damas de soie blanc fort élégant; des divans, des sièges confortables y attendaient

mangé. Dans Eschyle, c'est le vautour de Prométhée enchaîné qui s'indigère à perpétuité avec le foie de sa victime ; dans Crébillon, c'est Atrée qui, pour libation dernière, autrement dit le coup de l'étrier, fait boire au fils de Thyeste le sang de son père; dans toutes les *Médées* du monde, celle de Corneille comme celle de Longepierre et comme celle sans doute de M. Ernest Legouvé, nous avons la marmite funeste des filles de Pélias, où leur père se rajeunit au court-bouillon ; puis comme premier service après ce pot-au-feu tragique, se place l'écuelle ensanglantée où la Gabrielle de Vergy, de M. de Belloy, découpe à la fourchette le cœur de son amant. Ce n'est pas tout : la tragédie, non contente du menu, a voulu se faire une batterie de cuisine, une vaisselle à l'avenant, et le premier objet que nous trouvions sur sa lugubre étagère, c'est la coupe d'Alboin, que M. Latour de Saint-Ybars a retrouvée dans les vieilles ferrailles des tragédies d'autrefois, et qu'il vient tout exprès, pour son effrayant petit acte, de remonter et de refourbir à neuf.

les visiteurs intimes, les admirateurs familiers. Ce soir-là, comme l'artiste s'était attardée sur la scène, pour un rappel de politesse que lui faisaient des gens attentifs à leur devoir, augmentés de quelques personnes que cette triste soirée apitoyait sur le compte de la pauvre femme, ses amis eurent le tems de se trouver rassemblés dans le salon avant qu'elle y arrivât. C'étaient le directeur du Théâtre-Français, M. Arsène Houssaye, le duc de Morny, Léopold Le Hon, M. Émile Augier, le marquis de Lavalette, M. Jules Janin, qui s'était réconcilié avec la célèbre tragédienne à son retour de Russie. Mlle Rachel entra, soutenue par sa sœur et en proie à la plus grande agitation ; elle apostropha les personnes présentes : « Que venez-vous faire ici, avec vos habits noirs ? Croyez-vous assister à mon enterrement ?... C'est vous qui avez déjà porté en terre ma sœur Rébecca... » C'est là le récit de Jules Lecomte. Spectateur de la pièce, il vint jusqu'à la loge de Mlle Rachel comme tous ceux dont il cite les noms. Mais il n'entra pas comme moi à la suite de Léa et de Rébecca, dans l'arrière-loge qui servait de cabinet de toilette.

Elle était effrayante dans sa surexcitation nerveuse. Plus on lui parlait, plus on l'exaspérait. Au lieu de se déshabiller, elle déchira son costume éblouissant. Puis, tout à coup, elle saisit une paire de ciseaux et voulut frapper son sein nu là où battait le cœur. Et quels battemens !

Si je n'avais arrêté son bras, peut-être eût-elle frappé juste. « J'ai voulu jouer ce rôle exécrable et j'y ai été exécrable ! » disait-elle de plus en plus désespérée.

Tous ses amis étaient survenus. Vainement on lui

rappela que chacun de nous s'était opposé à la représentation, moi surtout; mais la fatalité avait été plus forte que la raison. On ne prévoyait pas d'ailleurs une telle catastrophe.

L'auteur qui était dans le corridor n'osait entrer. Je le suppliai, pour calmer Rachel, de dire qu'il retirait sa pièce. « Je venais pour cela », me dit-il.

La tragédienne respira. Elle savait qu'il avait droit aux trois premières représentations. « Puisque vous m'empêchez de mourir, je veux jouer encore cette *Rosemonde* deux fois, mais ce sera ma fin. »

Elle tomba évanouie. Heureusement sa mère survint, a berça dans ses bras et lui parla comme à un enfant. Elle rouvrit les yeux : « O ma mère! voilà ce que j'ai fait de ton enfant! » Tout le monde se sentait des larmes. On n'avait jamais vu Rachel dans cette pâleur sépulcrale. On ne croyait pas qu'elle pût jouer de longtems; on disait même qu'elle ne jouerait plus. C'était la désolation sur toutes les figures.

Il fallut la porter pour la mettre dans sa voiture. De sa voiture à son lit, il fallut la porter encore. Pour la veiller, elle ne voulut que sa mère et sa plus jeune sœur qui furent ses anges.

Jules Janin le prit le lendemain sur le grand ton pour conter ce drame lamentable à propos d'un drame imaginaire : « Rien n'est plus vrai. Elle rentra dans sa loge en se tordant les mains de douleur et de désespoir. Triste et touchant spectacle, que je n'oublierai de ma vie ! Elle était assise en un coin de cette loge historique, où se trouvait encore le parfum de Mlle Mars. Elle était haletante, éperdue, immobile et tombée en muette défaillance. Il n'y avait rien de plus éloquent et de plus triste. Ah ! fille des Muses, elle succombait à la tâche et elle était vaincue. Ame inquiète, esprit malade, santé perdue, elle rejetait ce calice. Elle pleurait, ses beaux grands yeux étaient pleins de larmes ; et comme un ami la voulait consoler : « Voyez, dit-elle, voyez si ce n'est pas une morte qui pleure ! » Ses yeux égarés s'arrêtèrent sur le portrait de Mlle Mars : « O Mars ! ouvre-moi ton tombeau ! »

Le bruit de la mort de Rachel se répandit, mais elle m'écrivit qu'elle renonçait au théâtre et que ses enfans seuls la verraient encore, tant elle voulait vivre cachée. Janin pourtant fut reçu. Cet homme charmant, qui n'a jamais eu d'enfans — ou qui n'a pas reconnu ses enfans — était le père de famille par excellence, le vrai père des artistes. Il ramena Rachel vers le théâtre, lui disant que l'air de la scène était encore pour elle le meilleur air à respirer. Puisqu'il lui fallait vivre pour ses enfans, elle ne devait pas si jeune quitter un théâtre, dont elle était l'âme.

Elle avait envoyé cinq mille francs à l'auteur de *Rosemonde*, comme s'il eût fait une pièce en cinq actes, mais elle ne comptait pas. Il était trop galant homme pour ne pas lui renvoyer ses cinq mille francs avec une lettre qui était un battement de cœur. Aussi dit-elle à Janin : « Puisque tu le veux, grosse bête que j'aime tant, je ne quitterai pas le théâtre. Et pour vaincre la mauvaise fortune, j'y reparaîtrai dans *Rosemonde*. Je le dois à Beauvallet qui a été superbe. Je le dois à tous mes camarades. »

Il fallut à Rachel dix jours pour se bien tenir debout. On avait annoncé la seconde représentation de la pièce pour un samedi. La veille à minuit on ne voulait pas afficher; mais la grande comédienne apparut au théâtre comme un revenant. « Affichez, affichez! dit-elle, la nécessité me donnera des forces. » On obéit, sauf à changer de spectacle le lendemain; mais, comme elle l'avait dit, elle joua *Rosemonde*.

Ce ne fut pas la salle de la première représentation, aussi l'acclama-t-on dès qu'elle parut. On rendit justice à la farouche énergie de la pièce; l'ombre de Crébillon planait sur la scène; toutefois Rachel sentit bien que ses dieux n'étaient plus là. Elle regretta que l'auteur, qui s'était inspiré d'Alfieri, n'eût pas comme lui adouci par le sentiment racinien l'horreur des situations. Elle avait vu jouer Shakespeare à Londres, elle s'était promis de jouer une pièce de lui pour prouver que rien ne l'effrayait dans le drame, non plus que dans la tragédie.

Elle fut longtems sans pouvoir se remettre de ce coup terrible : il lui semblait que le soleil de sa vie fût à jamais caché sous les nuages. La mort l'avait hantée. Ce n'était plus l'homme de la légende qui a perdu son ombre, c'était la femme qui est suivie par deux ombres. Sa figure avait beau rire, je ne sais quoi d'amer lui restait sur les lèvres. Il y a des années qui comptent double : ce sombre hiver lui compta pour dix années. Le doux air de jeunesse qui jusque-là passait sur sa figure comme un rayon d'avril ou de mai s'effaçait déjà sous la pâleur de la mort. Il lui arrivait certes de secouer ses tristesses et de reprendre cet air enjoué qui reposait sa figure des veilles du théâtre, mais ce n'était que des éclairs dans l'orage. Elle avait beau se rattacher à la vie par tout ce qui était la vie : l'amour, la famille, l'orgueil, l'amitié, les liens se renouaient et se brisaient encore. Elle en était arrivée à ce point noir du chemin où on se demande si c'est la peine d'aller en avant. Que trouverait-elle désormais ? Les chimères, qui sont d'abord du voyage, même dans les mauvais jours, s'étaient envolées peu à peu, blanches colombes qui retournent vers les plus jeunes; déjà les nuées de corbeaux croassaient et planaient à l'horizon. C'est la dernière escorte. Vainement on veut emporter sur son cœur les plus chers souvenirs, gerbe de fleurs moissonnées : les fleurs sont fanées et ne répandent plus qu'une amère senteur. Rachel, comme toutes celles qui doivent mourir jeunes, respirait déjà le parfum funéraire des herbes du campo-santo.

Mademoiselle Mars.

LIVRE XXI

LA COMÉDIE-FRANÇAISE EN 1855

I

L'année 1855 commença son travail par la *Czarine* de M. Scribe, jouée par Mlle Rachel. Quoique ce fût une grande figure pour une grande tragédienne, j'avais d'abord détourné l'auteur du sujet, parce que la Russie qui a souvent parfait nos comédiennes ne nous a jamais inspiré de chefs-d'œuvre pris dans son histoire. Mais Mlle Rachel, enfant gâté de la Russie dans son dernier voyage, voulait séduire encore une fois ses amis du Nord. Pour M. Scribe tous les pays étaient bons quand il avait sous la main de grands interprètes. La pièce d'ailleurs fit fortune; Rachel créa son dernier rôle dans la *Czarine :* elle y fut belle, elle y fut souveraine, sans s'inquiéter beaucoup de la vérité. Au contraire Beauvallet et Bressant furent de superbes portraits historiques du plus grand style. La critique, tout en les exaltant, ne fut pas bien douce à M. Scribe ; c'était d'ailleurs la mode de protester toujours contre cet homme, si bien doué mais trop heureux. On n'aime pas les gens heureux à Paris. Si le pli du malheur n'a pas marqué la figure d'un homme, on s'imagine qu'il vole son pain. Scribe avait pourtant un tort grave, c'était de prendre souvent la place d'un autre; s'il ne se fût jeté à la traverse, c'était Dumas qui créait le dernier personnage que devait représenter Mlle Rachel ; peut-être n'eût-il pas trouvé toutes les ressources scéniques de l'auteur du *Verre d'eau*, mais à coup sûr, il eût mis au monde de plus hautes figures. Au théâtre, il faut être humain dans la comédie mais surhumain dans le drame, tout en gardant l'illusion de la vérité.

Méry reparut avec l'*Essai du mariage*, une comédie éphémère mieux travaillée par les vers que par l'action. Ce fut à quelques jours de là que l'on donna les *Jeunes gens* de Léon Laya, un grand succès pris à Méry puisque c'était le même sujet que le *Sage et le Fou*. Ce fut d'ailleurs bien plus un succès de comédiens qu'un succès d'auteur, mais quelle que soit la raison du succès, un théâtre a le droit de s'enorgueillir, parce qu'il n'y a point de bonnes pièces sans de bons acteurs et sans une mise en scène bien étudiée.

Avec *Péril en la demeure*, d'Octave Feuillet, on se retrouva dans la vraie littérature *. Avec les *Jeunes gens*,

* Les rires ne sont que des sourires, les larmes mouillent les yeux sans rouler sur les joues, mais c'est charmant. Les personnages sont tous pris dans la vie, mais le talent des comédiens et des comédiennes accentue encore leurs physionomies. On

on pouvait se croire au théâtre du Vaudeville. Dans *Péril en la demeure*, on se sentait bien au Théâtre-Français; mais le succès dura moins : Beaumarchais n'aurait pas manqué de dire : « Combien faut-il de bourgeois pour faire un parterre ? »

En cette année 1855, ce fut Philoxène Boyer qui écrivit une ode pour l'anniversaire de la mort de Corneille. Il s'était déjà révélé poëte de race, presque grand poëte, cet homme si vite oublié que se rappellent pourtant tous les dilettantes de la poésie.

Une comédie de M. Legouvé, *Par droit de conquête*, réussit bien en juin et conjura les chaleurs sénégaliennes. Ces trois actes n'étaient pourtant pas frappés à la glace. Ils faisaient leur chemin avec beaucoup d'action et d'esprit. En pleine mauvaise saison, on donna aussi la pièce de Kotzebue, refaite par Gérard de Nerval, *Misanthropie et repentir*. Pourquoi s'était-il obstiné à faire revivre l'œuvre un peu démodée d'un étranger quand il pouvait dans les entr'actes de sa folie créer une pièce toute française ? Quand vint l'automne, Léon Gozlan risqua une pièce historique en cinq actes, le *Gâteau des reines*. Le Gâteau c'était Louis XV, ce roi spirituel qui se moquait d'Adam par ce couplet immortel :

Il n'eut qu'une femme avec lui
Encor c'était la sienne !
Mais moi je vois celles d'autrui
Et ne vois pas la mienne.

s'amuse beaucoup à ce spectacle, qui est un régal pour les esprits d'élite. On n'enfoncera pas les portes de la Comédie et on ne cassera pas les vitres parce que l'auteur est un délicat, mais on y viendra et reviendra pour applaudir ce jeu charmant des passions. Comme a dit Mlle Rachel : M. Feuillet débute par une victoire gagnée à la pointe de l'esprit.

Léon Gozlan n'était pas l'homme des grandes entreprises; il disait un jour : « Pour moi, trois actes c'est le bout du monde. » Mais alors pourquoi cinq actes? Au théâtre il n'y a que l'esprit de situation qui vaille quelque chose. Or, Léon Gozlan se préoccupait plus de l'esprit que de la situation. Après une vingtaine de représentations on ne sut pas bien si sa pièce était une chute douce ou un demi-succès ou un vrai succès, tant les opinions variaient dans la salle et dans la critique. Le combat finissant faute de combattants, il me fallut bien, quelle que fût mon amitié pour Gozlan, ne plus donner sa pièce que de loin en loin. Comme il avait reçu une prime, il se consola et reprit sa plume vaillante. En septembre, toutes les âmes étaient en Crimée, l'Empereur me dit qu'il me fallait faire une ode sur la prise de Sébastopol ; ce fut Mlle Favard qui la déclama sans déclamation, avec tout son héroïque enthousiasme. Elle fut si belle qu'on trouva mes vers superbes. Deux comédie en un acte, *l'Amour et son train*, de M. Octave Lacroix, et *la Ligne droite*, d'un Génevois, furent représentées en même tems sans que le soleil changeât son axe. On y prit plaisir, on y reconnut l'esprit scénique, on y applaudit le mot qui porte. Une grande pièce moitié drame, moitié comédie, la *Joconde*, de Paul Foucher et Régnier, prit la salle pour finir l'année. Grand succès de première représentation. Foucher qui ne voyait pas loin, car c'était un myope légendaire, disait partout : « Il y a cent représentations ! » Mais Régnier qui n'est pas myope et qui, tout en jouant la pièce sous le soleil de la rampe, avait vu plus d'une fausse trappe, dit à son collaborateur: « Vingt-cinq représentations et n'en parlons plus. » Régnier ne se trompait jamais, même sur son compte. Du moins les vingt-cinq représentations appelèrent tout Paris.

Je passe sur bien des soirées qui mériteraient une page : saynète sur la guerre d'Orient de l'impeccable Belmontet, beaucoup de reprises, beaucoup de débuts. Mais le tems passe vite et emporte tout ou presque tout. Comment raviver aujourd'hui des admirations, des surprises, des émotions de 1855 ? Le dernier mot c'est le chiffre des recettes, car elles atteignirent un million quoique Mlle Rachel n'eût pas beaucoup joué dans l'année. Il y avait eu une exposition universelle à Paris, mais en ce tems-là la province n'était pas dépensière, elle ne risquait son argent que pour les troisièmes loges ou les secondes galeries. Paris seul a payé plus de huit cent cinquante mille francs son droit de cité au Théâtre-Français.

II

Les quatre majestés aux Tuileries

Alfred de Musset ne voulait plus reprendre la plume. Son esprit s'embrumait de plus en plus. Il eût fallu un miracle pour le remettre en pleine lumière.

L'impératrice Eugénie, aujourd'hui réfugiée dans Bossuet et dans l'*Imitation de Jésus-Christ* — on pourrait dire dans l'imitation de la mère des douleurs — aimait beaucoup Alfred de Musset, comme elle aimait Octave Feuillet, comme elle aimait Victor Hugo. Elle ne désespérait pas de voir le poëte de *Rolla* achever sa tragédie de *Frédégonde*. « Mlle Rachel serait si belle et si terrible ! »

disait l'impératrice en priant tous les chambellans de remettre la plume d'or dans la main d'Alfred de Musset.

Le comte Bacciochi alla plus d'une fois porter les complimens de l'impératrice, rue du Mont-Thabor, à l'heure très matinale où on trouvait le poëte, mais il ne réussit pas plus que Rachel ni que moi-même à remettre Alfred de Musset dans les légendes mérovingiennes. Quoiqu'il fût touché des bonnes grâces de l'impératrice, il disait comme cette comédienne, riant sous les madrigaux :

Le moindre billet de mil
Ferait bien mieux mon affaire.

Passons sur l'orthographe. Désespérant de voir *Frédégonde*, l'impératrice ne désespéra pas d'avoir une comédie d'Alfred de Musset. On eut beau lui dire qu'il ne faisait plus rien qui vaille, elle croyait avec raison qu'une si haute intelligence ne pouvait s'abîmer. Elle savait d'ailleurs que le noctambulisme d'Alfred de Musset lui donnait des heures rayonnantes où il retrouvait sa jeunesse.

Je fus prié d'être l'ambassadeur. Non seulement la souveraine payerait les droits d'auteur, mais imitant en cela Marie-Antoinette qui jouait Beaumarchais, elle-même jouerait Alfred de Musset.

Il m'était facile d'attendre le poëte au théâtre ou de descendre au café de la Régence; mais je fis bien les choses. Le lendemain matin à la première heure je mis deux chevaux à mon coupé pour faire quelque bruit dans la rue du poëte qui était alors fort silencieuse. Quand je sonnai, ce fut Alfred de Musset qui vint m'ouvrir. « Vous allez donc à la noce ? me dit-il en me voyant en habit noir et en cravate blanche. — Non, je viens chez un grand poëte, dépêché par une impératrice. »

Alfred de Musset fut touché de cette comédie : un peu plus il m'embrassait comme après la première représentation du *Chandelier.*

Je lui appris que l'impératrice voulait jouer un rôle qu'il ferait pour elle. « Et que diable voulez-vous que je fasse ? — C'est bien simple, quelque chose comme le *Barbier de Séville* ou les *Noces de Figaro.* La reine Marie-Antoinette n'a-t-elle pas joué à Versailles et à Trianon *Rosine* et *Suzanne ?* »

Alfred de Musset regarda vers la porte. « Alors vous avez amené M. de Beaumarchais : il sera de la pièce. »

Et comme il ne perdait pas la carte il me demanda quel serait le prix d'un pareil chef-d'œuvre.

J'avais moi-même carte blanche. On sait que tout était bien payé à la cour de l'impératrice, mais Alfred de Musset ne se payait pas de promesses ; depuis qu'il doutait de lui-même, il doutait de tout. Pourtant il feuilleta ses vieux papiers. « Après tout, me dit-il, j'ai là une comédie qui n'est ni faite ni à faire, mais où il y a deux jolis rôles de femme. Cela s'appelle *Comme il vous plaira.* — Très joli titre. — Oui, mais ce titre n'est bon que pour Shakespeare. Il faudrait appeler ma comédie l'*Ane et le Ruisseau*, car l'idée de la pièce est celle-ci : un amoureux qui n'ose pas franchir le Rubicon. — Eh bien ! appelez votre pièce le *Rubicon*, cela fait toujours plaisir chez un empereur. — Non, dit Alfred de Musset, en le prenant de haut comme un enfant taquin, cela s'appellera l'*Ane et le Ruisseau.* Toutes les royautés du monde ne me feraient pas changer le titre. »

Je le connaissais trop pour le contrarier. « Combien d'actes ? — Un seul. »

C'était trop peu, même si c'était joli comme la *Porte ouverte ou fermée.* Aux Tuileries, où on ne doutait de rien, on avait parlé d'une vraie comédie, mais comme Alfred de Musset ne pouvait improviser cinq actes, je lui demandai de couper son acte en trois. « Pourquoi ? — Parce que, si on doit vous payer cinq actes dix mille francs, on ne vous donnera pas dix mille francs pour un acte. — Eh ! bien, on aura tort. Qu'ils aillent trouver M. Scribe qui leur fera une comédie en dix actes. »

Rien n'était plus difficile que de discuter pacifiquement avec Alfred de Musset. Je lui promis tout ce qu'il voulut : 1° il recevrait cinq mille francs en napoléons frappés pour lui ; 2° s'il se décidait à couper sa pièce en trois, l'impératrice aurait le droit d'élever les droits d'auteur ; 3° la pièce jouée d'abord aux Tuileries serait jouée ensuite au Théâtre-Français, la représentation à la cour devant dispenser l'auteur d'une lecture du comité.

Alfred de Musset se mit à l'œuvre. Le lendemain il me demanda si la Monnaie s'était mise à l'œuvre pour lui frapper ses napoléons.

Nous n'étions pas ensemble depuis cinq minutes que mon huissier, le célèbre de Lachaume, qui se croyait aussi gentilhomme que le poëte de *Rolla,* entra tout effaré, nous croyant aux prises.

C'était une prise d'éloquence. Nous parlions trop haut pour pouvoir nous entendre : il m'avait envoyé au diable, je l'avais envoyé plus loin, mais nous n'avions pas ouvert la fenêtre. Et tout ce tapage parce que j'avais prié tout gentiment Alfred de Musset de venir avec moi, à quelques jours de là, lire sa pièce à l'impératrice.

J'avais eu beau lui dire qu'il n'y aurait que trois ou quatre personnes, des amis à lui, l'Empereur, Nieuwerkerke, Persigny, Bacciochi, peut-être Morny et Fleury, tous ces noms en *i* et en *y* l'avaient agacé. « Ni-ni c'est fini, je vais brûler ma pièce. »

Comme je lui passais du feu pour allumer sa cigarette, il se méprit croyant que c'était pour brûler sa pièce. « Vous voyez, me dit-il, que c'est votre opinion. »

Il s'entêta là-dessus. Il frappa du pied. Nous élevâmes le ton. Quand Lachaume entra, nous lui donnâmes un vrai spectacle de comédie.

Je croyais bien que c'en était fait de la pièce des Tuileries, car Alfred de Musset prit son chapeau et s'en alla comme une bourrasque.

Je lui écrivis tout de suite ce petit mot:

Je ne comprends pas bien, mon ami, pourquoi vous refusez de lire devant une femme qui vous admire, quand vous consentez à lire devant un comité de comédiens qui, presque tous, ont le tort de ne vous juger que sur vos hautes fantaisies.

Cette pièce diplomatique alla trouver Alfred de Musset au café de la Régence. Sa colère était subitement tombée, car il me crayonna cette réponse : *Je lirai demain.*

Et, pour me prouver qu'il était sans rancune, il avait crayonné aussi : *A vous de tout cœur.*

J'allai tout de suite au café de la Régence; mais il était déjà parti pour achever sa pièce.

Le lendemain, Alfred de Musset arriva à deux heures au théâtre, avec son manuscrit à la main. « Voyez, me dit-il gaiement, je ressemble à un poëte famélique du tems de Louis XIII qui va lire sa tragédie chez le cardinal. — Allons donc, vous ressemblez à un prince charmant qui va lire un conte à la belle au bois dormant. »

Je le regardai : il était correct comme un gentleman ; gants gris perle, cravate nouée avec art, habit à la française ne faisant pas un pli, barbe sculpturale, pas un cheveu sorti des rangs. J'allais oublier les bottines qui dessinaient fièrement un joli pied. « A la bonne heure, dit Beauvallet, en nous voyant sortir, Alfred de Musset va à la cour sans son jeune homme. »

La vérité c'est qu'il s'était préparé à cette petite fête par une bien légère griserie — ou plutôt c'était la griserie de la veille.

Je désespérais de lui en montant en voiture. Il me chantait sur tous les tons qu'il était super-ridicule de lire ses œuvres dans le monde, même chez les impératrices. « C'est l'affaire des chambellans, me dit-il tout à coup. Je vais prier Nieuwerkerke, qui a bien autant d'esprit que moi, de lire ma comédie. »

Le comte Bacciochi vint recevoir Alfred de Musset au bas de l'escalier : l'impératrice l'avait voulu ainsi ; mais le poëte était si fantasque, que, loin d'être touché d'une telle bonne grâce, il voulut rebrousser chemin. « Qu'est-ce cela ? » dit-il. Heureusement que Bacciochi était un trait d'union perpétuel avec son entrain et ses concetti.

Une fois dans le salon de l'impératrice, le poëte fut un tout autre homme. Il releva la tête, marcha fièrement, salua la souveraine et lui parla avec la plus parfaite courtoisie.

L'impératrice se tourna vers l'Empereur : « Que me disait donc Mérimée ? — Voilà comment il écrit l'histoire », murmura Napoléon III.

Après avoir préludé par ce bruit de crécelle qu'il avait

l'habitude de faire en croisant les dents, Alfred de Musset ouvrit son manuscrit et lut très vite les premières scènes. Mais bientôt il inquiéta beaucoup l'Empereur et l'impératrice, parce qu'une autre majesté, Sa Majesté l'Argent, entra dans le salon sans se faire annoncer.

Je n'avais jamais vu cela aux Tuileries, mais cela fut ainsi. C'est-à-dire que M. le baron James de Rothschild franchit le seuil sans tambour ni trompette. Quoique ce fût une majesté reconnue, on n'avait pas d'ailleurs ouvert la porte à deux battans.

S'il avait ses grandes entrées, c'était un peu beaucoup parce qu'il était traité de puissance à puissance, mais c'était aussi parce qu'il contait bien et parce qu'il amusait l'impératrice. Les conteurs ont toujours fait fortune à la cour, où il y a trop de déclamateurs et trop de silencieux.

M. de Rothschild avait appris dans le salon voisin que M. Alfred de Musset lisait une comédie. Il ne venait pas pour ouïr cette comédie, mais il pensa qu'un spectateur comme lui ne pouvait pas mal faire.

Le voilà donc entré. Mouvement dans le salon; le baron fit signe qu'il ne fallait pas se déranger pour lui; il étendit les bras comme pour apaiser les flots. « Qu'est-ce que cela ? » dit encore Alfred de Musset en se levant d'un bond. Il se tourna vers moi. « Une majesté, lui dis-je, vous ne reconnaissez pas M. de Rothschild ? »

Cette fois il se retourna vers l'impératrice. « Alors je ne continue pas de lire ma comédie à Votre Majesté, car je n'ai pas invité M. de Rothschild. »

La situation devenait dramatique. M. de Rothschild qui s'était appuyé à la cheminée éleva la voix : « Monsieur Alfred de Musset, vous pouvez continuer. » Le poëte se méprit : il croyait que M. de Rothschild lui parlait d'un air protecteur. Il se tourna vers moi. « Mais il n'a pas payé sa place ! De quel droit écouterait-il ma pièce ? » Il plia son manuscrit. « Qu'est-ce que cela vous fait ? » lui dis-je, pendant que l'impératrice daignait se lever pour l'adoucir.

Mais comme un gentilhomme qui a mis flamberge au vent, il ne voulait pas rengaîner. « Madame, vous êtes gracieuse comme vous êtes belle ; je n'ai pas fait de façons pour lire devant Votre Majesté, mais aucune puissance humaine ne m'obligera à lire devant M. de Rothschild.
— Vous ne savez donc pas qu'il a beaucoup d'esprit ? »

L'Empereur comprit que rien ne pouvait désarmer Alfred de Musset. Il s'était levé à son tour ; il alla droit à M. de Rothschild, qui ne voulait pas lui-même céder le pas au poëte. « Je suis désolé de faire un entr'acte, dit le baron, mais M. Alfred de Musset se trompe s'il a peur de m'ennuyer avec sa pièce ; j'en ai encore vu une de lui hier avec beaucoup de plaisir : *Il faut qu'une porte soit ouverte ou fermée.* »

L'Empereur sourit. « Oui, monsieur de Rothschild, dit-il, il faut qu'une porte soit ouverte ou fermée. »

Le baron comprit, mais il n'était pas homme à se laisser démonter. « Si je ne craignais, dit-il tout haut, de faire une impolitesse à M. Alfred de Musset, je n'attendrais pas ici qu'il eût fini de lire sa pièce ; je me contenterais de l'applaudir au Théâtre-Français. »

Comme le baron disait ces mots tout haut, Alfred de Musset murmura avec son grincement de dents :

C'est un droit qu'à la porte on achète en entrant.

On fit semblant de ne pas entendre. M. de Rothschild qui avait bien entendu, voulut au moins faire une belle sortie. Il vint droit à l'impératrice et lui prit la main. Après quoi il salua Alfred de Musset d'un salut respectueux jusqu'à la raillerie.

Puis il me dit aussitôt : « Quand donnez-vous ce chef-d'œuvre ? — Jamais ! lui répondis-je. — Jamais ! — La pièce a été écrite pour le théâtre des Tuileries. »

Monseigneur Million crut avoir sa revanche. « Ah ! tant mieux, on ne payera pas en entrant. »

Un peu plus on riait pour M. de Rothschild, mais il eut le tort de demander le titre de la pièce.

Alfred de Musset lui répondit avec une moquerie capitonnée : « *L'Ane et le Ruisseau.* — Ah ! je comprends, dit le baron, l'âne ne passe pas le Rubicon : c'est un sage. »

Là-dessus M. de Rothschild tira la révérence. L'impératrice dit à Alfred de Musset : « Vous voyez, monsieur de Musset, que tout le monde vous obéit ici et que vous donnez de l'esprit à tout le monde. »

Le poëte salua et rouvrit son manuscrit. A chaque instant il fut salué lui-même par ces mots qui traversaient le salon comme des oiseaux chanteurs : *Très joli, charmanl, adorable !*

Quand il eut fini, il me demanda en souriant si la pièce serait reçue. L'impératrice qui avait entendu, répondit tout haut : « A l'unanimité ! »

Oui, la pièce fut reçue ; la preuve c'est que de Musset toucha ses droits d'auteur.

Pourquoi ne fut-elle pas jouée ? C'est qu'à la cour la femme propose et le hasard dispose. Ceux qui sont maîtres de tout nè sont maîtres de rien. Il arrive ceci ou cela. C'est surtout à la cour que l'Imprévu tue la Volonté.

Quand nous descendîmes des Tuileries, Alfred de

Musset me dit tout à coup : « Je viens de lire une comédie, mais je me demandais si tout le monde ne jouait pas la comédie autour de moi. Est-ce que vous êtes bien sûr que nous ne sortons pas d'un théâtre? — Le théâtre du monde, lui dis-je. — Non, c'est un vrai théâtre. Tous ces personnages-là jouent des rôles appris, c'est la tragicomédie. Tout en lisant ma pièce, je regardais l'impératrice avec l'effroi du lendemain. On dit qu'elle est Espagnole, n'en croyez rien ! Je l'ai bien vue. Par ses cheveux, par ses yeux, par ses lèvres, c'est encore une Autrichienne, comme Marie-Louise et Marie-Antoinette. Elle est charmante, mais je vous dis qu'elle joue fatalement un rôle. Tout cela est beau aujourd'hui, pourtant je ne donnerais pas deux sous du dernier acte. »

Je demandai à Alfred de Musset s'il donnerait deux sous du dernier acte de M. de Rothschild. «Oui, parce que chez Sa Majesté l'Argent deux et deux font quatre — et quelquefois cinq. »

III

Quiétude

Après les orages des premiers tems, j'ai vécu six à sept années au Théâtre-Français dans la confraternité des artistes et des auteurs dramatiques ; il n'est pas jusqu'aux grands morts de la maison, Corneille, Molière, Racine, Regnard, Marivaux, Beaumarchais, qui n'aient été contents des belles soirées que je donnais sous leurs présidences, car je jouais leurs chefs-d'œuvre avec religion, grâce aux beaux talens qui éclataient alors dans une troupe radieuse.

Il y avait bien çà et là quelques nuages, car, dans cette république de rois, l'orgueil est toujours en scène, mais on me savait homme de bonne volonté et on me revenait sans rancune.

J'avais trouvé le théâtre envahi par le vieil esprit qui ne voulait pas se rendre, par les vaudevillistes qui croyaient faire des comédies, par les faux romantiques qui croyaient faire des drames, mais qui pleuraient quand il fallait rire, ou qui riaient quand il fallait pleurer. Tout en renouvelant les décors, je renouvelai le sentiment dramatique; je condamnai avec énergie les revenans tragiques et comiques, les arrières-petits-fils de Campistron, de Lachaussée, d'Andrieux et des autres. N'était-ce pas offensant pour la génération de 1850, de voir le Théâtre-Français afficher de pareilles grisailles devant les yeux de Victor Hugo, Alexandre Dumas, Alfred de Musset et Émile Augier? De toute l'école condamnée, Eugène Scribe seul conserva son droit de cité. Ce n'était certes pas un homme de génie, mais il avait le génie dramatique; s'il se fût évertué à écrire, il eût signé plus d'un chef-d'œuvre. Telles qu'elles sont, ses pièces ont mérité de lui survivre. Les intransigeans m'ont accusé, à propos de Scribe, d'avoir sacrifié au succès, et j'ai reconnu que le succès avait raison. Il faut faire l'éducation des contemporains, mais il ne faut pas empêcher les contemporains de s'amuser au théâtre de l'homme le plus fertile en ressources dramatiques. D'ailleurs, Eugène Scribe avait l'art de s'emparer de la scène sous tous les prétextes: Mlle Rachel songea à jouer *Adrienne Lecouvreur*, il accourut avec cinq actes où le génie de Rachel devait éclater. Même histoire pour Madeleine Brohan: il fallait que son début fût un triomphe, Eugène Scribe lui dédia soudainement cinq actes : les *Contes de la reine de Navarre*. On n'avait pas le tems d'aller frapper à d'autres portes tant il enfonçait notre porte à propos.

Je n'ai pas seulement joué, en dehors de lui, les quatre maîtres que j'ai nommés tout à l'heure ; j'ai joué Jules Sandeau, Léon Gozlan, Théodore Barrière, George Sand, Octave Feuillet, Mme Émile de Girardin, Henry Murger. J'avais à mon départ deux comédies presque achevées, une d'Alphonse Karr et une de Théophile Gautier, qu'ils n'ont pas voulu finir pour M. Empis, lequel d'ailleurs n'aimait pas leur esprit.

Je me garderai bien de dire que dans mon amour des belles choses je n'ai représenté que des chefs-d'œuvre. Quand on joue quatre-vingts pièces, on tente l'aventure, on se risque au sifflet; mais la bataille, c'est la vie. Qu'est-ce qu'un théâtre qui joue deux pièces par an ! Ce théâtre est fermé aux vivans, il n'est plus l'expression du génie dramatique de son tems. Que m'importe qu'il fasse de l'argent avec des œuvres médiocres, je passe devant la porte et je n'entre pas : faire de l'argent n'est pas faire de l'art. L'État devrait subventionner un théâtre qui jouerait tous les mois une œuvre nouvelle, comme faisait le Théâtre-Français sous ma direction. S'il vient un chef-d'œuvre, il restera au répertoire, mais pourquoi le jouer plus de deux fois par semaines après les trente premières représentations? Tout Paris l'a vu, toute la province le verra. Et si ce n'est pas un chef-d'œuvre, pourquoi en perpétuer le succès, puisque ce succès condamnera toutes les pièces qui attendent leur tour?

Il y a un autre point capital au théâtre, c'est le chapitre des acteurs : il faut une énergie indomptable pour se débarrasser des mauvais comédiens. Dieu sait les luttes qu'il m'a fallu subir, car les mauvais comédiens ont toutes les malices de la comédie pour se faire recommander, que dis-je, pour se faire imposer. Le ministre m'appela plusieurs fois : « Il faut engager celui-ci et celui-là. — Pourquoi ? — Parce que celui-ci n'est pas plus mauvais que tant d'autres, parce que celui-là a eu un prix au Conservatoire. » Un jour, pour toute réponse, j'écrivis tous les noms glorieux de la Comédie-Française, sous les yeux du ministre : « Votre protégé ferait une triste figure dans une pareille compagnie. » Le ministre abandonna son protégé. Une autre fois, il me donna l'ordre d'engager un gentil garçon, mais un tragédien déclamatoire qui, plus encore que Ligier, faisait hurler les chiens de la rue Richelieu quand il était en scène. Je tirai un revolver de ma poche : « Mon cher ministre, ce tragédien se croit toujours au cinquième acte. Il veut m'assassiner parce que je refuse de signer son engagement; tout le théâtre sait que c'est par un miracle qu'il a manqué son coup; mais me voilà sur mes gardes et je suis décidé à le tuer plutôt qu'à le réengager. » Le ministre n'insista point, bien plus convaincu par mon revolver que par mes paroles. « Hélas ! me dit-il, il me faudrait un pareil revolver pour contenir l'ambition de tous les représentans du peuple qui demandent pour leurs enfans, des ambassades, des recettes générales et des préfectures. »

Un mauvais acteur est comme un mauvais journaliste qui dans un journal empêche de lire les meilleurs. Ma ci-devant belle ennemie, Mlle Denain, qui fut si bonne mère de famille, aurait dû passer seulement une ou deux saisons à la Comédie-Française. Elle persista à s'y acclimater et elle s'y barricada dans son emploi de grande coquette sans varier l'éventail de Célimène ; ce qui empêcha plus d'une fois les nouvelles venues de prendre le pas. C'était le contraire chez Augustine Brohan, cette grande comédienne, qui abandonnait toujours ses droits. Plus on tient à son emploi, moins on le mérite.

Il y a encore un autre chapitre dans la direction d'un théâtre, c'est celui du personnel qui administre; depuis le secrétaire général jusqu'aux ouvreuses, il faut que tout le monde ait bon air par le costume, comme par la figure. Prenez garde à ces contrôleurs qui semblent aboyer à la porte. Une grande maison ne doit avoir que des serviteurs bien stylés. Il faut que tout le théâtre chante la bienvenue. Si la claque est indispensable, répudiez tous les mufletons qui déshonorent le parterre, il y a assez de gentils hommes sur le pavé. Faites de la claque un art, elle n'est pas plus inutile que la censure ; elle doit même faire comprendre ce que la censure a coupé. En Italie, les rappeleurs et les bouquetiers sont des gens bien nés qui ne se trompent ni sur les œuvres ni sur les acteurs. M. Scribe a eu beaucoup de collaborateurs, il aurait pu donner çà et là quelques louis de droits d'auteur au chef de claque, car il ne dédaignait pas son opinion. Un ancien, un paresseux suprême, avait imaginé de prendre des esclaves pour toutes les actions de sa vie: l'un marchait pour lui, l'autre parlait, celui-ci s'enivrait, celui-là jouait l'amour. Les claqueurs ne sont après tout que des serviteurs qui applaudissent pour nous, quelquefois même ils soulignent des beautés ou des malices que nous n'avons pas bien senties. On me disait un soir : « Tu ne danses pas. — Non, je ne daigne plus danser moi-même, mais ne vois-tu pas là-bas un de mes amis qui danse pour moi. »

IV

Servitude et grandeur théâtrales

Un soir, à l'orchestre du Théâtre-Français, je rappelais à Alfred de Vigny son beau livre *Servitude et Grandeur militaires*, pour lui parler de la servitude et de la grandeur théâtrales : Molière n'est-il pas mort sur le champ de bataille, pour avoir joué le *Malade imaginaire*, lui le malade marqué par la mort ! A côté des histrions qui ont abdiqué tout sentiment humain pour arracher un rire au parterre, il y a sur la scène le grand comédien, qui souvent sacrifie sa vie familiale, qui comprime son cœur et qui retient ses larmes parce que Sa Majesté le Public attend.

Mlle de Camargo elle-même, cette danseuse célèbre, dont on n'a jamais vu que le sourire, n'est-elle pas, le jour le plus triste de sa vie, à l'heure même où son amant était tué en duel, venue faire les plus belles pirouettes du monde devant son public idolâtre ! On la traîna bientôt à moitié morte dans sa loge.

Certes la grandeur militaire a d'autres héroïsmes puisqu'elle verse son sang pour la patrie, puisqu'elle humilie son orgueil devant tous les caprices d'une destinée implacable ; mais il faut reconnaître que quiconque s'enrôle devant l'opinion est condamné à des sacrifices sans nombre. Tout justement quand nous nous accordions sur ce point, Alfred de Vigny et moi, Régnier, ce cœur vaillant, était en scène qui réjouissait toute la salle par son éclat de rire, parce qu'on ne voyait pas les larmes qui mouillaient ses yeux au souvenir d'un enfant mort quelques jours auparavant. Un spectateur de notre voisinage s'écria : « Ce Régnier me fait rire jusqu'aux larmes. » Régnier qui l'entendit soupira : « Et moi aussi je ris jusqu'aux larmes. »

La note gaie après la note triste. Quand *** perdit son père, il s'en alla trouver Buloz et lui dit la triste nouvelle : « Je vous vois venir, murmura le commissaire royal; vous allez me dire que vous ne pouvez pas jouer ce soir, vous savez bien que Beauvallet est absent. — Oh non! M. Buloz, je ne jouerai pas! — Allons donc! vous pouvez bien jouer Théramène, puisque ce n'est pas un rôle gai. Ce sera même pour vous un rôle de situation. » *** joua pour sauver six mille francs au théâtre, car Rachel jouait ce soir-là.

Mademoiselle Denain.

Augustine Brohan.

LIVRE XXII

LA COMÉDIE-FRANÇAISE EN 1856

I

Ce fut l'année de ma démission. La vie ne nous est pas octroyée pour faire toujours la même chose.

Parmi les pièces jouées en 1856, voici celles qui ont laissé un souvenir littéraire : les *Pièges dorés*, d'Arthur de Beauplan; le *Village*, d'Octave Feuillet; *Comme il vous plaira*, de George Sand ; et *Guillery*, d'Edmond About.

Sur les *Pièges dorés*, je retrouve cette page, datée de 1856 : « Comédie à trame légère, mais toute constellée de mots spirituels. Il y en a tant qu'on se croirait chez Bourguignon. Critique injuste, car c'est de la vraie joaillerie.

« Après la représentation, nous sommes allés avec Albéric Second, Xavier Aubryet et mon frère Édouard féliciter l'auteur dans la loge d'Augustine Brohan, qui a bien sa part du succès. Une jolie ingénue, Mlle Théric, a demandé à Albéric Second, qui succède dans l'*Artiste*, comme critique de théâtre, à Malitourne, lequel succédait à Gérard de Nerval, comment on pouvait avoir de l'esprit quand on critiquait l'esprit des autres. « Par exemple, reprit-elle, contez-moi votre feuilleton de demain. — C'est bien simple, dit Albéric, je dirai que Mlle Augustine Brohan a eu plus d'esprit que l'auteur, et que l'auteur a eu plus d'esprit que Mlle Augustine Brohan. — Et après? — Après, Mademoiselle, je parlerai avec tout mon sérieux de la moralité de la pièce. — Il y a donc une moralité dans cette pièce? — Je crois bien. Écoutez : Lorsque vous passez place de la Bourse, entrez dans une boutique de bonbons ou chez un pâtissier; entrez aussi chez un changeur, ce que je vous souhaite; entrez partout, excepté à la Bourse, car, à la Bourse, vous y laisseriez votre repos, votre argent et votre honneur. Vous voyez que cette pièce pleine d'esprit est pavée de bonnes intentions; mais, depuis que le monde est monde, tout le monde veut corriger tout le monde, et personne n'a corrigé personne. »

« Comme le critique en était là, Ponsard vint féliciter l'auteur et l'actrice, Albéric Second continua : « Mon ami Ponsard arrive à propos pour me donner raison et pour se donner tort. Dans l'*Honneur et l'argent*, n'a-t-il pas fait de beaux vers et de belles tirades contre la passion du jeu? Eh bien! il n'en cultive pas moins le lansquenet pour ses péchés et le baccarat pour ses malheurs. » Ponsard avoua qu'il n'était moraliste que contre lui-même. Albéric Second continua son feuilleton pour l'ingénue : « Ce n'est pas tout, reprit-il, M. Arthur de Beauplan, qui s'indigne contre la Bourse, y va souvent, pour taquiner la fortune; j'aime à penser, d'ailleurs, qu'il n'y a laissé ni son repos, ni son argent; en tout cas, je puis dire qu'il n'y a pas laissé son esprit. Donc, Mademoiselle, ne jouez pas à la Bourse, mais surtout ne vous mettez pas à la baisse à l'heure de la hausse, ni à la hausse à l'heure de la baisse. Ce que je vois de mieux dans les *Pièges dorés*, c'est que la liquidation sera bonne pour M. Arthur de Beauplan, comme pour Bressant, Leroux et Got. Mlle Favart joue son rôle dans les *Pièges dorés* comme sa grand'tante, Mme Favart, au camp du maréchal de Saxe. Si je n'étais pas devant Mlle Augustine Brohan, je lui dirais les choses les plus tendres; j'aime mieux être impitoyable dans mon rôle de critique. Oui, Mademoiselle, vous êtes adorable dans ces rôles de femmes mariées aux trois quarts veuves, malicieuse comme une légion de démons, spirituelle jusqu'au bout des dents. Et quelles dents! Je ne vous parle pas de vos deux robes, n'osant dénouer votre ceinture, mais, si j'étais femme, je ferais mourir mon mari ou mon amant à petit feu jusqu'au jour où je pourrais m'habiller et me déshabiller comme vous. »

« Je ne sais si l'ingénue fut contente de la critique, mais je me souviens de son dernier mot. « S'habiller, ce n'est pas difficile; mais le grand art, c'est de savoir se déshabiller. »

« Une autre ingénue s'écria : « Voilà pourquoi je ne me déshabille jamais toute seule. »

Le *Village*, d'Octave Feuillet, est resté au répertoire; cette comédie est trop connue pour que je la conte ici. C'est encore un joli tableau de chevalet, d'une touche délicate et lumineuse à la manière — d'Octave Feuillet. — Aussi il fallait voir comme Meissonier applaudissait. Certes, les acteurs n'ont trahi ni le dessin, ni la couleur du maître.

On répéta trop longtems *Comme il vous plaira*, de George Sand. On s'aperçut bien, à la représentation, que cette œuvre à la Shakespeare n'était pas l'œuvre du grand poëte anglais. Le romancier de *Tévérino* comprenait bien mieux la fantaisie dans le roman qu'au théâtre. George Sand avait d'ailleurs peur de la gaieté comme d'un coup de soleil, cette chercheuse de coups de foudre.

Ce fut grâce à cette comédie que je connus bien cette femme illustre, qu'on pourrait appeler la Muse de la passion, si elle ne se fût réfugiée bien vite dans l'amour de ses enfans. On l'appelait dans son pays *la bonne dame de Nohant*. On pouvait dire aussi *la bonne dame du théâtre*. Tout le monde avait raison d'elle, même quand elle avait raison. Elle croyait que tout le monde avait plus d'esprit que George Sand. Je lui donnais souvent ma loge, où j'allais causer avec elle des chefs-d'œuvre du répertoire. Pas un critique ne m'a si bien parlé des maîtres; mais Molière était surtout son homme. Et elle aurait voulu être sa femme, pour l'empêcher de pleurer sur les cruelles coquetteries d'Armande. Je ne pus me défendre de lui dire un soir : « Pourquoi n'avez-vous pas empêché Alfred de Musset de pleurer ? » Mais j'ajoutai tout de suite, pour la tirer d'embarras : « Après cela, vous avez bien fait : il n'est beau que dans les larmes. »

J'ai donné le tableau de la Comédie-Française en 1849. Voici le personnel de 1856. On y retrouve presque

LA COMÉDIE-FRANÇAISE

en 1856

COMÉDIE

Sociétaires

SAMSON — RÉGNIER — PROVOST — MAILLARD
BRESSANT — LEROUX — GOT — DELAUNAY — MONROSE
ANSELME

Mmes AUGUSTINE BROHAN — DENAIN — MADELEINE BROHAN
JUDITH — NATHALIE — BONVAL — FIGEAC

Pensionnaires

SAINT-GERMAIN — MAINVIEL — MIRECOURT — CANDEILH
BACHE — CASTEL — MASQUILLIER

Mmes PLESSY — RIQUIER — FIX — LUTHER
VALÉRIE — THÉRIC — BIRON — SARAH — ÉMILIE DUBOIS
LAMBQUIN — JOUASSIN — MANTELLI — MARQUET

TRAGÉDIE ET DRAME

Sociétaires

BEAUVALLET — GEFFROY — MAILLARD — MAUBANT

Mmes RACHEL — JUDITH — FAVART

Pensionnaires

CHÉRI — FONTA — JOUANNI — GUICHARD

Mmes SAVARY — JOUVENTE — SAINTI — MARCUS

toutes les mêmes grandes figures mais avec Bressant, Mlle Plessis, Mlle Madeleine Brohan en plus.

II

Le chant du départ

Depuis mon entrée en scène, j'avais traversé les époques les plus troublées. A chaque instant la bourrasque politique menaçait de m'enlever. En ce tems-là tout le monde voulait être directeur du Théâtre-Français : M. Mazères comme M. Empis, M. Dormeuil comme Fiorentino, M. Lockroy comme vingt autres qui croyaient arriver avec un nouveau ministre. Ma vraie force était de faire de l'art et de l'argent avec Corneille, Molière, Racine, Beaumarchais, comme avec Hugo, de Musset, Dumas et Augier, c'est-à-dire avec les meilleurs. J'étais donc défendu par les vivans et les morts.

Après 1851 il n'y eut plus de bourrasques politiques, mais il y eut encore des bourrasques littéraires. Le Comité recevait des pièces que je ne voulais pas jouer, il en refusait qui étaient bientôt applaudies ailleurs ; mon ami Jules Janin me faisait la guerre du Lundi, les petits journaux me faisaient la guerre tous les jours. Aujourd'hui les directeurs de théâtre sont des anges qui ne reçoivent que des coups d'encensoir, mais en ce tems-là, le journalisme qui ne faisait pas d'opposition à l'État l'attaquait dans ses théâtres. Roqueplan et moi, nous étions tous les jours battus en brèche, en raison même de nos succès. Les mécontens parmi les auteurs et les artistes dramatiques, parmi les amoureux de ces dames, parmi les aspirans au directoriat, criaient bruyamment aux oreilles du ministre. Camille Doucet croyait trop à des orages sérieux, quand ce n'était que du vent. Il inquiétait M. Fould qui trouvait Roqueplan trop spirituel et Houssaye trop jeune. A son arrivée au pouvoir le ministre révoqua Roqueplan, ce qui fut une des injustices les plus criantes et les plus ridicules de l'Empire.

Achille Fould, esprit très juste en politique et en finances, s'était initié aux beaux-arts par un séjour à Rome. Connaisseur en tableaux et en statues, il en était à peine à l'alphabet littéraire. Homme tout mondain, il avait trop tôt fermé sa bibliothèque pour ouvrir le livre du *Doit* et *Avoir*. On ne s'improvise pas surintendant des théâtres, armé de toutes armes, si on n'a pas traversé ce monde-là. Il en avait vu les coulisses, comme il avait vu les coulisses de la Bourse. Mais, quand il se trouvait en face de Corneille, de Molière, de Hugo, de Dumas, c'était un fort petit seigneur : aussi il m'impatienta souvent dans ma direction, en voulant m'apprendre mes auteurs ; il avait pareillement ses visées sur l'art dramatique, sans parler de ses prétentions à donjuaniser avec les comédiennes. Voilà pourquoi je lui donnai enfin ma démission. La plume, d'ailleurs, me brûlait les doigts. On était en 1856 et depuis 1849 je n'avais écrit qu'un ou deux volumes. Je voulais reprendre mon rang dans la bataille littéraire. Ceux qui ont dit que je m'en allais par la force des baïonnettes savaient bien que je n'obéissais qu'à moi-même. J'en puis donner une preuve par ce petit mot du ministre qui, bien peu de tems avant ma retraite, me témoignait ainsi son amitié en m'envoyant une belle marine de Gudin, qui alors était encore l'amiral Gudin parmi les peintres de marine.

Mon cher Directeur,

Recevez ce petit tableau que je possède depuis longtems, comme un souvenir de ma sincère amitié.

ACHILLE FOULD.

1er janvier 1856.

Il arriva ceci :

Un ministre, je ne dirai pas lequel, aimait une spirituelle comédienne. Il rencontra chez elle monsieur son fils. Aussi se contenta-t-il, comme Léandre, de jouer un rôle platonique, mais il protégea la dame pour deux raisons. La raison du cœur, parce qu'il l'aimait, la raison de l'esprit, parce qu'elle ne coûtait rien à Léandre. Il voulut la faire sociétaire, ce qui me fut demandé par M. Fould. Je refusai en disant qu'elle avait du talent mais qu'elle n'avait pas encore créé de rôles.

Arouet-About, ami du père et du fils, fut prié de faire un rôle pour la comédienne avant la lettre. La comédie improvisée vint au Comité. J'étais trop l'ami d'About en qui j'espérais un autre Beaumarchais, pour ne pas lui donner une boule blanche. Je priai le Comité de recevoir la pièce pour ne la point jouer et pour prouver à l'auteur que nous voulions une pièce de lui. Cinq minutes plus tard, About m'eut donné raison, mais alors — c'était bien naturel — il me dit que puisque la pièce était reçue elle serait jouée. Le ministre m'appela : « Mon cher Directeur, vous allez mettre demain la pièce en répétition — Ni demain, ni après-demain. » — La figure toute souriante du ministre s'était rembrunie : « Je ne comprends pas ! — C'est bien simple : About qui a un esprit d'enfer à improvisé, pour vous être agréable, une jolie comédie du Palais-Royal. Il lui faut laisser faire comme Molière son *Dépit amoureux* et ne pas jouer son *Médecin volant* *. » Le ministre insista avec âpreté : je donnai encore ma démission. Quand il me vit bien décidé à quitter le Théâtre-Français, il me dit : « Qui vais-je donc mettre là ? » Je proposai naturellement mes amis en première ligne : Théophile Gautier, Léon Gozlan, Albéric Second. « Je ne veux pas de journalistes, ni de romantiques. »

Cela voulait dire : Je ne veux pas d'excentriques. Je proposai Geffroy. Le ministre l'accepta tout de suite. Je fus chargé séance tenante d'aller lui offrir la direction du Théâtre-Français. Il n'y eût pas eu de meilleur directeur, à cela près qu'il était peut-être trop bon camarade avec tous les comédiens.

Geffroy, qui était aussi mon ami, me remercia cordialement et me demanda de ne répondre que le lendemain. La nuit lui donna-t-elle un bon conseil ? Il refusa. Ce fut vainement que le ministre lui-même voulut le décider. Il me dit tout simplement : « Non, car j'ai ici d'excellens amis qui ne seraient peut-être plus mes camarades demain. Il n'y a qu'un comédien comme Molière qui puisse gouverner la maison de Molière ! »

Sur ce refus, Achille Fould nomma M. Empis. Ce galant homme d'esprit qui faisait des comédies — tout

* Le soir de la première représentation de sa comédie, Arouet reconnut que j'étais son ami; il ne s'expliqua pas comment il avait été chercher une comédie au théâtre de Tabarin, lui qui, dans ses romans, peignait les caractères modernes avec un souverain esprit. Le public lui fut doux parce qu'il l'aimait. Comme La Fontaine à la première représentation de la *Coupe enchantée*, Arouet fut peut-être le premier à siffler sa pièce. Qui ne connaît ces aventures-là ! diraient Balzac ou Alfred de Musset.

comme Molière — jugea sans doute qu'il était de force à gouverner cette maison glorieuse.

On s'était donc tourné vers l'Académie française pour me trouver un successeur, ce qui ne fut pas bien difficile. Il y avait longtems que M. Empis aspirait à mon fauteuil : je ne lui demandai pas le sien. Quand je le présentai aux Sociétaires, les comédiens et les comédiennes se jetèrent dans mes bras pour le bien accueillir. Beaucoup de belles larmes tombèrent des yeux des comédiennes, beaucoup de paroles d'or me furent dites par les comédiens. Nous n'étions pas seulement des amis parce que je m'en allais, mais parce que j'avais été bon camarade. A ce spectacle, M. Empis furieux, voulant couper court, me demanda tout haut où était le bureau et où étaient les papiers. Je n'avais jamais dirigé avec des paperasses. Toute ma bureaucratie se composait d'une petite table en marqueterie de Boule. M. Empis s'indigna et sonna mon huissier, le célèbre de Lachaume, qui arriva avec des larmes aux yeux, car celui-là aussi était un ami. « Monsieur, lui dit-il, demain matin, à mon arrivée, je veux avoir un bureau-ministre en acajou. »

J'avais pris mon chapeau. « Monsieur, reprit Empis, encore un mot. Où sont les flambeaux ? — Quels flambeaux ? —Les flambeaux que vous portez pour aller au-devant de Sa Majesté, car je sais que l'Empereur vient ce soir. — Eh bien, Monsieur, il n'y en a pas, de flambeaux, car je n'ai jamais été porte-flambeaux. »

Ici, l'orléaniste voulut me donner une leçon : « Comment, Monsieur! vous ne faisiez pas les honneurs du Théâtre-Français à votre souverain ? — Au contraire, Monsieur, je passais toujours la moitié de la soirée dans sa loge. »

M. Empis était indigné. Le soir, il inaugura la rencontre aux flambeaux. Il porta si adroitement le chandelier à trois branches, qu'il jeta trois larmes de bougie sur l'habit de l'empereur. Aussi, l'empereur, affligé de voir un quasi-octogénaire s'humilier jusque-là, ne dit pas un mot à l'académicien.

Ce fut ainsi que M. Empis gâta le métier.

Le lendemain, pour continuer sa mésaventure, le Théâtre-Français m'offrit un banquet aux Frères Provençaux. Nul n'y manqua, hormis M. Empis.

Quelques jours après, le ministre m'appela en son cabinet. Il me dit qu'il n'avait pas eu la main heureuse. Il m'était impossible de mal parler de mon successeur. « Mon Dieu, répondis-je, M. Empis s'imagine trop qu'il gouverne le monde; mais je vous jure qu'il pourrait se croiser les bras et ne pas ouvrir la bouche, tout irait comme par le passé. » Le ministre me dit alors : « Il faut que vous reveniez au Théâtre-Français. — Oui, s'il n'y a plus de Comité de lecture. — C'est impossible. Eh bien, alors, revenez au ministère d'État. M. de Mercey est malade ; s'il s'en va, vous ferez un excellent directeur des Beaux-Arts. — Peut-être, mais je ne suis pas bureaucratique. — En attendant, comme je voudrais que l'État eût une action sur tous les musées de France, je vous nommerai, si vous voulez, inspecteur général des beaux-arts, ce qui prouvera que ce n'est pas la Comédie qui vous a quitté. » Je ne pouvais pas refuser après de si gracieuses paroles, d'autant moins qu'en me promenant à travers les chefs-d'œuvre, je pourrais continuer mon métier de poëte et de romancier.

III

A propos d'une oraison funèbre

Tout n'était pas dit : je croyais avoir mis un signet à mon chapitre de la Comédie-Française, mais peu de tems après, quand M. Empis quitta lui-même le théâtre, quelques critiques de son école, sous prétexte de répandre un pleur et une fleur sur sa tombe directoriale, injurièrent son prédécesseur : « M. Empis n'a pas été un fantaisiste : il a établi la discipline, il a rempli la caisse, il a joué Molière ! » Et autres cantiques sur des airs connus. On sait que les épitaphes sont menteuses ; toutefois il m'a semblé qu'il n'était pas inutile alors de prendre un instant la parole — non pour répondre à ces aimables pleureurs, effeuillant des immortelles — mais pour dire la vérité.

Voici ce que j'écrivis dans L'*Artiste* le 1er novembre 1858 :

« Singulier pays ! L'opinion publique en France est « une girouette qui tourne au vent des journaux ; or « les journaux soufflent à la fois du nord et du midi, le « froid et le chaud. Tel journal qui m'a longtems ac- « cusé, dans son noble style, de *faire de l'argent*, « m'accuse aujourd'hui de n'en avoir pas fait.

« Quand le président de la République voulut bien

« m'appeler à la direction du Théâtre-Français, voilà
« quelle était la situation : des dettes devenues prover-
« biales, des décors surannés, un orchestre silencieux,
« un répertoire invraisemblable et un public absent. Le
« jour de mon entrée (c'était dans la meilleure saison de
« l'année), la recette était toute chimérique, et l'on don-
« nait, si j'ai bonne mémoire, *l'Aventurière* et *le Bar-*
« *bier de Séville!* deux vraies comédies, la prose et
« les vers.

« La maison de Molière était une maison glorieuse :
« elle est restée une maison glorieuse et elle est de-
« venue une maison riche.

« Que s'est-il passé pendant ma direction? Théophile
« Gautier est trop mon ami pour que je réimprime ses
« éloges en vingt feuilletons. Et pourtant, ce n'était pas
« par amitié — ni lui, ni Saint-Victor, ni Janin, ni Fio-
« rentino — qu'ils aimaient ma direction.

« Les comédiens, qui voulaient rester en république,
« m'avaient accueilli par le ministère d'un huissier. Un
« an après je leur signifiais, sans le ministère d'un
« huissier, qu'ils avaient cent mille francs à se par-
« tager — ce qui ne s'était pas vu depuis les Valois,
« — comme écrivait l'autre jour un homme de beau-
« coup d'esprit.

« J'ai payé les dettes, meublé le théâtre, repeint tous
« les décors ; j'ai renouvelé l'orchestre par Offenbach,
« car on se rappelle les trois violons de l'ancienne Co-
« médie. J'ai fait meilleure la position de tout le monde,
« depuis le grand comédien jusqu'au machiniste.
« C'est sous ma direction que les sociétaires ont vu
« leur maximum porté à quatorze mille quatre cents
« francs et leurs feux doublés.

« J'ai ramené Mlle Rachel, qui, pendant ma direction, « a joué plus qu'elle n'avait fait jusque-là. C'est sur « ma prière qu'elle a interprété pour la première fois « le drame contemporain, à commencer par Victor « Hugo. J'étais l'ennemi de M. Ponsard : c'est par ma « seule volonté que *Charlotte Corday*, un chef-d'œuvre, « a été reçu et joué cinquante fois; c'est encore par ma « volonté qu'une autre tragédie de lui — *Ulysse* — a « été montée avec un grand luxe de décors et avec ces « beaux chœurs de Gounod, qui ont révélé à la France « un grand musicien de plus. Cela a coûté cinquante « mille francs au Théâtre-Français, sans qu'un seul « sociétaire ait exprimé un regret, car on est bien élevé « dans ce pays-là. J'ai décidé M. Jules Sandeau à débu- « ter au théâtre : *Mademoiselle de la Seiglière* restera « au répertoire. Que n'ai-je pas joué parmi les vail- « lans et les jeunes, parmi les illustres et les consa- « crés ?

« Les vivans ne m'ont pas empêché d'étudier le ré- « pertoire ancien et de reprendre parmi les œuvres des « maîtres celles qui sont toujours contemporaines. Mo- « lière était sans cesse au répertoire. Par exemple, j'ai « relégué dans les catacombes tous les fantômes tragi- « ques ou comiques qui, depuis Campistron jusqu'à « Wafflard, ont traîné leurs suaires sur le théâtre.

« J'ai créé toute une vaillante famille de jeunes socié- « taires : Got, Delaunay, Monrose, Mlles Madeleine Bro- « han, Judith, Nathalie, Fix, Favart, Émilie Dubois, « Figeac. Et combien d'autres consacrés par le public ! « J'ai repris à la Russie Mlle Plessy et Bressant.

« J'oubliais que ma défense est toute faite par les « journaux du tems. Je n'ai qu'à prendre au hasard :

« Jules Janin* ou Fiorentino, Méry ou Théophile Gau-
« tier ? **

* Voici l'adieu de Jules Janin :

« Cette semaine, le Théâtre-Français a passé des mains de M. Arsène Houssaye aux mains de M. Empis. M. Arsène Houssaye emporte tous les regrets. C'est un bel esprit, facile à vivre, et plein de ce gracieux abandon qui réussit souvent, tout autant que le zèle le plus assidu et l'application la plus violente. Il était plus qu'habile, il était heureux ! La chance a tourné de son côté plus d'une fois, au moment où chacun la croyait contraire. Au reste, il tenait à sa charge bien moins que la charge ne tenait à lui-même ; il savait qu'après tout ces périlleuses positions ont une fin, qu'il n'est pas sage de s'arranger pour y vieillir, et que les muses clémentes l'attendaient au seuil de sa maison.

« M. Arsène Houssaye revient aux arts, sa vraie patrie, et aux lettres, sa vraie passion. Bien finir, dit le philosophe ancien ; M. Arsène Houssaye a bien fini, mais il avait bien commencé.

« Il a porté la jeunesse dans le vieux théâtre ; il a honoré pieusement les dieux anciens, il a ouvert la porte aux nouveaux. Il n'avait plus qu'à s'en aller, car il n'est pas de ceux qui s'endorment sur leurs lauriers.

« Il est parti, laissant, avec son souvenir aimé et fêté, des œuvres toutes vivantes encore. JULES JANIN. »

Roqueplan prit aussi sa plume pour rappeler qu'il m'avait prédit pour ma direction les sept vaches grasses de la Comédie-Française.

** Théodore de Banville écrivit en 1856 un long article sous ce titre : *La Comédie-Française en 1855*.

« En 1855, la Comédie-Française a élevé ses recettes à près d'un million en jouant tous les auteurs aimés, de Corneille à Hugo, de Molière à Alfred de Musset, de Regnard à Alexandre Dumas, de Marivaux à Mme de Girardin. On a payé des dettes qui remontaient à la nuit des tems, on a partagé beaucoup d'argent et on en a mis beaucoup à la Banque. Le droit des auteurs, qui était, il y a dix ans, de trente mille francs, s'est élevé à cent mille francs, sans parler du droit des pauvres, qui a été aussi de cent mille francs. Voilà de l'argent bien placé. Voilà l'éloquence des chiffres. J'ai vu à la Comédie-Française ces époques légendaires dont le simple récit

« Théâtre-Français ne s'était jamais mieux porté que « le jour de l'entrée de M. Empis *.

aurait l'air d'un conte d'Hoffmann ou de Henri Heine. La salle, décorée par un peintre fossile, s'en allait en miettes; autour des loges ou des galeries une poussière grise et subtile, la poussiere de l'ennui et du désespoir, voltigeait dans l'air et dans les rayons. Sur la scène, devant un décor indescriptible, un comédien, vêtu de la redingote jaune à brandebourgs noirs, récitait à un public absent des vers qui n'étaient plus de Racine, ni de Corneille, ni de personne, puisqu'il y manquait cet élément à peu près indispensable, la vie. On disait alors : « Je vais à la Comédie-Française, » comme on dit : « Je vais à Tombouctou », ou : « Je vais mourir. » Un jeune directeur est venu : tout a changé. La lumière vive baigne les galeries à camaïeux d'or sur lesquelles se penchent des auditeurs avides. Les spectacles nouveaux et les spectacles classiques assemblent un monde charmé, et, dans la voix de l'acteur, devenue sympathique depuis qu'elle est entendue et comprise, il écoute directement le poëte et lui répond par l'enthousiasme. Je jette les yeux sur la carrière fournie par la Comédie-Française pendant la direction de M. Arsène Houssaye, et je vois que cette grande institution n'a jamais poursuivi avec plus de bonheur sa destinée glorieuse. Non seulement il y a foule tous les jours à la Comédie, et Molière est toujours de la fête. Pour moi, c'est tout, car on peut tout faire avec un public qui écoute Molière, et, quand Molière n'est pas malade, la poésie se porte bien. »

Ainsi parlait Banville. On voit donc que celui qui est accusé de ne pas *faire d'argent*, après avoir été accusé d'en trop faire, a créé un nouveau répertoire et remis l'ancien en grand honneur.

* Ce jour-là M. Paul de Saint-Victor écrivait dans son feuilleton du *Pays :*

« M. Arsène Houssaye vient de quitter le Théâtre-Français. La littérature s'associera aux adieux touchans que la Comédie-Française lui adressait la veille de son départ avec une cordialité qui l'honore. Il s'est montré, pendant tout le cours de sa direction, sympathique au talent et à la jeunesse ; son vote dans le comité a toujours été du parti de l'encouragement. Le théâtre lui doit ses années prospères ; le répertoire, beau-

« Mais la discipline ! » me crient les amis de M. Empis. Ah ! la discipline ! On ne sait pas tout ce que renferme ce mot. On ne sait pas que pour ces messieurs « le vrai talent d'un directeur consiste à mettre les « points sur les *i*, à forcer les ouvreuses à venir une « heure plus tôt et les pompiers de s'en aller une heure « plus tard. La discipline ! Est-ce que sous ma direc- « tion les comédiens ne jouaient pas à l'heure an- « noncée ? Il y a une chose qui vaut mieux que la « discipline, c'est le point d'honneur, c'est le sentiment « du devoir. Je ne crois pas que l'impeccable M. Empis « ait eu à les raviver, après mon départ, dans la maison « de Molière.

« M. Empis a eu tort de s'imaginer qu'on gouverne « la tempête en dirigeant le Théâtre-Français.

« AR—H—YE. »

Je venais d'écrire ces pages quand il me tomba sous la main un article fort sensé, quoique fort spirituel, de M. Edmond About, sur la Comédie-Française depuis dix ans (*Opinion nationale* du 5 novembre 1858) ; cet article pouvait me dispenser de répondre moi-même aux diatribes de quelques journaux.

En effet, M. Edmond About commençait ainsi :

coup d'œuvres qui resteront. Il avait nné à ses fonctions le charme de son caractère, il ne laisse après lui que des regrets et des sympathies. La république tragi-comique se souviendra de cet élégant consulat qui n'a jamais péché que par l'indulgence. »

« Un poëte, Lamartine, avait sauvé la France du dra-
« peau rouge ; un autre poëte, Arsène Houssaye, sauva
« la Comédie-Française de la faillite. »

On remarquera sans doute en plus d'un chapitre que je ne dis pas beaucoup de mal de moi et que ce n'était pas la peine de faire mes Confessions. Ce n'est pourtant pas faute de péchés, mais l'Orgueil, le meilleur de nos soldats, meurt et ne se rend pas.

Mademoiselle Emilie Dubois.

LIVRE XXIII

I

Çà et là

Je vais donner en ce chapitre quelques souvenirs des coulisses, chronique rapide, miettes de la table, mots jetés çà et là.

⁂ Au foyer du Théâtre-Français : Un gamin littéraire, vrai gamin de Paris, trouva du bel air de se jeter sur un canapé à côté d'une femme qui comptait trois ou quatre entr'actes dans la comédie de sa vertu. Il ne la connaissait pas du tout; il osa lui dire à brûle-pourpoint, se croyant ferré sur le talon rouge : « Eh bien, ma belle amie, avec qui êtes-vous maintenant ? » La dame se leva de l'air le plus hautement dédaigneux : « Avec un homme fort mal élevé, Monsieur. »

⁂ Quand Madeleine Brohan épousa Mario, une de ses amies de coulisses lui dit d'un air entendu : « Ton futur mari, je le connais ! c'est mon futur passé. » — « Oh ! Madame, dit Madeleine d'un air piqué. Je n'espérais pas trouver un homme qui ne vous connût pas. »

⁂ Une Aspasie fort maigre passe la mer du Nord, à cette heure, pour aller danser la Saint-Nicolas ; la même Mlle X — entendant plaindre cette Aspasie sous prétexte de naufrage, s'écria : « Ne craignez rien, je réponds de son salut sur la mer : tu seras ta planche de salut. »

⁂ Je recevais tous les jours vingt-cinq demandes de loges. Les plus curieuses sont toujours celles de Théophile Gautier. En voici deux du même coup :

« Si j'ose m'exprimer ainsi, donne-moi une belle « loge pour un de nos anciens, un abracadabrant qui « fut ci-devant cher à la duchesse d'Abracadabrantès.

« Théophile Gautier. »

C'était pour Gavarni, qui avait tant aimé les duchesses et les filles. « Si j'ose m'exprimer ainsi », expliquait un dessin de deux cochons qui remplaçaient la formule : « mon cher ami. »

La seconde lettre était en vers. Théo espérait que la richesse des rimes m'adoucirait :

Je suppose, ô la belle Arsène,
Que pour peu que tu sois Mécène,
Tu donneras ton avant-scène
A cette nymphe de la Seine.

C'était la Ceritto.

⁂ On n'a pas oublié le mot d'une ingénue du Théâtre-Français qui, sur le point de devenir mère, répondait gravement à un impertinent qui l'interrogeait sur le père de son enfant : *On ne sait pas. La justice informe.* Voici le mot d'une autre ingénue du théâtre voisin. La trop spirituelle comédienne est sur le point de mettre au monde un tome second. « Eh bien! Madame, pour cette fois, nous direz-vous le nom de l'auteur à la fin du roman? — Que sais-je, moi, je n'avais pas mon lorgnon! »

⁂ L'autre soir, aux premières loges, une comédienne d'autant plus décolletée qu'elle était illuminée de diamans, s'impatientait d'être lorgnée par un curieux de l'orchestre. « Ce n'est pas la peine de rougir, lui dis-je, c'est sans doute un marchand de diamans. — Eh bien! c'est pour cela que je rougis, parce que je ne veux pas être estimée ce que je vaux. »

⁂ Est-ce la peine de dire que la *Niaise* n'eut pas même l'honneur d'être sifflée. Je retrouve une note du contrôleur général du théâtre.

« Lundi, 27 novembre 1854, troisième et dernière représentation de la *Niaise*.

« Donné à M. Mazères et ses amis, 53 loges.

Plus : Fauteuils et stalles 366

Places payées 133 »

Et on était dans la meilleure saison de l'année, car M. Mazères avait dit qu'il ne voulait pas être un auteur d'été.

Stable, avait ajouté Rachel.

Puis plus bas :

La Niaise *c'était moi puisque j'étais là.*

Romieu survenant avait pris la plume de Rachel :

Il faut bien que les femmes d'esprit se reposent.

Une des trois Brohan :

Oui, quand elles ont couru après l'esprit.

Puis Mme Allan :

Ce n'est pas sur votre chemin, Madame.

Puis Nathalie :

Mme Allan a la ride méchante.

Puis Judith :

Voilà un mot qui marque. Mme Allan n'a-t-elle donc qu'un pli de rose sur la figure ?

Rachel revenant :

Ces dames mordent comme si elles avaient des dents.

Elles en avaient toutes mis trente-deux dans leur engagement.

⁂ Je ne fus pas peu surpris un matin de recevoir une lettre de Bacciochi, qui m'ordonnait de couper ma barbe. L'Empire était fait; les barbus paraissaient des jacobins. Je tenais bien plus à ma barbe qu'à ma place; je ne voulais pas des ciseaux de Dalila. Je répondis que je voulais mourir avec ma barbe *.

Nouvelle mise en demeure de couper ma barbe, avec ce dernier mot : « Tout le monde la coupe, même Nieuwerkerke ! » Mon superbe ami n'avait pas rasé sa barbe, il l'avait taillée en jardin anglais, pour n'être plus un barbu à tous crins. Je faillis verser un pleur sur ce sacrifice aux dieux et je résolus de ne rien sacrifier. J'avais bien raison, car peu à peu les barbes reparurent sans choquer l'Empereur. Bacciochi avait trop voulu faire le grand maître des cérémonies.

⁂ Un jour, Rachel, seule sur la scène, répétait sa grande scène d'*Angelo*. J'étais descendu silencieusement dans

* Jusqu'à la mort de Henri IV, on portait fièrement la barbe Mais Louis XIII étant monté imberbe sur le trône de son père, les courtisans trouvèrent leur barbe trop longue. Ils la réduisirent bientôt aux moustaches et à « la barbe à toupet », qui était une petite touffe sous la lèvre inférieure. Le duc de Sully n'adopta jamais cet usage efféminé. Un jour qu'il revint à la cour, les jeunes courtisans rirent fort de sa vieille barbe; mais il dit au roi : « Sire, lorsque votre père, de glorieuse mémoire, me faisait l'honneur de me consulter, au préalable il faisait sortir tous les bouffons et baladins de sa cour. »

mon avant-scène. Pas âme qui vive autour de nous. Rachel fut superbe. Au dernier mot, je franchis la rampe et je l'embrassai en lui disant : « Vous avez été sublime, comme si Eschyle et Corneille fussent assis au parterre ; et pourtant il n'y avait personne ! — Pardon, mon ami, il y avait vous. — Et si je n'eusse pas été là ? — Il y aurait eu moi ! »

⁂ L'esprit des danseurs est proverbial. Ils ne disent jamais rien, mais ils n'en dansent pas moins (j'ai voulu dire : ils n'en pensent pas plus). Mlle Luther, blonde comme les fromens, donnait, dimanche dernier, un bal au café de Foy. Il y avait des gens d'esprit et, par contre, des danseurs. Après tout, au bal, ce sont les danseurs qui sont des gens d'esprit. Xavier Aubryet se mit en mesure avec Mlle Fix ; mais, au lieu de danser, il parlait, ce qui n'est pas d'un danseur bien appris. « Dansez donc, lui dit Mlle Fix, vous voyez bien que vous perdez votre tems ! » C'était un mot. « C'est vrai, dit Mlle Luther, qui en cherchait un, mais quand on danse avec toi on ne sait plus sur quel pied danser. »

⁂ Mlle Brohan donne tous les jeudis des soirées où l'on chante et où on a de l'esprit, quand on l'écoute. Jeudi passé, un grand seigneur suranné se fait présenter à Mlle X... et lui débite un madrigal sur les beaux yeux de sa mère. « Ah ! Mademoiselle, comme je suis heureux de vous voir de si près ! Si vous saviez comme j'ai aimé votre mère ! Autrefois je passais toutes mes soirées dans les théâtres où elle jouait ! Quels beaux yeux ! quel air charmant ! quel vif esprit ! Ah ! Mademoiselle, c'était une vraie passion ! » Et Mlle Brohan, de l'air le plus comique et le plus sérieux : « Monsieur, est-ce que vous seriez mon père ?

⁂ Le buste de Mlle Mars a été offert à la Comédie-Française par Mlle Rachel. Or, le statuaire a si bien défiguré la comédienne que j'ai demandé à Mlle Rachel si c'était une épigramme de la tragédie contre la comédie.

⁂ Verteuil parlait peu, mais il ne parlait guère pour ne rien dire.

Par exemple : un mauvais auteur lui demandait une loge: « Il ne faut pas la lui refuser, car celui-là entre tous mérite notre reconnaissance. — Pourquoi? — Il ne nous a jamais apporté de pièces. »

⁂ Une actrice disait au foyer : « Je n'aime pas les hommes qui sont trop maîtres d'eux-mêmes. » Son amant lui répondit : « Et moi je n'aime pas les femmes qui sont trop maîtresses des autres. »

⁂ L'Empereur me disait un soir : « Pourquoi n'habillez-vous pas mieux cette comédienne? » Cette comédienne, il l'avait déshabillée : pur amour de l'art! Je lui répondis : « Vous en parlez bien à votre aise, Sire. Il est plus facile de la déshabiller que de l'habiller. »

⁂ Samson disait, en ses jours de misanthropie, pour se consoler d'être comédien :

« Le monde entier est un théâtre; tous, hommes et femmes, n'en sont que les histrions; tous ont leurs entrées et leurs sorties et chacun dans sa vie joue plusieurs rôles. Chaque âge est un acte nouveau. Dieu seul nous dira si nous avons bien joué. »

⁂ Une de nos jeunes comédiennes, qui ne quitte jamais Paris, est surnommée au foyer la Comédienne inamovible. On n'en dit pas autant de son cœur, qui a beaucoup voyagé : c'est la femme la plus spirituelle, non pas du monde mais du demi-monde. On disait hier devant elle que M. X... était, comme l'enfer, tout pavé de bonnes intentions. « Ne me parlez pas des hommes à bonnes intentions! s'écria-t-elle; je les ai toujours vus si maladroits et si malheureux que je me suis depuis longtems entourée de gens à mauvaises intentions. »

⁂ Le foyer du Théâtre-Français est toujours un bureau d'esprit. Mlle Brohan, Mlle Judith, Mme Allan, Mlle Fix, en débitent çà et là du bon et du méchant.

Mlle Brohan a commencé l'année aux dépens de Mme Allan. C'était à l'heure de la cérémonie, cette fameuse cérémonie du *Malade imaginaire*, où ces messieurs et ces dames vont plus ou moins gaiement. Un diplomate remis à neuf et fraîchement décoré rencontre Mme Allan : « Ah! vous voilà! Est-ce que vous jouez après minuit? — Non, je ne joue pas, je suis de corvée. — Et de taille », dit Mlle Brohan qui passait par là — et qui passe souvent par là.

⁂ Si l'esprit s'apprenait, je sais bien où j'irais prendre des leçons : Mme Suzanne Brohan, la mère des deux ravissantes sœurs, serait mon professeur. On s'entretenait devant elle du mariage possible d'une jeune actrice, Mlle ***, avec un jeune poëte — deux folies à la fois. — « Rassurez-vous, dit Mme Brohan, Mlle *** n'est pas assez bête pour épouser un homme qui est assez bête pour vouloir l'épouser. »

⁂ La belle Madeleine Brohan s'est montrée un soir plus belle que jamais dans la petite comédie de Mlle Doze qui a chaussé, sous le nom de Mme Roger de Beauvoir, le bas bleu de ciel. C'était entre Mlle Madeleine Brohan et Mlle Judith un assaut d'esprit et de beauté, et, si Mme Roger de Beauvoir se fût, comme elle en avait le droit, trouvée sur la scène, M. Maillart aurait fort ressemblé à Pâris ne sachant à qui donner la pomme. Il est vrai qu'aujourd'hui on coupe la pomme par quartiers.

⁂ Pourquoi ne pas rappeler ce madrigal d'une femme du monde à une comédienne : Mme Arsène Houssaye avait envoyé deux jeunes secrétaires d'ambassade complimenter Mlle Rachel après la représentation de *Diane*. Ils revinrent très émerveillés, non plus de l'actrice, mais de la femme ; car, à ceux qui la voient de tout près, Mlle Rachel sait faire oublier le génie de la tragédienne par les séductions de la femme. Il y en a qui ne sont qu'une ; Mlle Rachel se divise en deux et son vrai triomphe n'est pas sur le théâtre. « Mademoiselle, lui dit Mme Arsène Houssaye en la rencontrant le lendemain, je vous ai envoyé hier deux hommes libres et vous m'avez renvoyé deux esclaves. »

⁂ La jolie Alice Théric est passée du Théâtre-Français au Vaudeville où elle va jouer le rôle créé par Mme Favart dans la *Chercheuse d'esprit*.

Cela lui donnera-t-il encore plus d'esprit ? J'en connais plus d'un qui voudraient bien lui faire répéter son rôle.

⁂ Les mauvaises langues qui s'occupent du Théâtre-Français osent dire, nous n'en croyons rien, qu'il y a maintenant, sur trois soubrettes, deux soubrettes grosses et une grosse soubrette. Deux de ces dames ont joué dimanche dans *Mademoiselle de Belle-Isle*, ce qui a fait dire à ces mauvaises langues qu'elles jouaient dans Belle-Isle-en-Mer.

Nous ne sommes pas de ceux qui ajoutent foi à de pareilles impertinences, pas plus qu'à ce propos qu'on attribue à une ingénue : « Pour avoir un enfant, je donnerais tout au monde, et monsieur son père par-dessus le marché. »

⁂ Le *Journal pour rire* a représenté cette semaine le voyage de la Tragédie vers Pétersbourg. Le char est traîné par une rosse à quatre hémistiches que conduit triomphalement l'indomptable Raphaël (celui-là qui met sur ses cartes, *directeur des congés de Mlle Rachel*), nez et trompette au vent. La grande tragédienne est dans la caisse de la voiture assise sur sa caisse au-dessous de la grosse caisse ; les Romains et les confidentes sont juchés çà et là sur ce vrai carrosse de roman comique. Il y a une complainte sur l'air de *Malbrough s'en va-t'en Russie*.

« Un sociétaire du Théâtre-Français, en disant adieu à Mlle Rachel, s'écriait tragiquement : « Quoi ! pour cent mille roubles, vous abandonnez cette pauvre Comédie à elle-même ! — Mais non, je ne l'abandonne pas, dit Mlle Rachel d'un air solennel, je n'ai qu'un congé de douze mois pour cette année ! Et d'ailleurs, je lui laisse Rébecca. — C'est le trait du Parthe », murmura le sociétaire.

« Si Mlle Rachel continue à avoir des congés de douze mois par an, M. Raphaël, directeur des congés de Mlle Rachel, n'aura pas de congé lui-même. »

Or tout cela serait très joli si c'était vrai. Le congé de Mlle Rachel n'est que de trois mois, le tems de gagner trois cent mille francs.

⁂ Dumas venait de fonder son journal le *Mousquetaire*. Il commença un jour son article par cette phrase :

« Le Théâtre-Français croit peut-être qu'il est amusant. »

Prévenu par des indiscrétions que l'article devait paraître le lendemain matin, je composai ainsi l'affiche du théâtre :

AUJOURD'HUI

Les Demoiselles de Saint-Cyr
PAR ALEXANDRE DUMAS

Le Mari de la Veuve
PAR ALEXANDRE DUMAS

DEMAIN

Mademoiselle de Belle-Isle
PAR ALEXANDRE DUMAS

Romulus
PAR ALEXANDRE DUMAS

Dumas, qui se croyait brouillé avec moi, vint me serrer la main en me disant : « N'est-ce pas que l'affiche du Théâtre-Français est mieux rédigée que mon journal. »

⁂ Je retrouve ceci dans un journal de 1852 :

« Quand M. de Morny donna sa démission de ministre de l'intérieur, il écrivit à Roqueplan et à Houssaye — l'Opéra et le Théâtre-Français — de venir le voir à minuit.

« Houssaye arriva le premier. « Je suis encore ministre « jusqu'à l'aurore ; que puis-je faire pour vous ? — Me « donner un cigare. »

« Roqueplan arriva à minuit et demi. Même question. « Nous allons voir, ajouta M. de Morny, si vous êtes « aussi ambitieux que Houssaye. — Oui, plus ambitieux. « — Parlez, que voulez-vous ? On contresignera mon tes- « tament ministériel à l'Élysée. — Eh bien ! moi, je vous « demande un cigare. »

⁂ En 1854, je voulais quitter le théâtre pour conduire

à Pise Mme Arsène Houssaye, déjà mourante; j'écrivis cette lettre à Napoléon III :

Napoléon Ier disait qu'il est plus facile de gouverner une armée de cent mille hommes qu'une troupe de comédiens. L'Empereur ne connaissait pas les auteurs dramatiques.

Ce qui est certain, c'est que j'ai eu le courage de me faire tant d'ennemis qu'il ne me reste plus aujourd'hui qu'un seul ami; cet ami, c'est moi. Et encore je n'en suis pas bien sûr.

Pour ne pas perdre celui-là, je viens supplier Votre Majesté de vouloir bien agréer ma démission. Aussi bien, ce que j'avais à faire au Théâtre-Français, je l'ai fait; j'ai payé les dettes de la compagnie par les chefs-d'œuvre anciens et les œuvres nouvelles. Maintenant que tout le monde est content, les auteurs, les acteurs et les spectateurs, j'ai le droit de m'en aller sans battre en retraite.

Je n'oublierai pas, Sire, combien Votre Majesté a été sympathique à ma direction. Dans un tems où on a l'habitude de dire à tout propos : « C'est la faute du pouvoir », je dirais, moi, que si c'est la faute de quelqu'un, c'est ma faute; car Votre Majesté a continué les généreuses traditions de Louis XIV et de Napoléon Ier.

Bacciochi m'écrivit un mot pour m'appeler à Saint-Cloud, où l'Empereur voulut bien me dire que j'avais mal compté le nombre de mes amis. C'est par ce mot que je fus retenu.

⁂ Marie Garcia et Jeanne de Tourbey ont chacune un salon illustré par un prince aimé des poëtes et par des princes du Parnasse.

C'est ici et là que ce prince jette des mots de caractère à tout propos. Ainsi on parlait de l'opinion : « A Paris, dit le prince, l'opinion est une femme nerveuse, qui reste pendant des journées séculaires étendue immobile sur sa chaise longue, mais qui, au moment de sa crise, casse et brise tout ce qui lui tombe sous la main. » Il disait aussi : « Ce qui fait la faiblesse des hommes politiques c'est que ceux qui connaissent les hommes ne se connaissent pas, et ceux qui se connaissent ne connaissent pas les hommes. »

⁂ Dans les coulisses, un galantin passa discrètement un billet dans le sein d'une Célimène. Un détaché d'ambassade me dit : « Oh ! que je voudrais lire cette épître. — Ne vous gênez pas, c'est un billet sous sein privé. »

⁂ Mlle Rachel a donné jeudi un dîner politique, une soirée littéraire, un souper diplomatique et un bal, comme il vous plaira. Au dîner, Sainte-Beuve, Morny, Fould, Baroche, Persigny, Nieuwerkerke, Fleury, Roqueplan, n'ont pas dit un mot de politique. On a discuté à perte de vue sur les étrusques, car on sait que la salle à manger de la tragédienne est peinte comme une salle à manger d'Herculanum ; Mlle Rachel a même un service de Sèvres représentant toutes les figures des fresques antiques. Tragédie, que me veux-tu ? Nous parlâmes en vers, Roqueplan, Sainte-Beuve et moi. Rachel se mit de la partie et trouva des rimes imprévues. Elle nous rappela qu'un jour au comité de lecture un auteur dramatique lui inspira un distique parce qu'il s'appelait Duflot et que sa pièce était mauvaise :

La pièce est refusée à l'unanimité.
Duflot qui l'apporta recule épouvanté.

⁂ Un tragédiste de l'école de M. Liadière et de M. Viennet nous a lu hier une œuvre effroyable. Beauvallet a pris son couteau comme pour se défendre des traîtres de cette tragédie ou pour tuer l'auteur. A la fin du premier acte, je fis remarquer au tragédiste que plus d'un de ses vers ne marchait pas sur ses douze pieds, par exemple celui-ci :

Mon âme comme la mer se mire dans le ciel.

L'homme à la tragédie ne se désorienta point : « Peut-on me faire un pareil reproche quand c'est un si beau vers ? »

⁂ En ce tems-là, un fils de ministre, cousin sans doute de celui qui s'étonnait qu'on jouât au Théâtre-Français de mauvaises pièces comme le *Médecin malgré lui*, entra comme une bourrasque dans mon cabinet. « Monsieur Arsène Houssaye, il me semble qu'on se croise les bras au Théâtre-Français. » Jamais Napoléon n'avait parlé avec un si grand air à un officier battu. « Vous vous trompez, répondis-je, on répète la *Critique de l'école des femmes*. — La *Critique de l'école des femmes*, qu'est-ce que cela ? On n'a pas encore, que je sache, envoyé le manuscrit à la censure ! »

⁂ La comédie corrige-t-elle les mœurs ? Fénelon, qui n'allait pas au théâtre, disait oui. La Bruyère, qui y allait souvent, disait non.

Cette question est revenue hier au foyer du théâtre, entre messieurs de la comédie et messieurs de la critique. Jules Janin rappela ce beau mot d'un avare. chaque fois qu'il venait voir l'*Avare* de Molière, il rentrait chez lui plus préoccupé de sa cassette. Un jour que le P. Renaud, de l'Oratoire, prêchait sur l'aumône, les filles de l'avare le conduisirent au sermon. Il fut si éloquent que le bonhomme, versant des larmes, s'écria : « Il fait l'aumône si belle, que cela me donne l'envie de tendre la main. »

La reprise de l'*École des bourgeois*, de d'Allainval, a fourni à Bressant l'occasion de se montrer très élégant, très fat, très vainqueur. Et quelle superbe Mme Abraham que Mme Thénard! Mais toutes ces *Écoles* qu'on a écrites tant en vers qu'en prose, à quoi ont-elles servi, je vous le demande? L'*École des vieillards* empêche-t-elle les vieux coqs d'épouser les jeunes poules? L'*École des femmes* et l'*École des maris* ont-elles guéri un seul Arnolphe, ont-elles diminué le nombre des Sganarelles? Je ne parle pas de l'*École des diplomates*, de l'*École des journalistes* et des cent autres *Écoles* qui ont prêché sur les planches de l'Odéon et de la Comédie-Française. Ainsi va le monde, y compris le demi-monde. Rien ne sert à rien et tout ne sert de rien.

⁂ Quand je vois venir Mlle Georges, il me semble que je vois marcher les ruines de Palmyre. La vieillesse l'a dévastée, mais elle n'en est pas moins majestueuse, ni moins coquette. La coquetterie dans la vieillesse, c'est la rose qui rit sur une tête de mort.

Hier, Mlle Georges est venue me demander une représentation à son bénéfice en me disant : « Vous me sauverez de ma misère. » Je la regardais non sans quelque surprise : elle portait magnifiquement un chapeau à plume et des gants paille. « N'est-ce pas, mon cher directeur, dit-elle en souriant, que je porte bien tout ça ? »

Elle prit dans sa poche un petit miroir et se regarda avec complaisance. « Ah, dit-elle, si j'avais cinq ans de moins comme je vous ferais la cour. » L'effroi me prit de la tête au cœur, car elle porte soixante-quinze ans sur sa figure quand elle parle — et quatre-vingts ans quand elle sourit.

Elle m'a proposé de publier ses *Mémoires*. Je l'ai mise tout de suite au chapitre de Napoléon : « Est-ce vrai qu'il vous appelait passé minuit et qu'il vous oubliait jusqu'au matin, pour étudier la carte de l'Europe ? — Quelle calomnie, me répondit-elle avec dignité, il savait trop ce qu'il me devait et ce qu'il se devait à lui-même. Sa carte d'Europe, c'était moi et je vous jure qu'il savait fort bien ma géographie. » Elle pencha la tête sous le charme des souvenirs — « Ah ! quel homme, reprit-elle en soupirant vers les années du Consulat, voyez-vous, je l'ai tant aimé, que c'est encore pour lui que j'ai aimé Harel. — Je ne comprends pas. — Je n'ai aimé Harel que parce qu'au siège de Soissons, il s'est battu comme un lion contre les cent mille hommes de Blücher. »

Je me rappelai alors que Harel, sous-préfet de Soissons, avait héroïquement défendu la capitale de Clovis, et fait chanter le *Te Deum* pour Napoléon, à Pâques, dans la cathédrale, huit jours après l'abdication de l'empereur.

⁂ Mlle Georges a fait ses adieux au public dans sa dernière représentation à bénéfice. Elle jouait *Rodogune*.

On a rempli son escarcelle, ce qui n'est pas peu dire. aussi les places étaient-elles hors de prix. L'Empereur a très impérialement payé sa place. Le roi Jérôme a très royalement payé son billet par un billet de mille francs. « Hélas ! disait la grande tragédienne, j'aimais mieux le tems où il ne m'envoyait que des billets doux ! » car elle a connu toutes les têtes couronnées de la famille impériale. Mme Allan a été embrasser Mlle Georges, ce qui a fait dire : « Voilà un papillon sur une rose. »

⁂ Le ténor de la Comédie-Française, c'est Delaunay : sa diction est une harmonie, il fait de l'amour un poëme, on dirait qu'il le chante. Alfred de Musset, lui voyant jouer Fortunio, disait qu'il était plus poëte que lui-même. Et quel galant homme que cet amoureux perpétuel. Du reste, il en faut dire autant de tous les amoureux de la Comédie-Française, Firmin, Menjaud, Bressant. Si on les a pris en flagrant délit, ce n'est pas en flagrant délit de mauvaise action. J'ai eu plus d'une fois maille à partir avec Delaunay ; comme les gentilshommes de l'ancien régime, il avait raison même quand il avait tort ; aussi ne pouvait-on le vaincre que par assaut de générosité. Je commence à croire d'ailleurs que si le savoir-vivre était banni de la France on le retrouverait à la Comédie-Française. Delaunay est de ceux qui jouent en maître les premiers grands rôles amoureux, mais il est aussi de ceux qui font un premier rôle d'un second rôle par la force de la création. Et avec quelle variété de tons, de chaleur, de raillerie, de passion de fantaisie il sculpte et peint ses figures, celles du vieux répertoire, comme celles d'aujourd'hui.

Ces grands comédiens ont beau faire, on les voit toujours sous le masque de leurs personnages, mais sans s'effacer ils donnent l'illusion. Ainsi est Bressant, né marquis, comme sa fille naquit princesse. S'il s'était mal avisé de jouer des rôles vulgaires, on n'eût pas manqué de lui crier : « Saute marquis ! »

⁂ Armande Béjard changea la mise en scène du *Misanthrope*. La volonté se brise toujours devant la femme. Quand Molière mit en scène le *Misanthrope*, il dit à Armande qu'elle était de la première scène. En ce tems-là, Molière ne voyait plus sa femme qu'au théâtre. Ce beau rôle de Célimène, il l'avait créé pour elle dans le vague espoir de la ramener à lui; mais, aux premières paroles, il retrouva les plus altières rébellions. Il voulait donc qu'elle apparût au lever du rideau, sortant d'un air dédaigneux et saluant par son premier coup d'éventail. Ainsi, l'action était mieux engagée. Quoique Alceste ne parle pas d'elle dans son amère tirade, on sent bien que la femme a passé par là. Il n'y a point de misanthropes parmi les amoureux qui sont aimés. C'est la femme qui verse l'amertume sur les lèvres en révolte. Représentez-vous la scène : elle est bien plus vivante si on voit partir Célimène avec son sourire cruel. Alceste s'efforce de ne point parler d'elle, mais on sent tout de suite qu'elle est dans son cœur. Seulement il arriva ceci que Molière ne put jamais décider Armande à paraître au commencement de la comédie pour n'avoir rien à dire. Quoiqu'elle fût grande comédienne, elle ne comprit pas ce jeu de scène; Molière dut se résigner. Depuis, oncques on ne vit Célimène au premier acte du *Misanthrope*.

Un soir, comme j'étais chez Mlle Mars avec Mlle Doze, déjà Mme Roger de Beauvoir, on vint à causer de Célimène, qui était le triomphe de Mlle Mars. Je lui rappelai l'histoire d'Armande. C'était la même femme; elle donna raison à Armande, mais elle avoua que s'il était mieux pour l'actrice de ne pas paraître pour ne rien dire, il serait mieux pour la pièce que Célimène marquât ainsi sa figure dès le lever du rideau.

Plus tard je parlai de ceci à Menjaud et à Geffroy: Menjaud, un misanthrope pris parmi les marquis de

Louis XIV; Geffroy, un misanthrope du XIXᵉ siècle, tout traditionnel qu'il fût. C'étaient là deux comédiens de haute lignée. Ils regrettèrent, comme moi, que Célimène ne fût pas du premier acte, même pour ne rien dire, puisque sa sortie était éloquente ; mais comment décider une sociétaire, même avec le pouvoir le plus absolu, de paraître à la première scène comme une figurante ?

J'attendis les débuts de Madeleine Brohan; mais quand cette belle créature en fut à jouer Célimène, presque tout le théâtre me représenta que c'était la sacrifier que de la forcer à paraître d'abord pour ne rien dire. Ce fut encore Molière qu'il fallut sacrifier, car les Célimènes sont rares. Madeleine avait la beauté et le charme, une voix d'un beau timbre, un air de tête héraldique, une démarche altière ; elle savait bien jouer de l'éventail; il n'y avait pas dans tout Paris une actrice qui représentât mieux cette immortelle création; je ne pouvais donc pas troubler ses débuts en lui imposant la mise en scène rêvée par Molière; d'ailleurs sa mère m'eût dénoncé à l'opinion publique comme un ennemi de sa fille. Quand Madeleine fut en possession du parterre, elle ne voulut pas se risquer davantage au premier acte.

Et il en fut ainsi de toutes celles qui, depuis, ont joué Célimène. C'était leur vouloir la mort que de les sacrifier au premier acte. Pas une seule n'a compris qu'il y a des silences plus éloquens que des flots de paroles.

Selon la pensée de Molière, la pièce commençait et finissait par deux sorties muettes de Célimène : deux coups d'éventail jetés avec le haut dédain des grandes coquettes : le premier expliquait le second. Eh bien, aucun directeur présent et futur ne parviendra à imposer la volonté de Molière : Armande a donné le pli.

⁂ Je voudrais qu'on peignît les trois Brohan à la Comédie-Française sur une toile immortelle signée Carolus Duran. La mère et les deux filles, si elles se fussent trouvées en même tems à ce beau théâtre, auraient pu jouer tous les rôles du répertoire Molière et Marivaux, Regnard et Beaumarchais. Elles laisseront le souvenir de l'esprit, de la passion, de la grâce et du charme. Suzanne pouvait représenter tous les personnages, du plus passionné au plus railleur. Augustine jouait comme par merveille les servantes et les soubrettes, mais elle a prouvé dans *Mlle de Belle-Ile* et dans le *Caprice* qu'elle était femme du monde comme pas une. Madeleine, à ses débuts, représentait en même tems une amoureuse dans les *Contes de la Reine de Navarre* et une grande coquette dans le *Misanthrope*. Il faut rebrousser chemin jusqu'aux trois Poisson pour trouver une aussi glorieuse famille théâtrale. Et quelles femmes charmantes dans la vie privée ! On les a accusées d'avoir trop d'esprit; tout le monde n'est pas assez heureux pour être bête. Je n'ai jamais vu d'ailleurs que l'esprit fît du tort au cœur. Il n'y a que les sots qui soient méchans : l'esprit est un rayon qui brûle toujours, mais qui éclaire; or la lumière dans le cœur, c'est déjà la bonté.

⁂ Qu'est-ce que le *Bonhomme Jadis?* C'est l'image du passe, le passé qui a ses mirages comme l'avenir, le passé qui ne garde que les souvenirs charmans de l'amour, parce qu'il rejette avec horreur les vieux habits, vieux galons de la réalité. Henri Murger a créé une charmante figure avec ce Bonhomme Jadis qui ne se tourne plus que vers le magique miroir de la jeunesse. Le portrait de la jeunesse, c'est le portrait de sa chère Jacqueline, c'est le vieil air que chante le violon de son voisin, c'est la pervenche qu'il arrose sur sa fenêtre. Il n'est pas jusqu'à l'amour des amoureux de vingt ans, qui ne lui monte du cœur à la tête. C'est Provost qui s'est incarné dans cette figure et qui y a fait merveille. Les deux autres personnages de ce joli tableau répandaient tout autour de Provost la poésie des aurores et des printems. Delaunay, qui représentait le chevalier Vingt ans, et Mlle Fix, Mlle Seize ans, jouaient leur jeu dans la fraîcheur et le sourire des aubes lumineuses, vrais comédiens de Shakespeare et d'Alfred de Musset.

Au lendemain de cette idylle parisienne, où la jeunesse éclatait et riait si doucement, nous avons eu une autre tableau comme contraste : la représentation de retraite de Mme Desmousseaux, cette maîtresse duègne que Molière eût applaudie en ses quatre-vingts ans. En retrouvera-t-on jamais une pareille dans l'esprit de la tradition et dans l'emportement de la verve comique ? Oui, Mlle Jouassin qui a sacrifié sa jeunesse à son art.

⁂ Il y a l'Évangile selon Corneille et il y a l'Évangile selon Molière.

Tous les ans, la Comédie se souvient de ses dieux, elle se recueille et chante une messe à Corneille et à Molière. On demande aux plus jeunes poëtes un poëme dramatique, une ode ou une saynète pour mieux célébrer la fête, comme on demande aux ténors et aux barytons de l'Opéra de venir à Saint-Roch ou à Sainte-Clotilde chanter le *Dies iræ* et le *Requiem* à une messe mortuaire. Théodore de Banville et Philoxène Boyer ont fait merveille aux anniversaires du Théâtre-Français. Hier encore, c'était la fête de Pierre Corneille. Le buste de notre grand poëte était là, comme sur un autel, au milieu de cette scène dont il est l'un des dieux. Son front de penseur était ceint du laurier immortel. Tous ses derniers interprètes, ou plutôt tous les comédiens du théâtre, étaient respectueusement rangés à l'entour, et la Muse tragique, le rameau sibyllique à la main, déclamait des stances à l'auteur du *Cid*. Les vers sont de M. de Banville ; ils ont été dits par Mlle Rachel : Corneille fut content.

⁂ Mlle Plessy a joué dans le *Bougeoir*, de M. Caraguel, comme elle jouait dans les pièces de Marivaux, toute d'esprit et de malice. « N'est-ce pas, a-t-elle dit à l'auteur, après la représentation, que je ne suis pas un éteignoir? — Madame, je dirais que vous êtes une fusée, si ma pièce était un feu d'artifice, ou, plutôt, vous en seriez le bouquet. » Et autres marivauderies.

⁂ Dans mon volume de lettres de Rachel je détache celle-ci :

« Mon cher ami,

« Je désire très vivement assister à la séance de jeudi
« à l'Académie. Je sais que la Comédie-Française a par
« droit de conquête, pour les mauvais artistes qu'elle
« renferme, *douze billets*. Je viens donc vous demander
« de me donner deux billets ; je m'adresse au directeur
« malin, qui doit désirer envoyer à l'Académie ce
« qu'il a de plus huppé et je me vante de l'être. Puis je
« m'adresse aussi à l'amie (*sic*) de qui je ne dis pas
« *houssaye* qu'il est. RACHEL. »

P. S. « Si vous aimez le spectacle des Immortels je
« vous prendrai en passant. Je ne serais pas fâchée du
« tout de vous conduire à l'Académie. »

Rachel me prit en passant.

C'était la première fois que j'allais par là. Je n'y suis retourné que le jour où Henry Houssaye fut couronné pour le grand prix d'histoire fondé par M. Thiers, lauréat du grand prix de Napoléon III.

⁂ M. Legouvé voulait finir par une tragédie, il écrivit *Médée*. Rachel lui promit de jouer le grand rôle, après quoi elle le refusa. De là procès. Le ministre m'écrivit pour me demander ce que j'en pensais ; voici ma réponse :

« Mlle Rachel et M. Legouvé ont plaidé devant moi « en première instance, mais mon jugement est en appel « devant un tribunal plus officiel.

« Vous voulez connaître le procès; voici : M. Le- « gouvé a écrit pour Mlle Rachel une *Médée*. Vous voyez « que c'est une vraie tragédie. Mlle Rachel, qui a accepté « le rôle, refuse de le jouer. C'est un beau rôle, je lui « ai donné tort; mais j'ai donné tort à M. Legouvé de « faire un procès à Mlle Rachel. N'est-ce pas, en effet, « se faire son procès à soi-même ?

« Mlle Rachel dit que ce rôle est une longue impréca- « tion et qu'elle n'arrivera pas au bout, quelle que soit « sa bonne volonté. Je dois avouer qu'elle s'est défen- « due avec beaucoup de sens. Voici ses paroles : « Si « j'allais prier M. Ingres de faire mon portrait et « qu'après une séance il me déclarât qu'il lui est « impossible de me bien peindre, est-ce que je pourrais « faire condamner M. Ingres à continuer mon portrait « malgré lui ? »

« M. Legouvé imprime toutes vives les lettres de « Mlle Rachel. On se demande s'il veut ajouter un nou- « veau chant au *Mérite des femmes*, de M. Legouvé

« père. Alors pourquoi avoir fait *Médée* qui n'ajoute « rien au *Mérite des femmes?* »

⁂ Quand, la veille de l'Empire, après le célèbre discours de Bordeaux, *l'Empire c'est la paix*, la Comédie-Française et l'Opéra donnèrent une représentation en l'honneur du Président futur Emper eur ; voici comment je composai l'affiche :

COMÉDIE-FRANÇAISE

REPRÉSENTATION EXTRAORDINAIRE

CINNA

OU LA CLÉMENCE D'AUGUSTE

Tragédie en 5 actes de Pierre Corneille

L'EMPIRE C'EST LA PAIX

Strophes dites par Mlle RACHEL

IL NE FAUT JURER DE RIEN

Comédie en 3 actes, par Alfred de Musset

« Non, disait-on en lisant l'affiche, *il ne faut jurer de rien*, à propos de l'Empire c'est la paix et de la clémence d'Auguste. »

Quand j'allai saluer le Prince à son arrivée, il me dit, d'un air moitié fâché, moitié souriant : « Monsieur Arsène Houssaye, vous avez une étrange manière de rédiger les affiches. — Monseigneur, j'ai affiché *Cinna* parce que je sais que vous rappellerez la *clémence d'Auguste*. Les strophes *l'Empire c'est la paix* ne sont que la traduction de votre beau discours. Enfin, *Il ne faut jurer de rien*, c'est le mot éternel du lendemain. » Le prince ne se fâchait jamais, mais je n'étais pas en pleine quiétude, car l'affiche que j'avais rédigée en souriant — incorrigible raillerie française — avait pu mettre le public en trop belle humeur. Mais, dès que la représentation commença, tout prit un air solennel et tout fut applaudi.

⁂ J'écrivais en 1856 : « M. Henri Meilhac fait des comédies à la manière de Gavarni.

« On a regretté que Gavarni ne fît pas jouer les siennes. Avis à M. Henri Meilhac.

« Ses crayons sont charmans. Il a commencé *la comédie des comédiennes,* où il m'a mis en scène sans me faire poser. Voici la légende : —*N'est-ce pas, mon poëte, que c'est beau l'amour? Aussi c'est Dieu qui a fait l'amour.* — *Oui, mais c'est le diable qui a fait la femme!* »

LIVRE XXIV

LA TERRE PROMISE

I

Le Carrosse et le Château

Quelques jours après mon mariage, comme je me promenais avec ma femme aux Champs-Élysées, je lui dis tous mes regrets de la voir à pied, quand tant de femmes qui n'avaient ni ses jolis pieds ni sa beauté se prélassaient en victoria ou en landau. Elle me répondit par un mot charmant : « Si j'étais en victoria ou en landau, je n'aurais pas la main appuyée sur ton bras. »

Ce qui ne m'empêcha pas de lui faire admirer les équipages bien stylés, chevaux de sang et laquais hauts de la tête. « Oui, me dit-elle, les chevaux sont tout, la voiture n'est qu'un accessoire, mais encore faut-il que la voiture soit bien habitée. »

Pendant tout un quart d'heure, je jouai le rôle du diable sur la montagne voulant tenter Jésus : « N'est-ce pas que tu seras contente quand tu auras ta place dans tout ce luxe parisien? » Elle persista à me dire qu'elle aimait mieux se promener à pied pourvu que ce soit avec moi; cependant au dernier mot elle vit passer une de ses amies qui lui dit bonjour de la tête et de la main, mais un bonjour protecteur comme si la dame, grâce à son landau, fût une déesse parlant à une simple mortelle. « Après tout, reprit ma femme, quand tu voudras me donner une voiture, je ne te la refuserai pas, mais je t'avertis qu'il me faudra de plus beaux chevaux que ceux de mon amie qui passe là-bas. »

En 1851, dix ans après, je demeurais alors au coin de la rue du Bac et de la rue de Verneuil. On vint avertir ma femme que sa voiture était à la porte. Elle était si éloignée de toute idée de luxe extérieur, qu'elle répondit qu'on se trompait d'étage; mais on revint bientôt dire que c'était la voiture de Mme Arsène Houssaye. Elle mit la tête à la fenêtre, elle trouva les chevaux fort jolis, mais elle fut sans enthousiasme pour cette galanterie qui venait après dix années. Son fils, qui avait quatre ans, sautait sur le balcon et s'écriait tout joyeux : « Maman, les zolis zevaux! » Par politesse pour moi ou pour les chevaux, pour son fils surtout, elle s'habilla et descendit avec lui. Jusque-là, c'était une surprise manquée, mais ce n'était que le commencement. Elle donna ordre au cocher de la conduire chez son oncle Fée dans le pays latin, mais le cocher lui dit que Monsieur attendait Madame aux Champs-Élysées. « Oui, aux Champs-Élysées! » dit Henry qui jouait déjà avec le groom presque pas plus haut que lui. Les chevaux s'envolèrent;

ma femme regardait de droite et de gauche, mais elle ne me vit que vingt pas avant le rond-point, tout juste à l'endroit où je lui avais promis un landau dix ans auparavant. Je montai à côté d'elle en lui exprimant tous mes regrets de l'avoir fait attendre si longtems. « Il me semble que c'était hier, me dit-elle, c'est que j'ai été si heureuse pendant ces dix années, même quand j'étais malheureuse ! »

Elle embrassa son fils. « Où allons-nous ? — Au Bois, comme tout le monde ; mais avant d'aller au Bois nous avons une visite à faire. — A qui ? — A nous-mêmes. »

Ma femme était accoutumée à mes énigmes, elle n'insista pas, toute au bonheur et à la joie du gamin.

Le cocher s'engagea dans Beaujon par la rue Fortunée, aujourd'hui la rue de Balzac, mais toujours la rue Fortunée pour moi : j'ai passé tous les jours par là pendant les meilleures années de ma vie. Le nom de Balzac n'a d'ailleurs rien gâté à l'affaire.

Arrivés rue Chateaubriand, les chevaux s'arrêtèrent d'un coup devant un petit château gothique dont l'architecture moitié chinoise, moitié française, étonnait tous les promeneurs qui se hasardaient par là, véritable château à mettre sur une étagère. « Qu'est-ce que cela ? dit ma femme. — C'est très joli, n'est-ce pas ? — Oui, c'est très joli, on se croirait dans un conte de fées. »

Nous étions entrés. « Oh ! les beaux jardins ! c'est le paradis retrouvé », s'écria-t-elle.

Il y avait un arpent de vignes, bocages, serres et verger. Des statues, des grottes, des fontaines. Nous nous promenâmes par les allées ; la vigne était noire de raisins, le verger chargé de fruits. Il semblait que ce fût un rêve, d'autant mieux que c'était par une de ces rares journées parisiennes où le soleil égaye toutes choses; l'enfant s'émerveillait surtout de trouver des chevaux de bois et des cerfs-volans.

Après une rapide promenade dans le jardin, nous entrâmes dans le petit château. Il y avait au rez-de-chaussée, surélevé d'un perron de quatre marches, un des plus beaux salons de Paris tout éclatant de dorures et de fresques — c'était la mode en ce tems-là — avec une aurore au plafond, peinte dans la gamme la plus légèrement harmonieuse. La cheminée était un chef-d'œuvre par la sculpture des cariatides : une Ève et une Diane, deux religions qui n'en font qu'une dans le royaume de l'art. « Où sommes-nous ? me demande ma femme avec inquiétude. — Madame, nous sommes chez nous. »

Elle se jeta à mon cou et se mit à pleurer. « Je te remercie, me dit-elle doucement, mais c'est le commencement des folies. »

II

La vie à Beaujon

Dès ce soir-là, nous fûmes habitans de Beaujon *. C'était la terre promise pour nous qui étions forcés d'habiter Paris toute l'année. Nous y trouvions les ombrages, les vignes et les vergers, sans parler d'une fontaine artificielle qui paraissait toute naturelle en jaillissant d'un rocher.

* Pour la curiosité de ceux qui aiment les métamorphoses de 1850 il faudrait donner quelques crayons de Charles Monselet,

Jusqu'alors il n'y avait eu à Beaujon pour habitans que de hardis voyageurs vers les pays inconnus, comme

d'Étienne Eggis et de moi-même retrouvés dans les journaux du tems:

« La montagne Beaujon est bornée d'un côté par l'arc de triomphe de l'Étoile et par les Champs-Élysées; de l'autre, par le faubourg Saint-Honoré et la cité Odiot. Elle s'élève sur les terrains considérables occupés autrefois par le jardin et la *Folie* célèbre du financier Nicolas Beaujon — une de ces figures fastueuses que l'on heurte à chaque pas dans le XVIIIe siècle, au milieu des peintres, des grands seigneurs, des comédiennes, des abbés, des mathématiciens et même des poëtes; un de ces satrapes bourgeois à qui il sera un peu pardonné parce qu'ils ont jeté par leurs fenêtres l'argent entré chez eux par la porte. De toutes les têtes à perruque de ce tems-là, celle de Beaujon est, après tout, une des mieux organisées. Il était né dans les vignes bordelaises ! » On voit bien que c'est Monselet qui parle.

Le grand parc est remplacé aujourd'hui par cinq ou six rues neuves; il reste encore des arbres, et, çà et là, au sein des orties, quelques fragments de statue. Mais les charmilles propices aux rires étouffés, mais les pavillons mythologiques au bout des avenues, mais les grilles merveilleuses ouvragées par Damour, premier serrurier de Louis XV, mais les vases de marbre sous les bosquets, mais les bassins où frétillent mille nageoires argentées et dorées, toute cette féerie et tout ce luxe, tout cela a un peu disparu — non pas soudainement, par une catastrophe et comme un rêve — mais, ce qui est plus triste, pièce à pièce, mur à mur, année par année, feuille par feuille. Beaujon mort, ce ne fut plus qu'une épitaphe fastueuse. Mais la vraie épitaphe du financier c'est l'hôpital Beaujon. Voilà qui parle éloquemment. C'est la moralité à côté de la fable.

Un hôtel, qu'on dirait bâti en pâte tendre, est celui de M. le duc de Brunswick, un des personnages les plus renommés par leur faste original, et bien plus connu à Paris que dans son royaume.

Ce n'est pas M. de Brunswick qui a fait bâtir cet hôtel rose, c'est une personne à qui n'a manqué aucun genre de célébrité, ni homme ni femme, centauresse à tous crins; c'est la danseuse qui, sifflée sur une scène de boulevard, détacha ses jarretières rouges, et les jeta, par manière de défi, au nez des spectateurs;

le prince de Capoue, Théophile Gautier, le comte d'Orsay, Nieuwerkerke, Béranger, Rosa Bonheur, La-

c'est la Du Barry; la Cotillon IV d'un monarque troubadour; c'est la comtesse à deux maris, c'est Llola Montes, qui, après toutes les fortunes, mourut de toutes les misères dans une auberge du *nouveau monde*.

Heureusement, Llola Montes, puisqu'il faut nommer la vertu par son nom, a laissé ses merles à Beaujon — de jolis merles qui venaient lui manger dans la main, qui becquetaient ses perles sur son cou et qui lui chantaient des sérénades aux belles nuits d'avril.

C'est près de ce château de Saxe-Brunswick que se dresse l'ancien château Beaujon qui abrite discrètement la maison de Balzac. — Ce grand Balzac! il est mort entre un château et une église, porte à porte, riche depuis la veille, avant d'avoir tourné le dernier feuillet de la Comédie humaine.

Mais déjà je me perds dans ce pays si nouveau et si ancien.

Selon Eggis : « Beaujon avait, entre autres, deux hôtes qui valaient bien deux alinéas : Béranger et Arsène Houssaye.

« La maison de Béranger est la maison de Dieu. Tout ce qui s'en va, cavalier de l'espérance, à travers la bohème joyeuse, et dîne de beaux vers plutôt que de poulardes, tout cela connaît la maison de Béranger, une des premières de l'avenue Chateaubriand. Béranger, c'est le bon Dieu des poëtes inconnus; il leur donne le pain de l'âme et le pain du corps. »

Je vais vous lire une page d'un intrépide voyageur, Étienne Eggis, qui a perché toute une saison dans un arbre du *Paradis terrestre*, un théâtre en plein air où l'on montrait, en 1848, les arbres et les fleurs — et les animaux empaillés — du paradis.

« Dans l'avenue Chateaubriand — où Chateaubriand n'a fait que passer comme Lord Byron dans la rue Lord-Byron — demeure un poëte, le Claude Lorrain, en rimes enamourées, des grands blés mûris et des grappes vermeilles, le Van Dyck de tous les acteurs radieux ou assombris de cette étrange comédie qu'on appelle le XVIIIe siècle. Il habite un petit château en face d'une espèce de forêt vierge, où chantait jadis un jardin public qui avait pris le titre exorbitant de *Paradis terrestre*. Le château d'Arsène Houssaye a pignon sur rue, donjon, tourelles et belvédère, comme un manoir de la Renaissance. Le jardin d'Arsène Houssaye est un parc in-32. Il a tout : pelouses vertes mennais et Balzac qui avait acheté la maison de jardinier du château Beaujon. J'oubliais l'amiral Gudin qui, plus hardi que Balzac, avait acheté le château sans un sou vaillant et qui gagna plus d'un million par ce coup de maître.

Quand j'ai dit que j'entrais dans la terre promise, en foulant le sol de Beaujon, j'oubliais que le jardin avait deux issues gardées par deux cerbères qu'on appelle communément des concierges.

C'était trop de deux, aussi dès la première nuit, il me fallut intervenir pour que ces coquins-là ne se crevas-

qu'ombragent des sycomores, allées de pommiers nains aux fleurs blanches, kiosque gardé par les hiboux au regard fauve, bouquets d'arbres de Judée, vaste serre aux plantes tropicales, grotte mystérieuse tapissée de lierre, où rêvent et s'ébattent grenouilles, écrevisses et poissons rouges; haies de fraisiers que rongent les tortues vagabondes. Dans la grotte des grenouilles, une magnifique tête d'après l'antique se dresse au milieu des lierres et semble jeter le sourire mélancoliquement railleur du culte perdu de la forme antique. »

Tout en face, une maison de la rue Lord-Byron, n° 16, regrette un autre poëte enfui, Théophile Gautier, qui habitait là du tems où il avait des chevaux. Depuis, il a fait son chemin à pied. Sur les ruines de son petit hôtel habité avant lui par Byron et d'Orsay, on a bâti la villa Lord-Byron.

Au n° 3 s'élève l'hôtel du prince de Capoue, au n° 19 l'hôtel de Henri Lehmann, bâti sur les jardins de Rosa Bonheur.

Tout Beaujon était rempli de petits châteaux de fantaisie, où le luxe des beaux appartemens avait pour corollaire la splendeur joyeuse de la nature en fleur.

Le comte de Nieuwerkerke avait son atelier à Beaujon. C'est de là qu'est partie pour la Haye, j'allais dire pour la postérité, sa belle statue équestre de Guillaume le Conquérant. C'est à Beaujon que le comte d'Orsay, la veille de sa mort, sculptait Lamartine. C'est à Beaujon que Mlle Brohan avait, le dimanche, son cercle de beaux esprits, qui ne parlaient que la langue des dimanches.

sent pas les yeux à coups de poing. Celui de la rue Lord-Byron jalousait celui de la rue de Chateaubriand, qui avait une dent, sa dernière, contre celui de la rue Lord-Byron. Tous les deux s'accusaient de vols de fruits. C'était mes fruits, mais ils avaient si bien pris l'habitude de les vendre qu'ils voulaient compter sans moi. Je voulus procéder pacifiquement, pour ne pas faire trop vite acte de propriétaire, mais le lendemain, ce fut bien une autre histoire : le concierge de la rue de Chateaubriand dépêcha sa femme vers Mme Arsène Houssaye, pour lui parler d'un enfant qui était à toute extrémité ; Fannie alla passer deux heures au berceau de cet enfant ; je la rappelai à minuit, quand je rentrai au retour du théâtre, mais à peine se déshabillait-elle pour se coucher que l'autre concierge vint la supplier de secourir sa femme en mal d'enfant, le médecin n'arrivant pas.

Mme Arsène Houssaye veilla toute la nuit : la mère et l'enfant se portent bien.

Le lendemain, je donnai mille francs à chaque concierge à la condition absolue qu'ils s'en iraient le jour même.

Depuis, quand j'ai bâti une habitation confortable, j'ai toujours oublié la loge du concierge, parce qu'il n'y a de bonheur nulle part avec un concierge, parce qu'il n'y a rien de plus inutile qu'un concierge même, quand il est agréable. Le concierge est l'invention d'un peuple bavard comme le peuple français.

J'avais peur déjà que ces deux argus ne m'eussent endiablé la maison, mais dès qu'ils furent dehors, la sérénité qui était restée à la porte y entra à franches coudées.

Si jamais un homme a été heureux, si jamais une femme a été heureuse, c'est là qu'on a vu cette femme et cet homme, dans cette belle solitude au milieu de Paris, en cet air vif de Beaujon, sous ces arbres centenaires, dans ce petit château incroyable qui avait l'air d'un conte de fées.

Je ne désirais rien, si ce n'est de me retrouver le lendemain comme j'étais la veille. J'étreignais à pleins bras l'amour, la jeunesse, la fortune, la fantaisie, pourquoi ne pas le dire? la vanité, quoique tout ne soit pas vanité.

Mme Arsène Houssaye était une vraie femme par la beauté et par le cœur, l'enfant que nous gâtions était aimé de tout le monde, mes livres avaient beaucoup d'éditions et étaient traduits en quatre ou cinq langues, le Théâtre-Français n'avait jamais été si prospère, tout ce que je touchais devenait or, enfin j'avais beaucoup d'ennemis ; aussi c'est de ce tems-là que date ce mot : « Heureux comme Houssaye. » Hélas ! aujourd'hui je n'ai plus d'ennemis!

J'avais trouvé mes Charmettes à Beaujon. Mes pervenches c'étaient les roses-thé.

Ces beaux jours furent consacrés par un dîner intime qui réunit à la même table Alfred de Musset, Léon Gozlan, Théophile Gautier, Émile de Girardin, mes deux sœurs, Mme de Girardin, Mme Bertall, Mlle Rachel.

Un ami imprévu vint alors nous charmer dans son été de la Saint-Martin : ce fut Béranger.

Ce n'est pas sur le Parnasse que je l'ai rencontré la première fois, c'est dans l'omnibus qui allait du Louvre à l'Étoile et qui, grâce à la civilisation fulgurante, va beaucoup plus loin des deux côtés. Que faire en omnibus, sinon regarder ses voisins et ses voisines. Tout juste en face de moi je reconnus Béranger que je n'avais jamais vu qu'en tête de ses chansons. On était en 1852, Béranger vivait ses dernières années sans que son esprit l'abandonnât. Un air de jeunesse colorait encore sa figure plus gauloise que rabelaisienne.

Comme nous montions la rue Fortunée, je le saluai en lui disant : « Monsieur de Béranger, permettez-moi de vous présenter un poëte qui a chanté vos chansons. » Il fut d'une cordialité charmante, en voulant me prouver qu'il me connaissait depuis longtems. « Tout justement, me dit-il, j'allais vous écrire, non pas pour vous demander une lecture à la Comédie-Française, mais pour vous recommander une ouvreuse de loges. On s'obstine à croire que j'ai du crédit partout. »

Quelques jours après, comme Béranger passait devant le Théâtre-Français, il me dit : « J'allais vous remercier. — Ce n'était pas la peine », lui répondis-je.

Ma femme montait tout justement dans son coupé; je dis à Béranger : « Nous demeurons dans le même pays de Beaujon, nous avons déjà voyagé ensemble, voulez-vous une place dans mon tout petit omnibus, à côté de Mme Arsène Houssaye ? — Pourquoi dirais-je non ? répondit-il en saluant ma femme. Mais il n'y a que deux places dans votre coupé ? — Il y a une place pour moi sur le siège. — C'est la place d'Apollon », reprit-il gracieusement.

Je le reconduisis donc chez lui. Quand il descendit à sa porte, il salua ma femme, en me disant : « Voilà la poésie ! » Depuis, il a été son ami, même le jour des funérailles.

Platon à Colonne avait trois arpens pour loger son

bonheur, moi je n'avais qu'un arpent à Beaujon. Mais c'était aux Champs-Élysées.

Je vivrais très philosophiquement dans une chaumière pour humer l'air des grands bois, chasser en rêvant, boire à la source et lire Montaigne ou Hugo ; mais n'ayant jamais eu ce doux loisir de vivre en me croisant les bras, j'ai du moins doré le cadre de ma vie. J'ai fait mon nid où j'ai pu, mais j'ai toujours choisi la branche, non pas la plus solide, mais la plus feuillue, sans m'inquiéter des coups de vent. C'est ainsi qu'on m'a vu habiter, quoique je n'eusse pas le sou, l'appartement où est mort Voltaire — quai Voltaire, en face des Tuileries — une des plus belles demeures de Paris, avec la vue de la Seine.

J'avais à Beaujon tous les raisins de la Côte-d'Or, de Fontainebleau, d'Aï et de Château-Yquem. Ce jardin dominé par ce petit château à trois tours était surtout charmant par ses beaux arbres, ses grottes, ses fontaines, ses bosquets d'arbustes rarissimes, ses treillis et ses espaliers. J'avais juré d'y mourir, mais la ville de Paris a presque tout emporté en ouvrant l'avenue Friedland ; il ne m'est resté qu'un coin de jardin où j'ai bâti plus tard ces deux hôtels qui n'en font qu'un, dont la façade renaissance et mauresque provoque le regard des promeneurs.

La première année que j'habitai Beaujon, je voulus que les vendanges fussent un jour de fête pour mes amis. Tout le monde fut convié à couper la grappe; ce ne furent pas les anciennes bacchanales, mais çà été charmant. Je distribuai vingt-cinq serpettes aux femmes et aux enfans; les hommes se contentèrent du spectacle. Ce fut bientôt fait, car il y avait à peine à recueillir trois à quatre tonneaux de raisin, de quoi remplir un millier de bouteilles. La récolte s'était annoncée plus abondante, mais la guêpe avait trop picoré.

Les femmes sont nées vendangeuses : il fallait voir leur désinvolture et leur agilité, il fallait entendre leurs jolis babils comme leurs cris de joie, à chaque belle grappe. En vraies vendangeuses, elles égrenaient sur leurs lèvres tous les grappillons.

Quelques comédiennes du Théâtre-Français étaient parmi ces dames sans se montrer les plus bruyantes, Rachel, Brohan, Fix, Luther, Rébecca. On dîna gaiement, les femmes assises, les hommes debout, car tout le monde était resté. Au dessert on improvisa le bal des vendanges, afin que rien ne manquât à la fête. Mme Victor Hugo et Mme Émile de Girardin ne s'étaient jamais tant amusées du plaisir des autres. Rachel s'amusait pour son compte. On sait que celle-là était trois fois femme et qu'elle passait à tous les diapasons des sentimens avec une variabilité miraculeuse ; voilà pourquoi cette grande tragédienne était plus comédienne que les meilleures comédiennes, dans toutes les actions de la vie privée.

Pourquoi étais-je venu à Beaujon ? Voici : Un matin que je déjeunais dans le petit hôtel de Morny, on parla d'une affaire d'or : la vente de deux hôtels bâtis par le comte de Lanscome, sur le point le plus élevé de la montagne de Beaujon. Je n'avais jamais monté jusque-là. Morny me dit : « Houssaye, il vous faut acheter ces deux hôtels. » Cela me semblait bien loin, mais après le déjeuner, comme il avait des terrains à Beaujon, il m'y entraîna. Je fus ravi de l'architecture gothique et chinoise du petit château à vendre. Morny me prouva que c'était pour rien ; moins de deux cent mille francs, pour un demi-hectare et deux hôtels.

Aussi je ne me fis pas prier. En descendant au Théâtre-Français, je m'arrêtai rue Castiglione, chez Delapalme, qui était le notaire du vendeur. Je ne marchandai pas et je signai le jour même. Morny m'avait dit d'ailleurs : « Si vous ne signez pas aujourd'hui, je signerai moi-même, car dans dix ans cette propriété vaudra un million. »

On commençait à parler millions depuis le coup d'État, tout le monde rêvait le sien. Combien de fortunes soudaines. La réalité dépassait le rêve. J'avais moi-même deux millions. Je n'en étais pas plus fier, car l'argent pour un homme de lettres est un mauvais point. Et comment avais-je des millions ? C'était bien simple :

A peine marié, comme je suis aventureux, j'avais tenté la fortune avec mes cent mille francs de dot et les cent mille francs de dot de ma femme au palais de la Bourse. J'étais trop beau joueur pour n'avoir tout gagné ou tout perdu. Je perdis tout sans tomber dans les lamentations de Jérémie, croyant d'ailleurs à ma revanche. Pendant plusieurs années, je passais en jetant un regard foudroyant à ce monument gréco-romain, qui avait abrité mon espérance et où j'avais trouvé ma ruine. En 1852, je jugeai que l'heure avait sonné de reprendre les cartes de ma destinée. Ce fut comme un coup de lansquenet. En une seule liquidation l'agent de change Deval me compta cinq cent vingt-cinq mille francs. Il ne fut pas peu surpris quand on lui dit que le meilleur joueur de sa boutique était un poëte, aussi demanda-t-il à me voir, car les agens de change ne connaissent presque jamais leurs cliens. Je n'étais pas curieux de voir M. Deval, mais il vint chez moi. « Monsieur, me dit-il, pardonnez-moi ma curiosité, j'ai tant de cliens qui jouent mal que j'ai voulu voir celui qui jouait le mieux. — Mon Dieu, c'est bien simple : j'ai senti que la France trop longtems appauvrie voulait devenir riche, j'ai suivi le jeu de la France. Voilà pourquoi je me suis risqué à la hausse, quand tant d'étourneaux s'acharnaient à la baisse. »

Le curieux s'en alla convaincu que je voyais juste. Il ne fut pas le seul, car pendant toute cette année 1852, les indécis cherchaient à savoir les ordres que je donnais au parquet pour suivre mon jeu. J'arrivai ainsi au coup de cartes des grands joueurs. Je m'aperçus alors que mon coup d'œil n'était pas toujours un coup d'œil d'aigle. Un jour, en effet, il arriva je ne sais quelle mauvaise nouvelle qui me fit perdre trois cent mille francs, car je jouais gros jeu. A la Bourse du lendemain, je perdis encore trois cent mille francs. Je m'obstinai. Le troisième jour nouvelle perte, si bien que j'allais me trouver au-dessous de zéro. La fortune ennemie ne m'abat jamais ; pourtant le soir Mme Arsène Houssaye perça mon inquiétude. Elle me pria de tout lui dire. « Des ennuis de coulisses. — De coulisses de la Bourse. reprit-elle. — Eh bien ! oui, j'avais gagné douze cent mille francs, il me reste tout juste de quoi ne pas être exproprié de Beaujon, car j'ai reperdu un million. »

Pas un mot de reproche. « Eh ! bien, tu ne joueras plus. — Non. Seulement je suis encore au jeu, faut-il quitter la partie dans l'état des choses ? Aujourd'hui est le troisième jour de la baisse. — Eh bien ! non, me dit-elle, il faut tenter une dernière fois la fortune. »

Le lendemain, j'allai à la Bourse où je vis tout le

monde dans la panique. Je fis encore bonne figure en disant bien haut que je pressentais une reprise fabuleuse. Je ne me trompais pas. Après avoir sacrifié tous les timides, ce fut un reflux éclatant : on reconquit près de la moitié de la perte des jours derniers. On me conseilla de profiter de cette occasion, mais je voulais tout ou rien. Au bout de quelques jours c'était tout, y compris un demi million.

Le jeu pour moi avait été un accident dans ma vie, et non une passion. Quand je fus deux fois millionnaire je saluai la Bourse d'un regard ami et je passai mon chemin, bien décidé à ne plus aller y voir les fresques invraisemblables d'Albert de Pujol, lesquelles n'ont été peintes que pour chasser les pauvres diables égarés par le jeu.

Quand on a gagné des millions à la Bourse, on ne les garde pas, car ce n'est pas le jeu qui apprend le prix de l'argent, c'est le travail. Je me hâtais donc de jeter ma fortune par toutes mes fenêtres, achetant des tableaux, courant la haute vie et bâtissant ces fameux sept châteaux, dont j'ai déjà parlé, où je ne voulais pourtant pas loger les sept péchés capitaux.

Le plus grand malheur qui puisse arriver à un homme de lettres, c'est un million. J'ai l'air de jouer au paradoxe? Je ne joue qu'à la vérité.

Quand le jeu de la Bourse m'eut donné un premier million, je fus perdu littérairement : jusque-là j'avais l'amitié de tous mes amis et la bonne grâce de la critique. Quand je publiais un livre, vers ou prose, prose ou vers, on voulait bien reconnaître que j'avais hanté les dieux. Mais dès que je fus couronné millionnaire, on me donna un bonnet d'âne. Les tout petits journaux, qui en ce tems-là vivaient trop à la diable, me crièrent le bourse ou la vie. Je retrouve encore et je dédaigne de conserver, pour l'édification des survenans, des lettres toutes gracieuses, où l'on me disait : Paye ou je te tue. Je ne payai pas, mais je fus poignardé de mille coups de plume. Je fus même abandonné de quelques amis, j'avais trop d'argent pour avoir de l'esprit. Je dois dire que le public qui n'est pas si bête s'obstinait à acheter mes livres ; ce qui désespérait quelques jaloux, qui n'avaient pas le sou, mais qui ne vendaient pas leurs œuvres. Il est bien entendu que je mets à part tous les littérateurs de race qui sont l'honneur et la gloire de la génération.

Mais celui qui gagne à la Bourse est bientôt puni ; dans sa veine, l'argent ne lui tient pas aux mains : c'est comme une source qu'il veut retenir et qui jaillit à travers ses doigts. Il ne refuse rien à ses fantaisies, il est pris par l'amour de tous les luxes : chevaux, femmes, tableaux, hôtels, châteaux, car il veut bien loger sa fortune et lui faire bon visage.

Et tout à coup la fortune s'en va comme elle est venue. C'est logique. Je ne lui en veux pas, puisque après tout j'avais dénoué pour un instant sa ceinture dorée.

Et d'ailleurs, il en reste toujours quelque chose de cette fille inconstante, quand elle vous a baisé au front. On voit les choses de plus haut, on s'habitue à la charité, on a l'horreur des gros sous, on oublie son arithmétique, parce qu'on ne veut plus compter. Il me serait aujourd'hui impossible de poser un chiffre pour me rappeler l'histoire de mes millions. Ce n'a été qu'un feu de paille, mais au moins un beau feu devant lequel les feux de la Saint-Jean ne sont que des feux de la Saint-Jean.

Un beau matin je décidai que je ne jouerais plus, non pas dans la peur de perdre, mais parce que je me prouvai à moi-même qu'il était anormal de gagner de l'argent en jouant. Pur enfantillage! on ne gagne de l'argent qu'en jouant. Tout le monde joue, depuis le financier jusqu'au laboureur. En effet, n'est-ce pas jouer encore que de jeter une poignée de blé à la terre qui vous en rendra vingt poignées ou pas du tout? C'est la rouge ou la noire. Et si le laboureur récolte les vingt poignées de blé ne jouera-t-il pas à la hausse, gardant son blé au grenier si le pain n'est pas à son prix. L'homme qui thésaurise ne joue-t-il pas à toute minute? L'armateur qui lance un vaisseau vers les mers inconnues, le colon qui s'expatrie, le chimiste qui cherche les secrets de la nature, le journal que crée un gazetier, le directeur de théâtre qui risque sa fortune sur un opéra ou une comédie? Des joueurs! des joueurs! des joueurs! sans parler des hommes qui jouent au jeu du gouvernement.

A Beaujon, nous voisinions beaucoup avec les Champs-Élysées qui étaient déjà habités par Mme de Girardin, par Édouard Lebey, par le baron de Beville, par la comtesse Le Hon, par le prince Radziwill, par le baron de Jouvenel, par beaucoup de belles étrangères slaves ou américaines. C'était l'aurore du nouveau monde et du monde nouveau à Paris.

Il y avait toutes les semaines un grand dîner chez Mme de Girardin où la politique n'empêchait pas d'avoir de l'esprit. Là le prince Napoléon s'évertuait à tout dire et à bien dire. Mme Arsène Houssaye aimait ces réunions à l'hôtel Girardin, parce qu'elle y était très gâtée et non parce qu'on y citait ses mots. Mais elle préférait les réunions intimes sous les ombrages de son jardin, surtout quand venait Béranger, le plus charmant des causeurs qui était aussi du voisinage. Il y avait une autre réunion qu'elle aimait, c'était dans son avant-scène du Théâtre-Français; cette avant-scène qui a gardé jusqu'aujourd'hui la décoration de ce tems-là, avec ces peintures si fraîches dans leur vif coloris où Faust Besson voulait représenter toutes les figures de la comédie.

Je retrouve une lettre de Mme Victor Hugo, invitant ma femme au fameux souper des treize qui est devenu historique, parce que la fatalité l'a voulu.

Paris, le 31 mai 1850.

Madame,

Je sais que vous êtes à Paris. Nous en profitons pour vous demander si vous pourrez venir avec M. Arsène Houssaye souper chez nous vendredi 13 juin. Mlle Rachel doit être des nôtres; nous serons fort heureux de fêter le succès de cet Angelo *dans lequel M. Arsène Houssaye a aussi sa part.*

Répondez-moi un Oui *et croyez à mes sentimens les plus affectueux,*

LA VICOMTESSE VICTOR HUGO.

Nous ne pouvions manquer à un tel souper quoique le chiffre treize fût marqué deux fois sur l'invitation, car le chiffre trente et un pour les superstitieux est un treize retourné. A peine à table nous nous aperçûmes, les uns riant, les autres inquiets, que nous étions treize ; mais ce ne fut qu'un nuage. Le souper fut gai, tout le monde eut de l'esprit. Quoique la maison de Victor Hugo fût tenue dans le haut style, on permettait à la causerie de prendre le mors aux dents. L'esprit quoi qu'il dise est toujours de bonne compagnie. Victor Hugo complimenta Mlle Rachel parce qu'elle — habillait mieux ses robes — naguère on la comparait à une planche de salut : maintenant, son sein pouvait remplir la coupe des dieux. « Ne m'en parlez pas, dit Rachel ; ceci m'amène à de sombres réflexions, car les dieux qui me protègent ne se tromperont plus de coupes. N'est-ce pas, Mme de Girardin ? » On sait que M. de Girardin était un des dieux platoniques de la déesse. La fête dura jusqu'au lendemain au premier sourire de l'aurore. On en parla d'abord, comme d'une fête charmante. Mais peu à peu le nombre treize se marqua dans tous les esprits, quand on vit bientôt mourir Rébecca, Mme Arsène Houssaye, Gérard de Nerval, Mme de Girardin, Mlle Rachel, Alfred de Musset, qui encore ? N'a-t-on pas vu tomber en pleine jeunesse les deux fils de Victor Hugo suivant leur mère de très près ! Aujourd'hui qui reste debout ? Hugo, Vacquerie et moi.

III

Le bonheur perdu

Si le bonheur a été quelque part, c'est à Beaujon. Que voulez-vous de plus sur la terre ? Une femme adorable et adorée, un enfant dans toutes les beautés de l'enfance;

un petit château aux Champs-Élysées, entouré d'un arpent de vignes, de bosquets et de roses ; le gouvernement du premier théâtre du monde où j'avais vaincu mes ennemis ; une sympathie presque universelle et des millions en perspective : tout cela devait s'évanouir comme un rêve ! C'est que la fatalité qui domine le monde est comme le voyageur qui marchant dans l'herbe détruit des myriades d'hyménées d'un coup de pied brutal, sans s'inquiéter des bêtes du bon Dieu qui vivaient là joyeuses, dans leurs châteaux improvisés.

Le bonheur ne fit même pas à Beaujon un bail de trois ans, car la troisième année Mme Arsène Houssaye, frappée d'une fluxion de poitrine, fut bientôt condamnée par les médecins, parce qu'elle avait hérité de sa mère, morte à trente ans, la maladie des palpitations.

Nous passâmes donc des plus gais jours aux nuits les plus sombres. Cette belle jeunesse lutta héroïquement contre la mort, ne voulant pas se résigner au noir tombeau, elle qui était toute lumière. Ce fut un avant-deuil non seulement autour d'elle, mais dans le Paris des gens du monde et des artistes. O l'injustice mystérieuse des choses humaines ! Elle était sortie un matin pour une œuvre de charité, ce fut ce matin-là que la destinée la condamna !

Tout lui fut fatal : le docteur Bouillaud, son cousin, ce grand médecin que l'Académie des sciences avait pris à l'Académie de médecine, commença par saigner la jeune malale, sous prétexte que le sang l'étoufferait. Ceci se passait pendant que j'étais au théâtre. Je fus désespéré de la saignée. C'était saigner un lys, aussi fus-je effrayé dès le même jour de sa blancheur. Son père survint et jeta des imprécations au docteur Bouillaud, me disant à moi : « C'est un des crimes de la science, Bouillaud a assassiné la mère en la saignant, il assassine la fille par le même aveuglement. C'est un médecin qui voit rouge. »

Le docteur Bouillaud croyait que rien n'est aisé comme de refaire le sang perdu, voilà pourquoi il saignait presque toujours. Seulement quand son malade ne pouvait pas manger il le nourrissait de chimères. Il faut dire ici que le docteur Bouillaud avait eu à lutter contre la maladie de cœur, comme contre la fluxion de poitrine. Dès le lendemain, on appela les quatre médecins légendaires, entre autres le docteur Trousseau qui s'étonna de la saignée, mais qui naturellement donna raison au docteur Bouillaud.

Quatre mois durant, la pauvre femme se débattit contre deux maladies. Elle eut pourtant quelques retours vers la vie. Ainsi pendant les mois de septembre et d'octobre, je la conduisis au bois de Boulogne. Mais dès les mauvais tems de novembre, elle retomba plus que jamais près de la mort. Tout fut tenté, même la médecine anglaise, même la médecine homéopathique ; Rayner et le docteur Cabarus furent de vrais amis de la maison. Quand les autres médecins ne trouvèrent plus rien à dire ils ranimèrent l'esprit de la malade, ils lui donnèrent l'illusion jusqu'au jour où l'abbé Caron — il y a des grâces d'état — vint donner l'espoir en Dieu. — Il n'y a que Dieu qui ne trompe pas !

Une nuit que je veillais Mme Arsène Houssaye, elle me vit pleurer. « Ne pleure pas, dit-elle en se réveillant, j'ai eu peur de la mort, mais elle ne m'effraye plus. Je sens que je vais retrouver ma mère tant aimée et ma fille plus aimée encore : déjà elles me tendent leurs bras.

Tous ces jours-ci je t'ai caché mes larmes, parce que c'était pour toi que je pleurais. Je ne voulais pas de cette cruelle séparation; mais Dieu nous y condamne.» Je m'étais rapproché du lit, Fannie respirait mal, je la soulevai dans mes bras. Elle ne pouvait plus dormir et craignait d'étouffer en posant sa tête sur l'oreiller. « Quand je pense, me dit-elle un matin en souriant du plus désolé sourire, que je ne reposerai plus ma tête que dans le cercueil!» Elle m'embrassa et continua : « Je ne voulais pas te direce la : demain, pendant que tu seras au théâtre, je recevrai l'extrême-onction. L'abbé Caron est venu aujourd'hui et je me suis confessée. — C'était bien inutile, lui dis-je.» Elle sourit doucement de son adorable sourire. « C'est vrai, puisqu'il m'a dit que j'aurais pu mourir sans confession. — Eh bien, lui dis-je, puisque tu t'es confessée pour rien, je veux me confesser pour quelque chose, car moi, je ne mérite pas de mourir sans confession. »

J'étais tombé agenouillé devant le lit. « Je te demande pardon de tous mes torts, lui dis-je en lui baisant les mains. Je t'ai bien aimée; mais j'aurais dû t'aimer plus encore. Je suis pourtant meilleur que je ne le parais, la preuve c'est que dans mes jours d'aveuglement, quand je rentrais à la maison, je refoulais à la porte mes fantaisies d'un jour. Je jure que je revenais à toi, le cœur purifié et rafraîchi par ton image; l'aventureux n'entrait pas chez toi : tel tu m'avais aimé aux premières heures de ma passion pour toi, tel je te revenais! »

Nous pleurions tous les deux. « Va, me dit-elle, je connais ton cœur, je sais que ma part était la meilleure, il y a longtems que je t'ai tout pardonné. »

Les femmes qui aiment toujours leur mari ont une

seconde vue. « Je sentais bien, me dit-elle avec un divin sourire de pardon, que tes heures de folie ne marquaient pas à notre horloge! » Je rappelai à Fannie que le jour même, Gérard de Nerval, ce fou charmant, m'avait dit en s'en allant chez le docteur Blanche : « Votre femme est trop jeune pour mourir, mais si elle mourait, ne la laissez point partir sans lui demander grâce de vos torts si vous en avez eu envers elle, car vous ne vous consoleriez jamais sans le pardon ! »

Un vague sommeil avait pris la mourante, il me sembla qu'elle parlait en songe. Voici qu'elle me dit : « Prends garde si tu ne m'as toujours aimée comme je t'ai aimé, car ce ne sont pas les autres qui, dans l'enfer, te donneront à boire quand tu auras soif! »

Je ne saurais dire combien je fus ému par ces paroles.

Je ne croyais pas à l'enfer, mais je croyais que l'âme n'est pas au bout de ses souffrances ici-bas. Je sentais à travers les mondes futurs, cette soif prédite comme l'Arabe qui part sans espoir de trouver l'oasis.

J'ouvris la fenêtre au point du jour. Ce fut sa dernière aurore ; l'air vif réveilla la mourante. « Un beau ciel ! me dit-elle en respirant. Je voudrais m'en aller par ce tems-là. » Elle ne se croyait pas si près de sa fin. La femme de chambre vint lui offrir un verre de château-yquem, c'était l'ordonnance du médecin. Elle demanda un seconde verre, puis un troisième. Et quand le vin fut versé, elle appela son fils, déjà debout au milieu de ses soldats de plomb dans la chambre voisine, car elle avait voulu qu'il fût toujours près d'elle. Henry vint tout attristé, mais ne croyant pas que sa mère pût mourir. Elle prit un des trois verres et me le présenta ; elle donna le second à son fils, elle porta le troisième à ses lèvres et nous dit avec une gravité toute religieuse : « A sa dernière heure, on a donné de ce vin à ma chère Edmée : je communie avec elle dans la mort. Je communie avec vous dans la vie éternelle! » Les trois verres se touchèrent comme par un baiser fatal, elle but jusqu'à la dernière goutte, ce qui la réconforta soudainement. Aussi elle soupira d'un air tout joyeux : « Je ne veux pas mourir! »

Et tout en nous embrassant, elle rebâtit les mille châteaux de l'avenir, faisant ceci, faisant cela; donnant des fêtes à ses amies; retournant dans sa loge au Théâtre-Français; redevenant belle comme naguère pour les fêtes des Tuileries ; prédisant à son fils une vie glorieuse et se promettant d'être son premier maître!

Mais comme elle retomba vite du haut de ses rêves! « Ferme la fenêtre, me dit-elle, je ne veux pas voir ce nuage. » Déjà le ciel était couvert de nuées. Henry lui dit qu'il voulait lui cueillir des roses dans le jardin. « Allez tous les deux! dit-elle. Vous savez comme j'aime les roses ! » C'est qu'elle voulait pleurer toute seule.

Quand nous revînmes avec nos bouquets, hélas! nous la retrouvâmes presque dans l'agonie. La mort ne lâcha plus sa proie; mais elle n'atteignit pas l'âme. Durant l'après-midi la pauvre femme sentait qu'elle perdait pied, mais elle était encore aux choses de ce monde comme aux espérances du ciel. Elle voulut voir toutes ses amies. Ce fut une procession. Pourquoi lui refuser cette consolation, puisque ses amies l'arrachaient par intervalles à l'idée de la mort ? Le docteur Bouillaud vint deux fois en ce dernier jour. Il lui dit qu'il viendrait le lendemain de bonne heure. « Vous viendrez, lui dit-elle, mais je serai partie! » Plus de vingt fois dans la journée elle s'inquiéta de l'heure, parce que ses yeux ne voyaient plus la pendule. Vingt fois aussi elle demanda son fils, mais dès que la nuit vint, elle ne le demanda plus, croyant qu'il était couché. Son père qui entrait souvent dans sa chambre me disait chaque fois : « C'est le portrait de sa mère. Elles meurent toutes les deux des mêmes maladies, le cœur et la poitrine. »

A minuit, je sommeillais au pied du lit ; elle semblait dormir elle-même, quoique ses deux mains fussent enchaînées dans les mains de ses amies, comme si elle se retenait devant l'abyme. Tout d'un coup elle m'appela, je me jetai dans ses bras...

Le brave docteur Philippe Faivre, un ami de tous les tems, me dit bientôt : « C'est fini ! elle vous a donné son dernier soupir ! » Ce coup fut terrible, mais point encore assez, puisque j'aurais voulu qu'il me tuât.

On lui apporta son fils, au dernier battement de son cœur.

Ainsi mourut cette femme qui, selon l'abbé Caron, fut une sainte, qui pour moi fut l'âme de la maison, qui pour les poëtes, les peintres et les sculpteurs, fut un miracle de beauté.

On n'a pas oublié ses funérailles à la Madeleine, où les plus grands artistes voulurent la pleurer dans leurs chants.

Quand je revins de la messe mortuaire, je trouvai la maison si désolée que je m'évanouis comme une femme en embrassant mon fils. Quand je revins à moi, il appelait sa mère, car il ne pouvait croire qu'elle ne fût pas revenue, quoiqu'il eût bien regardé le cénotaphe aux flammes funéraires. Quand la cloche sonna pour le dîner, il me dit : « Viens-tu ? » Je le suivis, mais quand nous fûmes à table j'éclatai en sanglots en m'écriant : « Je ne veux pas rester ici. *C'est le tombeau.* » Je passai toute la nuit à errer dans le jardin, poursuivant le fantôme adoré.

Le matin ce fut une douleur encore plus déchirante quand j'entrai dans la chambre de Mme Arsène Houssaye. Le lit était parsemé de fleurs. Pourquoi ? C'était un pieux souvenir de la femme de chambre qui avait retrouvé encore quelques roses dans le jardin; mais leur parfum n'avait pu chasser les aromates de l'embaumement!

Quand j'ouvris la porte, Henry, qui me suivait, entra le premier et courut à ce lit abandonné, en s'écriant : Maman, maman! comme s'il dût y trouver sa mère. Le silence seul lui répondit.

Il se retourna vers moi éclatant en cris désolés.

Les émotions sont si rapides et si fugitives chez les enfans, qu'il courut dehors, croyant qu'il retrouverait sa mère dans le jardin. Je fermai la porte pour être tout à ma solitude ou plutôt pour être avec l'absente, car toute son âme remplissait la chambre. Les fauteuils comme le lit, la table où elle écrivait, le portrait de sa mère, son portrait à elle, la psyché, le chiffonnier, jusqu'aux bouquets du tapis, tout me parlait d'elle, mais où était sa voix, mais où était son regard ? Je n'ai jamais si bien senti les déchiremens de la mort.

La veille des funérailles j'avais couru le Père-Lachaise avec le fils de Théophile Gautier, pour trouver à la morte un voisinage d'amies. Nous ne trouvâmes point, sans doute parce que je ne voulais pas que la terre reprît si vite ce qui avait été toute ma vie. J'obtins de l'abbé Deguerry que la chère dépouille resterait dans les caveaux de la Madeleine, pendant une année. Voilà pourquoi on m'a vu si souvent errer le soir au côté gauche de l'église, devant la statue de saint Vincent de Paul. Là s'ouvre la petite porte des morts qui attendent que leur tombeau soit bâti. Je me sentais donc encore près de Fannie. Et combien de fois d'ailleurs, suis-je allé dans le caveau lui porter des bouquets et des larmes.

Ce fut un autre déchirement quand je l'emmenai dans la chapelle de Bruyères, car ma mère qui l'aimait du même amour que ses deux filles, m'avait supplié de l'enterrer chez nous.

L'enterrer! Je respire en pensant que ce n'est pas le mot : il y a une crypte sous cette chapelle où je puis descendre pour toucher son cercueil de mes lèvres.

Ah! comme j'ai passé par les tombeaux! Dès que Fannie a été descendue dans la crypte, j'ai voulu lui mettre sa fille dans les bras. La pauvre petite Edmée fut retrouvée dans toute sa blancheur idéale, quoiqu'elle n'eût pas été embaumée. L'extrême jeunesse conserve les morts. On ouvrit donc le cercueil de Mme Arsène Houssaye, dans cette pieuse pensée de lui rendre sa fille. Au bout d'un an, la morte avait gardé la beauté sépulcrale. Je baisai ses cheveux et je lui mis doucement sa fille sur son sein comme l'enfant Jésus dans les bras de la Vierge. Le cercueil fut refermé pour la nuit éternelle. Mais les âmes ont d'autres destinées. Toutefois, mes croyances en la vie future n'ont jamais altéré ma religion pour les dépouilles mortelles.

Les grandes sympathies ne consolent pas, parce qu'on ne veut pas se consoler et qu'on s'emprisonne dans sa douleur avec un sentiment farouche. L'Empereur m'écrivit quatre lignes touchantes ; Morny, Persigny, Fleury, se montrèrent bien mes amis. Victor Hugo me parla du haut de l'exil. Le ministre d'État m'écrivit une page éloquente et décida que le jour des funérailles la Comédie-Française ne jouerait pas. Les sociétaires se réunirent au Comité pour me signer une lettre qui m'alla au cœur. Combien d'autres témoignages dans tous les mondes? Mais toutes ces sympathies ne me rendaient pas celle que je pleurais, celle que je pleure encore!

I

Comment il faut pleurer les morts

Les hommes sont d'un souverain égoïsme : s'ils daignent aimer Dieu, c'est parce que Dieu les a mis au monde. Quand ils s'agenouillent, c'est pour le prier de leur être généreux. Ils n'aiment Dieu, leurs amis, leur femme, leur maîtresse, leurs enfans que pour eux-mêmes.

Je dois dire que je ne suis pas si heureusement doué. J'aime Dieu pour lui-même, sans croire qu'il daigne me regarder; pareillement j'aime ma femme, mes enfans, mes amis et mes amies, ce qui m'a donné beaucoup de battemens de cœur, car j'ai toujours souffert de leurs souffrances. Si la mort frappe autour de moi, il ne me vient pas à l'idée que je perds un ami ou une amie qui m'était utile ou agréable. Je les pleure comme si je pleurais leurs larmes. Je ne me console pas de les savoir couchés dans un tombeau noir, quand le soleil luit toujours. Si je vais dans une fête, je vois apparaître tout de suite les ombres de ceux et de celles qui ne sont plus là. Pourquoi donc ai-je le droit de m'amuser, si la mort a fermé les yeux de tant de figures aimées! Il y a bien longtems que j'ai perdu mon premier enfant — une adorable fillette toute souriante aux premières joies de ce monde — eh bien, quand je vois jouer des enfans, je suis bien près de pleurer. Que de fois j'ai continué par la pensée la vie de ma fille, la suivant d'âge en âge, la rêvant heureuse par sa beauté et par son cœur. Et tout à coup, je tombais dans la noire tristesse, parce que je revoyais son tombeau, tandis qu'autour de moi des amis disaient, ne pensant qu'à eux-mêmes : « Que n'ai-je encore ma fille, elle serait la consolation de ma vie ! »

Les journaux français furent très sympathiques à ma chère morte. C'est qu'il n'y a que des amis pour la jeunesse fauchée dans sa fleur *.

* « Il y avait longtems que la mort d'une jeune femme aussi charmante n'avait ému Paris. La Comédie-Française faisait relâche et elle était tout entière à l'église. M. le ministre d'État, en faisant fermer ce jour-là les portes de la Comédie et en écrivant à M. Arsène Houssaye une lettre pleine de bonté, a prouvé une fois de plus qu'il met son cœur autant que son esprit dans la haute administration des arts.

« La pauvre jeune femme a vu tomber les dernières feuilles de ce jardin où elle aimait le soleil, et qu'elle peuplait de plantes rares, les montrant avec une joie moins sérieuse que son grave esprit. Il n'y a pas six mois qu'elle nous faisait ainsi contempler quelques rosiers greffés par sa main si délicate, et dont elle attendait les éclosions pleines d'éclat et de senteur. Hélas ! si désormais ces roses fleurissent pour elle, c'est qu'on les portera sur son tombeau.

« Il reste trois beaux portraits de Mme Arsène Houssaye, par Lehmann, Diaz et Vidal. Il y a aussi un buste de Jouffroy. Ces éminens artistes, qui étaient amis de la maison, se sont trouvés réunis au même instant devant le cercueil encore ouvert, de celle qu'ils ont si bien perpétuée. La jeune femme semblait leur sourire encore de son doux sourire, imprégné de jeunesse, de vertu aimable et de résignation chrétienne. La mort l'avait frappée sans toucher à sa beauté. » JULES JANIN.

Les journaux français ne furent pas seuls à dire adieu à

Le poëte d'*Ariel* qui avait écrit un sonnet le jour de son mariage, écrivit celui-ci le jour de sa mort :

L'HIVER

Hélas! et maintenant, ô pauvre jeune femme!
C'est l'hiver morne et froid qui sur ton monument
Étend son glacial et neigeux vêtement,
Dont la blancheur du moins nous rappelle ton âme.

C'est la bise du Nord qui sanglote et qui brame,
Comme en nous le regret qui pleure sourdement;
C'est la mort qui t'a prise, ô front pur et charmant!
Lèvre trop tôt muette et clair regard sans flamme!

Ta grâce et ta beauté, par son pinceau savant,
Lehmann sut les fixer sur l'immortelle toile
Où l'on croit voir encor le modèle vivant...:

Mais ton esprit si vif, tes doux rayons d'étoile,
Dont le reflet échappe à l'art le plus vainqueur.
Qui donc nous les rendra, qui nous rendra ton cœur?

cette Parisienne qui avait passé toute blanche comme une symphonie de la jeunesse et de la poésie. On m'envoya des regrets par les journaux de Madrid, de Rome, de Londres, témoin ce fragment d'article du *Times :*

Madame ARSÈNE HOUSSAYE had been reared by a tutor most *spirituel*, and her nature, already ethereal, had become still more refined by education. She understood remarkably well the beautiful language of the poets. How many times have we watched her in that box, where she will be seen no more, radiant with youthful charms, and decked with violet, or the pure white rose, applauding with her pretty hand the actresses and friends whom she loved! She was kind to all who wielded the pen or the pencil; and she was conscious of being almost their equal.

Le comte Clément de Ris, un ami de jeunesse qui avait été, comme Théophile Gautier, Gérard de Nerval, Charles de La Fayette, de toutes nos fêtes et de toutes nos peines, écrivit dans un journal de belles pages où Mme Arsène Houssaye est peinte sous le rayon de la vérité :

« Voilà douze ans déjà que nous assistions au mariage de cette douce et charmante femme ; et telle nous la connûmes à son dernier jour de jeune fille, telle elle était encore la veille de sa mort, souriante, calme, heureuse, entrant avec foi dans l'éternité, comme elle était entrée avec courage dans la vie. Je ne sache pas faire un plus grand éloge que de montrer cette égalité en présence de ce terrible moment. Le profond abattement de son mari, les larmes naïves de son enfant, ont dit assez ce qu'elle a été dans son intérieur et si nulle ne sut mieux accomplir les austères devoirs de l'épouse et de la mère.

« Elle avait reçu avec la vie le goût des belles choses et des belles œuvres de l'intelligence. Poëtes ou peintres, musiciens ou sculpteurs, artistes ou écrivains, elle était l'égale de tous par l'esprit, par le sentiment du beau, et leur maître par la grâce, par la douceur, par l'onction, par je ne sais quelle charmante atmosphère répandue autour d'elle, qui séduisait au premier abord et retenait au second, par son âme enfin. Accueillante comme elle l'était, le monde devait lui rendre et lui rendit ce qu'elle donnait, un accueil des plus empressés et des plus sympathiques. Sa beauté lui attirait des hommages que sa douceur changeait en amitié.

« Cette séduction, qui brillait au dehors, rayonnait dans son intérieur. C'est là surtout où ceux qui l'ont connue ont pu l'apprécier et l'aimer. Dans ces luttes ardentes de la vie littéraire ou artistique au milieu de laquelle elle se trouva placée, son influence sagement voilée n'en fut pas moins très effective; et plusieurs, autour de son cercueil, qui ne semblaient pleurer que l'amie absente, pleuraient en effet leur conseil et leur appui à tous les instans et dans toutes les phases de la vie.

« Elle est partie. Elle est partie jeune, belle, heureuse, gardant intacts, dans le trésor de son cœur, tous ses rêves et toutes ses poésies; et elle, qui eût pu être si enviée, il ne s'est pas trouvé au milieu des regrets qui l'ont accompagnée de place par où l'envie ait pu pénétrer. Ayant fait le sacrifice de sa vie, ses derniers momens furent d'un recueillement qui ne s'oublie pas. Elle parla à son fils avec une grandeur et une onction incomparables. Il semblait que plus près de Dieu cette âme répandît le souffle divin; aussi quel concert de larmes, de regrets et de bénédictions! »

Ah! ce fut un coup que je ne pressentais pas si terrible. Il me sembla que c'en était fait des joies de mon cœur et des plaisirs de ma vie. Il faudrait me réfugier enfin dans la quiétude de la famille qui a bien aussi son charme, mais où l'on cultive trop les roses pâles de la monotonie. Heureusement j'avais un fils qui était la moitié de mon existence et qui répondait par toutes ses aspirations à celles de ma jeunesse. Les enfans viennent à point pour regreffer l'arbre de la vie. Je dis regreffer, parce que la première greffe est celle de la femme.

On dit que les poëtes apaisent leur chagrin en rimant des vers sur les peines de leur cœur. J'eus beau aligner des vers, que je croyais faits de larmes cristallisées, ma douleur n'en était que plus vive. Plus je me précipitais dans mon deuil et plus je me sentais dans le noir. Je n'ai pas voulu imprimer toutes ces rêveries trop intimes que la lumière eût offensées. Je veux pourtant donner ici quelques pages de prose que je crayonnai sous le rosier si cher à l'absente.

LE ROSIER DE LA MORTE

A Beaujon, dans cette fraiche oasis du désert parisien, il y a un rosier gigantesque qui s'enroule à un arbre de Judée, à un kiosque et à un cerisier sauvage; un rosier tout épanoui de roses-thé, qui rit aux giboulées d'avril, et qui garde encore des fleurs pour les mains glaciales de décembre.

C'était là que nous vivions nos heures couronnées de roses.

Son amour m'avait emparadisé : j'ai été chassé du paradis comme tous les fils d'Adam. Quand je me suis réveillé de ce rêve adoré, on frappait à la porte. — Qui vient si matin ? — C'est la Mort. — Ne prends ni l'enfant ni la femme, prends-moi. — Non, tu vas payer ton bonheur.

Et la Mort a pris la femme.

La mort l'avait frappée sans la toucher — tant c'était une beauté divine et inaltérable. — Vous l'avez vue, ô mes amis, peintres et sculpteurs qui lui avez donné la vie de la couleur et du marbre.

Deux jours et deux nuits, elle garda sa figure de vingt ans, sereine et souriante : elle n'était pas morte, elle dormait.

Je la couchai dans le cercueil, toute parée comme en un jour de fête ; je lui cueillis toutes les roses de son rosier et je lui dis adieu par ces trois mots du poëte : *Je t'ai aimée t'aime et je t'aimerai.*

L'église attendait.

On couvrit le cercueil, on fit la nuit éternelle sur cette figure chastement radieuse qui était l'orgueil de la lumière.

Je l'embrassai avec amour et avec respect — car elle a été la joie de mon cœur et l'honneur de ma maison. —Je croyais sentir encore son âme tant sa beauté était immatérielle.

On m'arracha du cercueil et en clouant le couvercle on fit la nuit éternelle sur cette figure chastement radieuse qui était l'orgueil de la lumière.

Je suis allé sous le rosier, là où elle rêvait aux joies de la vie, celle qui fut toute beauté, tout amour et toute vertu.

Celle qui fut l'âme de la maison, celle qui fut mon cœur, celle qui fut ma conscience, celle qui fut ma poésie.

O marâtre nature! toi qui as enfanté la mort, pourquoi laisses-tu fleurir le rosier, quand tu as fermé les yeux de celle qui cueillait les roses? ces beaux yeux couleur du tems quand le ciel sourit à la terre.

Pourquoi ne me fermes-tu pas les yeux, à moi, qui ai pleuré toutes mes larmes?

Chaque jour je vais sous le rosier où elle a voulu venir à ses derniers jours, comme si le parfum des roses dût raviver son âme.

Sous le rosier où elle berçait son enfant par les vieilles chansons et par les contes de fées.

Sous le rosier où je lui parlais toujours du lendemain, sans pressentir que le lendemain, c'était le jour sans soleil.

Et je me suis souvenu que, le jour de sa mort, elle m'a regardé de son divin regard, en murmurant ces mots d'une voix déjà voilée : *Ami, tu me disais si souvent :* DEMAIN !

Demain, n'est-ce pas le jour des éternelles hyménées? Quand je tombe à genoux devant ton cercueil, je ne trouve qu'un mot : DEMAIN !

Chère âme perdue! mon âme te cherche partout — au delà des nues, au delà de l'espace, au delà du tems!

Je cherche mon chemin dans la vie. C'est le sombre chemin des funérailles; mais, pour tous ceux qui ont aimé, le soleil se lèvera après la nuit sans étoiles.

Hier, quand je suis allé sous le rosier, le soleil versait ses rayons d'or sur les branches étoilées; le rosier qu'elle aimait tant était couvert de roses et ne la pleurait pas.

Le petit oiseau familier égrenait sa gamme; le merle sifflait sa chanson joyeuse.

A l'ombre du rosier, dans l'herbe haute qui n'avait pas été fauchée depuis le jour funèbre, les cigales dansaient sans peur, comme dans un pré solitaire.

J'ai cueilli un bouquet de roses, et je m'en suis allé, cachant mes larmes.

Et on se disait en me voyant passer : « Où va-t-il, avec son « bouquet de roses à la main? c'est un amoureux qui est « attendu. »

Oui attendu! J'allais à la Madeleine. Sous la chapelle de Saint-Vincent de Paul, il y a un cercueil de velour noir — sa dernière robe!

Dans ce cercueil, il y a une jeune femme couchée, qui m'attend avec sa robe de mariée et son anneau nuptial.

Je suis allé encore ce matin sous le rosier.

Cher rosier ! je veux que tu ne fleurisses que pour elle N'est-ce pas son âme qui parfume tes roses ?

Une jeune fille, tout enivrée de ses vingt ans, passa gaiement et voulu casser une branche courbée sous les roses.

Mais je me jetai devant elle en lui disant : « Ce rosier, c'est un cyprès ! »

Dès que le jour fut revenu, je courus par Paris pour trouver une maison qui ne fût pas un tombeau. Je ne voulais pas fuir ma douleur; mais je voulais vivre pour mon fils. La mort m'avait pris et je trouvais je ne sais quelle sombre volupté à m'abandonner à elle.

Oh ! les contrastes et les antithèses de la vie! Passant place Vendôme, je vis — APPARTEMENT A LOUER — sur la façade d'un hôtel, appartenant à Édouard Fould. J'entrai et je visitai l'appartement : c'était celui qui avait été habité par Mme de Montijo et sa fille Eugénie. Je le louai tout en pensant que j'allais y entrer dans toutes les tristesses du cœur, quand la jeune impératrice en était sortie dans toutes les joies de l'orgueil—peut être du cœur — qui sait!

J'étais à peine déménagé, que je regrettai mon petit château de Beaujon, je m'en voulus beaucoup de ne pas m'être attaché coûte que coûte à cet intérieur tout plein de souvenirs de la morte. J'y serais sans doute retourné bien vite si le jour du déménagement, je ne l'eusse loué pour une année à Henry Seymour, qui ne voulut pas désemparer. Je me rappelle ici un détail, gai parmi tant de souvenirs douloureux. Henry Seymour qui devait me payer vingt mille francs de loyer me dit : « Les poissons rouges de l'aquarium m'appartiennent? — Si vous voulez », lui répondis-je. Or, le lendemain, comme j'étais retourné pour un pèlerinage dans le jardin avec mon fils, poursuivant mon cher souvenir, Henry Seymour me demanda si je voulais déjeuner avec lui. L'enfant m'entraîna à table, car il avait faim pour moi et pour lui. Or, savez-vous ce que nous offrit alors mon étrange locataire? Vous devinez — les poissons rouges! — J'étais furieux tout en voulant rire. « Vous n'aviez pas le droit de faire cuire mes poissons. — J'en avais le droit, puisqu'ils sont dans le bail; mais savez-vous pourquoi je les ai mis au feu? J'avais deux raisons : la première, c'est que, voyant les écrevisses devenir rouges en cuisant, je voulais savoir si les poissons rouges devenaient blancs dans la poêle à frire. La seconde c'est qu'il me fallait les nourrir pendant toute une année. Mais je connais votre droit comme le mien, dans un an je vous en achèterai d'autres. » Mon fils n'était pas content, car on ne lui rendrait pas les mêmes poissons, mais il se consola en mangeant les siens.

Au bout d'un an, je quittai la place Vendôme, où je ne m'étais pas plu du tout, quoique la jeune impératrice eût laissé là le parfum de sa jeunesse et de sa grâce. Mais j'avais bien décidément trouvé ma seconde patrie à Beaujon ; d'ailleurs, j'ai toujours vécu sur les montagnes et je ne respirais qu'à moitié devant la colonne. J'enviais la statue de Napoléon perchée sur sa montagne de bronze.

Ce fut place Vendôme que j'achevai *l'Histoire du quarante et unième fauteuil*, commencée au tems où Victor Hugo se présentait à l'Académie, trois fois comme Pierre Corneille, avant que les portes s'ouvrissent pour lui. Si quelqu'un a été surpris du succès de ce livre, ç'a été moi, car je croyais ne l'écrire que pour quelques curieux littéraires, voulant venger les hommes illustres depuis Molière jusqu'à Balzac, que les *Quarante* n'avaient pas jugés dignes d'être immortels.

En tète de l'*Histoire du quarante et unième fauteuil de l'Académie* j'écrivis cette dédicace à Mme Arsène Houssaye pour la porter sur son cercueil à la Madeleine :

JE VOUS DÉDIE CE LIVRE,
A VOUS
QUI AVEZ ÉTÉ L'AME DE LA MAISON,
QUI M'APPELEZ DANS LA MAISON DE DIEU,
QUI ÊTES PARTIE AVANT MOI
POUR ME FAIRE AIMER LE CHEMIN DE LA MORT,
VOUS DONT LE SOUVENIR EST DOUX
COMME LE PARFUM DES RIVES REGRETTÉES,
VOUS QUI AVEZ MIS DES ENFANS DANS LA MAISON,
VOUS QUI NE REVIENDREZ PAS
MAIS QUI AVEZ TOUJOURS VOTRE PLACE AU FOYER,
VOUS QUI AVEZ ÉTÉ
LA MUSE, LA FEMME, LA MÈRE,
AVEC LES TROIS BEAUTÉS
LA GRACE, L'AMOUR ET LA VERTU,
A VOUS
QUE J'AI AIMÉE, QUE J'AIME ET QUE J'AIMERAI.

Je vivais donc penché sur un tombeau. Après le tombeau ce fut l'abyme !

La marquise di Saddeï.

LIVRE XXV

L'ABYME

I

Le grand air d'une cantatrice

Ici j'arrive dans une période de ma vie où j'ai beau me prouver ma volonté, je me sens esclave d'une aveugle fatalité. C'est en vain que comme le héros de mon premier roman je me mets en rébellion contre les forces invisibles, je subis tous leurs entraînemens. Pendant trop longtems, je cesse d'être maître de moi ; je suis le jouet de mes passions, de mes fantaisies, de mes caprices, ne voyant mes chutes qu'en tombant dans les abymes. Que les sages me jettent la première pierre !

Il y a à Paris une grande dame dont on se moque souvent, mais qui prend de rudes revanches, c'est l'opinion publique. Comme la statue de marbre sur le piédestal d'airain, elle défie le tems ; les révolutions elles-mêmes ne peuvent la renverser. On s'imagine aisément qu'elle ne vous voit pas, mais elle a cent yeux ; non seulement elle vous voit bien, mais elle parle plus haut que votre conscience ; elle pénètre dans la vie privée quand la maison est close. Elle ne vous tient pas compte d'ouvrir la porte et les fenêtres ; elle rit des théories que vous faites à votre usage. Avec toute la science du passé, avec toute la prescience de l'avenir, elle vous inspire la sagesse : tant pis pour vous, si vous fermez les oreilles.

Dieu m'est témoin que je gardais pieusement en moi, sinon sur moi, le deuil d'une femme à jamais aimée. Pendant toute une année sa dépouille mortelle resta à la Madeleine, quoique ce ne fût pas la coutume — et presque tous les jours je passais par cette église comme pour y respirer l'amer et doux parfum des tems évanouis ; souvent je descendais dans la crypte pour baiser le cercueil, pour y répandre des fleurs et des larmes. Je me sentais ainsi plus fort dans ma vie solitaire.

Mais un jour je ne passai pas à la Madeleine ni les jours suivans : je sentais que je n'étais plus digne de mon deuil. Près d'une année s'était écoulée. Après avoir trop vécu en moi-même, un hasard m'avait rejeté hors de moi-même.

Je ne voudrais pas rebrousser chemin jusqu'à ces charmantes et cruelles traversées de la passion, tant je sens encore dans mon cœur les amertumes du naufrage. Je voudrais couvrir d'un chaste voile tous ces monumens ruinés de ma vie où déjà flottent tant de linceuls ;

mais en ce bruyant XIXe siècle, rien n'est plus sacré. On ne cache ni sa vie, ni son cœur : les reporters et les romanciers vous arrachent à vous-même pour vous jeter en pleine curiosité publique.

On a d'ailleurs si mal conté les histoires de ma vie que j'aime mieux les conter moi-même par amour de la vérité.

Je passerai vite sur une aventure qui dura pourtant une saison, parce qu'une seconde aventure me prit plus sérieusement. Je rencontrai une étrange créature que je peignis plus tard sous le nom de Mlle Cléopâtre. Je l'avais vue à Rome sous la figure d'une vraie dame italienne. Je la retrouvai à Paris, toute métamorphosée, sous la figure d'une haute courtisane. C'était à un souper où il n'y avait que des idolâtres de sa beauté, quoiqu'elle fût avec d'autres femmes.

Je reconnus la Romaine brune sous la Parisienne blonde. Cette pénétration, tout en la fâchant, me donna son cœur pour la durée d'une fantaisie.

Peut-être cette grave affaire ne se fût-elle pas dénouée si tôt sans une autre rencontre romanesque et imprévue.

J'aime beaucoup mes amis, mais je ne puis vivre sans la compagnie des femmes. C'est peut-être ce qui m'a empêché à certaines heures de désespérance d'aller me jeter dans un couvent. On m'a accusé de féminisme parce qu'on m'a souvent rencontré sous l'arbre de la science. J'avais beau faire, d'ailleurs, la femme se trouvait sur mon chemin.

La malice des choses me conduisit à un dîner que donnait Ponsard, aux *Frères Provençaux*. Ce dîner était en l'honneur d'une jeune cantatrice qui tournait à la comédie. Ponsard était amoureux d'elle mais n'était pas son amant.

Ponsard aimait les belles filles par amour de l'art et par amour de l'amour. Un après-midi il m'amena, au Théâtre-Français, Mlle Marie Garcia, qui voulait y jouer les amoureuses. Elle revenait de Londres ; elle avait quelque peu brisé sa voix à Covent-Garden où elle avait chanté le grand opéra. Ponsard la comparait à Mlle Falcon, plus la beauté. Il était amoureux d'elle et voulait passer par la mairie du XXIe arrondissement ; mais Mlle Marie Garcia était une rebelle qui ne voulait se donner qu'avec son cœur.

Or, elle admirait le poëte de *Charlotte Corday*, mais elle ne l'aimait pas.

Elle voulait un rôle de lui. La beauté est toujours une si bonne lettre de recommandation que Ponsard s'y était laissé prendre. Aussi à première vue jura-t-il à Marie Garcia qu'il allait lui faire un rôle si elle voulait le répéter avec lui.

Ce jour-là ils n'avaient pas encore répété ensemble. Comme c'était le rôle d'une pièce destinée au Théâtre-Français, Ponsard voulait me présenter l'actrice avant de me présenter la pièce.

Le soir nous dînâmes aux *Frères Provençaux*, Ponsard, Roger de Beauvoir, la marquise di Saddeï et Marie Garcia, dîner fort gai, où je ne croyais pas que la passion farouche et mortelle se trouvât parmi les convives.

Marie Garcia nous prit par son grand air selon le mot de Roger de Beauvoir. Grand air par l'expression de sa figure, grand air parce que, à la fin du dîner, elle se mit au piano pour chanter la *Juive* et la *Favorite*.

Nous fûmes ravis tous les quatre, je pourrais dire tous les cinq, car elle-même semblait bien heureuse de nous avoir conquis, moi surtout.

Après le dîner la marquise s'éclipsa pour cacher sa jalousie. On se promena dans le Palais-Royal. Ponsard, qui avait à son bras Marie Garcia, mit ce joli bras sur le mien en disant qu'il allait chercher des cigares. « Il ne sait pas ce qu'il fait, dis-je à la jeune cantatrice, car si j'allais garder votre bras? — Eh bien! gardez-le. » Nous nous regardâmes, un rayon de feu traversa notre âme, nous nous aimions mais sans le savoir encore. Je priai Roger de Beauvoir de dire à Ponsard que nous nous en allions pour ne jamais revenir.

Nous ne nous attardâmes pas au Palais-Royal. Je dis à Mlle Garcia : « Je croyais, que c'était le dîner des fiançailles et que vous alliez faire la noce ce soir. — Il le croit aussi », me répondit-elle. Et elle s'appuya sur mon bras et me regarda doucement. « Eh bien, si nous abandonnions ce tragique à sa jolie marchande de tabac? — Voilà une belle idée! »

Nous fûmes trois mois sans revoir Ponsard. Il me pardonna ce crime de lèse-amitié par une lettre railleuse de Mme di Saddeï, mais il ne pardonna jamais à Marie Garcia.

Je m'imaginai d'abord que c'était là une de ces aventures parisiennes qui n'ont point de lendemain; mais non seulement celle-ci eut un lendemain, mais ce lendemain dura six ans.

Sans être éperdument amoureux de cette belle créature, j'étais sous le charme de sa figure et de sa voix. Elle chantait comme une Garcia. Et puis, pourquoi ne point le dire? puisqu'elle mourut de son amour : elle s'était attachée à moi en me sacrifiant tout, car sa beauté était une fortune, et elle avait encore une autre fortune dans sa voix.

L'amour est un fantaisiste qui ne procède jamais mathématiquement. Pourquoi aime-t-on tantôt une blonde, tantôt une brune, tantôt une rousse? Pourquoi va-t-on d'un nez à la Roxelane à un nez de perroquet? Pourquoi se prend-on à des yeux d'or, à des yeux fiers ou à des yeux noirs? Pour moi je n'ai jamais compris que l'oiseau bleu se perchât sur la laideur; j'avais dès mon enfance un si vif sentiment de la beauté que je n'ai jamais aimé que des femmes belles, quelle que fût leur beauté; mais ce que j'aimais surtout, c'était la brune aux yeux bleus et aux cils noirs, c'est-à-dire la brune qui a été blonde jusqu'à vingt ans et qui garde sur les souplesses et les ondulations des cheveux je ne sais quel reflet doré. Cela donne plus d'éclat, plus de séduction, plus de féminisme à la physionomie. Mais ce premier accent de beauté n'était pas tout pour moi : j'avais beaucoup dessiné d'après l'antique; je voulais des lignes idéales dans le profil comme dans l'ovale de la figure, je voulais aussi dans le dessin et l'attitude du corps je ne sais quoi de la déesse. Voilà pourquoi les femmes que j'ai aimées ont toujours trouvé des peintres et des sculpteurs heureux de les portraiturer. Le chef-d'œuvre de Lehmann c'est le profil de Mme Arsène Houssaye, première du nom. Diaz qui ne peignait pas le portrait a fait de la même figure un vrai chef-d'œuvre. Combien d'autres portraits ont témoigné de ma manière de comprendre la beauté. Ce qui ne m'empêcha pas d'aimer beaucoup la figure de Mme Arsène Houssaye, deuxième du nom, quoique ce fût une beauté espagnole. Mais pourtant ses yeux, tout éclatans qu'ils fussent sous leur velours noir, avaient des reflets azurés.

A première vue, Mlle Marie Garcia me rappela mon

idéal; il me sembla que c'était une sœur de celle que je pleurais encore.

Un homme est toujours un fat, s'il dit qu'il a été aimé. Je sais bien que le premier venu a passé par là, mais ce sont des joies et des douleurs intimes qu'il faut ensevelir pieusement dans les feuillets de la vie privée. Si je parle ici de cette terrible aventure qui commença comme une comédie et qui finit comme un drame, c'est que tout le monde en a parlé.

Le début de Mlle Marie Garcia à l'Odéon, dans *Valérie*, ne fut pas longtems l'histoire d'une vivante, mais la légende d'une morte. Redorons cette légende de *Vergissmeinnicht* et de *remember*.

Ce furent la grâce et la beauté qui débutèrent. Cette soirée est restée comme un souvenir anthologique. La critique prit un style poétique pour la célébrer le lendemain : « Mlle Marie Garcia a été créée tout exprès pour jouer les Ophélies dans le répertoire des poëtes de la fantaisie. Son organe a les sonorités douces d'une clochette d'or, et, quand elle traversait le théâtre, vêtue de sa robe blanche, elle nous semblait la Camille de Virgile glissant sur les épis d'un champ de blé sans courber leurs têtes blondes. »

M. Théophile Gautier parla ainsi : « Mlle Marie Garcia a une beauté élégante et romanesque qui la destine à jouer les héroïnes de Shakespeare : Portia, Rosalinde, Perdita, Ophélie, Imogène; ou les créations fantasques d'Alfred de Musset : la princesse de Fantasio, Barberine, Rosette ou Marianne. Le succès sera rapide : Théodore Barrière dédie déjà une comédie nouvelle au talent et à la beauté de Mlle Marie Garcia. »

Paris voulut savoir son histoire, qui devint sitôt un

roman. Marie Garcia* était originaire d'Arles où les femmes n'ont pas le droit de ne pas être belles, où le souvenir de l'antiquité a exprimé la beauté grandiose et charmante. Elle vint jeune à Paris ; elle entra au Conservatoire, où on la surnommait le *Chevalier*, à cause de son caractère chevaleresque. Duprez lui apprit à chanter — à enchanter.

Elle alla à Londres, où elle fit tout un printems la joie des grands salons. Mais elle perdit un peu sa voix et tenta les hasards de la comédie. Léon Gozlan lui rappelait plus tard ses débuts à Paris : « Je vous présentai à l'Odéon ; c'était, je m'en souviens encore, par une âpre matinée d'hiver; la neige couvrait la place; l'eau ruisselait sur les marches du théâtre grec ; vous étiez violette de froid, moi bleu de ciel. Le directeur ne nous reçut pas; il se chauffait. A la huitième visite, le même directeur, car l'Odéon en a toujours eu deux ou trois en même temps, promit de s'occuper de vous Un an après, il vous engagea... à souper. Soyons juste, l'année suivante, voyant que vous n'aviez décidément pas faim, il vous engagea et il ne vous fit guère jouer. Vous restâtes deux ans à l'Odéon dans les pénombres du répertoire. L'Odéon n'en conserva pas moins son splendide surnom de second Théâtre-Français, de pépinière de jeunes talens, de serre chaude où mûrissent les belles vocations. »

Mlle Garcia joua à l'Odéon l'ancien répertoire. Valérie quitta les Quinze-Vingts et signa un engagement avec le Vaudeville. « Malheureusement, ajoute Gozlan,

* Petite-fille par sa mère du député Richom qui, le 2 juin 1793, s'écria : *Sauvez le peuple de lui-même.* Marie Garcia aurait pu dire : *Sauvez-moi de mon cœur.*

on y soupait plus encore qu'à l'Odéon. Du reste, voilà le sort des jeunes actrices : mourir de faim où souper. » Mlle Garcia glissa entre ces deux écueils.

II

A la dérive

Quand je rencontrai Maria Garcia, j'étais bien loin de me douter que j'entrais à vif dans une passion. Je croyais que c'était là une de ces rencontres qui ont peut-être un lendemain mais qui n'ont pas de surlendemain. Le lendemain me parut si doux que je me laissai prendre comme elle se laissa prendre elle-même, sans y penser le moins du monde. Au bout d'une semaine nous trouvions tout naturel de nous retrouver à l'heure du diner.

Elle habitait alors un petit appartement très gai, rue Mazagran. Elle s'était logée là à cause d'un engagement au Gymnase, par la protection d'Alexandre Dumas, qui croyait comme moi qu'on n'est pas si belle sans avoir du talent. Elle vivait de peu, avec une tante très distinguée qui passait tout son tems à lire des livres sérieux, à l'inverse de beaucoup de désœuvrés. Marie, elle-même, aimait les livres sérieux : aussi ne me connaissait-elle pas par mes romans, mais par mes livres sur le XVIIIe siècle.

L'appartement était meublé avec goût, sinon avec luxe : trois ou quatre jolis tableaux, un buste de Mlle Georges, qui était l'amie de la maison, et un buste de la Malibran, sa cousine ; deux chats superbes paraissaient les maîtres de la maison. La tante était toujours invisible, aimant la solitude avec un accent sauvage.

Marie n'avait pour amie qu'une autre cousine qui avait joué la comédie et dont je ne sais plus le nom. Je la présentai à celle qu'on appelle Mlle Cléopâtre, et qui de son vrai nom s'appelait la marquise di Saddeï. Elles se plurent beaucoup toutes les deux. La marquise était aussi jolie que Marie était belle, mais Marie était une ingénue en face de cette grande coquette qui avait médité de jouer dans l'amour un jeu d'enfer. Nous dînions ensemble presque tous les jours, avec quelques amis selon la rencontre, dîners fort gais qui ne m'empêchaient pas de me retrouver au théâtre à neuf heures. Un soir, on vit les deux amies dans ma loge, ce qui effaroucha quelque peu les comédiens qui jusque-là n'avaient vu dans ma loge que Mme Arsène Houssaye et des mondaines impeccables. Je sentais bien qu'il y avait quelque profanation, mais la passion marche tambour battant et n'écoute pas l'opinion publique.

Comme je ne voulais pas me remarier, pourrait-on me condamner à vivre comme un moine, moi dont le couvent était un théâtre ?

Mon jeune fils était chez ma sœur, sous-préfète de Château-Gonthier ; ma famille ne venait pas souvent à Paris ; mon beau-père prenait trop bien ses coudées franches pour pouvoir me rappeler à l'ordre. J'étais loin d'avoir épuisé mon chagrin, mais tout en gardant l'adorable image dans mon cœur je vivais de la bonne fortune au jour le jour.

La pente fut si rapide qu'un beau matin je me réveillai chez moi avec Marie Garcia. Elle trouva cela tout naturel, à ce point qu'elle me dit: « Je ne veux plus jouer la comédie, je veux vivre pour toi jusqu'à la fin des siècles. » C'était un peu long, j'aurais mieux aimé qu'elle parlât de six semaines; mais je ne voulus pas la contrarier dans ses idées d'éternité. Pour moi c'était toujours l'amour sans lendemain. Un soir elle m'ouvrit son cœur: « Vois-tu, j'ai trouvé mon idéal : je n'en veux pas d'autre, tu feras de moi tout ce que tu voudras, même une cendrillon, car j'ai abdiqué. Je ne demande pas à vivre dans ton hôtel, mets-moi si tu veux dans une mansarde, mais viens-y tous les jours. Il te faut une femme illégitime puisque tu ne veux pas te remarier, je serai cette femme-là, ne crains pas que je veuille jamais m'appeler Mme Arsène Houssaye; je serai si douce à ton fils qu'il m'aimera comme une grande sœur. Mais ne me quitte pas. »

Je lui répondis qu'elle était folle de ne pas mieux comprendre la vie parisienne puisqu'elle vivait à Paris. Elle avait à sa suite une foule d'adorateurs qui pouvaient faire sa fortune ; si elle n'aimait pas, le théâtre lui serait un piédestal doré, tandis qu'en s'acoquinant à un homme quel qu'il fût, s'il ne l'épousait pas elle perdrait sa jeunesse. Elle me répliqua par des larmes que je pris sur mes lèvres. C'était l'encre du contrat.

Je tentai avec Marie Garcia une chose impossible, je tentai de désarmer les sévérités de l'opinion ; mais là où ne flotte pas l'écharpe de M. le maire, Paris lui-même ne permet pas d'être heureux. Il semble que ce soit un défi porté à ceux qui ne le sont pas dans le mariage légitime. Les poëtes, toujours dans les nuages, dédaignent les lois du monde réel, mais dès que je descendais de l'Olympe dans le Paris mathématique, j'entendais des imprécations. Ma famille faisait le signe de la croix et me vouait aux dieux infernaux. Un ministre, qui avait une jolie maîtresse chez qui j'avais dîné avec lui, fut le premier à se révolter en me rencontrant avec une maîtresse. Ainsi va le monde!

Toutefois on ne vit pas d'un mauvais œil ce mariage de la main gauche. On pardonne toujours à un homme d'aimer une belle créature quand ce n'est pas une pervertie. Or, Marie était presque une ingénue tant elle était pétrie de beaux sentimens.

Elle loua un appartement aux Champs-Élysées, n° 125, où je lui promis de venir souvent. J'y vins si souvent qu'on ne me trouvait presque plus jamais chez moi, hormis le vendredi, où j'avais table ouverte, artistes, comédiens, hommes de lettres, grands seigneurs, tout le dessus du panier parisien. On y voyait surtout Sainte-Beuve, Alfred de Musset, Théophile Gautier, Ponsard, About, Nieuwerkerke, Eugène Delacroix, Decamps, Diaz, Pradier, Lehmann, Persigny, les Polignac, Villafranca.

Ces dîners sans femmes manquaient de ce que les sybarites du XVIIIe siècle appelaient les douceurs de la table. J'y amenai donc les douceurs de la table. Mlle Judith, la marquise di Saddeï, Jeanne de Tourbey, celle qu'on appelait la princesse Beauté et Maria Garcia qui ne posait pas du tout pour la maîtresse de la maison. Quelle que fût la causerie, elles demeurèrent toujours dans le diapason des femmes du monde.

Dans les salons où Marie avait chanté on la rappela avec Judith pour jouer la comédie. Ce fut ainsi qu'on l'applaudit au théâtre de la comtesse de Castellane et dans les salons du Louvre, chez le comte de Nieuwerkerke.* Elle jouait avec beaucoup de charme, mais elle avait le défaut d'être trop dramatique. Cette belle créature ne savait pas rire en scène. Il semblait qu'elle eût

* On lit dans le *Figaro* du tems :

« On joue toujours la comédie dans le beau monde. Hier. M. le comte de Nieuwerkerke a voulu faire une surprise à ses habitués du vendredi. Le petit théâtre de la cour était dressé dans le salon des pastels. On y a joué *Horace et Lydie*, de M. Ponsard, et *le Duel de La Tour*, de M. Arsène Houssaye. Les acteurs étaient Brindeau, Leroux, Joanny, Métrème, Boudeville ; les actrices, Mmes Judith, Marie Garcia et Jouvante. »

Il y avait, ce soir-là, un parterre de maréchaux de France et d'ambassadeurs; il y avait tous les princes des arts. Un des illustres spectateurs a dit, en sortant, au maître de la maison · —Je connaissais tous vos pastels, mais je vois avec plaisir que Mmes Garcia, Judith et Jouvante ont autant de talent que La Tour pour faire leur figure. — C'est vrai, a répondu le comte de Nieuwerkerke, ces dames ne se contentent pas de peindre les passions.

Nous passions la belle saison à Bade et aux Pyrénées. A Bade le Louis XIV de l'endroit donnait tous les étés dix mille francs pour qu'elle chantât dans ses concerts, dix mille francs qu'elle perdait héroïquement au trente et quarante après de rudes combats.

Aux Pyrénées, en 1859, nous passâmes tout l'été courant les bois à pied et à cheval. Marie était une intrépide amazone.

Comme elle s'était remise à l'étude du chant, on s'arrêtait sous ses fenêtres aux Eaux-Bonnes.

Un soir, quelques jeunes gens, ravis de sa voix, lui donnèrent une sérénade. C'était le marquis de las Singadas qui conduisait la fête. On lui redemanda de donner un concert pour les pauvres. C'était après la bataille de Solférino ; elle offrit de chanter pour les blessés.

Je retrouve le *Journal des Pyrénées :*

« Commençons par le commencement; Cicéron dit que c'est la bonne manière, et, comme je n'en connais pas d'autre, je la suivrai. Or, le commencement, et le milieu, et la fin du concert, c'est le ravissement dans lequel nous a plongés une jeune, belle et sympathique cantatrice, à la voix suave, flexible, étendue, trop pris à la lettre cet axiome de l'antique : « Le marbre ne rit pas. » Mais une fois hors de la scène elle s'en donnait à cœur joie.

Un jour Marc Fournier offrit un engagement à Marie Garcia pour la Porte-Saint-Martin, tout en offrant un engagement intime à une de ses amies. Marie rentra donc au théâtre, mais elle était devenue nonchalante comme une Orientale. Elle ne joua pas beaucoup plus à la Porte-Saint-Martin qu'elle n'avait joué au Vaudeville et à l'Odéon; d'ailleurs, c'était bien plus une can-

Mlle Marie Garcia, qui jusqu'à ce jour n'a guère chanté qu'à Londres et dans quelques trop rares salons parisiens, mais dont la merveilleuse méthode trahit aussitôt une élève de Duprez.

« La belle comédienne a été la fête de cette fête, elle en fut la joie et le charme ! Elle a dit l'air de la *Juive* et celui de *Robert le Diable* comme on ne les dit malheureusement plus, avec une pureté, un goût et un sentiment exquis. A la bonne heure, voilà une voix, et c'est là ce qui s'appelle chanter ! Aussi, bravos frénétiques, rappels enthousiastes, bouquets, rien n'a-t-il manqué au triomphe de la jeune cantatrice.

« Les salons du Casino, qui sont pourtant très grands, ne pouvaient contenir la foule empressée et attentive. Le préfet des Basses-Pyrénées avait fait retenir de bonne heure ses places à la suite de l'Impératrice. On remarquait, parmi les spectateurs : Mmes de Malaret, dame d'honneur de l'Impératrice, la duchesse de Larochefoucauld, la princesse Vogoridès, Mongouroff, de Clérambault, de Talhouet, de Bellevue, de Menou, beaucoup de belles dames espagnoles, anglaises et russes, et MM. de Talleyrand, le baron Rodier, de Rolland, de Montsorbier, Charles Landelle, le peintre d'histoire ; Gounod, le peintre des âmes ; Saint-Jean, le peintre de fleurs.

« Donc de beaux vers d'Arsène Houssaye, du beau monde, une belle cantatrice et une belle voix, total cinq mille francs pour les blessés d'Italie.

« On est encore galant aux Pyrénées : Mlle Marie Garcia est rentrée chez elle en marchant sur les roses. Or, vous saurez que les roses viennent de loin ; car ici il ne pousse que des cyprès. »

tatrice qu'une comédienne ; si elle n'eût brisé sa voix, comme Mlle Falcon, elle serait devenue une des étoiles de l'Opéra. Elle fut pourtant bien applaudie à la Porte-Saint-Martin dans la *Belle Gabrielle :*

> Quand on voit Page et Garcia
> Jouer la *Belle Gabrielle*
> Il faut chanter Alleluia !

La vie passait dans un cercle d'amitiés vraies, spirituelles, charmantes ; à tout prendre, dans le meilleur monde du Paris qui ne s'ennuie pas.

Marie ne demandait qu'à continuer cette existence à la dérive, quand survint un comte napolitain que lui présenta le marquis de las Singadas, un Espagnol de nos amis. C'était un musicien, petit cousin de Caraffa, qui se croyait de la famille royale. Il chanta des duos avec elle ; mais s'il était Roméo, elle n'était pas Juliette. Se désespérant de la faire descendre du balcon, il lui proposa d'y monter sans échelle de soie, par le grand escalier du mariage.

Ce fut le commencement du drame. L'idée d'être comtesse italienne et d'aller dans le monde, ce qui est le rêve de beaucoup de comédiennes, monta quelque peu à la tête de Marie. Comme elle ne me cachait rien elle me dit tout d'un coup : « Voulez-vous m'épouser ? — Non. — Pourquoi ? — Parce que je suis de ceux qui n'épousent pas leur maîtresse. » Elle leva la tête avec dignité : « Eh bien, moi, je ne suis pas de celles qui deviennent de vieilles maîtresses. Je t'aime de toutes les forces de mon âme, mais je vais briser cet amour pour me marier. »

Je la regardais mi-souriant, mi-surpris. « Et avec qui ? — Avec le comte ***. »

Cet Italien m'avait plu beaucoup, il était aussi spirituel que musicien. Fiorentino m'avait parlé de sa fortune du côté du Vésuve. Il ne récoltait pas du *lacryma-christi*, mais ses vignes étaient renommées. Quoique je sentisse bien une pointe de jalousie, je dis à Marie avec abondance de cœur : « Il te faut épouser le comte ***. Il vaut mieux que moi. Il est plus riche, il est plus jeune et il est plus musicien. Vous chanterez des duos les jours de pluie. — Tu n'es pas sérieux, reprit Marie en s'attristant; si tu étais plus sérieux, tu serais plus ému, ou bien tu n'as pas de cœur. — Voyons, Marie, ne deviens pas dramatique! Je suis très sérieux. Si je ne pensais qu'à moi je ne te donnerais pas le conseil d'épouser le comte. Crois-tu donc que je ne vais pas souffrir beaucoup si nous nous séparons? S'arracher l'amour du cœur; c'est arracher le chêne de la forêt. »

Marie avait pris une autre figure, elle aurait voulu que je me jetasse à ses pieds en la priant de me sacrifier le comte; mais je voyais trop son salut dans ce mariage pour ne pas me sacrifier moi-même.

J'avais vécu avec Marie Garcia bien plus en sceptique amoureux qu'en amant idolâtre. Mon cœur ne m'empêchait pas du tout de courir à toutes aventures. Je lui revenais, mais combien d'entr'actes dans la comédie, combien de parenthèses dans la période! On nous voyait ensemble à Bade, aux Pyrénées, à Dieppe, çà et là au théâtre, mais nous ne vivions pas comme des inséparables. Elle était chez elle et j'étais chez moi. Je ne m'imaginais pas traîner une de ces chaînes qu'on ne brise jamais. Nous nous étions rencontrés comme deux voyageurs sympathiques. Nous courions ensemble les châteaux en Espagne et les oasis de la vie jusqu'au jour où la destinée nous rejetterait dans notre devoir. Avec Marie, je n'avais jamais parlé du lendemain.

Nous dînions ce jour-là chez Mme di Saddeï. Nous partîmes ensemble sans nous dire un mot pendant le trajet, ni dans toute la soirée, ni en revenant.

Le lendemain, Fiorentino vint me demander à déjeuner, c'était tout justement pour me parler du comte ; il ne voulait pas qu'il jetât, selon son expression, des bâtons dans les roues de mon bonheur. Je lui dis que mon bonheur était celui de Marie ; que ce mariage serait pour elle la meilleure des bonnes fortunes : je ne voulais donc pas rester entre elle et le comte. « Vous avez bien raison, me dit Fiorentino, il faut que tout ait une fin. Vous vous aimez encore, mais c'est le soleil couchant, ne vous laissez pas surprendre par la nuit des passions qui amène avec elle la solitude glaciale. Il vient un jour où les amoureux se retournent l'un contre l'autre comme des ennemis. Le meilleur vin finit par passer. » Nous continuâmes sur ce ton tous les deux, laissant parler l'esprit sans écouter le cœur. Fiorentino me quitta pour aller réconforter Marie dans ce qu'il appelait son divorce de l'amour. Quand je la revis, elle semblait convaincue, la raison la dominait, ce qui ne l'empêcha pas de me dire une folie en me priant d'être l'un des témoins de son mariage. C'est qu'au fond elle tournait toujours au drame.

Quelques jours se passèrent, nébuleux et tristes. Marie pleurait souvent.

Je me rassurais en pensant qu'elle irait chercher à Naples la lune de miel ; Fiorentino devait être du voyage. Il y avait de moi beaucoup de choses chez elle ; elle me demanda si je les voulais reprendre. Naturellement je lui répondis que je ne voulais reprendre que son portrait, ce magnifique portrait de Couture qui est encore dans ma galerie. « Eh bien! me dit-elle, le jour où tu recevras mon portrait, c'est que je n'irai plus chez toi. » Nous avions fini par nous voir très peu, rien qu'à l'heure du déjeuner. Depuis que le comte allait chez elle, je ne voulais plus y aller que les jours où il y avait du monde à dîner.

Un matin, je l'attendais à déjeuner, chez moi, quand son portrait m'arriva — tout seul!

Par malheur pour Marie Garcia — par malheur pour une autre femme — par malheur pour moi — elle vint bientôt reprendre son portrait!

AUTOGRAPHES

DU TROISIÈME VOLUME

Les autographes sont les enfants terribles de l'histoire, parce qu'ils donnent des crocs-en-jambe à la vérité trop solennelle; ils arrachent les derniers voiles et jettent des cris de nature à tout propos. On aime les lettres des hommes célèbres parce qu'on les voit en robe de chambre et en pantoufles, parce que l'écriture elle-même démasque le caractère.

Venise s'anime les barques sillonnent le canal, les voiles de couleurs croisent les gondoles noires amadou feutrées ou luisantes comme le raisin bleu.
Nous partons pour la lagune où le beau temps s'annonce dans toute sa splendeur. L'immense miroir aux prismes moirés vivants renverse le ciel sur le raccourci de son horizontalité. Quelques nuages légers trempent leur image dans cette eau immobile fine légère immatérielle comme le vieux verre de Venise

Votre   Bien à Vous   Ziem.

Tous mes remerciements et mes amitiés, mon cher maître. Les vers [illegible] j'ai [illegible] toujours [illegible] vous.

Edmond About.

Mais j'échange le 41 [illegible] [illegible] [illegible] plus [illegible] [illegible] [illegible] je t'embrasse et je signe

Edmond About. 6 rue de Douai

Croyez, cher ami, à mes sentiments les plus affectueusement dévoués

E Renan

Enchanté cher ami de [illegible] [illegible] agréable [illegible] [illegible] [illegible]

Affectueusement

[illegible]

Mon cher aventureux (maintenant ce mot)

La personne qui est venue de votre part a dû vous dire que j'avais la goutte. Cela ne va guère mieux et j'aurais trop peur de manquer de parole au dernier moment. Je vous envoie donc une lettre pour la duchesse. Dès que je pourrai marcher j'irai [illegible] et nous dînerons tous les deux — ou tous les quatre.

À vous de tout l'âme, toujours et bien toujours.

H. Meilhac

[illegible]

[illegible]

[illegible]

Vous me dites : quand on a de l'esprit comme quatre on est en droit [illegible] quarante. D'où je conclus que vous avez de l'esprit comme [illegible] beaucoup et vous passerez facilement sous la porte.

À vous, cordialement

Eugène Labiche

[illegible]

[illegible]

Cher Monsieur

faites une chose aimable [illegible] rappel [illegible] que j'ai l'avantage de recevoir (en commençant pour votre fils [illegible]) et m'aimez le plus fort et pour le plus long temps possible

[illegible]

« Moniteur du 19 avril 1867

Il y a quelque quarante ou quarante-cinq ans, dans une pièce des Variétés, un acteur disait à l'autre :

« Tu me flattes, scélérat, mais c'est égal tu me fais plaisir. »

Vaillant

à Arsène Houssaye.

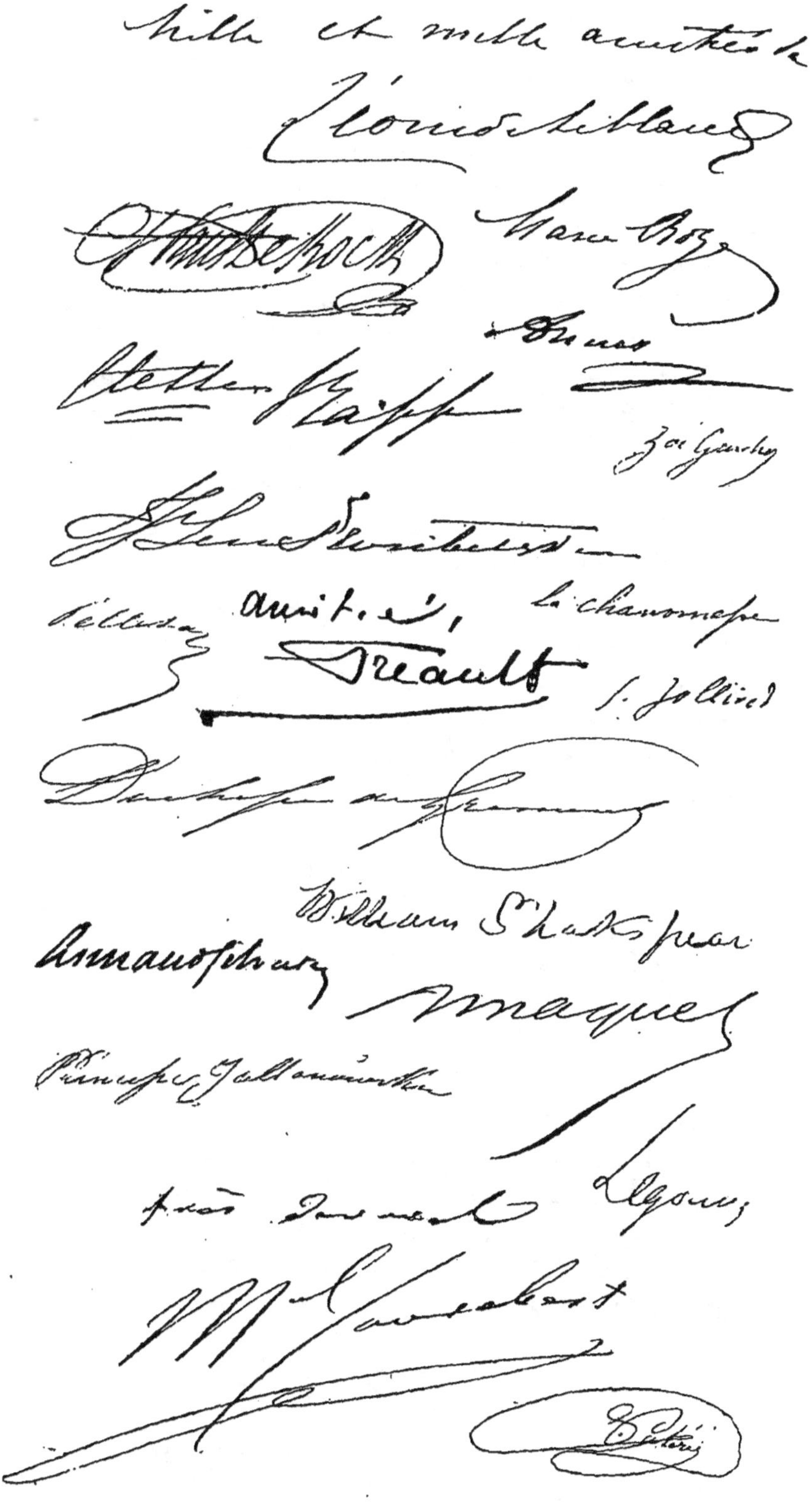
Mille et mille amitiés de
Léonie Leblanc
William Shakspear

Ce 27 mars 1858

Mon cher ami

Je lis avec bien de l'intérêt vos articles sur les musées de province : j'y trouve toute votre verve et tout votre esprit : mais je vous dois des remerciements particuliers pour les lignes que vous me consacrez à propos du musée de Bordeaux. Je les ai lues avec reconnaissance et je viens vous le dire : je regrette seulement que les tableaux de ma façon qui se trouvent dans cette ville qui a mes plus chers souvenirs d'enfance ne soient pas meilleurs, et vous êtes trop aimable d'en dire ce que vous dites.

J'ai été malade depuis les moments que j'ai passés avec vous il y a plus d'un an. Je vais mieux, je travaille, mais je sors peu et n'ai pas été vous voir pour vous remercier. Je le fais ici de grand cœur et vous envoie mille choses dévouées et affectueuses

E Delacroix

Madame

J'ai votre adresse seulement depuis hier, c'est pourquoi je ne vous ai pas encore envoyé la fameuse recette pour faire cuire les écrevisses — veuillez m'excuser de ce retard et recevoir mes respectueuses salutations

N. Gérome
artiste culinaire

Mon cher Houssaye

Vous êtes mille fois aimable de me relancer ainsi dans mon gîte mais je ne dîne plus absolument nulle part que chez moi : je refuse à tous mes amis ; c'est un parti auquel ma santé m'oblige de recourir — Bien à vous

Ch. Gounod

Mon bon Houssaye,

Nous sommes convenus, Métra et moi, d'aller te serrer la main demain dimanche, à l'heure du dîner. Ce n'est pas réquisitionnairement, c'est amicalement. Nous causerons, entre la poire et le cheval, des dîners d'autrefois et des dîners à venir.

De tout cœur

Charles Monselet

Le gal Prince de la Moskowa

Bien affectueusement
à toi
Carolus Duran

Mon cher Houssaye.

Arrivé de Besançon hier.
je t'écris un mot pour que
tu viennes en compagnie
de Théophile à qui j'écris
aussi, dîner Jeudi après
demain à 5 heures 1/2
Je te prie de n'y pas manquer
car je repars pour l'exil
Dimanche! rien de nouveau
mais les jours de fêtes passés
je te laisse le soin de lancer
ces deux enfants dans le monde.
J'ai fait plus que mon devoir
dans ce grand travail je m'y
suis ruiné.

à toi toujours J. Clésinger

Me permettez vous de vous
amener mardi prochain
le Duc Fernan Nuñez et
un de ses cousins le Comte
de Souza

Que de tendresses
[illegible]

un penseur qui est un
charmeur, c'est vous. Vous
avez ce don unique. je viens
de lire vos pages d'aspirations
et de garder sur mon livre.
je cherche votre main
pour la serrer. Voulez-vous
me faire la grâce de dîner
avec moi jeudi 12, et y
ajouter la bonté de transmettre
mon invitation pour ce jour là
à votre charmant fils et à
sa charmante femme. Nous vous
espérons. Je suis à vous
du fond du cœur. V. H.

tout à vous C. Gleyre

merveilleux

sentiments

Metternich

H. Gallot

L. Radié

Aux Charmettes, on m'a dit d'écrire quelque chose
pour la postérité... J'ai tracé le nom que
Monsieur de Molènes m'a donné, c'est ce que
j'ai de plus précieux. Ici j'ajoute

Comtesse Paul de Molènes
amie d'Arsène Houssaye

Ch. Chaplin

9 février 1860

Il est bien entendu que l'amour
n'est autre chose que la Prime

Vous savez combien
les royautés de la mode
sont passagères et je dois vous
avouer que celle que vous
me prêtez n'existe plus je
crois qu'à l'état de Mythe
et de vague souvenir.

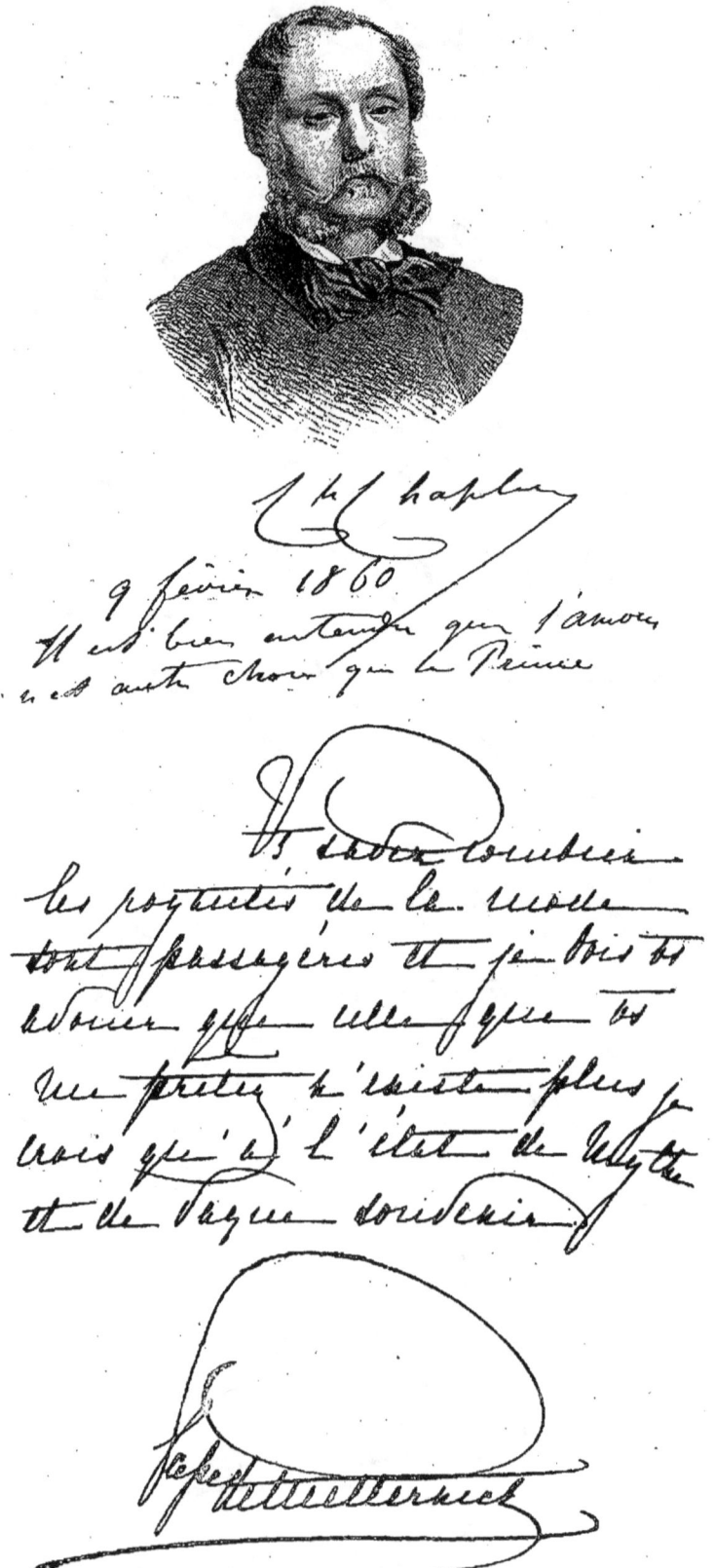

Pauline Metternich

NEVER MORE

12 Janvier. 78.

Mon Ami,

(puis-je dire comme cela ?)

Saint-Maur m'écrit que je puis vous écrire ; — que vous êtes à Paris.

+ Eh bien, soyez prévenu que je vous mets à la porte mes bas bleus.

Je ne sache pas d'homme plus fait pour les juger que vous. Vous êtes littéraire et artiste, — et vous êtes un homme à femmes ; je suis donc sûr que vous penserez comme moi.

Quand dînez-vous chez Saint-Maur ?...

Tout à vous,

Jules Barbey d'Aurevilly

Vous m'avez parlé de mes vingt-deux ans d'exil : loin de mon pays, j'ai moins souffert qu'en le retrouvant envahi et dévasté. Mais il sortira vainqueur de cette épreuve suprême !

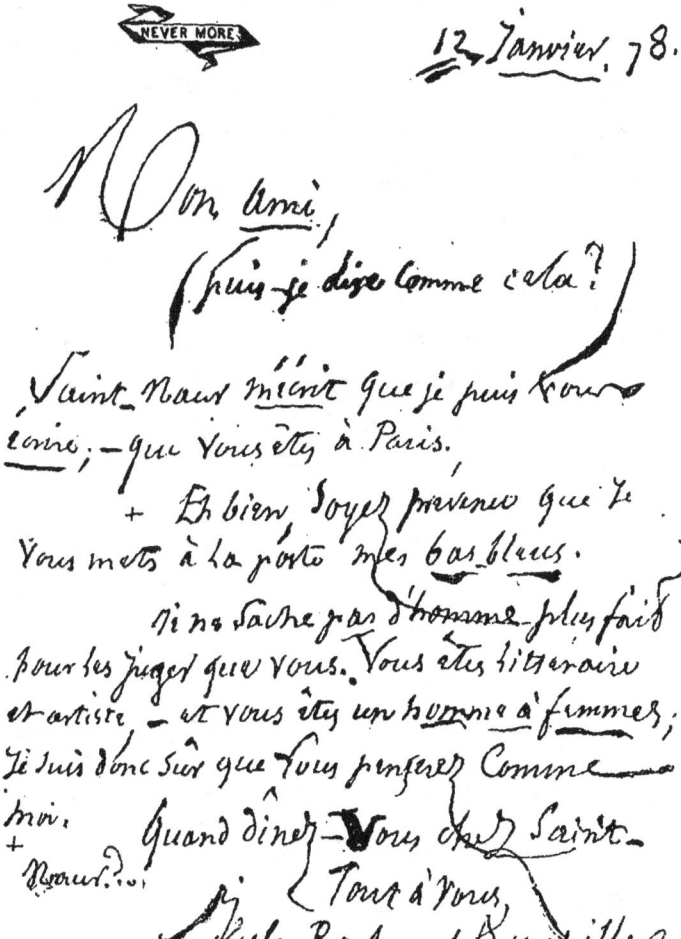

Louis Blanc

à vous que mon espoir s'adresse.
car j'ai le bonheur de croire qu'il
arrivera par vous au But où je
l'envoie, où pourrait-il mieux
~~mieux~~ s'appuyer que sur le Sol
où j'ai commencé nous avons
n'être enfant là que le Son me
garde le dernier fruit de mon cœur
là où quelque écrivain a placé ma
jeunesse ne sera-t-il refusé de
recueillir ne fût-ce que le touchant
Cyprès de l'artiste?

Georges

Tous les jours
je vois venir arriver sur mes fenêtres
une hirondelle qui m'apporte une
lettre de mon ami M. Arsène
Houssaye,

Isabelle de Bourbon

La signature m'a enlevé une partie de
ma surprise

Broglie

Cher monsieur,

Permettez-moi de vous adresser un de mes bons amis, un jeune poète qui a grand désir de entrer dans le cénacle que vous avez réuni autour de vous. En ces temps de prose brutale, vous vous êtes installé sur l'Olympe désert, et, des hauteurs, vous tendez charitablement la main à tous les cœurs de vingt ans. Vous êtes à la fois Apollon et Mécène, vous avez chanté vos chansons et vous aidez les nouveaux venus à chanter les leurs. La poésie va naturellement vers vous. Veuillez accueillir le poète et les vers que je vous envoie, comme vous savez accueillir tout ce qui est jeune, comme vous m'avez accueilli moi-même, malgré mes allures un peu brusques

Tout reconnaissant.

Emile Zola

J'irai mardi prochain au nom de Son Altesse le Prince Heraclius de Georgie mon ami qui désire assister à la magnifique soirée

Mirza Abdullah

Mon cher Voisin
« Demain ou après demain
et je vous serre la main
Honorine
15 Août 1872

Mon Cher Maître,

C'est demain que je fais le saut périlleux, et, comme Henry IV, je me dis que ma future vaut bien une messe.

Je viens vous rappeler que vous avez bien voulu accepter d'être mon témoin aussi. J'irai vous prendre demain samedi à 10 ½ à votre Hotel

Votre

Olivier Métra

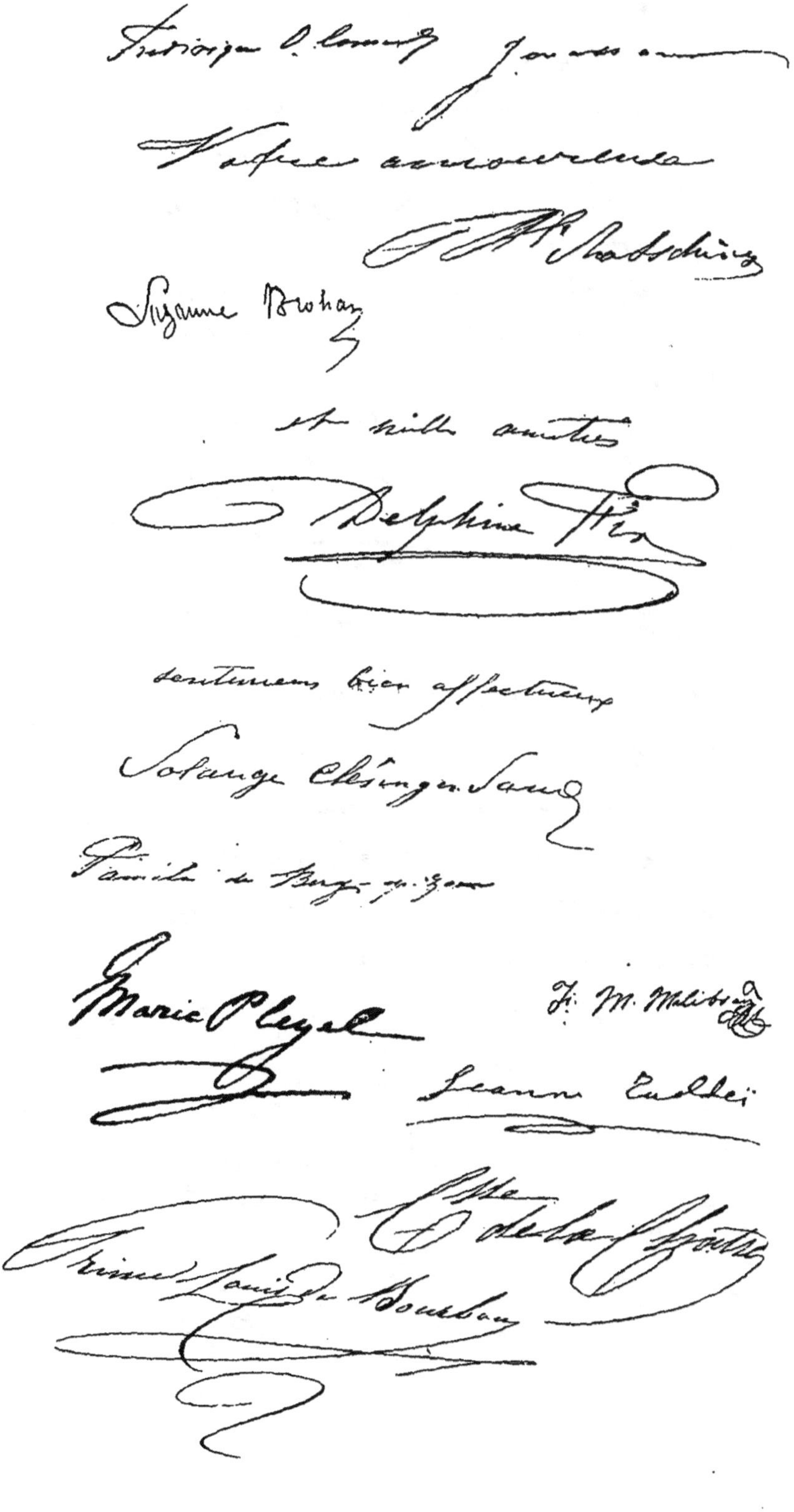
Suzanne Brohan
et mille amitiés
sentimens bien affectueux
Solange Clésinger Sand
Marie Pleyel
Prince Louis de Bourbon

je venon vous faire une demande que vous adrelle rarement les auteurs, celle de ne pas jouer demain ma piece

Je suis faché de ne vous avoir pas trouvé au théatre et je vous aurois volontiers attendu pour savoir votre reponse, mais il est une heure et j'ai une repetition a laquelle je ne peux manquer.

votre bien dévoué

E. Scribe

Votre charmante lettre m'a fait le plus grand plaisir —

Mme Albane vous a dit, je crois, mes idées sur ce que vous me proposez trop obligeamment, et je ne doute pas que vous les ayez parfaitement comprises —

A bientôt — Merci de votre sympathie —

Vve [illegible]

31 mars — 12 avril — St Petersbourg

Mon cher Houssaye,

Les bons comptes font les bons amis. Je vous ai donné hier une danseuse. Je vous demande aujourd'hui une bonne loge.

Tout à vous

N. Roqueplan

Mon cher ami, Es-tu libre vendredi, 7 heures précises ?

Dîner avec Dorlodot, sa camarade, Mme de Grandfort, et — l'imprévu ?

Oui ou non. R.S.V.P.

Cordialement

Aurélien Scholl

Cher Bienvenu,

La seule chose que vous puissiez faire est de revenir dîner avec nous. Je vous permettrai de vous jeter à mes pieds de [illegible]

[illegible]

Cher Mercier,

toute mes remerciements pour avoir bien voulu me faire passer une agréable soirée

La Duchesse de Castiglione Colonna Marcello

Mon cher Houssaye

Il est convenu que je mets à votre disposition le 1er Août prochain pour commencer les répétitions avec vos Comédiens du Midi, un [illegible] afin que vous jouiez en septembre.

Eugène Godin

le 6 Mars 1878.

Trois fois merci ! pour la soirée, les honneurs de la [illegible] que j'aurai [illegible]

Merci à vous

Blanche Pierson

Monseigneur Roi des Spartiates

Du haut d'un Éléphant, Poros, roi des éléphants vous salue En vous remerciant, ab imo pectore, de vos salutations et celles des vôtres.

Je suis profondément touché du souvenir que vous me gardez dans votre chère Sparte. Qu'il me soit permis d'y retourner en quelques années, et d'y retrouver quelques bons amis. — Bien des choses affectueuses à toute la Conférence.

Tout et bien à Vous

Lytton

Umballa 28 avril 1877

C'est avec le plus grand plaisir que je verrai enchâssées dans votre beau livre, ces pierres qui vaudront moins que l'écrin

Jean Richepin

Mon cher confrère ès-lettres
et philosophie,

Bien volontiers à
vendredi — et très cordialement
à vous, E. Caro

Cher ami,

Douce saison de 1865, à Ems, avant Sadowa! la France intacte, encore un peu de jeunesse, un pays charmant, de jolies Hambourgeoises qui auraient voulu vous voir en bourgeois, Aurélien Scholl alors aristocrate, Béchard dont je n'ai plus de nouvelles, le comte de Flavigny si aimable, Brigibool si hospitalier, le dernier des Montcalm si pâle et si jeune, Wolf l'énigmatique, madame Nouvy, la dévote de Lesbos, et vous, dominant le groupe! Une ombre s'étend pour moi sur cette vision heureuse, mais l'amitié me reste, et croyez bien qu'il a suffi de votre lecture et de votre nom pour me la faire retrouver tout entière. Cette amitié, je ne vous la rends pas; je vous l'offre, cher poète, en vous tendant les deux mains.

A. de Pontmartin

Mon cher Directeur

Merci d'avoir pensé
à l'Ostracisé

L. Delaunay

Mon cher Directeur,

Non certes, je ne vous ai pas oublié
& vous comptez parmi mes bons
souvenirs de cette vénérable & bonne
maison qui s'appelle la Comédie Française.

Aussi je me sens disposé à
faire ce que vous désirez.

Mais le pourrai-je?.. Je suis
vieux et j'ai perdu la main & les
yeux pour ces petits travaux là.

Je ne refuse donc pas, mon cher
ami; j'irai à Paris ces jours ci,
je vous verrai, vous me direz
vos projets & si je me décide à
dire Non c'est que je ne pourrai
pas dire oui.

À vous de cœur, comme
autrefois.

Geffroy

Monsieur le directeur,
Je remarque sur le répertoire que vous pensez de m'envoyer l'annuaire pour vendredi prochain d'une pièce (Le Chandelier)
Que je vous aurais reconnaissance de faire disparaître du répertoire.

[illegible]

Mon cher ami,
[illegible]

[illegible]

Je suis charmé de la belle revue que fait en vous la philosophie, en même, si je ne me trompe, la philosophie mystique. Portez mes amitiés [illegible]

Cher Monsieur
[illegible] sera accueilli favorablement par nous
Mes meilleurs sentiments
[illegible]

Je vais lire avec grand plaisir la Régence et les Cent et Un Sonnets de M. Arsène Houssaye, en même temps que j'achèverai la lecture de la savante et intéressante histoire d'Alcibiade par M. Henry Houssaye.

Mignet

Si vous avez un coin disponible dans votre [illegible] pour me permettre de vous [illegible]!

Votre affectionné

Berlioz

Les deux fusains que j'envoie [illegible] tout à votre service.

[illegible]

J'ai [illegible] charmante [illegible] très jolie [illegible]
mille amitiés
[illegible]

Destinées de l'Âme », dans quel recoin de la vôtre, dans quelle profondeur de votre intelligence avez vous trouvé ce livre qui pendant trois jours m'a tenu en haleine et m'a fait planer au dessus de mille désagréments et misères de la vie?

Paris est bien la ville de tous les rayonnements et de tous les étonnements.

Mille fois merci cher ami et maître! Par ces temps de défaillance morale, par cette épidémie d'indifférence, qui, comme vous dites si bien, est l'anémie de l'âme un beau livre, est plus qu'une belle œuvre c'est une belle action!

Je vous serre la main

Silvela

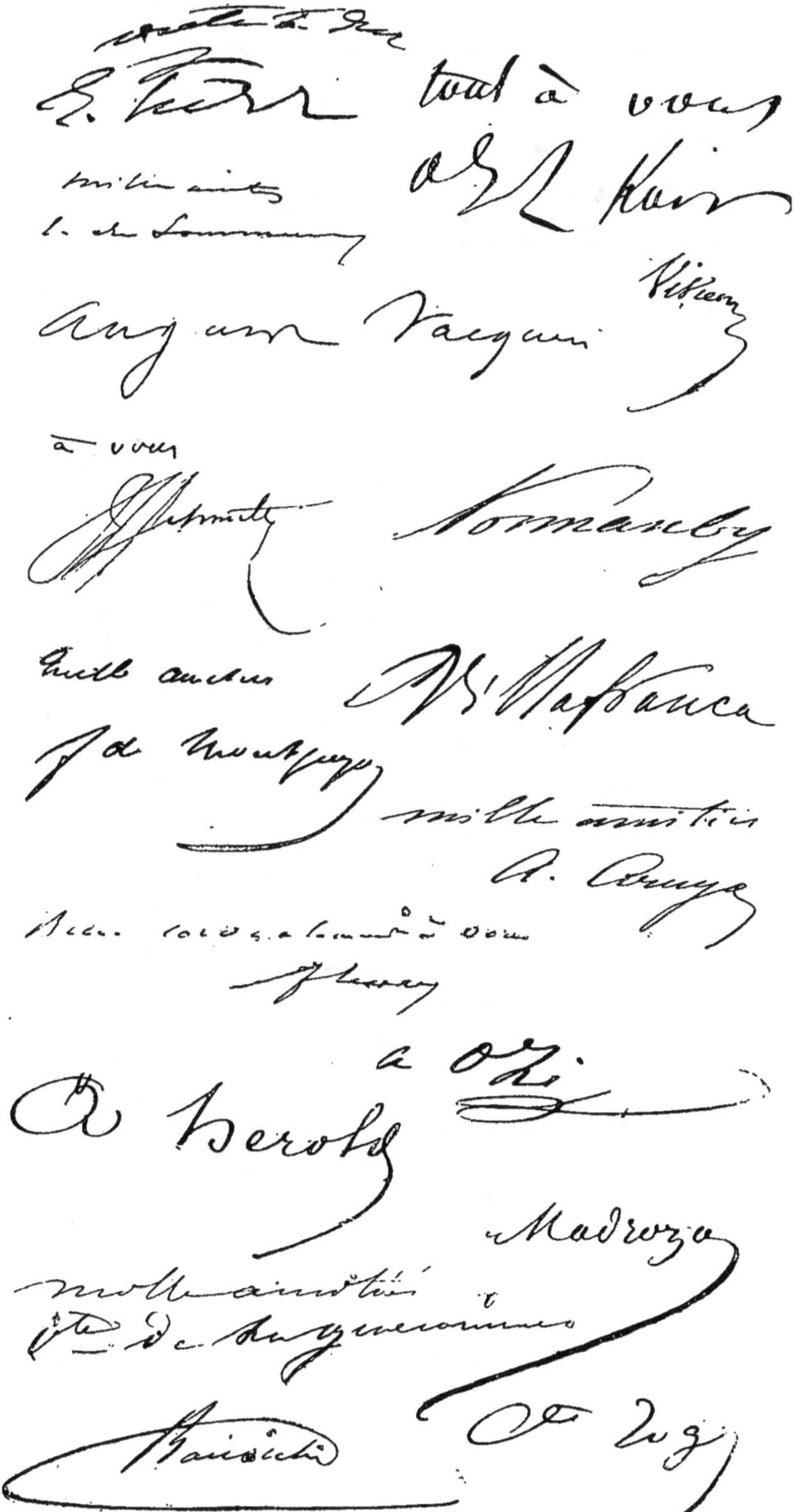
tout à vous
à vous
Normanby
mille amitiés
Madrazo

[illegible] ami ... [illegible] que
nous voudrions, [illegible]
[illegible] jamais été le
plus [illegible] ami.

Si vous voyez Henry avec vous, dites lui
tous mes bons [illegible]

Elisée Reclus

Mon cher [illegible]

Je regrette [illegible] grand regret
accepter votre bonne invitation.
et j'ai attendu jusqu'au dernier
moment pour [illegible]. J'ai
été malheureusement indisposé pendant
quinze jours, de douleurs nerveuses
atroces dans la tête, les dents,
les oreilles, qui m'ont fait garder la
chambre dans une inaction
complète. Les médecins m'ont mis au
régime, ne pas sortir le soir, [illegible]
matin, [illegible] — [illegible]
pas parler, etc. — [illegible] J'ai voulu [illegible]
un [illegible]
faire le garçon, [illegible]
[illegible] aujourd'hui de cette
[illegible]
[illegible] hygiénique
[illegible] à une autre fois
cette bonne soirée que [illegible]
promettiez, [illegible] que j'avais
à vous dire. [illegible]
[illegible]

je suis aussi pour moi même

Napoléon

Merci vous le retour et
bien empressé de vous
revoir ainsi que le Ministre
votre dévoué

Morny

Le Coteau
Deauville
Calvados

Mon cher Monsieur Houssaye

Je vous remercie des éloges que vous voulez
bien m'adresser.
Mon action n'a été guidée que par un
sentiment filial et je suis heureux
d'avoir été compris

votre bien aimé

Morny

TABLE

PAGES

LIVRE XV

LA COMÉDIE FRANÇAISE EN 1849

LIVRE XVI

LA COMÉDIE FRANÇAISE EN 1850

PAGES

LIVRE XX

LA COMÉDIE-FRANÇAISE EN 1854

LIVRE XXI

LA COMÉDIE-FRANÇAISE EN 1855

LIVRE XXII

LA COMÉDIE-FRANÇAISE EN 1856

LIVRE XXIII

LIVRE XXIV

LA TERRE PROMISE

LIVRE XXV

L'ABYME

GRAVURES DU TOME III

Paris. — Soc. d'impr. PAUL DUPONT, 41, rue J.-J.-Rousseau (Cl.) 90.9.85.

www.ingramcontent.com/pod-product-compliance
Lightning Source LLC
Chambersburg PA
CBHW050917230426
43666CB00010B/2207